U0452444

本书得到"南京大学白先勇文化基金"资助

南京大学白先勇文化基金·博士文库
主　　编　白先勇
执行主编　刘　俊

空间书写与精神依归：
抗战时期旅陆台籍作家研究（1931—1945）

王璇 ◎ 著

天津出版传媒集团
天津人民出版社

图书在版编目(CIP)数据

空间书写与精神依归：抗战时期旅陆台籍作家研究：1931—1945 / 王璇著. -- 天津：天津人民出版社，2023.7

（南京大学白先勇文化基金 / 白先勇主编. 博士文库）

ISBN 978-7-201-19564-3

Ⅰ.①空… Ⅱ.①王… Ⅲ.①作家—文学研究—台湾—1931-1945 Ⅳ.①K825.6

中国国家版本馆 CIP 数据核字(2023)第 136175 号

空间书写与精神依归：
抗战时期旅陆台籍作家研究（1931—1945）
KONGJIAN SHUXIE YU JINGSHEN YIGUI：
KANGZHAN SHIQI LVLU TAIJI ZUOJIA YANJIU（1931—1945）

出　　版	天津人民出版社
出 版 人	刘　庆
地　　址	天津市和平区西康路35号康岳大厦
邮政编码	300051
邮购电话	（022）23332469
电子信箱	reader@tjrmcbs.com

策划编辑	王　琤
责任编辑	王佳欢
特约编辑	郭雨莹
封面设计	汤　磊

印　　刷	天津海顺印业包装有限公司
经　　销	新华书店
开　　本	710毫米×1000毫米 1/16
印　　张	28.25
插　　页	2
字　　数	350千字
版次印次	2023年7月第1版　2023年7月第1次印刷
定　　价	98.00元

版权所有　侵权必究
图书如出现印装质量问题，请致电联系调换（022-23332469）

"南京大学白先勇文化基金·博士文库"
编委会

主　　编：白先勇

执行主编：刘　俊

编　　委（按姓氏笔画排序）：
　　　　　王月清　朱双一　朱立立　朱庆葆　朱崇科
　　　　　李瑞腾　张　羽　张晓东　陈冬华　封德屏
　　　　　赵小琪　赵稀方　姚　远　徐兴无　凌　逾
　　　　　黎湘萍

执行编委：刘　俊　郑幸燕　王　琤

总　序

南京大学与天津人民出版社合作出版"南京大学白先勇文化基金·博士文库"丛书。丛书以出版青年学者研究台港文学的博士论文为主，出版由南京大学"白先勇文化基金"赞助，此基金乃由"赵廷箴文教基金"负责人赵元修先生、辜怀箴女士捐赠。丛书旨在鼓励青年学者对台港文学加深研究。文学是最能沟通人类心灵的媒介，通过青年学者的研究成果，把台港文学讲解介绍给读者尤其是高校学生，会产生良好的影响，使他们对台港的社会有更深一层的了解。

"南京大学白先勇文化基金·博士文库"丛书第一批包括以下七本书：

林美貌：《台湾当代散文批评新探索研究》

王璇：《空间书写与精神依归——抗战时期旅陆台籍作家研究（1931—1945）》

肖宝凤：《消解历史的秩序——当代台湾文学中的历史叙事研究》

徐诗颖：《20世纪80年代以来香港小说中的"香港书写"研究》

蔡榕滨：《杨逵及其文学研究》

宋仕振:《白先勇小说的翻译模式研究》

李光辉:《联合副刊文学生产与传播研究》

这几本论著涉及的领域相当广阔,具体如下:

台湾当代散文的质与量都相当丰富,散文家辈出,尤其女性作家数量甚众,值得研究。

在全面抗战时期有一批台湾作家旅居祖国大陆,如钟理和、吴浊流、张我军、洪炎秋等,这些人的作品及生平,在大陆较少受到关注。台湾因经过日本50年的殖民时期,光复后,国民党撤退抵台,又一次经历大变动,历史渊源相当复杂,而历史意识常常反映在文学作品中。

20世纪80年代,香港涌现新一代的作家,如钟晓阳、辛其氏、董启章等,他们笔下的"香港书写"又呈现了一种新的面貌。

杨逵是台湾日据时代享负盛名的作家,他的政治背景复杂,曾参加抗日运动,遭日本当局逮捕,光复后,因言论触怒台湾当局,被判刑坐牢。他的生平与作品对当时台湾读者有一定的影响。

宋仕振的论文比较特殊,他研究我的小说的翻译模式,主要聚焦在《台北人》的英译本上。这个英译本,由我本人、共同译者尹佩霞(Patia Yasin)以及编者——著名翻译家乔志高三人合作而成。这个译本花了五年工夫,一再润饰修改而成,修定稿原件存于加州大学圣芭芭拉校区图书馆白先勇特别馆藏中。宋仕振研究译本的修定稿,得以洞悉《台北人》的英译本是如何一步一步修改润饰而成的。

台湾《联合报》是影响力最大的一份报纸,其副刊历史悠久,在台湾文坛享有极高的声誉,曾经培养出为数甚众的台湾作家,联副的文

○总序

学奖也是台湾文学界的标杆。

  这七本博士论著,是"南京大学白先勇文化基金·博士文库"的第一批丛书,这批论著的出版希望能激励更多青年学者投身台港文学的研究事业。这项计划完全由南京大学中文系教授刘俊先生一手促成,特此致谢。

白先勇

二〇二二年四月五日

序言：隔海异代能对话，精研细读是解人

在国内主流学界一般的抗战时期文学研究成果中，台湾作家的身影往往是缺席的。这一方面是因为资料的缺乏，另一方面也是由于这一论题对许多学者来说较为陌生且不在其研究"传统""惯性"之中。有些专门研究台湾作家在抗战时期文学表现的成果，又过于专注具体的文学现象而缺乏将台湾作家置于整个中国文学总体格局下的宏阔视野。王璇的《空间书写与精神依归——抗战时期旅陆台籍作家研究（1931—1945）》，从空间书写和精神依归两个维度，对抗战时期旅居大陆的台湾籍作家群进行了全面、系统、深入的研究。她的研究不但拓展了抗战时期文学研究的领域，使得抗战时期的文学研究不再只专注于大陆作家，而把台湾作家也整合、纳入研究视野，从而形成了完整的抗战时期文学论述；而且她的这一研究因为台湾作家的特殊境遇和心路历程，还触及了以往抗战时期文学研究中不太关注的作家"精神依归"问题，从而深化了抗战时期的文学研究并引领了一种新的研究方向——抗战时期作家的"精神走向"。领域拓展和认识深化的共同作用，使王璇的这一研究成果为抗战时期的文学研究带来了"新气象"。

◎序言

抗战时期的大陆,活跃着一群台湾作家,代表人物有张我军、张深切、洪炎秋、苏芗雨、钟理和、林海音、吴浊流、刘呐鸥等,他们寄寓在祖国的重要城市(以北京为主,包括沈阳、上海、南京等地),同时保持着与故乡台湾的联系,经由他们的"双乡"(祖国原乡与台湾家乡)经历,台湾文学与大陆文学在他们身上实现了联结。台湾作家在大陆从事文化活动和文学书写,自然免不掉要和当时的大陆文化界、文学界产生交集,如张我军、张深切与鲁迅,洪炎秋、张深切、张我军与周作人,洪炎秋与胡适、傅斯年、沈尹默,刘呐鸥与戴望舒、施蛰存等,当年都有过或深或浅的个人来往,甚至是多边互动,这些在王璇的书中都有详细的介绍。除了人与人之间的实际交往,文学熏陶和作品影响也使大陆作家的文学印记融入旅陆台籍作家的笔墨之中,张我军受胡适(应当还有陈独秀)影响、钟理和受鲁迅影响、林海音受凌叔华影响等,都是明显的例子,这些在王璇的书中也都有深入的分析。此外,祖国的空间形貌和城市地景也对这些抗战时期的旅陆台籍作家当时和日后创作产生了深远影响。在旅陆台籍作家的笔下,张我军和林海音对北京的"抒情"表现、吴浊流对南京的非虚构书写、钟理和对北京的沉痛表达、刘呐鸥对上海的摩登塑造,都成为他们文学世界里最显著的个人特色——如今人们提到张我军和林海音,自然会想到《乱都之恋》《城南旧事》中的北京;说到吴浊流和钟理和,就不能不提到《南京杂感》《夹竹桃》中的南京和北京;至于刘呐鸥的《都市风景线》,则几乎成了上海的一种"别称"和象征。

抗战时期,在中日对抗的历史环境下,身为殖民地台湾的中国子民,这些深具民族意识的旅陆台籍作家出于反抗日本殖民统治的民族立场,在自己的精神世界和文学表达中,对中国有着不同的认知和想象。王璇分析后认为:张我军心目中的中国形象是(文学)灯塔,张深切的中国期待是成为抗日据点,洪炎秋的中国理想则是在台湾"复刻"五四与礼乐中国——后两者其实也是把中国当作另一种形式的灯塔。虽然这些旅陆台籍作家心目中的中国认知各有侧重,但他们的"中国心""灯塔意识"和精神依归则十分一致。经过生平考辨与文本分析,王璇将旅陆台籍作家的"祖国想象"分为三类:第一类是"祖国想象被强化的作家",包括张我军、张深切、洪炎秋、苏芗雨、林海音等,"对他们来说,选择北京作为长期的旅居地,乃在于对自身'中国身份'的认同感,主动选择内渡以作为反抗殖民统治的手段,在他们身上所显现的情感关键词是'遗民'。在大陆的学习、生活经验使他们对于中华文化有了更深的认识,对于祖国的认同感更加坚定,因而他们对于中国形象的塑造,多表现为正面、积极的。他们将中国化与近代化联系,从而反抗殖民政府将日本化与近代化相混淆的殖民政策,以图在台湾复兴中华文化,重建'中国'这一民族共同体想象"。第二类是"祖国想象由憧憬变为批判的作家",以钟理和、吴浊流为代表。"钟理和与吴浊流对于祖国的想象之所以呈现出批判的态度,源自两人短暂且不愉快的旅居经验,且二人内渡的原因皆为逃避在台的不幸遭遇。因而他们所显现的情感关键词是'逃难'。他们批判的是战时中国的萧条落败和启蒙运动大任未成,而对于中国传统文化与祖国原乡的信仰没有改变","他们返台后对台湾现实的批判,印证了他们对于祖国的批判并不代表认同转变"。第三类是"在空间转换中,文化认同游离的'中间人',以刘呐鸥为代表。刘呐鸥对于上海空间和北京空间的塑造,只攫取其摩登都市的部分,而弱化了文化、国家属性,展露出他的局外人视角。刘呐鸥的情感关键词是'流亡者',他是游离在中日两种文化之间的'中间人',折射出殖民体制对于民族共同体想象的剥离与台湾人的殖民印记"。应当说,王璇对旅陆台籍作家的这三类划分及对他们各自特征的概括分析,都非常精准到位,体现了新一代大陆学者对旅陆台籍作家的深刻认识。

　　抗战时期的旅陆台籍作家不光在抗战时期介入中、日之间复杂的政治、文化斗争和较量,展现他们的中国立场和抗日精神,而且在战后台湾文学的"光复""回归"(中国)方面也做出了重要贡献。虽然王璇论著的研究重点是在 1931 到 1945 年间的抗战时期,但在一种"整体观"的追求下,她对抗战时期旅陆台籍作家的战后表现也有所论述。张我军、张深切、洪炎秋、苏芗雨、钟理和、林海音等在战后都回到了台湾(吴浊流在战争未结束时即已回台),在战后台湾文学的辉煌成就中,就包括了钟理和的《笠山农场》、林海音的《城南旧事》,以及吴浊流的《台湾连翘》和《无花果》。在王璇看来,相对于旅陆台籍作家以精神依归、创作实绩贡献自己的文学,他们从祖国大陆回到台湾后,在台湾文学中接续五四新文化(新文学)传统、展现民族意识并强调中华文化的两岸联结,其重要性和突出贡献或许更加值得展开论述。事实上,虽然随着国民党退守台湾,也有不少外省文化人来到台湾,但他们"进入"台湾的姿态和方式,相对于这些有过旅陆经历和经验的台湾本地人而言,却有着明显的不同。一个突出的例子是,在20世纪70年代台湾兴起的北京书写热潮中,战后迁台的"老北京"作家(侯榕生、唐鲁孙、梁实秋等)和曾经旅京的台籍作家(林海音、洪炎秋、张深切、苏芗雨等)在面对同一个"北京"时,他们笔下流露出的情思是有着微妙的区别的:前者寄托的是对一个前朝旧时的北京追忆,后者体现的则是一种民族意识和文化乡愁的故都回眸;前者体现的是一种历时性的时代或朝代更替感(时间属性),后者展示的则是共时性的两岸同属一个中国之关联感(空间属性)——在整合两岸民族感情和文化纽带方面,在昭示台湾文学延续五四以来的现代文学文脉方面,旅京台籍作家的"回眸"在近现代中国历史脉络中所呈现出的两岸空间"联结"(甚至以北京作为台湾的示范),无疑更具论述价值和学术意义。

近代以来中华民族的屈辱历史导致了海峡两岸的分离,身为台湾人却有着旅居祖国大陆的经历和经验,使得旅陆台籍作家们能够兼容海峡两岸,实现海峡跨越,以一己之身(率先)完成两岸统合——这样的人生选择以及由此"引发"的文学创作,无疑是他们精神追求和情感寄托的外化。王璇抓住旅陆台籍作家们在空间流动中"整合"两岸的历史成果、当代表现及其心路历程、精神依归,根据他们的人生轨迹、创作道路和思想特点,深入探寻他们在选择旅陆(抗战时期)和归台(战后台湾光复)背后的心理动因、民族立场、文化思考和创作追求:在张我军、张深切和洪炎秋"三剑客"之间,王璇发现了他们的相似(中华民族精神、立场)和不同(有的直接反日、有的迂回抵抗);在吴浊流和钟理和之间,王璇辩证出他们对封建中国和不够彻底的中国"启蒙运动"

◎ 序言

之"批判合理性"（批判中国并不是祖国认同的转变，而是对祖国爱之深切的期望）；在林海音和洪炎秋的文学营造中，王璇指出了他们的个人特点（分别为五四女性文学传统和传统文化的当代体现）和文学价值（在小说和散文领域各领风骚）……无论是对中国的民族认同、形象塑造，还是对日本殖民的抵抗、文化背离；无论是对五四精神的致敬、承袭，还是对前辈作家学习后的继承、发展，抗战时期旅陆台籍作家的人生和文学，都既承载着台湾近代以来的历史悲痛，也传递着两岸文学共生互动的民族精魂。

由于旅陆台籍作家既有台湾背景也有大陆经验，他们的民族精神和反殖立场在殖民和沦陷语境下常有含蓄和迂回的表现，他们的文学创作既有对日本殖民者的反抗，也有对大陆的批评，因此如果不结合具体语境和精神轨迹对他们进行"同情的理解"和深入的剖析，就很容易忽略一些作家的文学实质而受惑于他们的文字与情绪表达。有些台湾学者刻意将这些作家含蓄和迂回的表达方式与批评中国的内容放大，作为意识形态主导的论述材料，特别是吴浊流、钟理和这样"批评"过大陆的旅陆台籍作家，就更容易被一些台湾学者拿来断章取义，转化为他们"嫌弃大陆"的论据。对此，王璇在书中结合旅陆台籍作家的人生经历、思想根源、情感形态和文学表现，抽丝剥茧、正本清源，还原他们的真实内心，从人生走向中发现旅陆台籍作家的民族立场和反殖理念，从文学作品中寻绎他们的情感侧重和精神追求。对于"将旅陆台籍作家的研究当作切割中国新文学与台湾新文学的论据，罔顾这些作家受到五四新文学影响的事实和他们对祖国的认同"现象，王璇从学理上通过扎实的学术分析,指出这种研究是有"结论先行的漏洞"的。

无论是从中国抗战时期文学的总体格局下观照(旅陆)台湾作家创作,还是对旅陆台籍作家各具特色的个体特征分析;无论是对旅陆台籍作家与中国现代作家的关联考察,还是对经由旅陆台籍作家实现的两岸中国文学的统合揭示;更不用说对旅陆台籍作家"中国情结"、反抗殖民的深刻挖掘和对一些台湾学者偏颇观点的学理纠正,都体现了王璇在进行抗战时期旅陆台籍作家研究时秉持的这一原则:历史"整体观"、作家"个性观"、两岸"统合观"和学理"求是观"。从某种意义上讲,王璇能够选择这一充满挑战性的论题作为自己的博士学位论文,其实是她对当年那段台湾沦为日本殖民地屈辱历史的一个沉思,也是她对当今两岸分离现实的一种关注,更是她与近百年前回归祖国并活跃在中国大地上的旅陆台籍作家们的文学和学术对话。应当说,王璇以她扎实的史料功夫、独特的历史眼光、明晰的结构思路和深刻的学术分析,有效地回应了颇为艰险的学术挑战。

相对于当初的博士学位论文,本书已经有了一些调整和修改,整体上更加具有内在逻辑感和历史纵深感。王璇是个很优秀又很用功的学生,她来南京大学申请博士时就给我留下深刻印象:中英文俱佳,白话古文兼擅。记得她第一次见我时给我看她填的几首词,让我顿时对她刮目相看——现当代文学专业的研究生能弄古典诗词的,现在已经不多了。读博期间她去过德国,也去过台湾,国际视野和两岸生活经验,想来对她的博士论文写作是有帮助的。现在她在博士论文基础上修订的著作就要出版了,她让我写几句话,我就想到:她的博士论文从

◎ 序言

一个特定的角度,很好地解决了涉及抗战文学、台湾文学、两岸文学等研究领域中的重要问题,她取得的这一成绩值得祝贺!如果可以用"唐山流寓话巢痕,文脉延续书族魂"来形容抗战时期(以及战后)旅陆台籍作家的文学书写,那我愿意用"隔海异代能对话,精研细读是解人"来概括王璇对那些作家的学术论述——这也是我读王璇这本书的强烈感受。希望王璇能再接再厉,在学术上取得更大的成就!

刘 俊

前　言

　　日据时期旅居大陆的台湾作家,以抗战时期(1931—1945)最成规模。其中又以张我军、张深切、洪炎秋、苏芗雨、钟理和、林海音、吴浊流、刘呐鸥等人的文学成就最为突出。抗战时期旅居大陆的台籍作家,因其东亚流动轨迹的相似性,得以在时空中交错。在新文学运动余韵、民族独立自决的风云之下,他们往来甚密,分别以北京和台北两座城市为中心形成了较为集中的交游,并成为抗战时期沦陷区、战后台湾文坛的中流砥柱。此外,他们内渡中国大陆后,对祖国的情感、对日本殖民的反思与反抗、及在此基础上形成的种种共识,也让他们具备了作为创作群体而被讨论的可能。

　　综观抗战时期旅居大陆的台籍作家,空间流动带给他们的影响是巨大的。这一影响反映在文学上,是他们明确受到五四精神和新文学运动的熏陶。他们与新文学作家鲁迅、周作人或有私交,或有文学传承,从而汲取了中国新文学运动的养分。他们对于鲁迅、周作人的回忆文章,对鲁迅和周作人的研究亦有一定的史料价值。另外,他们也受到五四时期其他作家的影响,并不同程度地反映在作品中,展现了他们对于五四新文学的传承,并在战后台湾产生了重大影响。同时,旅居大陆的台籍作家与当时没有内渡的台湾作家也有一定的互动。两者相比,旅居大陆的台籍作家表现出更为明确的反日、反殖民精神,而后者则苦于殖民压迫,只能采取较为隐晦的办法来表现自己的反殖民主张。

空间流动的影响还体现在文化方面,作家在内渡前后对祖国的文化情感与想象发生了不同程度的变化,并对他们的文学实践、文化活动产生了较大的影响,致使他们对祖国的文学形象塑造呈现出三种不同的倾向。

首先是以张我军、张深切、洪炎秋等旅京台湾作家为代表,祖国想象被强化的作家。对他们来说,选择北京作为长期的旅居地,乃在于对自身"中国身份"的认同感,主动选择内渡以作为反抗殖民统治的手段,在他们身上所显现的情感关键词是"遗民"。在大陆的学习和生活经验使他们对于中华文化有了更深的认识,对于祖国的认同感更加坚定,因而他们对于中国形象的塑造,多表现为正面、积极的。他们将中国化与近代化联系,从而反抗殖民政府将日本化与近代化相混淆的殖民政策,以图在台湾复兴中华文化,重建"中国"这一民族共同体想象。不过,他们对于北京空间的塑造,与战后迁台作家对北京的塑造相比,依然是一种空间上和情感上的"隔海相望",比照自身才是其出发点和终点。

其次是祖国想象由憧憬变为批判的作家,钟理和与吴浊流是其中的代表。钟理和与吴浊流对于祖国的想象之所以呈现出批判的态度,源自两人短暂且不愉快的旅居经验,且二人内渡的原因皆为逃避在台的不幸遭遇。因而他们所显现的情感关键词是"逃难"。他们批判的是战时中国的萧条落败和启蒙运动大任未成，而对于中国传统文化与祖国原乡的信仰没有改变。同时，这一主张也展露在他们对台湾空间的再想象、再塑造中。他们返台后对台湾现实的批判，印证了他们对于祖国的批判并不代表认同转变。

最后是在空间转换中，文化认同游离的"中间人"，以刘呐鸥为代表。刘呐鸥对于上海空间和北京空间的塑造，只撷取其摩登都市的部分，而弱化了文化、国家属性，展露出他的局外人视角。刘呐鸥的情感关键词是"流亡者"，他是游离在中日两种文化之间的"中间人"，折射出殖民体制对于民族共同体想象的剥离与台湾人的殖民印记。

目 录

绪 论 / 001
 一、问题的提出：他们是谁？ / 002
 二、两种范式：文学史观之争 / 007
 三、融合与拓展：探究一种文学史意义 / 031

第一章 抗战时期旅陆台籍作家整体观 / 033
 第一节 台籍作家的地域流动轨迹 / 034
 第二节 台籍作家的内部关系网络 / 041
 第三节 台籍作家的文化情感轨迹 / 061

第二章 抗战时期旅陆台籍作家与两岸新文坛的互动 / 074
 第一节 台籍作家与五四作家/文学 / 076
 第二节 台籍作家与台湾文坛的互动 / 137

第三章 祖国梦徊——旅京台湾作家的民族共同体想象 / 165
 第一节 中国作为一种空间想象：旅京台湾作家的中国形象塑造 / 168

第二节　故国之思如何不同:70年代台湾的北京书写热潮 / 216

第四章　祖国梦醒——从再现中国到"再造"台湾 / 238
　　第一节　幻灭与批判:中国形象的再现 / 239
　　第二节　裂变的第三空间:"再造"台湾 / 271

第五章　背离与矛盾——民族共同体想象的新变 / 298
　　第一节　都市漫游者:局外人眼中的中国形象 / 300
　　第二节　文化流亡者:民族共同体想象的双重背离 / 313

结　语 / 325

附　录 / 329
　　附录1　抗战时期旅陆台籍作家互动时间表 / 329
　　附录2　抗战时期旅陆台籍作家的作品交集与唱和 / 334
　　附录3　旅京台湾作家与鲁迅、周作人的往来 / 336
　　附录4　张我军(1902—1955)作品年表 / 338
　　附录5　张深切(1904—1965)作品年表 / 353
　　附录6　洪炎秋(1899—1980)作品年表 / 359
　　附录7　林海音(1918—2001)作品年表 / 374
　　附录8　钟理和(1915—1960)作品年表 / 387
　　附录9　吴浊流(1900—1976)作品年表 / 393
　　附录10　刘呐鸥(1905—1940)作品年表 / 401

参考文献 / 407

后　记 / 430

绪　论

　　1895年乙未割台至1945年台湾光复前,台湾治权由日本掌控。台湾人虽在私人领域可使用中文,但在书面、教育等公共领域须熟习日文,赴日留学、工作成为一时之风。当大陆的知识分子在"西学东渐"中论争着各种主义,为民族独立而奔走呼号的时候,台湾的知识分子在公共领域的文化自由度愈发受限。直到20世纪30年代,日本在台湾实施"皇民化"政策,推行诸如禁绝报纸汉文栏、扶持"国语家庭"(讲日语的台湾家庭)、招募志愿兵等殖民政策,台湾在语言、文化、政治等诸多方面与中国大陆的阻隔越来越深,导致台湾新文学的发展受到严重的阻碍。

　　在这一背景下,仍有一部分台湾知识分子只身前往大陆,或为求学深造,或为求职工作。他们怀着对"唐山"的原乡梦来到大陆,见证了彼时浩浩荡荡的新文化运动与五四运动,并亲身经历了中国文学的现代化之路,进而以其文化实践为台湾带去了新文学的火种。这些主动赴大陆深造、求职的台湾知识分子,即旅居大陆的台籍作家(后文简称"旅陆台籍作家")。台湾光复后,国民政府即在台湾禁行日语。跨语一代的作家未能在短时间内及时恢复文学创作。而1946年后相继返台的旅陆台籍作家,则继续向台湾传递着新文学经验。他们之中,有的以文学创作提供白话文经验,有的则以文化实践在文坛发掘、提携后辈,为战后台湾新文学的重建与发展烙下了深深的五四印记。

一、问题的提出:他们是谁?

纵观日据时期,虽比之旅日人数来说,旅居大陆的台湾人相对较少,但也从未断绝。至九一八事变后,台湾人赴大陆的人数不减反增。究其原因,乃在于随着日本殖民、侵略的推进,一方面沦陷区需大量人员填充,熟习中日语言、文化的台湾人成为日本当局首选;另一方面,台湾人赴沦陷区较之往日更易,主动赴大陆的台湾人增多。以代际为限,旅陆台籍作家可粗略分成三类,即旧文人连横(连雅堂)、洪弃生(洪攀桂)、周定山等,新文学作家张我军(张清荣)、张深切、洪炎秋、宋斐如、钟理和、吴浊流、刘呐鸥等,在大陆成长的台籍第二代林海音、林文月、洪伯仁等。日本在台湾的殖民政策采取循序渐进的方式,在日据初期,对汉语、旧诗文的限制政策尚不如日据末期那般严厉,连横、周定山、洪弃生等心系祖国大陆的旧派文人仍有旧诗文创作问世。但除连横之外,旧派文人的大陆经验多为"游历"形式,返台后的旧诗文创作集中于对大陆风光的描摹、祖国河山与传统文化的迷恋等方面,其表现也多限于旧诗文的创作层面,与大陆新文学的互动、台湾新文学的贡献尚不明显，①因此不在本书研究范围内。台籍二代如林文月等，多于20世纪30年代出生，在大陆期间尚是少年，对大陆的体验、感悟可能略有偏差，也不在研究范围内。

出生于日据初期、成长于殖民统治之下的一代知识分子，以张深切、洪炎秋等为代表，在二三十年代通过各种途径内渡到祖国大陆，其创作多为白话新文学，写下了两岸文化、文学互动的辉煌一页。他们的空间流动和文化交流在整个日据时代是最成规模的，同时他们的关系网络复杂交错、时有往来，因而更具有作家群体的特征——他们即为本书的主要研究对象。这批作家主要有旅居北京的张我军、张深切、洪炎秋、钟理和、林海音、宋斐如、江文也等，以及旅居上海的刘呐鸥和旅居南京的吴浊流等。

其中，旅居北京的台籍作家以张深切、张我军为中心。目前对张深切、张我军、钟理和、林海音的研究较多，但对与张我军、张深切共同办报、办刊的台湾作家研究非常匮乏，具体名单也有待挖掘。之所以用"台籍"而不是"台湾"指代这些作家，乃在于有的作家并非生长于台湾，而是从小在大陆成长，因父母为台湾省籍而籍贯、身份归于台湾，如林海音。同时，以"台籍"的用法区分同时期在台湾本省创作的台湾作家，以免引起歧义。

同时，在这些作家中有一个特例——许地山。许地山虽出生于台

---

① 周定山于1925年开始逐渐有新文学作品发表，1931年进入创作的高峰期。周定山深受旧学浸淫，其新文学创作文字不够浅白，探讨的范围也非常狭隘，在此不将周定山纳入新文学作家研究的范围内。

湾，但尚在襁褓之中就随家前往漳州落户，青少年时期随父亲的仕途变换而四处流离。直至1941年心脏病发致死，许地山都浸淫在中国新文学运动的大纛之中，而未受台湾身份的深层影响——他身上几乎没有展现出台湾特性。因此，无论是大陆的文学史研究，还是台湾的文学研究，普遍将其作为中国新文学作家进行探讨，在此也不将其列入探讨对象。

除许地山外，根据作家在大陆、台湾的空间流动时序，可列表如下：

表1 部分旅陆台籍作家的空间流动表

作家	生卒年	旅居大陆时间	旅居大陆地点、工作	备注
洪炎秋	1899—1980	1922—1946	北京：求学、任教、办报	出生于彰化鹿港
苏芗雨	1902—1986	1921—1922	南京：求学	出生于新竹市北门外沙仑
		1922—1937	北京：求学、任教	
		1937—1946	湖北、湖南、重庆、广西、贵州：任教	
吴浊流	1900—1976	1941.1—1942.3	南京：记者	出生于新竹
张我军	1902—1955	1921—1924	厦门、上海、北京：求学、银行、革命	出生于新北板桥
		1926—1946	北京：求学、任教	
张深切	1904—1965	1926—1928	广州、上海：求学、革命	出生于南投
		1938—1946	北京：任教、办报	
刘呐鸥	1905—1940	1926—1940	上海：求学、创作、出版、电影	出生于台南柳营
王诗琅	1908—1984	1937	上海：日本陆军"宣抚班"	
		1938—1946	广州：编辑	

续表

作家	生卒年	旅居大陆时间	旅居大陆地点、工作	备注
江文也	1910—1983	1936—1983	北京：任教	1917年在厦门作为日侨在汉文学堂读书，后到日本（在台湾仅7年）
钟理和	1915—1960	1938—1941	沈阳：创作、驾驶	出生于屏东县
		1941—1946	北京：创作、翻译	
林海音	1918—2001	1923—1948	北京：求学、记者、图书馆	出生于大阪，籍贯苗栗头份

除表中显示的知识分子外，另有宋斐如、吴敦礼等文化人，至今研究不足。根据张光正(何标)的考证，①抗战时期旅居北京的台湾高知主要有张我军、张深切、柯政和、江文也、张秋海、郭柏川、林朝权等人，他们自命"八仙"，经常聚餐叙谈。

无论是旅居北京的张我军、张深切、洪炎秋、宋斐如、江文也、林海音、钟理和等作家，还是只在大陆短暂停留的吴浊流，抑或是客死他乡的刘呐鸥，他们的台湾身份影响着在大陆时期的文化活动，返台后大陆经验又成为他们继续创作的主要动力。大陆经验为他们提供了极大的创作财富，也让他们对彼时在五四洗礼下中国文化的现代化之路有了更直观的感知。因而他们或在大陆致力于以中国文化抵抗侵略(张深切、洪炎秋)，或为新文学发展贡献一己之力(刘呐鸥)，或在台湾极力复刻五四新文学(洪炎秋、林海音)，为两岸文学交融留下了恢弘一笔。

---

① 参见北京市台湾同胞联谊会编：《在北京的台湾人》，台海出版社，2005年。

因此，大陆经验作为旅陆台籍作家进入中国新文学语境的重要途径，深植于作家的创作与文化活动中，成为五四新文学与文化精神在台湾得以赓续的重要一环。在这一维度上，旅陆台籍作家的文学史价值首先应在于他们的空间轨迹与对大陆经验的记录、追忆证实了20世纪台湾新文学与五四新文学的继承关系。换言之，旅陆台籍作家的大陆文学经验是探究新文化运动与新文学创作机制如何进入台湾知识分子创作的范例。

其次，旅陆台籍作家逃离殖民统治、内渡到祖国大陆的经验，为20世纪中国知识分子、中国文学的离散主题提供了独特的样本。"离散"（diaspora），又译为"飞散"，词源为希腊语"diaspeirein"，有散开、散布的意思，原指种子的传播繁衍生长。在当代研究语境中，离散理论通常用于指代"任何在自己传统家园之外生活的人或人群"[1]。城市化的推进、现代文明的冲击、战争的流离，致使离散经验在20世纪中国知识分子的人生经验与文学体验中，从来不陌生——20世纪中国文学的发展建立在中国人的空间流动经验之上。无论是从乡村到城市的文化流动、抗战时期从沿海向内陆的人口迁徙，还是因战争等原因而离散海外的经验，都成为中国人在面对现代化与战争时的重要文学经验和文化心理资源。"家园不一定是自己离开的那个地方，也可以是在跨民族关联中为自己定位，为政治反抗、文化身份的需要而依属的地方。"[2]对旅陆台籍作家来说，在沦陷区以中国人的身份反抗日本殖民侵略，即是他

---

[1] 赵一凡等主编：《西方文论关键词》，外语教学与研究出版社，2006年，第115页。
[2] 赵一凡等主编：《西方文论关键词》，外语教学与研究出版社，2006年，第116页。

们独特的离散经验。因此,旅陆台籍作家同样是中国人面临离散时的重要样本,他们的空间经验与家国书写与东北流亡作家群一样,混杂抗日、家国、离散等多方面的文化情愫。而一直以来,台湾作家的离散经验与中国书写受到的重视程度远远不够。将旅陆台籍作家作为一个整体进行阐释,聚焦他们的空间书写与中国叙事,为丰富20世纪中国新文学史的离散主题、家国情怀有着极为重要的价值。

另外,旅陆台籍作家的旅居经验,为当下北京、南京等城市在两岸之间,乃至与海外城市的文学、文化交流提供了重要的文化心理基础与经验。北京、南京、上海等城市空间与文化形象如何进入两岸交流空间,以致影响了台湾作家对"中国"这一文化和地理空间的想象,进而催化其中国梦的强化/变异,都是值得深入挖掘的问题。因此,旅陆台籍作家的研究价值不应止步于工具性研究,更在于旅居城市如何塑造了他们的中国想象——他们对旅居城市的念兹在兹、对祖国的复杂情愫正反映了台湾知识分子的文化向心力。

二、两种范式:文学史观之争

旅陆台籍作家在大陆和台湾两地都处于交叉地带,历来被忽视,相关整合和专著相对缺乏。同时,对他们的大陆和台湾经验作统筹研究的也相对较少,且都是对作家个人的探讨,缺乏统一归类研究。总体来说,两岸的相关研究在不同的史观视野下,呈现出明显不一致的研究范式。

(一)中国新文学史观下的考察

除在沦陷区北京的台湾作家外,其他地区(上海、南京、广州等地)的台湾人虽然不少,但由于没有形成如北京一样关系紧密的群体,论者通常更关注沦陷时期北京的台籍作家。这些研究将作家放置在五四新文学的框架中进行考察,且侧重于对作家个体在大陆的文化活动考证。相比之下,将其作为整体进行探讨的研究较为有限,遑论对其群体文化价值的挖掘;在内容上则集中在考证历史、活动方面,对作品、文人心态等方面几乎没有相关论述。

1.中国新文学史观下的研究侧重于对旅陆台籍作家的大陆文化活动、史实考证,以及对从事文化活动和求学的台湾人士名单的历史考据上

蓝博洲编著的《民族纯血的脉动:日据时期台湾学生运动(1913—1945)》(海峡学术出版社,2006年)、黄新宪的《1946年—1949年台湾学生求学祖国大陆考》[《河北师范大学学报》(哲学社会科学版),2004年第6期]、秦贤次的《张我军及其同时代的北京台湾留学生》(收入《漂泊与乡土——张我军逝世四十周年纪念论文集》,"行政院文化建设委员会",1996年)等,皆是对台湾作家的活动、历史资料考证。其中,奚密的《台湾人在北京——1949前在京台湾作家简论》(收入陈平原、[美]王德威主编《北京:都市想像与文化记忆》,北京大学出版社,2005年),以张我军、钟理和、张深切、洪炎秋等人与北京文坛的互动、对北京的描述、返台后的际遇为主题探讨了几位作家的生平,将几位作家的文化活动联系在一起。黄万华的《史述和史论:战时中国文学研究》(山东

大学出版社,2005年)将台湾作家置于战时中国新文学的脉络中,将台湾作家按作品题材分为抵抗作家、"风俗画"作家、唯美彷徨作家三类,详细描述了几类作家的作品意涵。黄万华的视角代表了大陆学者的立场,即把台湾新文学置于中国新文学的视野中进行研究与探讨。

张泉和王申是两位关注旅居北京的台籍作家的研究者。张泉的《沦陷时期北京文学八年》(中国和平出版社,1994年)列举了以张深切、张我军、洪炎秋、钟理和为代表的"旅京台湾作家"群体,将台湾作家的创作和文化活动纳入中国新文学史(抗战文学)中,将他们与同时期的大陆作家放置在同样的基准上进行研究。应该注意的是,张泉在沦陷区北京文坛的校园出版物中,并没有将张我军等人创办的《少年台湾》作为讨论对象,显示出文献资料的不足。他的《殖民/区域:建构中国现代文学史的一种维度——以日本占领华北时期的北京台湾人作家群为例》(《文艺争鸣》,2011年第9期)也列举了沦陷时期在北京的文化人(张我军、洪炎秋、柯政和、林海音等)和从业者(张深切、江文也、苏子蘅、吴敦礼等)的活动。张泉分析了沦陷时期大量台湾人聚集于北京的原因——战时大陆知识分子普遍内迁,北京的文化工作岗位空缺较多,北京的历史文化魅力等,并以期刊《中国文艺》和小说集《夹竹桃》为例,简单介绍了张深切与钟理和两位作家的文学活动与创作。张泉在《沦陷区中国作家的文化身份认同与政治立场问题——以移住北平的台湾、伪满洲国作家为中心》(《抗战文化研究》,广西师范大学出版社,2008年)中,也以张深切、洪炎秋为中心论述了台湾作家在北京的文化活动。

王申的《沦陷时期旅平台籍文化人的文化活动与身份表述——以张深切、张我军、洪炎秋和钟理和为考察中心》(北京大学博士论文,2010年)是目前为止涉及相关作家最多的比较性研究。其中,对张深切的研究只关注了杂志的编辑史实,对张深切返台后的文学活动涉及很少,且过多纠缠于张深切与周作人的事件纠葛中,而相关事件早在日本学者木山英雄的《北京苦住庵记:日中战争时代的周作人》(生活·读书·新知三联书店,2008年)中已有详细考证。对张我军、洪炎秋、钟理和的论述也缺少文学内部研究,几乎没有涉及返台后的文化活动。王申的论文将几位作家放置在北京沦陷时期的新文学脉络中,将他们的活动与周作人进行连接,展现出几位作家的中国情结和爱国之心,是值得肯定的。但囿于表现作家的爱国情怀而对作家的文化选择未能详尽表述,对创作文本的忽视成了研究的盲点,几位作家对于新文化运动的接受和思考被忽略了。最重要的是,和很多相关研究一样,文章并没有展现出台湾文人的特殊性和台籍作家群体之间的联系——台湾文人在特殊的历史背景下的旅居身份和他们之间的相互影响几乎被忽略了。而张我军等人作为台湾人所具有的特殊性,恰恰是他们在北京期间和返台后与同时期的其他文学群体的不同之处——这也是将他们作为一个文学群体来进行研究的关键。同时,他们在祖国所经历的文化情感变化、对台湾与大陆的认识转变,都没有得到充分讨论。

王申后来发表的《台湾文人的北京体验——以连雅堂、洪弃生为例》(《社会科学论坛》,2010年第19期),从连雅堂与洪弃生对北京的游历经验出发,阐释了两人笔下作为风景的北京和他们作为台湾人对北京象征的文化符号和传统的凝视,表现出乙未割台前成长起来的一代(旧)文人的中国想象。

可以看出,将旅陆台籍作家作为整体来探讨的研究,更侧重于史料考证等文学外部研究,侧重于展现台湾文人的"中国想象"和在大陆的文化活动,其台湾经验和文本价值是缺失的。张深切在北京期间的文化活动、洪炎秋返台后的杂文创作等,在不同程度上被忽略了。

2.中国新文学史观下的研究对台籍作家的个体探讨较为零散,对这一群体的个体研究止步工具性研究

日本学者木山英雄的《北京苦住庵记:日中战争时代的周作人》即是典例。木山英雄对张我军等人的研究是用以证明周作人"事伪"的矛盾心态,张我军、张深切只作为补充、佐证材料出现,十分可惜。

黎湘萍的《文学台湾——台湾知识者的文学叙事与理论想象》(人民文学出版社,2003年)是将旅陆台籍作家放置在中国新文学发展框架中的研究范例。书中通过探讨两岸新文学共同的文学母题、台湾"现代性"的特点、战后上海与台北之间的文化流动、台湾作为现代消费社会的另类叙事、新生代大陆和台湾知识者共同的救赎之路等方面,将台湾新文学置于中国新文学的脉络中,探讨深受大陆影响的台湾新文学的精神品格和发展历程,将台湾作家的文学之路和命运联系到中国文学的大纛之下。对台湾作家文化活动的探讨止于证明台湾文学的发展与中国新文学一脉相承,但对其返台后的活动仍少研究。古继堂的《台湾文学的母体依恋》(九州出版社,2002年)、李诠林的《台湾现代文学史稿》(海峡文艺出版社,2007年),皆将钟理和、张我军、林海音等人

的创作放置在作为中国新文学支流的台湾文学之中进行考察,将他们与台湾同时期作家作为一个整体与五四新文学作家进行比较。李诠林在书中多次提出台湾作家的中华民族精神和战斗精神,但没有细化到台籍作家如何与五四产生互文这一重要问题上。张羽、陈美霞的《镜像台湾:台湾文学的地景书写与文化认同研究》(福建人民出版社,2014年)提及吴漫沙、徐坤泉对大陆的描写,与黎湘萍一样,是将其作为研究《风月报》作者群的大陆经验的一部分,论证台湾日据时期文人的两岸互动与"选择性观看祖国"①的情状,而没有进一步挖掘其作为群体的文化意义与表征。

  刘俊的《台湾新文学诞生之初文学现代性的三种形态——以连横、张我军、赖和为中心》(《中国现代文学研究丛刊》,2012年第4期),同样将几位台湾作家的创作放置在五四的文学话语下。文章认为,连横采取旧诗文作为文学表达的主要形式,在日据时期背景下,并不具有落后性。连横不是旧派文人,"而是一个具有现代意识的现代知识分子"②,对传统文学的坚持"内蕴着的是他以对传统中国的守护来对抗异族的殖民统治,此时的'旧'文学,恰恰是中华民族的代表和象征"③。

---

① 张羽、陈美霞:《镜像台湾:台湾文学的地景书写与文化认同研究》,福建人民出版社,2014年,第49页。
② 刘俊:《台湾新文学诞生之初文学现代性的三种形态——以连横、张我军、赖和为中心》,《中国现代文学研究丛刊》,2012年第4期。参见《复合互渗的世界华文文学:刘俊选集》,花城出版社,2014年,第132页。
③ 刘俊:《台湾新文学诞生之初文学现代性的三种形态——以连横、张我军、赖和为中心》,《中国现代文学研究丛刊》,2012年第4期。参见《复合互渗的世界华文文学:刘俊选集》,花城出版社,2014年,第132页。

刘俊有意识地将张我军、连横放置在民族意识的框架中,指出作家的创作形式虽然不同,但其民族意识和认同核心是相同的,即心系祖国。

另外,计璧瑞的《冲突下的民族意识形态——论台湾传记文本〈里程碑〉和〈无花果〉》(《台湾研究集刊》,2006年第4期)、林德政的《战时台湾人在北平的文学生涯:张我军和林海音》[《"中华民族的抗争与复兴——第一、二届海峡两岸抗日战争史学术研讨会"论文集》(下),2007年7月]、孙丽凤的《鲁迅与台湾文学的关系》(辽宁师范大学硕士论文,2010年)、毛宇飞的《华北沦陷区〈中国文艺〉期刊研究》(江西师范大学硕士论文,2014年)等,都涉及对抗日战争时期在大陆的零散台湾作家的研究。其中《华北沦陷区〈中国文艺〉期刊研究》指出,张深切在主编刊物期间坚持将日伪政权对编辑的影响降到最低,表露出反抗意识。同时,论文呈现了《中国文艺》作家群的面貌,探讨了《中国文艺》在参与文学论战、重建新文学和文艺复兴等方面的正面意义,将张深切置于沦陷区北京的语境中,使其成为中国新文学史中的重要一笔。

在对张深切的研究中,陈言的《沦陷时期张深切与周作人交往二三事》(《新文学史料》,2004年第4期)考证了张深切与周作人的结识,以及张深切晚年对周作人的回忆和敬仰。陈言指出,张深切通过张我军、洪炎秋等人的介绍结交周作人,在晚年的回忆录《里程碑》中,周作人频频出现,[①]"他对周作人经历了从见面前的不抱好感、到见面后的喜欢和同情,再到鄙夷,乃至被周误解和与之绝交后的无奈、凄凉,字

---

① 据陈言所论,这与周作人全集中全然不见张深切的影子形成鲜明对比。

里行间径自流露着对周氏文学成就的景仰,以及周能重振华北沦陷区文坛的期望"①。张泉(《沦陷时期北京文学八年》)则指出,张深切主编《中国文艺》期间,并不像很多学者认为的那样,把这份刊物变成奴才气重、内容肤浅的报纸。他反驳刘心皇将张深切看作"时时刻刻在为日本军阀的侵略中国做工作的"②观点,认为张深切在中日关系上,确实有不正确的提法,但考虑到日伪宣传无孔不入,沦陷区人民受到视野限制,无法有全面认识。同时结合其政治行为和基本立场(主编《中国文艺》期间没有积极配合当局口号与政论,《中国文艺》创刊词中表达了与政治保持距离的言论),会发现作为主编的张深切并没有将《中国文艺》办成一份卑躬屈膝的奴才刊物。《中国文艺》虽然译介日本作品,但都集中于日本古典作品与现代名作,和时局关系不大;其刊登公孙嬿的作品,也很难归于"色情小说"之列;将奴化说教刊登在专载、特载栏以严格区分文学创作与奴化宣传,殖民说教和刊物本体分离,从而更突出文学本身的价值。值得注意的是,对张深切在大陆的活动考察,除了其与周作人的交往、主编《中国文艺》之外,张深切与鲁迅的交往反而被忽略了。在《里程碑》中,张深切自述在中山大学时期与鲁迅有所往来,离开广州后又在上海内山书店见过一两次。这些记录对于鲁迅研究有一定的史料价值,而在目前的研究中缺乏相关的探讨。同时,旅居北京的洪炎秋、张我军与周作人均保持了较为友好的关系,其与

---

① 陈言:《沦陷时期张深切与周作人交往二三事》,《新文学史料》,2004年第4期。
② 刘心皇:《抗战时期沦陷区文学史》,成文出版社,1980年,第273页。

张深切三人对周作人的态度、看法转变也是值得探讨的议题,而在这些研究领域鲜见大陆学者的论述。

总体来说,中国新文学史观视野下的研究,以张深切研究为代表,多将他们放置在大陆沦陷区文学史脉络中,侧重于考证作家的文化活动与他们为中国新文学发展做出的贡献,将其作为中国新文学史的一部分进行考察,而其自身的空间流动经验、台籍身份的特质在一定程度上被忽略了。同时,在文本分析、返台后的文化活动等诸多方面研究不足。这展现了中国新文学史观下对旅陆台籍作家研究的一大误区——将他们作为研究文学史的工具,而非聚焦他们在文学史中的位置与价值。

(二)台湾意识主导下的研究

台湾学者对旅陆台籍作家的研究,普遍集中在对作家个体的探讨上,散见于其他论述主题中,整体性研究相当匮乏,整体呈现出过多的意识形态先行的导向。陈芳明的《殖民地台湾:左翼政治运动史论》(麦田出版,2006年)和钟明宏的《一九四六:被遗忘的台籍青年》(沐风文化出版有限公司,2014年)都涉及旅陆台籍作家的话题。其中,陈芳明的著作从参与左翼运动的台湾人说起,涉及后来旅居大陆(乃至定居)的台湾共产党创始人谢雪红。但由于谢雪红并没有文学创作,因此不在本书的研究范围内。钟明宏的考证重点则是1946年台湾光复后官方派出的百名台湾"公费生"在大陆的文化活动和际遇。虽然涉及部分日据时期就已经在大陆旅居的台湾人,但其文化活动甚少,也不纳入本书的研究范围。

许俊雅的《台湾文学论——从现代到当代》(南天书局,1997年)和陈芳明的《殖民地台湾:左翼政治运动史论》都涉及旅陆台籍作家的话题,是少数对这一群体作整体研究的著作。其中,许俊雅的著作比较有代表性。她认为赖和、张我军、张深切、吴浊流、钟理和、王诗琅等旅陆台籍作家对中国形象的描述,展现了他们对祖国形象的期待与"幻灭"。应注意的是,在研究对象的选择上,许俊雅只呈现了对祖国想象"幻灭"的作家,及其有关中国形象的负面描写。同样有大陆经验的作家洪炎秋、张深切等,对北京乃至中国的情感深厚,其祖国经验是如意的、正面的,返台后对中国形象的描绘也是正面的——而洪炎秋等人的文学书写被有意忽略了。许俊雅的研究代表了台湾很多学者的研究立场:将旅陆台籍作家的研究当作切割中国新文学与台湾新文学的论据,枉顾这些作家受到五四新文学影响的事实和他们对祖国的认同,导致其研究具有结论先行的漏洞。

对作家个体的研究,台湾学者多考证作家在台湾的文化活动,或将作家放置在台湾新文学史的框架中加以考察,作家研究成为台湾意识主导的产物。

以张深切研究为例,从1977年《夏潮》至1988年《张深切全集》的出版,2000年后有多篇学位论文出现,台湾学者对张深切的研究不少。张志相的《张深切与台湾文艺联盟》(收入林亨泰主编《新生代台湾文学研究的面向论文集》,台湾磺溪文化学会,1995年)、黄惠祯的《杨逵与文联张深切等人之争》(《左翼批判精神的锻接——40年代杨逵文学与思想的历史研究》,秀威资讯科技公司,2009年)、黄文成的《张深切论》(《关不住的缪思——台湾监狱文学纵横论》,秀威资讯科技公司,2008年)、简素琤的《日治时期台湾文人的文化调和观——从传统文人到新式知识份子张深切》(《"中央大学"人文学报》,2007年10月)等,同样考证了张深切在台湾的文化活动。

其中,黄英哲是对张深切研究最为全面的学者。黄英哲对张深切的政治、文化活动有详细的梳理和分析,"尤其是对张深切在日据时期知识分子的定位颇为精准"①。《张深切的政治与文学》(收入陈芳明编选《台湾现当代作家研究资料汇编52:张深切》,台湾文学馆,2014年)从时间上细数张深切在广州、上海时期参与政治运动,回到台湾参与台湾文艺联盟,却因与杨逵意识形态的不一致而导致联盟分裂,②主编《中国文艺》而遭当局怀疑被迫辞职,返台后因"二二八"事件被诬告而不得不隐居,晚年从事戏剧活动等事件,堪称张深切文学生涯的细致梳理。柳书琴的《战争与文坛——日据末期台湾的文学活动(1937年7月—1945年8月)》(台湾大学硕士论文,1994年)、赵勋达的《〈台湾新文学〉(1935—1937)的定位及其抵殖民精神研究》(成功大学硕士论文,2003年)、简素琤的《日治时期启蒙思想的五个面向——台湾殖民地现代性的建立与张深切思想的指标性意义》(辅仁大学博士论文,2006年)等,

---

① 杨红英:《近代台湾黎明的呼唤——张深切文学文化活动之探讨》,《华文文学》,2011年第5期。

② 杨逵站在社会主义者的立场上,认为文学作品须以无产阶级为立足点,以台湾社会内部矛盾为关注点。张深切则是民族主义者,认为应关注日本帝国主义的压迫,要求作家站在统一的联合阵线上。杨逵退出台湾文艺联盟后,创办《台湾新文学》,随之而来的是众多左派文学者相继退出,台湾文艺联盟逐渐弱化。

对张深切的戏剧创作、反殖民意识有所论述。这些论文将张深切放置在台湾新文学史的脉络中,探讨了张深切的反殖民意识、对台湾新文学史与戏剧史的贡献。

除此之外,台湾学界对张深切的研究更多见以台湾意识为主导的史观影响。陈芳明将张深切的研究放在其"殖民地台湾"研究的一环中,探讨张深切反抗殖民统治的意义,强调他鲜明的本土意识,认为张深切高举"台湾独立"的大旗,正说明了台湾的抗日运动和大陆没有任何关系:"倘若台湾的抗日运动是属于中华民族主义的一部分,为什么知识分子千里迢迢奔赴'祖国'之后,竟然从事独立运动,而不直接加入中国的抗日组织?"①——这一解读是因意识形态的考量而误读了张深切的本意。据张深切的回忆,他在大陆主张台湾独立的原因是:

> 因为当时的革命同志,目睹祖国的革命尚未成功,做梦也想不到中国会战胜日本而收复台湾,所以一般的革命同志提出这句口号的目的,第一是要顺应民族自决的时潮,希求全世界的同情;第二是表示台湾人绝对不服从日本的统治,无论如何绝对要争取到台湾复归于台湾人的台湾而后已。②

可见张深切的本意是认为台湾回归祖国无望,退而求其次主张独

---

① 陈芳明:《亚细亚孤儿的声音——张深切与〈里程碑〉》,《独立早报》,1990年1月21日。
② 陈芳明、张炎宪、邱坤良、黄英哲、廖仁义主编:《张深切全集卷4:在广东发动的台湾革命运动史略·狱中记》,文经出版社,1998年,第95页。

立,原意是让台湾独立于日本殖民统治,而非分裂出中国。陈芳明与许俊雅一样,只截取片面材料,却将反面论据有意掩盖,存在结论先行的问题。可以看出,台湾学者往往从台湾近代史、社会文化运动层面探讨张深切在台湾文学中的意义,鲜少提及他在大陆复兴中华文化的文学实践,遑论大陆经验对他的思想、文学产生的种种影响。同时,张深切研究也成为重建台湾新文学史的一部分,切割了他在大陆的文化活动和他所接受的五四新文学影响,使得相关研究出现"断崖"。

  对钟理和的研究更是如此。台湾学界对钟理和的研究,从20世纪70年代开始,由唐文标的《来喜爱钟理和》发端。在乡土文学论战风起云涌的70年代,对钟理和"原乡"意识的解读有着明显的政治倾向,更多学者从其中国经验而非文本本身来解读。70年代后期直至21世纪,对钟理和的文本研究开始形成规模。其中,张慧珍详细分析了钟理和对中国从文化想象到经验中国的历程,历数钟理和从台湾到大陆期间的文化观念转变:他认清了台湾人在中国大陆格格不入,失望之后返回台湾。张慧珍进一步指出,钟理和认为鲁迅的路子是行不通的,但是他却还是走上了"又一个鲁迅的路子"[①]。杨杰铭的《论钟理和文化身份的含混与转化》(《台湾学研究》,2007年第4期)则从钟理和的中国意识转变为台湾意识的过程出发,探讨了钟理和将客籍身份隐藏于台湾主题的思维模式。吴叡人也探讨了钟理和"原乡"幻灭的过程,指出钟

[①] 张慧珍:《纪实与虚构——吴浊流、钟理和的中国之旅与原乡认同》,载《台北大学中文学报》,2007年第3期。参见应凤凰编选:《台湾现当代作家研究资料汇编11:钟理和》,台湾文学馆,2011年,第256页。

理和作品中同时包含了台湾文学中的原乡憧憬和原乡幻灭,"蕴含'政治'(国家)认同变化的种子"①。可以看出,台湾对钟理和的研究,侧重于"认同转变"这一主题,研究者普遍聚焦于钟理和的"台湾意识"、对大陆的态度转变等。无论是将钟理和与鲁迅作比较,还是"原乡"幻灭,研究者都将钟理和简化为一种文化符号,为台湾意识张目。

《夹竹桃》写成于钟理和旅居北京期间,打造了一个肮脏鄙陋的北京底层社会。台湾学者普遍将《夹竹桃》作为钟理和"原乡"幻灭与认同转变的证据,认为《夹竹桃》展现了钟理和对中国的失望情绪。诚然,《夹竹桃》中不乏对四合院租客的揶揄、讽刺,但批判的态度无法充分证明作家的"原乡"幻灭,更无法直接得出文化认同转变的结论。《夹竹桃》之所以批判当时的北京社会,有多方面的原因,而部分台湾学者将其窄化为认同变化,难免让人怀疑有意识形态因素的介入。在这些论述中,钟理和变成了一种文化符号被捧上神坛,《夹竹桃》也拥有了相应的符号价值,其批判的深层意涵与动因被忽略了。众多台湾学者因此得出结论:《夹竹桃》的原乡幻灭与《笠山农场》的故乡觉醒形成对话,钟理和是"台湾意识"的先驱。这导致钟理和作品的文学价值被意识形态价值掩盖,两部作品的文学价值没有被公正地估值:对于《夹竹桃》来说,其史料价值被忽略了;对于《笠山农场》来说,其文学性又被片面高估了。但毋庸置疑的是,《夹竹桃》里的曾思勉对五四运动、民族

---

① 吴叡人:《他人之颜——民族国家对峙结构中的"皇民文学"与"原乡文艺"》,"跨领域的台湾文学研究"学术研讨会论文,2005年10月15—16日。参见应凤凰编选:《台湾现当代作家研究资料汇编11:钟理和》,台湾文学馆,2011年,第215页。

命运等有着独立思考,而《笠山农场》中的刘致平一家只能在命运的驱使下走向悲剧,这佐证了《夹竹桃》的思想价值、文学价值并不输后者,而这一点在台湾学界并没有被充分认识。

不过,结合70年代台湾乡土文学论战和解严后台湾意识的抬头与极端发展背景,不难理解这些学者的意图。钟理和研究在此变成重建台湾想象乃至分离主义的手段,通过重塑钟理和的台湾意识,为文化"台独"作论据。但回到学术研究中,认为《夹竹桃》是认同转变的论点,忽视了钟理和的书写本意,坠入"批评即是不认同"的二元对立误区中,存在基本的逻辑错误。而这一错误在21世纪以来更为多样化的钟理和研究中,依然被延续至今。

总的来说,台湾学界对钟理和的研究倾向于窄化他在大陆旅居期间的文化认同,将他的文化情感简化为非此即彼的二元对立模式,由于牵扯了过多的政治因素,以及大陆资料的缺乏,限制了对钟理和的研究视野和史料考证。

台湾学者对洪炎秋的研究思路与此类似。沈信宏的《洪炎秋的东亚流动与文化轨迹》(秀威资讯科技股份有限公司,2016年)以洪炎秋在东亚三地的流动为线索,探讨了洪炎秋的文化活动及意义。论著注意到洪炎秋的文学迁移活动,侧重于对洪炎秋生平和文学生涯的挖掘、史料文献错误的厘清。其局限在于,研究者感到洪炎秋"半山文化身分的游移与挣扎,以及对政治资本既接纳又批判的态度"[①],但洪炎秋对

---

① 沈信宏:《洪炎秋的东亚流动与文化轨迹》,秀威资讯科技股份有限公司,2016年,第371页。

"中国性"的坚持仍没有被充分探讨。细读洪炎秋在台湾出版的十余本杂文集，无论是在国语推行运动中建言献策，还是对台湾社会众生相的品评意见，"台湾特性"在洪炎秋身上并不明显。洪炎秋就国语推行相关议题的建议，多从"国家"层面上对台湾省进行调研考察；对社会世相的评论，也多出于对中国文化、人情世故的推崇或抨击，即展现的是"中国性"。可见，这一研究与台湾的钟理和研究一样，对作家返台后的"台湾特性"念念不忘，却忽略了作家的态度都是基于对中国的认同，而非所谓的台湾意识。囿于此，台湾的洪炎秋研究与钟理和研究一样，窄化了作家的文化情感，对洪炎秋的种种思想问题无法有效思考，如对洪炎秋与周作人亦师亦友却在周出任伪职后刻意疏远的原因，及成为周唯一的"台湾传人"的缘由等问题都无法解答，致使研究捉襟见肘。

(三) 研究范式反思

无论是在新文学史观下的研究，还是部分台湾学者侧重于台湾意识的研究，两种研究范式的本质之争在于史观的不同。大陆学者将台湾新文学放置在中国新文学史的框架中，将台湾文学作为地域文学进行探讨；台湾学者则企图建立独立的台湾新文学史，割裂台湾文学与中国文学的继承关系，其立足于台湾意识主导下的台湾文学史观。

大陆学者和部分海外学者的研究，将抗战时期旅陆台籍作家的文化活动和创作放在中国新文学发展之中，强调作家心怀"唐山梦"内渡祖国求学工作，以及其与五四新文学的承继关系。但这些研究有两个层面的问题和缺失。首先，除了对旅京台湾作家有所归类总结外，在北京时期没有作品问世的林海音、活跃于上海的刘呐鸥、曾旅居南京的吴浊流等人都没有被纳入这一群体研究的视野中来,遑论将这批作家的大陆经验和台湾经验相结合进行探讨。诚然,这些作家与张我军等人的交游、文学风格、际遇有异,但目前研究忽略了这些台湾作家作为整体的表征和作用、大陆经验和台湾经验对他们的双重影响,是毋庸置疑的。其次,对旅京台湾作家的研究,重视台湾作家在大陆的文化活动,而鲜少对他们返台后的文化经验有所关注,遑论将其两岸空间流动经验进行统筹梳理,进而探讨他们的东亚离散经验。虽然张深切、张我军返台后的创作因"二二八"事件影响大不如前,但从其大陆经验的影响来切入其返台后的文化活动因由,仍有研究空间。

台湾学界对这些作家的研究,普遍意义上以陈芳明为典型,以建构与大陆不同的台湾新文学史以及文化"台独"为目的,将抗战时期旅陆台籍作家放置在台湾意识的研究视野下,强调作家从大陆归来的身份认同转变、台湾身份凸显等,是台湾意识极端发展的产物。总体来说,在台湾学者的研究中,张我军、张深切等在大陆已经成熟的作家研究相对较少,对返台后开始大量文学创作的林海音、吴浊流、钟理和等个人研究则蔚然成风。其局限在于,对这批作家的整体性研究非常缺乏;同时囿于台湾意识的局限,研究者无法处理作家旅居大陆的经历和身份特殊性,对其作品的文学价值无法客观评估。

两种视野的研究各有其局限和盲点,在具体作家研究上表现明显。以吴浊流研究为例,大陆学界对吴浊流及其作品的评介最早见于1981年第5期的《读书》,强调胡太明的中国意识。此后,大陆对吴浊流的研究,多集中在对《亚细亚的孤儿》的主旨、人物形象等进行探讨,几乎都延续了《读书》的论点。其中,盛细安注意到了胡太明形象的三个层面:找不到身份认同的孤儿、殖民社会中矛盾苦闷的知识者、具有强烈民族抗争意识的抗日战士。[①]张畅则从主角的名字出发,指出"胡志明"名字的隐喻,"意指台湾人是明朝的遗民"[②]。另外,刘红林的《"孤儿意识"论——吴浊流〈亚细亚的孤儿〉分析》(《华文文学》,2005年第3期)、冯晓娟的《自我认同危机下的"孤儿意识"——透析吴浊流的〈亚细亚的孤儿〉》(《湖南人文科技学院学报》,2015年第3期)、赵元尧的《从吴浊流小说看台湾地区知识分子的寻根意识》(《文史杂志》,2014年第4期),都探讨了作品中的中国认同、民族意识。

由此,大陆对吴浊流的研究呈现出文本集中、主题单一的问题,吴浊流在台湾光复后主编《台湾文艺》的经历,两部反映"二二八"事件史实的著作(《无花果》《台湾连翘》),游历大陆写成的《南京杂感》都没有得到充分关注,遑论大陆经验对吴浊流的影响研究。《南京杂感》记录了吴浊流在南京的所见所闻,其中不乏对当时祖国人情风物的种种描述,作为抗战时期台湾人的大陆见闻录,真实反映了吴浊流对祖国的

---

① 盛细安在《知识者自我认同的悲剧性幻灭——简析〈亚细亚的孤儿〉之胡太明形象》(《阜阳师范学院学报》,2009年第2期)中指出,胡太明的心理结构在身份悬置中逐渐走向不平衡,导致他作为个体存在、不能正常行动思考,是找不到身份认同的孤儿。同时,胡太明自身处境和外在环境的冲突,导致他在自我精神困境中走向崩溃、走向悲剧性的幻灭,因此他又是殖民社会中矛盾苦闷的知识者。胡太明最终走上觉醒和反抗的道路,则让他成为一名抗日战士。

② 张畅、陈颖:《言说空间的折叠:日据时期台湾小说中的隐喻——以赖和、杨逵、吴浊流为例》,《泉州师范学院学报》,2011年第3期。

种种观察。在这本书中,吴浊流表示一直怀抱着奔赴祖国的念头,形成与《亚细亚的孤儿》的互文关系。基于此,吴浊流详细观察并介绍了在南京所见各个阶层的故事,描绘了他眼中的大陆图景。

吴浊流对祖国大陆的态度,在南京一行后产生了一定变化:未接触大陆之前只是模糊的向往和认同感,在南京体验之后变成一种辩证的批判眼光。吴浊流对南京乃至当时中国各方面的批判,并不来自他认同的转变,而在于对祖国大陆的客观剖析和解读。正如他最后在《大陆的魅力》一节中所说的:"中国经常在不安与变幻无常的社会变动的痛苦中,而顽强地维持着伟大的存在,确为不可思议。……尤其是日本姑娘,很喜爱地穿着汉装的,时有所见,而中国姑娘穿和服的,却一个也看不见。"[①]吴浊流的大陆经验,对他日后在台湾的创作有着深刻影响,也促使他反思中国文化的弱点。与大陆相对应的,台湾学界的研究主题更广泛,涉及文本也较多。但在台湾意识主导下,出现了将吴浊流作为一种符号进行拔高的现象。对《南京杂感》的研究,多参照《亚细亚的孤儿》而得出吴浊流文化认同转变的结论,将吴浊流作为台湾意识的带头人,却忽视了《南京杂感》中对中国文化、社会世相的呈现,并不是一种文化情感的转变,而只是一种辩证剖析。如果按照台湾某些学者的结论,批判某地的人情风物,则等于认同变化,那么吴浊流对台湾的种种批判也就意味着认同转变——这又与他们鼓吹的台湾意识形成龃龉。

---

① 张良泽编:《吴浊流作品集4:南京杂感》,远行出版社,1977年,第114页。

另外，台湾对吴浊流的研究还有一个误区，就是将《亚细亚的孤儿》《无花果》《台湾连翘》看成是大河小说的"三部曲"进行整体研究，并与世界其他地区的大河小说进行比对，以期论证台湾文学的反殖民、反抗精神。①例如，陈芳明指出，《亚细亚的孤儿》《无花果》《台湾连翘》中有互文迹象，小说中的胡太明有现实中吴浊流的影子，回忆录中的"我"也渗入了吴浊流虚构的想象和实际的经验。"他的文字，不全然是虚构，也不全然是事实，颇有颠覆汉人传统历史书写的规律。"②但陈芳明在文章开篇就已自述"大河小说"的理论无需外求于西方理论，而以战后台湾的大河小说为基础进行定义。③即使以这一视角来看，吴浊流的三部作品并没有紧密的一脉相承性，并且后两部有着明显的自传性质，将其视作回忆录还是自传小说尚无共识；如果说三部小说有什么共同点，那么只有"自传"性质这一点，而详细反映吴浊流大陆经验的《南京杂感》却被有意忽略了——陈芳明将三部作品看作"三部曲"的观点，仍意在建立连续且独立于中国新文学史之外的台湾文学史，为其文化"台独"代言。

对吴浊流作品的研究，台湾某些学者的研究表现出明显的政治导向和过度解读的特点，将吴浊流作为台湾意识的精神符号，将意识形态立场过多地渗入学术研究。不同于大陆研究主题的一致性，台湾学

---

① 这种"反殖民、反抗精神"并不只针对日本殖民者，也暗指对国民政府的反抗。
② 陈芳明：《左翼台湾：殖民地文学运动史论》，麦田出版，2006年，第248页。
③ 按照陈芳明的定义，大河小说不仅要有浓厚的历史意识，并且作品中描绘的时间发展要横跨不同的历史阶段；同时要有家族史的兴亡，牵涉国族时代的盛衰；作者对作品里烘托历史背景和社会现实又有同情、批判的精神。

界历来存在不同的观点和立场。陈映真认为胡太明是佯狂,有着明显的中国意识论的框架。彭瑞金等学者则将吴浊流放在台湾近代史的脉络中,指出吴浊流作品有巨大的承接和引导意义——弃儿意识,从台湾意识出发进行论证。施政锋也认为:"吴浊流其实是在尝试塑造崭新的台湾人认同,企图进行台湾民族意识的重新建构,为台湾民族运动作动员。"①他指出,《亚细亚的孤儿》《无花果》《台湾连翘》是台湾民族文学(National Literature)。梅家玲则从吴浊流小说的父子家国层面谈起,从男性/女性之间的象征关系解读孤儿意识:"孤儿意识召唤着成家的欲望,目的在完成男性主体的父子传承;然而,(试图)成家的过程及结果,却一再挑衅并挫败男性主体,使其频频于流窜于男性/女性/孩童等不同的性别位置之间,无所依归,反强化了原先的孤儿感。"②无论是陈芳明一派的过度解读,还是其他学者的不同论点,都有不同程度的意识形态色彩,区别只是立场的不同。

对吴浊流小说还有在后殖民情境、反讽笔法、汉诗研究等层面的探讨,在此不作赘述。但由对吴浊流小说主旨和《南京杂感》的研究整理可见,台湾学界普遍关注吴浊流小说中"中国"和"台湾"两部分的龃龉,对《南京杂感》内容的辩证分析较为匮乏,书中对中国文化的复杂情感被曲解为认同变化,致使对吴浊流大陆经验的分析探讨不足。

---

① 施政锋:《战后吴浊流的认同观——情境条件下的台湾人认同》,参见张恒豪编选:《台湾现当代作家研究资料汇编02:吴浊流》,台湾文学馆,2011年,第130页。
② 梅家玲:《从少年中国到少年台湾:二十世纪中文小说的青春想像与国族论述》,麦田出版社,2013年,第247页。

此外，对张我军的研究亦呈现出相似情况。张光正主编的《张我军全集》自 2000 年出版后，不断增补，至今仍有新史料出土。①张光正对张我军的研究，集中在史料考证和搜集上，《父亲张我军二三事》(《新文学史料》,1993 年第 1 期)、《近观张我军》(台海出版社,2002 年)中提供了没有公之于众的张我军往事，是来自张我军家属的"内部资料"。除张光正外，大陆学者对张我军的研究，集中在其旅居北京时期对于日本文学的翻译、宣传等文化活动上，其中张泉的研究较具代表性。张泉的《张我军与沦陷时期的中日文学关联》(《中国现代文学研究丛刊》,2000 年第 1 期)追溯了张我军对日本文学的译介(主要是对白桦派、自然主义的介绍)，以及参与大东亚文学者大会的相关史实，展现了张我军在沦陷时期与日本文学的密切关系。

此外，徐纪阳指出，张我军对译介日本作家作品的选择，明显与鲁迅、周作人兄弟对日本作家(白桦派、自然主义)一致，进而推测张我军对译介作品的选择深受周氏兄弟的局限和影响。他进一步指出："大陆文坛对于自然主义的有限认识，局限了张我军对自然主义做更深入的理解与更进一步的关注。"②黄乃江的《张我军的处女作及其在厦门之文学活动新考》[《福州大学学报》(哲学社会科学版),2008 年第 3 期]、史挥戈的《论张我军对台湾新文学的贡献》[《山东师范大学学报》(人文

---

① 2000 年《张我军全集》在北京和台北出版后，仍有部分文章未能收录。2010 年，北京再次出版了《张我军全集》增订本(上下两册),2016 年又有《张我军全集补遗》问世。

② 徐纪阳:《张我军的翻译活动与"五四"思潮——兼论与鲁迅、周作人之关系》,《沈阳师范大学学报》(社会科学版),2011 年第 6 期。

社会科学版),2006年第2期]、秦贤次的《台湾新文学运动的奠基者——张我军》(《中国现代文学研究丛刊》,1990年第3期)、杨红英的《论张我军的台湾光复主张》[《福建师范大学学报》(哲学社会科学版),2013年第2期]等论文,则考察了张我军的文学活动、对台湾新文学的奠基作用与深远影响,但对其具体的文学创作有所忽略。

可以看出,大陆学者将张我军放置在爱国者、新文学的继承者、中国认同等层面上进行探讨,而对于其大陆经验与文化心理的变化、返台后的活动与文化选择等研究尚少。

张我军于1946年返台后创作骤减,淡出台湾文坛。台湾的研究者囿于本地资料的缺乏,对张我军的研究较大陆相对少见。除了罗心乡的《忆〈乱都之恋〉》(1986年8月),林海音的《两个故乡的张我军》(《静静的听》,尔雅出版社,1996年),龙瑛宗的《高举五四火把回台的先觉者》(《民众日报》,1980年2月27日),孙康宜的《浮生至交》(《联合报》,2002年5月15日)等故人回忆之外,其他学者的研究集中在对张我军文学理论的分析(林瑞明《张我军的文学理论与小说创作》,《台湾文学的现实考察》,允晨出版社,1996年)和乡土书写(彭小妍《文学典律、种族阶级与乡土书写——张我军与台湾新文学的起源》,《中国文哲研究集刊》,1996年3月)等方面。值得一提的是,杨杰铭和许俊雅都注意到了张我军在《台湾民报》时期对鲁迅作品的介绍。许俊雅认为,其文风受到鲁迅影响,并指出张我军在大陆的创作看不出台湾作家的色彩,返台后缺席乡土文学、台湾话文论争,"早已失去创作的动力了"①,是其在台湾淡出创作的原因。

可以看出台湾对张我军的研究,对张我军进行了"台湾化"的处理,当他们认为作家没有呈现出其所期待的"台湾文化属性"时,这位作家便失去了研究价值。

因此,两种范式皆在不同程度上限制了对台籍作家的研究。大陆学界对其台湾经验研究不足,台湾学界对大陆经验的有意忽视,导致作家的文学史价值、作品的文学价值没有被客观评估,乃至一些知识分子(苏芗雨、宋斐如等)被淹没。

综上,应该注意的是,旅陆台籍作家在大陆接受了五四新文学的洗礼,其受到中国新文学的影响是毋庸置疑的。对他们的研究,应该从中国新文学史的框架出发,同时也要突破只关注其大陆经验的盲区,对其两岸空间经验作统筹连接,结合作家在大陆、台湾的文化经历,大陆经验对其文化心态、文化选择、文化观念的影响,乃至在返台后的文化活动,与对台湾新文学带来的作用和影响。同时,也要警惕台湾部分学者将这些作家作为台湾意识的符号,对作家的文化情感作简单化处理,从而使其被招安在台湾意识之下的误区,警惕意识形态陷阱。

---

① 许俊雅:《点燃火把,期待黎明——张我军及其研究概况》,参见《台湾现当代作家研究资料汇编16:张我军》,台湾文学馆,2012年,第73页。

三、融合与拓展：探究一种文学史意义

通过梳理，大陆和台湾学界对抗战时期旅陆台籍作家的研究，整体性研究较少，两岸相关研究存在视野局限而无法有效联通。

本书试图将这批作家作为群体来进行研究，通过对其两岸流动经验的梳理，弥补以往研究中分散、资料不足的情况。通过发掘他们的共同特质，将其两岸经验作统筹连接，结合作家在大陆、台湾编辑报纸、杂志的文化经历，解读大陆经验对其文化心态、文化选择、文化观念的影响，乃至在返台后的文化活动，与对台湾新文学带来的作用和影响。在研究对象上，除吴浊流、林海音等文坛巨擘之外，也着意重新挖掘洪炎秋、苏芗雨等一直被埋没的台籍知识分子，观照他们返台前后的心路历程，以期找到中国新文学的火种在台湾赓续的文化实践和证据。

综上，对旅陆台籍作家研究的价值不仅止于将其作为中国人离散样本的意义，更在于为其在文学史中找到合理的位置。一直以来，在中国新文学研究中，对台湾文学的探讨在历史分期、作家分类上皆有扩展空间，而五四在台湾的赓续也并不止于20世纪40年代末迁台作家对台湾文坛的贡献。旅陆台籍作家流动于两岸之间，并非处于单一的"文化接受者"身份，其对中国新文学的贡献、促使五四新文学与台湾地域特色相融合的努力，皆是他们区别于其他作家群体的重要特点。

本书的研究重点，乃在于通过史料研究与文本分析的方法结合，呈现旅陆台籍作家的空间书写、精神依归，为这些战时离散的知识分

子找到他们在文学史中的身份，拓展五四新文学的外沿。

　　在具体的章节安排上，首先以作家的互动、与大陆新文坛的交流与互文，展现五四创作机制在旅陆台籍作家的文化、文学经验中的重要作用，进而如何影响他们返台后的创作活动，从而勾连旅陆台籍作家与五四新文学、战后台湾文坛的关系。其次，以作家的空间书写为切入点，论证城市空间如何进入作家的中国想象，从而影响作家的文化情感，呈现作家的精神依归与家国情怀，以期为研究当下台湾知识分子文化心态提供心理依据，从而为两岸文学、文化交流提供范本。

第一章
抗战时期旅陆台籍作家整体观

在1931年九一八事变前，台湾人往大陆的流动集中在福建、广东、上海等地。抗战爆发后，大批台湾人因大陆工作机会增多而主动赴大陆，形成了较此前更集中、更大的流动规模。此前的旅陆台籍作家，以连雅堂、洪弃生、周定山等为代表，其创作多为文言、古体诗。连雅堂参与台湾浪吟诗社，写成《台湾通史》，并与张我军展开新旧文学形式的争论，反映了他对新文学形式的排斥。洪弃生也坚持旧文学形式，其子洪炎秋称其为"旧文学的殿后大将"[①]。周定山则经历了从旧文学到新文学转向的过程，不仅有旧文学作品《大陆吟草》《悾偬吟草》，且自1925年开始创作和发表新文学作品。总体观之，其采取的文学体裁和形式各异，作家之间的交游、互动很少，寓居大陆的时间与世代共通性相对不高，鲜少被作为作家群体集中讨论。

与抗战前旅居大陆的作家不同，抗战时期旅陆台籍作家由于时间

---

① 洪炎秋：《闲话闲话》，三民书局，1973年，第67页。

的一致性、空间流动的轨迹相似性、赴大陆目的的相通性,加之内部的种种交游,让他们之间的关系更紧密、共性更突出。他们之中,在地域上有旅居北京的张我军、张深切、洪炎秋、钟理和等,以及旅居南京的吴浊流,旅居上海的刘呐鸥;在作家世代上,有在大陆短暂停留任职的中年吴浊流,有在大陆度过了青壮年时期的洪炎秋、张我军,也有在大陆度过儿童和青少年时期的林海音。虽然年龄、风格各异,但他们都选择了新文学作为文学创作的主要形式,使其创作能被放置在同一维度上进行探讨。同时,其东亚空间流动轨迹几乎是相同的,在他们的文学创作中也都明确出现了由于空间流动而带来的种种精神与思想的变化。不过更重要的是,这些作家之间复杂的关系、频繁的交游与唱和,在祖国和日本的生活、情感体验,让他们能通过文学创作联系在一起,成为一个联系紧密的创作群体。

第一节 台籍作家的地域流动轨迹

据奚密考证,20世纪20年代到大陆求学的台湾青年,多分布在上海、北京、南京、广州、厦门等城市,其中以厦门最多,最早到北京留学的是刘锦堂。虽然奔赴大陆的台湾人集中在厦门地区,但就成为作家、发表文章的地域分布来看,北京、上海更多。抗战时期的旅陆台籍作家,主要活动地域集中在北京、上海、南京三地,其中以旅京台湾作家[①]最成规模。不过,张泉等学者提出的"旅京台湾作家"概念,仅指张我军、张深切、洪炎秋、钟理和,其他作品不多的作家如宋斐如、苏芗雨、江文也等也应纳入该作家群中。除此之外,旅陆台籍作家还有在南京任职的吴浊流、旅居上海的刘呐鸥二人,也应归入这一作家群体。他们的空间流动轨迹,大多经历了抗战前留日、抗战中内渡、抗战胜利后返台的经历,展现出空间流动上的相似性。

旅京台湾作家中的张我军、张深切、洪炎秋,都有在大陆的求学和工作经历。张我军于1921年第一次内渡大陆,入新高银行厦门分部服务。在分行服务期间,张我军跟随当地的一位秀才学习汉文。这位秀才是厦门遗老结成的文社成员之一,常带张我军参与文社活动,张我军受到熏陶,对祖国文化十分爱护。1922年,台湾总督府裁撤银行机构,张我军乘船经上海到北京投奔乡友张鸣,开始苦读。1924年,张我军考入中国大学,后转入北京师范大学,毕业后在北京师范大学、北京大学、中国大学教授日文。由于遣散费有限,1924年10月,经济困顿的张我军不得不返回台北,任职于《台湾民报》。1925年,返北京携恋人罗心乡(罗文淑)回台,于台北市江山楼举行婚礼,由林献堂证婚,洪炎秋、王敏川为证婚人。1926年,张我军与罗心乡返回北京,居住在宣外永光寺中街9号吴承仕家中,兼任《台湾民报》驻北京通讯员。自此,直到1946年返回台湾之前,除1942年、1943年两次赴东京参加日本文学报国会主办的"大东亚文学者大会"之外,张我军未离开过大陆。换言之,张我军自1921年第一次赴大陆到1946年返台前,其流动轨迹为厦门—上海—北京—台湾—北京—东京—北京,其中北京是其旅居时间最长的城市。

与张我军不同的是,张深切和洪炎秋在赴大陆前,均有日本留学经历。张深切因在台湾学校表达对日本教育的不满而被学校开除,1917年由林献堂介绍到日本求学。1919年,由于被日本教师辱骂,张深切萌生民族意识,从此投身反日工作,于1923年赴上海国语师范学校学习国语。1926年,张深切在广州参加反日社会运动,成立广东台湾学生联合会。1927年,张深切考入中山大学政治系,成立广东台湾革命青年团,因返台指挥台中一中事件和广东事件而被捕。至此,张深切第一次赴大陆期间,积极参加反日革命运动,对政治运动的实际参与程度,是后来旅居北京时期无法比拟的。

1930年,张深切在台湾出狱后,于1931年赴上海,供职于《江南正报》等单位,期间母亲去世返台过一次,后直至1933年失业后又重新返台。此次返台期间,张深切在台湾发起成立台湾文艺联盟,发行《台湾文艺》杂志,是30年代台湾新文学运动的重要刊物之一。在他曾参与创立的台湾自治协会中,台湾共产党的创始人谢雪红是成员之一,可以推测张深切和谢雪红也有私交。1939年,在文联趋向解体、《台湾文艺》停刊后,张深切第三次赴大陆,这一次他的目的地是北京。也正是在北京时期,张深切近距离接受了中国新文化的洗礼,并结识了众多文友、战友,其中包括后来成为挚友的洪炎秋、张我军。三人在沦陷区北京致力于复兴中华文化、反抗日伪文化殖民政策,张深切则贡献了他文学生涯中最辉煌的一段篇章。抗战时期张深切在艺专就职,担任新民书院的日语教授。由于日方管控强于抗战前,加之张深切对台湾社会运动的看法不似早年乐观,他在北京期间主要从事主编《中国文艺》等文化事业,以文化活动反抗日本对华北沦陷区的控制。其主编的《中国文艺》因对日伪政权政策的不配合而为日方忌惮,改由武德社接管《中国文艺》。失意的张深切携眷返台,因不堪日警骚扰,于1941年再度返回北京,就职于新民印书馆,直至1946年返回台湾。至返台前,张深切的东亚流动轨迹为日本—台湾—上海—广州—台湾—上海—台湾—北京—台湾—北京。与张我军一样,北京是张深切旅居最久的城市。

与张深切相似,洪炎秋、苏芗雨、江文也、刘呐鸥的流动轨迹,都经历了日本、大陆两地的变换,形成了台湾、日本、大陆的三地流动经验。洪炎秋于1918年逃往东京就读预科,因家中并不支持,资金不足而于次年返台。1922年,洪炎秋陪同父亲洪弃生游历大陆,至此留在北京。1923年,洪炎秋投考北京大学预科,并于1925年升入北京大学教育系。1929年毕业后,洪炎秋历任河北教育厅职员,北平大学教员,北平大学附属高中主任与日文教员,及中国大学、民国大学、华北大学、郁文大学等私立大学的兼任讲师,可以说与张我军、张深切一样,对华北沦陷区的文化、教育事业介入颇深。1937年七七事变后,洪炎秋任伪北大和伪北师大教员。至1946年返台前,洪炎秋的流动轨迹较其他几位更为稳定,即日本—台湾—北京。

旅京台湾作家除了核心人物张我军、张深切、洪炎秋之外,另有与之亦为同学、同事的苏芗雨。苏芗雨曾到东京读书,"因为民族意识在作祟,很不高兴在日本念书"①,于1920年左右赴上海、南京继续学习。从南京暨南学校毕业后,1922年前后考上北京大学哲学系,与洪炎秋成为同学。1928年自北大毕业后,苏芗雨返回台湾,因受到日本警察的密切监视,加之家中反对其赴法国留学,于是重新回到大陆,先后任职于真茹暨南大学中学部(上海)、邢台省立第四师范学校(河北)、北平市立女子中学(北京)。1937年七七事变后,苏芗雨从北京辗转到达河南,又先后辗转台儿庄、汉口、衡州、重庆、桂林、柳州、榕江等地,直至战后自广西返台前,一直留守抗战后方。

江文也则于1917年赴厦门就读,1923年赴东京学习。1934年,江文也在返台游历期间创作《台湾舞曲》。1938年就职于伪北京师范学院,自此江文也留在大陆直至1983年去世,从事音乐、文学创作并担任教职。如王德威所说,江文也的一生见证了"现代中国对'新声'的追求如何总落入或缄默、或争辩、或阴郁、或狂热的循环"②,在1949年有机会赴香港、罗马或台湾的情况下,江文也选择留在大陆,"因为他深爱北京"③,是旅陆台籍作家群体中唯一一个在新中国成立后留在大陆的知识分子。

在这一作家群体中较为年少的林海音,虽出生在日本(大阪),但于1921年便回到台湾,又于1923年随父母定居北京,居于北京城南。

---

① 苏芗雨、叶荣钟、洪炎秋:《三友集》,"中央书局",1979年,第4页。
② [美]王德威:《史诗时代的抒情声音:二十世纪中期的中国知识分子与艺术家》,麦田出版,2017年,第345页。
③ [美]王德威:《史诗时代的抒情声音:二十世纪中期的中国知识分子与艺术家》,麦田出版,2017年,第405页。

在北京期间，林海音先后就读于厂甸师大第一附小、春明女中、北平世界新闻专科学校，毕业后就职于《世界日报》、北平师范大学图书馆，直至1948年返台前一直居于北京。可以看出，林海音的旅陆经历较之洪炎秋等更为稳定，在抗战时期未进行较多的空间流动。

与旅居北京的台籍作家不同，刘呐鸥主要在上海旅居。刘呐鸥于1920年插班进入东京青山学院，1926年毕业，并于同年进入震旦大学法文特别班，与戴望舒、施蛰存等相识，结成文友。期间于1927年自台湾赴日本学习法文和拉丁文，9月返回上海。同年，刘呐鸥与戴望舒结伴到北京考察①，结识冯雪峰、丁玲等文友，12月回到上海。至1940年被杀前，除1936年到1937年举家迁往南京任职中央电影摄影场外，刘呐鸥一直居住在上海，其空间流动轨迹为上海—台湾—日本—上海—北京—上海—南京—上海。

因而在抗战时期的旅陆台籍作家群体中，一部分内渡后继续求学，整体上有着在大陆求学、毕业后留在大陆、抗战胜利后返台的空间流动轨迹。他们在抗战时期或担任教职，或从事文化工作，为沦陷区文学的发展做出了不同程度的贡献。

除了内渡求学的台湾作家，赴大陆工作的则有钟理和、吴浊流、王诗琅等。钟理和因同姓婚姻在台湾受阻，于1938年赴沈阳工作，其间于1939年返台游说父亲到伪满洲投资未果。1940年再次返台，携妻子

---

① 据穆时英回忆，当时戴望舒并未与刘呐鸥同行。参见许秦蓁：《摩登·上海·新感觉——刘呐鸥(1905—1940)》，秀威资讯科技公司，2008年。

钟台妹赴沈阳,从事驾驶行业。1941年夏天,钟理和举家迁往北京,租住在南池子胡同,因车祸被吊销牌照后着手从事日本文学翻译。至1946年返台前,钟理和一直在北京旅居。吴浊流于1941年辞去教职赴南京谋求生计,在日本会议所任翻译,因受到日本书记侮辱而辞职。后任南京《大陆新报》记者,写成《南京杂感》发表,历数他在大陆感受到的现实冲撞,并在《亚细亚的孤儿》中也有所体现。1942年,吴浊流因英美参战而恐被日本人报复,于是携家眷返台。王诗琅则于1937年赴上海,参与日本陆军"宣抚班"工作,因反日案暴露而辞职返台。1938年又赴沦陷区广州任《广东迅报》编辑直至1946年,于广州旅居将近九年。

综上,抗战时期的旅陆台籍作家不仅在旅居城市方面较为集中,在空间流动轨迹上也有着相同的经验。他们大多有着台湾、日本、大陆三地的生活、学习经验,或于抗战时期在大陆生活较长时间,或于抗战时期因旅居经验而贡献了其一生中最为集中和灿烂的文学创作、文化活动,因而才能够在抗战这一背景下,形成群体性特征。相同的东亚流动轨迹,使其具备了共同的空间经验、心理资源,其所呈现的文化精神世界产生交叠。

第二节 台籍作家的内部关系网络

除了空间流动轨迹的一致性外,抗战时期的旅陆台籍作家内部也有着较为复杂的关系网络,其中又以旅京台湾作家联系最为紧密。就其他旅陆台籍作家来说,虽然作家的旅居城市不同,很多作家之间唱和较少,但又有一张文学关系大网或直接、或间接地将他们联系到一起。这一关系网络显示了台籍作家内部关系的紧密性,也使得他们在潜移默化中得以相互影响,甚至形成亦师亦友的关系。总的来说,旅陆台籍作家的关系网络可以分为两大部分:生活在北京、有着同学同事等关系的张我军、张深切、洪炎秋、苏芗雨、宋斐如、连震东等,有着密切且深入的交游与往来;其他作家则在返台后以林海音为纽带,形成了更大、更广的交游规模与作家网络。

因而在抗战时期的旅陆台籍作家中,存在两个核心地点——北京和台北,以及两大关系网——以张我军、张深切、洪炎秋为核心的旅京台湾作家和以林海音为核心的台湾文坛新力量。旅陆台籍作家在大陆、台湾两个空间的交游、唱和,构成了这一作家群体的第二个重要特征:内部深广的关系网络——这也是他们能成为作家群体被探讨的第二个重要条件。

其内部关系网络详图如下①：

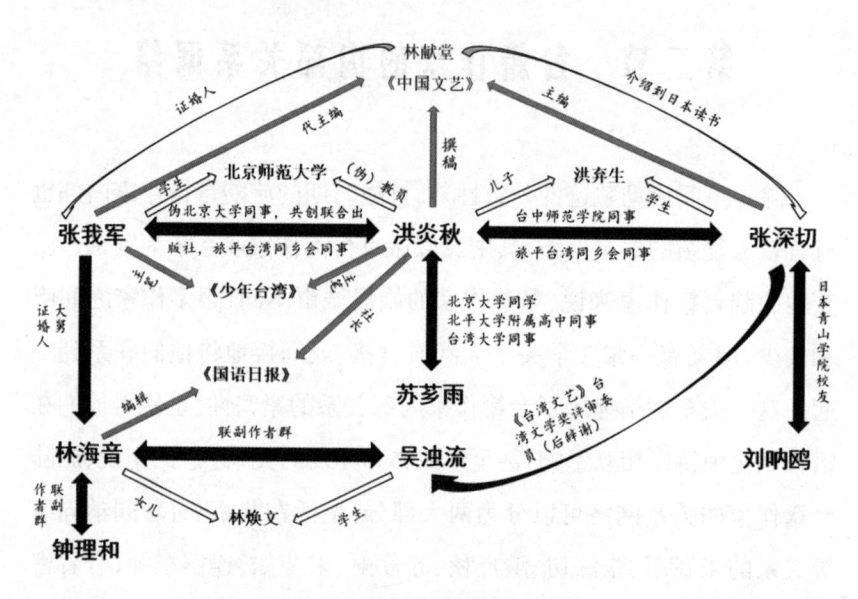

图1 部分旅陆台籍作家关系网

一、旅京台湾作家的交游

抗战时期在沦陷区北京的台籍作家，主要有张深切、张我军、洪炎秋、钟理和、苏芗雨、宋斐如、江文也、连震东等，其中不乏后来暴得大名的作家，其文学创作颇成规模。在这些作家中，以张我军、张深切、洪炎秋为中心，几位作家之间有着密切的联系与交往。

---

① 图中属于本书研究对象的台籍作家有：洪炎秋、张我军、张深切、苏芗雨、林海音、钟理和、吴浊流、刘呐鸥。

(一)张我军、张深切、洪炎秋的交往甚密

1945年9月9日,台湾旅平同乡会于西单大光明戏院成立,张我军、张深切、洪炎秋同为委员。这显示了三人作为台湾作家的密切关系,同时也表明三人在旅居北京的台湾人中的声望之高。三人被称为文坛"三剑客"[①],有着同学、同事、共同编辑杂志等种种深入的关系,是台籍作家之中关系比较紧密的几位。同时也有"四剑客"[②]的说法,以共同主编《少年台湾》的张我军、连震东、洪炎秋、苏芗雨为团体,以及同为日伪时期台籍高级知识分子的张我军、柯政和、张深切、江文也、张秋海、郭柏川、林朝权自命"八仙"[③]的团体,不过连震东、苏芗雨等人的文学作品较少,展现出的文学聚合力显然不如"三剑客"这一组合。作为旅京台湾作家的核心,返台后虽身处异地却也时有文章唱和,[④]展现了旅陆台籍作家这一群体较为紧密的部分特征。

1923年,张我军在北京师范大学国文系读书期间,经由张鸣介绍认识洪炎秋。1924年,与洪炎秋同年考入北大的宋斐如(宋文瑞,台湾光复后曾任教育处副处长)有感于东京台湾学生创办的《台湾青年》,不甘落后,联合洪炎秋和张我军创立《少年台湾》以响应,宋斐如为主编,洪炎秋和张我军为执笔人,几人共同出资办刊。但由于经费有限,

---

① 奚密:《台湾人在北京——1949年前在京台湾作家简论》,参见陈平原、[美]王德威主编:《北京:都市想像与文化记忆》,北京大学出版社,2005年,第373页。
② 陈芳明:《台湾新文学史》,联经出版事业股份有限公司,2011年,第72页。
③ 北京市台湾同胞联谊会编:《在北京的台湾人》,台海出版社,2005年,第101页。
④ 唱和文章详见附录2。

加之刊物寄到台湾往往被海关没收,目的难以达成,因而只能在出版八九期后不得不停刊。由此可见张我军与洪炎秋在20世纪20年代就有极深的文学往来。1924年,张我军因经济问题无法继续学业,只能返台任职于《台湾民报》。其间,张我军在北京的恋人罗心乡被家人安排与他人成婚,反抗不成。洪炎秋见事态紧急,便给张我军发电报说明此事,张我军得以及时赶回北京,与罗心乡坐船到厦门,转往台湾成婚。在这桩佳话中,洪炎秋是张我军婚姻的促成者,并在张我军于台北举行的婚礼上担任证婚人(1925年),足见两人真情。北京沦陷后,两人均曾供职于伪北京大学、伪北京师范大学,并共同创办联合出版社。据张我军长子张光正回忆,在沦陷时期,两家都住在手帕胡同,家中往来最多的乡亲便是洪炎秋一家,两家的妻眷也往来密切,显示出两人私交甚笃。

张我军与洪炎秋的关系并不止于私人交往,更有工作上的相互扶持。洪炎秋于1929年创办人人书店(西单大街),与张我军合译田茂三郎的《中国人口问题研究》等著作,1942年两人又出版与张深切共译的《日本短篇名作集》。张深切主编《中国文艺》期间,张我军和洪炎秋都是该刊的重要撰稿人。可以说,张我军、洪炎秋、张深切在北京沦陷时期不仅是事业上的伙伴,更是文化道路上的战友。台胞身份让他们惺惺相惜,反抗殖民的思想又让他们成为同路人。

除了文学活动之外,"三剑客"还在旅平台湾同乡会共事。1945年抗战胜利后,旅居北京的台湾人组织北平台湾同乡会,洪炎秋、张深切、张我军皆参与相关工作(钟理和也曾出席台湾同乡会成立大会)。同乡会推举洪炎秋为会长,协助遣返被日军征用到华北的三千台湾人,与张我军、张深切一起为台湾同胞顺利返台做出了很大贡献。张我军则任服务队队长,不忘派遣熟悉敌伪机构内情的台湾同乡帮助十一战区接收人员做翻译和助手,可以说在战时和战后都为抗日工作贡献颇多。

张我军与张深切的往来则始于1938年。虽然张我军在《台湾民报》任职期间就已听说张深切其人,但两人在沦陷区北京相遇后才一见如故。1922年张深切进入日本青山学院,与刘呐鸥成为校友。1938年张深切担任《中国文艺》主编,江文也参与编辑,"和炎秋、我军很快成为莫逆之交"①。不过,张我军由于专任北大教授,闲暇时间较多,不似洪炎秋奔波于各校之间,无暇同聚,因此较之洪炎秋,张我军与张深切往来更为密切。据《里程碑》(1961年)记录,北京沦陷后,张深切便计划从沦陷区逃到抗战大后方,然而由于早年多次参与抗日活动,申请护照赴北京已然不易,加之当时台湾人要去抗战后方又需经过层层盘查,实在困难重重。另外,由于张深切长期受到日本警察监视(从台湾赴大陆的船上被特务跟踪),以及妻子的到来等原因,张深切只能放弃这一奔逃计划:"只在古都彷徨踯躅,过着无聊的生活。"②此时张我军看穿张深切的心思,替张深切借了北京西城东和商事电影公司的房子,解决了张深切夫妻的居住问题,直到张深切供职的艺专在东城东总布

---

① 陈芳明、张炎宪、邱坤良、黄英哲、廖仁义主编:《张深切全集卷2:里程碑》(下),文经出版社,1998年,第643页。
② 陈芳明、张炎宪、邱坤良、黄英哲、廖仁义主编:《张深切全集卷2:里程碑》(下),文经出版社,1998年,第651页。

胡同找到校舍后，才搬至外交部街大羊宜宾胡同。

张我军同张深切的往来同样不止于私交，更在于文学、文化上的并肩作战。日本文学报国会"文化使节"林房雄在北京期间，曾想要重新组织文艺团体"艺文社"，拟聘的成员就有张深切和张我军。由于林房雄、沈启无等对张深切的忌避态度，在筹措《艺文杂志》的相关座谈会事宜中，张深切与周作人产生了极大的误会和裂缝。为了少生事端，张深切邀请张我军代为出席，避免矛盾加深。林房雄曾对洪炎秋表示，当时华北文坛被台湾系和伪满洲系占领，这种现象让林房雄十分不满。林房雄口中的"台湾系"，即张深切、张我军，"此二人为中心，故可谓派也"[1]，可见两人私交甚笃，广有文名，并为日本人所忌惮。同时，两人在抗战时期均与周作人往来甚密，后来张深切在《艺文杂志》因沈启无事件与周作人决裂（详见后文论述），张我军则一直保持着与周作人的关系。另外，1939年张深切返台为父奔丧期间，曾委托张我军代为编辑《中国文艺》第1卷第3期。《中国文艺》作为张深切在华北沦陷区复兴中华文化的重要阵地，对日伪政权宣传政策采取阳奉阴违的编辑策略，而他将杂志的主编权暂交张我军，正显示出两人在文化抗日上的战友情谊。另外，在1940年8月《中国文艺》第2卷第6期中，张深切也曾在编后记中感谢张我军、周作人、堂胁的帮助，可见两人在工作上、抗日层面皆合作甚笃。

---

[1] 陈芳明、张炎宪、邱坤良、黄英哲、廖仁义主编：《张深切全集卷11：北京日记·书信·杂录》，文经出版社，1998年，第343页。

相对于张我军,张深切与洪炎秋的交游较少,但与洪炎秋的关系却颇有渊源。张深切从小师从洪弃生,并称"在当时的学者中,我最钦敬他"①,可见张深切对恩师洪弃生的敬仰之情;而洪弃生乃是洪炎秋的父亲。洪炎秋自幼接受父亲的传统汉文教育,与张深切师出同门。不过,两人的往来自1939年才开始,并且相见恨晚,令人唏嘘。据张深切回忆,北京沦陷后,洪炎秋有暗中监视伪北大、伪北师大的使命,因而只接受兼任教职,每天奔波于各个高校,两人的直接往来稍弱。不过,洪炎秋曾在张深切主编的《中国文艺》上发表数篇散文;在与张深切有关的《艺文杂志》发表小说《复仇》(1943年),并翻译、发表武田藤太郎的《裸妇》,可见两人在文学活动上的交游、唱和,是共事关系。

由于生活、工作的亲密关系,"三剑客"在文章中也广有唱和。洪炎秋曾撰《健忘礼赞》(1939年)、《再谈翻译》(1976年)、《怀才不遇的张我军兄》(1976年)、《戒烟漫谈》(1978年)等文章回忆与张我军的往来。在洪炎秋的回忆中,张我军的形象是个事事有原则、认真刻苦、宽厚仁爱的读书人。在《怀才不遇的张我军兄》中,洪炎秋明确表示"我军兄是我年轻时代在北平结交的最亲密的挚友之一"②,并评价张我军在沦陷时期"出淤泥而不染",坚持不出任伪职,困守教育事业直到抗战胜利。在这篇文章中,洪炎秋细数张我军的生平与两人结交的种种故事,讲述了张我军从一个穷苦学徒,自学进入中国大学、北京师范大

---

① 陈芳明、张炎宪、邱坤良、黄英哲、廖仁义主编:《张深切全集卷1:里程碑》(上),文经出版社,1998年,第81页。
② 洪炎秋:《老人老话》,"中央书局",1977年,第129页。

学,到翻译工作蒸蒸日上的过程,显示了对张我军的深入了解。在洪炎秋看来,张我军一生刻苦,从事任何工作都井井有条,又坚守原则,在沦陷区北京拒不出仕,言语之间可见沦陷时期客居他乡的台籍作家之间的相互欣赏、相互依靠。无论是张深切主编《中国文艺》的困难,还是张我军困守教育界的穷苦,都源于"处在中日两国死生存亡的恶斗之中,一个身份两系的台湾人,被人猜忌,是事有必至,理有固然"①。为中日两国猜忌的现状,让处于沦陷区北京的台籍作家更加相互珍视,关系紧密。《怀才不遇的张我军》是洪炎秋应张我军之子张光直之邀而作,虽有友人之间的夸赞溢美之词,但言语之间更见几位作家是患难之交。在《再谈翻译》中,洪炎秋则解读了张我军的翻译之道,认为张我军苦于学业而走上翻译的道路,在长期锻炼下变得经验丰富、技巧过人。但他坚持小说最难翻译,因此在《漱石全集》中不翻译《我是猫》,而选择了《文学论》进行翻译。在《健忘礼赞》中,洪炎秋讲述了自己到张我军家拜访,错拿张我军的自来水笔,被张我军追要的故事。洪炎秋认为张我军买到的水笔正是自己被偷的那支,于是扣下笔,"他所付的那五块大洋钱,就当作请我喝了五瓶啤酒罢了"②,可见洪炎秋的潇洒性格及与张我军的深厚友谊。

1955 年张我军去世后,张深切曾发表《悼张我军》(《民声日报》,1955 年),认为张我军"虽然不能说是台湾新文学的首创人,却可以说是最有利的开拓者之一。……虽然不能说是台湾白话文的发起人,却

---

① 洪炎秋:《老人老话》,"中央书局",1977 年,第 138 页。
② 洪炎秋:《废人废话》,"中央书局",1974 年,第 254 页。

可以说是最有力的领导者之一"①,对张我军在台湾新文学史上的地位进行了充分肯定,可见他对张我军的欣赏。同时,他认为张我军的成就也来自时代的造就,张我军在台湾民族精神和文化快被日本消灭时,坚持肯定新文学运动的意义和价值,直接影响了台湾新文学。对于张我军参加大东亚文学者大会的举动,张深切曾表示不满,但也认为"他是一位纯粹的台湾人,站在台湾的立场说,他的言动并无可厚非的地方"②。在张深切看来,张我军正是看破了社会对政治和文艺的立场与性格的混淆,而产生一种博爱态度,张我军从事翻译也正是因为此。与张深切不同的是,洪炎秋对张我军参会的举动是持理解的态度,洪炎秋认为张我军是出于对周作人、钱稻孙等前辈邀约的尊重,以及对自己日文教育事业的负责态度,才决定赴东京参会,并非出于"落水"之初衷。洪炎秋与张深切对于张我军参加大东亚文学者大会的态度如此不同,正展现了两人在反抗日本殖民统治方面的不同看法。张深切早年曾策划抗日革命活动,并因此入狱,他对于日本殖民当局的对抗态度是坚决而主动的;而洪炎秋在沦陷时期的北京多表现出一种明哲保身的态度,既与出任伪职的恩师周作人保持一定的距离,在公开发表的文章中也并未涉及与政治相关的话题,这说明他对于抗日革命活动是趋向消极、被动的。因而洪炎秋对张我军的理解,除了友人之间的惺

---

① 陈芳明、张炎宪、邱坤良、黄英哲、廖仁义主编:《张深切全集卷3:我与我的思想》,文经出版社,1998年,第267页。
② 陈芳明、张炎宪、邱坤良、黄英哲、廖仁义主编:《张深切全集卷3:我与我的思想》,文经出版社,1998年,第268页。

惺相惜和相互理解外，更多来自他作为殖民地知识分子对于人情世故、中日文化的态度。另外，两人都肯定了张我军对台湾新文学的突出贡献，同时也都认为张我军一生怀才不遇，展现了旅陆台籍作家特有的困顿。

在张我军的文章中，也有对张深切的评价。张我军曾为张深切的《在广东发动的台湾革命运动史略》作序，并在文中指出他与张深切相识后，谈话非常投机，在反对日本帝国主义及其统治台湾的问题上有相同见解。不同的是，两人性格差异极大，张我军属于稳健派，左右逢源，在意识到大众对于政治与文艺的界限无法区分之后，他开始专心从事文学翻译工作，在他人的作品中借尸还魂，自己几乎缄默不语。而张深切则极为好强，做事从不迂回曲折，写文章较为直率、不善修饰润色，张我军认为张深切"易于得罪人，得罪事，从而容易闯祸"①，显示出两人几乎完全不同的性格。这似乎解释了张深切对张我军参加大东亚文学者大会的不解——张深切的抗日思想是更为积极、直接的。而张我军的抗日思想，从他在北京不出任伪职、参加大东亚文学者会议而拒向皇宫行礼等可看出，存在间接迂回的特点。

洪炎秋对张深切也有相关评述。除了为《中国文艺》撰写的散文随笔之外，洪炎秋曾撰《〈在广东发动的台湾革命运动史略〉序》（1947年）、《悼张深切兄》（1965年）两篇与张深切相关的文章。在《〈在广东发动的

---

① 陈芳明、张炎宪、邱坤良、黄英哲、廖仁义主编：《张深切全集卷4：在广东发动的台湾革命运动史略·狱中记》，文经出版社，1998年，第68页。

台湾革命运动史略〉序》中,洪炎秋赞叹张深切的抗日精神,并阐明自己的民族意识与张深切相同,坚决反抗日本帝国主义。在《悼张深切兄》中,则回忆了几则与张深切的交往故事。洪炎秋指出,《中国文艺》被武德社接管后,张深切便弃学从商;由于被怀疑接济抗日分子,张深切被特工组织一四二〇部队拘捕,差点丧命。张深切、洪炎秋在北京期间共同的沦陷区生活经历,显示出两人的患难之谊。

  张我军、张深切、洪炎秋三人作为旅京台湾作家的核心,其交往深入、广有唱和,是抗战时期旅陆台籍作家中联系最为紧密的,也是作家群体现象最为突出的。返台后"三剑客"之间仍有往来:张我军供职于台湾茶业公会、台湾合作金库,与张深切、洪炎秋仍有联系;张深切应洪炎秋之邀,任台中师范学校教务主任,而洪炎秋正是这所学校的校长,张我军则于"二二八"事件前后寄居于洪炎秋家中。在"二二八"事件中,张深切因将学校作为外省人避难所,而被诬告为残害外省同胞,与洪炎秋均受到牵连。三人在北京、台中期间共同受难的经历,让三人拥有深厚的患难之谊。此外,三人有着共同的文化情感取向,即反抗日本帝国主义,心系祖国,关怀台湾。张我军作为北京台湾青年会的主席,家中经常接待、留宿、资助来到北京的台湾乡亲;张深切作为台湾同乡会的负责人,为了保证同乡会不被日伪政权利用成为御用机构,周旋于台湾同乡和日本当局之间;洪炎秋则在日本战败后主持旅平台湾同乡会,三人一起合力协助台胞返台、国民政府接收日伪机构,谱写了台湾知识分子在大陆积极协助台胞、反抗日本殖民的篇章。

(二) 其他旅京台湾作家存在相当程度的交游或文章的唱和

苏芗雨是旅陆台籍作家中作品最少的一位,与"三剑客"往来密切。苏芗雨认识张我军是"他在师范大学肄业的时候,是北京大学同学洪炎秋兄介绍的"①。苏芗雨婚后曾寄居洪炎秋家,直至在沙滩北大文学院附近租到房子,才从洪炎秋家搬出。当时洪炎秋任职于北平大学附属高中,苏芗雨后来也转入此校。1925年孙中山去世后,段祺瑞主持善后会议,要求各地推举代表参加。台湾的林某向中华会馆贿赂,得以假冒台湾华侨参会。由于此次会议是段祺瑞倒行逆施,台湾学生召开北平台湾学生全体会议,决意阻止林某出席善后会议,否则便扬言暴露其冒充代表的劣迹。此时,洪炎秋被推选为主席,与苏芗雨共同和林某周旋。后来两方相持不下,决意请当时在北平邮政局任日本课长的林焕文(林海音之父)作为调停。不料洪炎秋与苏芗雨于赴林焕文家中商量对策的途中,险些遇刺,受伤住院。经过多方协商,林某最终悄然回台,善后会议草草了事。可见洪炎秋和苏芗雨在沦陷区参与文化活动,坚持台湾学生应把台湾命运和祖国命运联通,"依靠祖国以收复台湾"②,亦是患难之交。

在北京期间,苏芗雨从事教育事业,洪炎秋开办人人书店,张我军教日文补习班,连震东自庆应大学毕业后亦住在洪炎秋家。四人经常

---

① 苏芗雨:《怀念张我军先生》,参见张光正编:《近观张我军》,台海出版社,2002年,第8页。
② 洪炎秋:《忙人闲话》,三民书局,1968年,第60页。

聚会、听戏,每周至少有一次,私交甚密。台湾光复后,洪炎秋曾寄住在连震东家中,连震东劝说洪炎秋从政,而洪炎秋坚持从事自己熟悉的教育行业。苏芗雨则受聘台湾大学哲学系,任台湾大学教授、台湾大学图书馆馆长,与后来调入台湾大学的洪炎秋共事。在苏芗雨的回忆录中,洪炎秋作为台湾大学的主任秘书,对校务兢兢业业,聚会、谈事从不迟到,是值得信赖的朋友和同事。1947年2月,洪炎秋在台中师范学校担任校长期间,曾到台北向教育处报告学生事宜,本欲留宿连震东家中,恰逢连震东赴南部办事,便由苏芗雨接待,在北投借住。直至苏芗雨退休后,因神经性疾病卧病在床,与以往同事、学生往来甚少,前往探视的只有洪炎秋、黄德馨,可见两人交情极深。

　　与几位有同学、同事之谊的作家不同,钟理和在抗战时期既无作品发表,与其他台籍作家也没有交游,几乎完全自外于华北沦陷区文坛。据林海音回忆,钟理和自陈在北京期间"极少极少和同乡来往,又不擅交际,因此谁也不认识"①。其他作家均为在北京读书时期的老友,由于师承、同窗关系而相交甚笃。钟理和从伪满洲赴京,本就承担着家庭的经济压力,加之没有北京的学习经历,无法与华北沦陷区文化界相连,是有其原因的。

　　钟理和在北京时期唯一能称得上与旅京台湾文化界有关的活动,即完成了两篇反驳张我军的文章。钟理和虽然多次参与台湾旅平同乡会的活动,但与旅平台湾文化界的互动并不密切,与张我军等"三剑

---

① 王开平策划:《林海音作品集12:芸窗夜读》,游目族文化公司,2000年,第11页。

客"没有直接交往。1945年9月9日,钟理和出席了台湾省旅平同乡会结成典礼。据钟理和日记记录,此次会议最终变成青年和老一辈的斗争,张我军等"三剑客"站在老一辈的立场上,以张我军的辩解和老一辈的妥协结束。钟理和认为,"青年亦当自觉其存在,不要使此存在无意义"①,可见此次会议在钟理和心中埋下了对"三剑客"的反对之种。不过这次大会让钟理和认识到,日本的奴化政策,并没有麻痹台湾人的道德和正义感,台湾青年仍有希望。因此,他对张我军的反对意见,并非是对其立场的否定,而是派系之争。

  1945年,钟理和撰写了《为台湾青年伸冤》,反驳张我军《台湾人的国家观念》,批评张我军将台湾人算作日本人的观念,指责张我军侮辱青年,可见其抗日决心。由于原稿未刊,便没有引起回应。1946年,钟理和又撰写《在全民教育声中的新台湾教育问题》,反驳张我军《新台湾教育问题》,反对张我军提出的在台湾实行特殊化教育的主张。张我军批评台湾人被日本人奴化教育,需要强烈的教育目标予以扭转,主张全面推行国语,一年后完全禁止日文在公共领域的使用。钟理和则偏于保守,认为应该以传统的礼教教化台湾人,"借用传统儒家思想的灵魂,架接上国民党保守统治教育思想"②。虽然文章刊出(《新台湾》,1946年),但仍没有得到回应。钟理和对民族、文化的相关看法与旅京

---

① 钟怡彦编:《新版钟理和全集6:钟理和日记》,春晖出版社,2009年,第7页。
② 陈祈伍:《从一篇遗落的文章,看钟理和对战后台湾教育的省思》,《文史荟刊》复刊,2008年12月。参见应凤凰编选:《台湾现当代作家研究资料汇编11:钟理和》,台湾文学馆,2011年,第277页。

台湾作家的核心成员"三剑客"存在较大差异。张我军、张深切、洪炎秋皆为抗日分子,即使是三人中最为稳健的张我军,虽没有明确的革命抗日行为,但在对日本殖民统治的排斥、对台湾(文学)是中国(文学)的重要一员(支流)的立场上,有着相当的坚持。相较之下,钟理和的观念则温和很多。他相信青年的力量,又警惕这种力量太过激进而走向其反面;坚持长期的教化作用,对激进的改革方案持怀疑态度。

由此,钟理和与沦陷区华北文坛的绝缘、与张我军等人意见的相左,让他在旅京台湾作家中成为较为特殊的一员。

二、以林海音为纽带的台湾文坛新力量

在抗战时期的旅陆台籍作家中,另有一个以林海音为纽带的群体。除张我军与林海音存在亲戚关系外,钟理和、吴浊流、洪炎秋则通过林海音在台湾的编辑出版工作而联系在一起。他们在返台后,以林海音为纽带,更为深远地影响了台湾文坛,也是促使五四新文学在战后的台湾文坛得以延续的重要力量。

林海音于1935年开始写作,1949年才有文学作品见诸报端。林海音的母亲与张我军有亲戚关系,张我军是林海音的大舅,因此林海音青年时期与张我军、洪炎秋等台湾作家皆有来往。张我军在北京期间,与林海音一家往来甚密,林海音与何凡(夏承楹)结婚时,张我军作为媒人出席。1948年林海音一家决定离开北京时,张我军曾写信给林海

音介绍台湾的时景,赞成林海音夫妻返台,"因为台湾或者较易谋事"①,并表示愿意帮助他们谋职。此外,张我军还提到当时台湾知识分子的谋生不易,"无论是去京或来台,谋生都不是容易的,因为这个年头,文人,尤其有天良的文人,到处倒霉也"②,展示出光复初期台湾人的艰难处境。

  洪炎秋与林海音一家则一直保持了密切往来。在北京时期,何凡就是洪炎秋创办的人人书店的股东之一。台湾光复后,旅陆台籍作家相继返台。何凡与洪炎秋在台北共同参与《国语日报》的创设、编辑,两家起初都住在重庆南路3段14巷的国语推行委员会的宿舍中,直至洪炎秋在台湾大学分到宿舍后才搬走。由于何凡的关系,林海音有机会参与《国语日报》的相关工作。由于《国语日报》初期资金、人员缺乏,只能转为国语日报董事会代办,生存维艰。在这种情况下,林海音接受社长洪炎秋的邀请加入《国语日报》,主编《国语日报》周末版,以编辑实绩支持《国语日报》,为《国语日报》事业的发展和稿件质量提供了保障。

  洪炎秋和林海音之间的往来,除了经由林夫何凡,两人也有直接交游。洪炎秋于北京大学毕业时的毕业论文《日本帝国主义下的台湾教育》曾发表于《教育杂志》,后该杂志散佚。返台后有一青年欲以高价将收录这篇论文的藏书卖与林海音,洪炎秋闻之,便告诉林海音这本

---

① 张光正编:《张我军全集》,台海出版社,2000年,第508页。
② 张光正编:《张我军全集》,台海出版社,2000年,第508页。

书"并非'海内孤本',而且属于'明日黄花',全不值钱"①。为使林海音不被讹钱,洪炎秋到图书馆找到原稿复印,使林海音避免了被敲竹杠。1967年,林海音创办《纯文学》月刊,洪炎秋也受邀为其撰稿,支持林海音的编辑出版事业,以回报林海音在《国语日报》草创期的工作支持,《漫谈随笔》即是其中之一。对于洪炎秋,林海音曾撰《不要紧吧!》对他进行摹写和推介,认为"他一点儿架子也没有,而且别人不敢写不敢说的,他都不在乎,他认为那是不要紧的"②。并举例洪炎秋不以周作人在大陆做伪官之事为敏感,执意撰写周作人评介的故事,证明洪炎秋的豁达。由此可见,洪炎秋和林海音的往来在返台后较为密切,其交游往往出自编辑出版事业的需要,成为共同推进战后台湾文化事业复兴的战友——洪炎秋也因此成为以林海音为纽带的文学大网中的一员。

林海音的青年时期在北京度过,返台时正值壮年。20世纪60年代是林海音小说创作的巅峰期:在主编《联合报》副刊十年期间,提供了钟理和、钟肇政、吴浊流、施翠峰等跨语一代台湾作家继续创作的园地,并培养了郑清文、黄春明、七等生等文坛新秀。

钟理和在大陆期间,只有短篇小说集《夹竹桃》(1945年)问世,生前多次向报纸、杂志投稿都被拒。1946年自北京返回笠山家中后,开始断断续续有作品刊载,但更多作品仍无法问世。钟理和一生困顿,但仍坚持创作,家中生计由妻子钟台妹支撑。钟理和对此十分愧疚自责,他在1950年进行肺炎手术之前,给妻子的信中明确表达了愧疚和自责:

---

① 洪炎秋:《浅人浅言》,三民书局,1972年,第3页。
② 王开平策划:《林海音作品集9:剪影话文坛》,游目族文化公司,2000年,第145页。

"强壮的活下去！不要畏惧！绊脚石我已给你们搬开了，以后只要你们能向前走去就是。"①直至 1959 年，钟理和的作品才开始大量出现在《联合报》副刊。林海音对钟理和的文章非常欣赏，1959 年曾邀请钟理和撰写自我介绍。其间，钟理和得到钟肇政、林海音的帮助，很多作品能够刊载，逐渐走向创作高峰。不幸的是，发表生涯刚开始蒸蒸日上的时候，钟理和便于 1960 年肺病复发去世。钟理和逝世后，林海音曾作《悼钟理和先生》(1960 年)、《理和的生平》(1960 年)表达悼念，总结钟理和的作品"简直难得看见'欢乐'与'诙谐'的场面，而多的是'悲悯'和'忧伤'。每读他的作品都使人心情沉重，有欲哭无泪的感觉"②。林海音肯定他在作品里塑造的乡土台湾，对《笠山农场》(1955 年)获奖却无法出版的情况感到惋惜，展现出她对台湾文坛新人的帮扶和积极发掘。在钟理和去世后，林海音还曾邀请其子钟铁民在《纯文学》工作，对其十分赏识。

钟理和虽笔耕不辍，返台后作品见于林海音主编的文学杂志，但总体来说，他生前游离于文坛边缘，十分可惜。钟理和去世后，林海音、钟肇政等自发为钟理和整理、出版其生前未发表的文章。钟理和的作品能引起文坛的重视，很大程度上依赖林海音的介绍。1964 年钟理和逝世 4 周年之际，林海音发表《一些回忆》，表示自己虽与钟理和几乎没见过面，但在信中"谈过许多，像熟悉的老朋友似的"③，在缅怀钟理和的同时，细数出版《雨》的不易与钟理和一生的坎坷，表现出她对钟

---

① 钟怡彦编：《新版钟理和全集 6：钟理和日记》，春晖出版社，2009 年，第 145 页。
② 王开平策划：《林海音作品集 12：芸窗夜读》，游目族文化公司，2000 年，第 2 页。
③ 王开平策划：《林海音作品集 12：芸窗夜读》，游目族文化公司，2000 年，第 11 页。

理和逝世的惋惜。

1977年,林海音参与推动的《钟理和全集》出版,林海音作《追忆中欣慰——为〈钟理和全集〉出版而写》(《台湾文艺》,第54期),回忆最初对钟理和作品的发掘,赞叹钟理和的文字"朴实无华,不矫揉造作,一如他所表现的感情"①,介绍钟理和的作品。1979年,发表《评〈雨〉》(《联合报》,1979年4月25日),不忘追思钟理和、向民众推介钟理和的作品。1980年,又撰《平妹,挺好的!》介绍与钟理和遗孀钟台妹的交往,展现了林海音对钟理和的格外关注。

吴浊流与林海音也有文学往来,与钟理和不同,吴浊流历任《大陆新报》(南京)、《台湾日日新报》《台湾新报》《台湾新生报》(日文版)、《民报》记者,后创立《台湾文艺》杂志和吴浊流文学奖。记者和编辑身份让他的作品能及时发表和出版,与林海音也保持着编辑、文学上的往来。

吴浊流在新竹新埔度过了年少时光,是林海音的父亲林焕文最得意的门生。林焕文虽精通日语,但对吴浊流的教育则为汉文,对吴浊流的影响很深,吴浊流曾作《回想五十年前的母校》(《台湾文艺》,1970年)缅怀林焕文。但吴浊流与林海音并不相识,直到林海音即将退休时,两人才因偶然机会认识。对此,吴浊流也在文章中表达了遗憾:"如果早十五年或十年前认识的话,对于我的语文的进步,当可获益不少,可是此机会失去已来不及了。"②

吴浊流曾在《我的批评》(《台湾文艺》,1966年)中,对林海音进行

---

① 王开平策划:《林海音作品集12:芸窗夜读》,游目族文化公司,2000年,第15页。
② 张良泽编:《吴浊流作品集6:台湾文艺与我》,远行出版社,1977年,第66页。

了一番评价。吴浊流认为林海音的文章炉火纯青,其作品受到五四的影响,是"五四运动以后的作家型"①,肯定了林海音对五四的传承,也证实了旅陆台籍作家返台后在台湾传播五四新文学的努力。同时,又指出林海音与五四时期文学的不同:

> 现在试看五四运动以后的作品,有意欲、有企图、有目标,这是新的好倾向。但因为向目标追得太紧,难免选直线来追,他们的作品,大多数就像走纵贯道路,一上车就知道其去向,向南就是桃园、新竹、台中,虽有多少弯曲也不成问题。可是真正好小说或好文章,不像走大路,而像走乡下的小径,不意中碰到奇花异木,或是怪石清泉,或是临崖惊险呼救,或是遇大蛇而断魂,或看好景而忘骸等,事先都难预料的,读了永留脑海。林小姐的作品似乎有欠这一点的样子。②

可见,吴浊流对林海音的作品有相当的了解,对与林海音的交游也十分看重。此外,吴浊流同洪炎秋、钟理和一样,也为林海音主编的《联合报》副刊等杂志撰稿,支持林海音的编辑事业。对于吴浊流的评价,林海音曾撰《铁和血和泪铸成的吴浊流》(1977年)、《吴浊流文学奖的诞生》(《台湾文艺》,1969年)等,显示出林海音对吴浊流的欣赏。

由此,张我军、洪炎秋、吴浊流、钟理和等人通过林海音这一文坛巨擘得以联系在一起,成为台湾光复后新文坛的一股重要力量。

---

① 张良泽编:《吴浊流作品集6:台湾文艺与我》,远行出版社,1977年,第66页。
② 张良泽编:《吴浊流作品集6:台湾文艺与我》,远行出版社,1977年,第66页。

综上，无论是旅京台湾作家之间广泛而深入的私交、唱和，还是台湾光复后以林海音为纽带而联系在一起的文坛新力量，战时旅陆台籍作家之间有着不同程度的交游、唱和，共同形成了一个内部关系复杂的作家群体网络。

第三节　台籍作家的文化情感轨迹

与日据时期大部分留学生、离开台湾的知识分子不同，旅陆台籍作家选择大陆作为其流寓的目的地，本身包含了一种文化选择。日据时期的台湾人远赴大陆需要持日本总督府发放的护照才能成行，同时日本警察的监视、大陆政府与民众的忌惮、不通国语的语言境况，都是台湾人在大陆立足的阻碍。但这些作家在战时仍愿意选择大陆作为目的地，显示了他们对中国、日本两种文化的不同态度。

一、对日本的情感趋向

选择在抗战时期留在大陆的台籍作家，对日本帝国主义的态度是抵触/反抗的，对日本文化则普遍怀有善意。在日本的留学经历，或在台湾受到日本殖民统治的压迫，成为这些台湾作家对日本生发抵抗情绪的重要原因，也驱使他们在抗战时期选择内渡到大陆作为反抗日本殖民的手段。

在台湾作家中,张深切、洪炎秋、苏芗雨三人皆有留日经验,也正是日本的生活、学习经验让他们坚定了回到祖国的信念。张深切在日本读书期间,起初接受日本教化,后因被日本老师骂作"清国奴",而从迷梦中惊醒,认清自己被殖民的身份,"痛感亡国的悲哀,重新对日本人开始强烈的仇恨"①。由此,张深切的民族意识被重新激发,走上反抗日本帝国主义的道路。张深切的抗日思想影响了他的恋爱观念,连对日本女子的爱慕也忍痛放弃,"一生誓不娶日本女人"②;同时也影响了他对泰戈尔的看法,认为泰戈尔不反抗英国与帝国主义、一味谄媚英国统治者,就是出卖祖国的行为。可见,张深切对日本帝国主义的反抗是激进,甚至极端的。张深切第一次赴大陆期间,在上海、广州组织、参加种种抗日活动,并参与了广东事件,因此事被捕入狱三年,仍拒绝放弃自己的思想信仰。出狱后,张深切更是公开承认《共产党宣言》令他感动,痛陈:

> 丧失了自由精神的四百万台湾同胞!起来革命!我们除非革命以外是没有生路的。我们不可盲坐在催眠中被人指挥!被人支配;不可忍在断头台下,等候斩头的日子。觉醒起来!③

---

① 陈芳明、张炎宪、邱坤良、黄英哲、廖仁义主编:《张深切全集卷1:里程碑》(上),文经出版社,1998年,第156页。

② 陈芳明、张炎宪、邱坤良、黄英哲、廖仁义主编:《张深切全集卷1:里程碑》(上),文经出版社,1998年,第223页。

③ 陈芳明、张炎宪、邱坤良、黄英哲、廖仁义主编:《张深切全集卷4:在广东发动的台湾革命运动史略·狱中记》,文经出版社,1998年,第350页。

在张深切看来，雾峰林家的林献堂所参与的折中运动，显示其抗日思想的不彻底，以及抗日目的的不纯。林献堂与板垣退助组织的同化会，显示其愿意为日本文化所同化。可以看出，张深切对日本殖民者的反抗态度是坚决、彻底的。这也促使他在抗战爆发后决意前往北京，参与华北沦陷区的种种文化事业，以编辑实绩支持华北沦陷区的抗日事业。在《我与我的思想》(1947年)中，张深切回忆在北京编辑《中国文艺》时期的经历，自陈其创作初衷：

> 处在敌人的枪刺刀下，能写些什么，大概可想而知；然而笔者仍不愿意放弃笔墨，自解武装；因为放弃了笔墨，便无一物可以打击敌人，所以明知在敌前舞文弄墨，等于老鼠戏猫公，好弄险，甚则还会招致杀身之祸，但义不容辞，只得避重就轻干下去。①

可见张深切在日伪监视下，主编文艺杂志仍不忘抗日初衷，对日本在沦陷区的文化统治阳奉阴违，保持了在上海、广州时期的抗日情怀。

与张深切相似的是，洪炎秋、苏芗雨也有日本求学经历。洪炎秋从小接受父亲洪弃生的汉文传统教育，未受现代科技教育。在目睹同辈兄弟入日本学校学习新知后，便误将"近代化"等同于"日本化"，偷偷学习日语，并逃到日本求学，还曾因向往近代化新知而"恨不得把所读

---

① 陈芳明、张炎宪、邱坤良、黄英哲、廖仁义主编：《张深切全集卷3：我与我的思想》，文经出版社，1998年，第158页。

的线装书,一古脑儿扔进茅厕……另觅新天地去翱翔"①。虽然因经济困顿而不得不终止留学生活,但日本的生活经验让洪炎秋认识到了将"近代化"与"日本化"划等号是错误的选择。因而他与张深切一样,经历了从认同中国到亲近日本文化,再到回归祖国认同的过程。于是在1922年陪父亲游历祖国河山之后,洪炎秋留在北京投考北京大学,自此留在大陆。洪炎秋在日据时期曾与友人发行《晨钟》杂志(手抄),反抗日本对台湾人的出版、言论、集会自由的限制,为日本警察所禁。于北大毕业时,又撰《日本帝国主义下的台湾教育》(1929年),指责日本在台湾的殖民政策"手段凶辣,真可谓集天下之大观"②,细数日本人在台湾的种种特权,指出日本殖民者以日语为手段、采取一定程度的愚民政策以培养殖民地人民的方针,详细介绍了日本在台湾的殖民教育、奴化教育之倒行逆施,以此促使祖国同胞警醒和反省。在沦陷区北京任职期间,洪炎秋尽量避免与日伪当局有正面接触,面对日伪政权多次威胁其效力的要求,极力推脱。在周作人出任伪职之后,洪炎秋一改之前与周作人的密切交往,主动与之保持较为疏远的关系,展现了他对日伪政权的态度和明哲保身的取向。台湾光复后,洪炎秋又撰《台湾教育演进史略》(1971年),指责日据时期日本在台湾的教育压缩台湾人的晋升渠道,是一场教育骗局,揭露殖民者的罪行。

苏芗雨则因排斥帝国主义而放弃在日本读书的机会,主动赴大陆投考北京大学,自此留在北京。对日本殖民政策的痛恨让他留在大陆,

---

① 洪炎秋:《常人常谈》,"中央书局",1974年,第101页。
② 洪炎秋:《教育老兵谈教育》,三民书局,1968年,第1页。

而在抗战时期流落抗战后方各地的经历，更是增加了他对日本帝国主义、侵略战争的切身之恨。

张我军虽没有张深切等人的日本留学经验，没有经历过他们对日本文化从希求到反抗的转变，但对日本的态度与其他旅京台湾作家一致，即对日本殖民与帝国主义持反抗态度。张我军于1923年从厦门新高银行被遣散后，曾到上海参加台湾留学生反日组织"上海台湾青年会"。1924年，在上海"台湾人大会"发言谴责日本在台湾的暴政，被推举为执行委员。1925年3月，参加蒋渭水等人发起的台北青年体育会和台湾青年读书会，被日本警察列为两个社团的积极分子之一。可见张我军在日据时期，切身参与反抗日本殖民统治的活动，并公开指摘日本在台湾的统治是一种压迫，是"弱少民族的悲哀"[1]，有着坚决的反殖民态度。

吴浊流在日据时期就写成了《亚细亚的孤儿》，以揭露日本人在台湾的殖民统治和台湾人对日本的复杂情感，后又有《先生妈》《陈大人》《功狗》等小说讽刺日本在台湾的殖民统治。在台湾光复后，吴浊流仍延续了抗战时期对日本殖民统治的愤恨与抵触态度，撰写众多文章对日本进行批评，将日本在台政策总结为"剥削与奴役"[2]，并表示"中国人是颇有良知的，不比日本人毫无人性"[3]，指责日本人在大东亚战争时期杀死的中国人不计其数，剥削台湾经济（《北埔事件抗日烈士蔡清

---

[1] 张光正编：《张我军全集》，台海出版社，2000年，第141页。
[2] 张良泽编：《吴浊流作品集4：南京杂感》，远行出版社，1977年，第46页。
[3] 张良泽编：《吴浊流作品集5：黎明前的台湾》，远行出版社，1977年，第35页。

琳》,1976年);并认为日本人盲目自大、唯我独尊(《日本应往何处去》,1945年);台湾不该只追随日本的足迹亦步亦趋(《漫谈文化沙漠的文化》,1963年);并指摘日本没有来由的优越感(《别人无份的世界尤之乎熄火山》,1971年),认为光复初期台湾人和日本人的合作是"累积的抑压,早晚终必会使被压抑者的心爆发"①,可见吴浊流对日本殖民统治的厌恶与排斥。不仅如此,吴浊流还主张外省作家将抗战中的种种故事写出来,号召本省作家对日据时期的御用文学、皇民文学等都作彻底研究,以作出更为全面深刻的反思,展现了他对日本殖民统治、帝国主义的坚决抵抗与反省。

钟理和对日本虽不似张深切、吴浊流等人激烈地反抗,但对日本殖民时代的统治、日本人的种种情态,也有所描摹。在其日记中,钟理和描述母亲讲述的躲避日本的故事,认为像日本人的蚂蚱就是"恶兆"②。在《白薯的悲哀》(1946年)中,钟理和则认为日本将台湾当作"帝国的宝库"③,"而皮鞭,就跟在那后边"④,并感谢祖国解放台湾,免受皮鞭之苦。可见,钟理和对日本殖民统治也有着明确的排斥心理。

不过,对日本殖民统治和帝国主义的痛恨、反抗,并不意味着对日本文化的排斥和憎恶。抗战时期的旅陆台籍作家,普遍对日本文化有相当程度的了解,并通过不同程度的文化活动向中国介绍日本文化。

---

① 张良泽编:《吴浊流作品集5:黎明前的台湾》,远行出版社,1977年,第207页。
② 钟怡彦编:《新版钟理和全集6:钟理和日记》,春晖出版社,2009年,第156页。
③ 钟怡彦编:《新版钟理和全集5:散文与未完稿卷》,春晖出版社,2009年,第20页。
④ 钟怡彦编:《新版钟理和全集5:散文与未完稿卷》,春晖出版社,2009年,第20页。

这体现了殖民地知识分子特有的文化属性与心态,也是他们不同于同时期大陆知识分子的地方。

张我军、张深切、洪炎秋、刘呐鸥等人,在抗战时期皆积极介绍日本及其文艺作品,号召同胞了解、研究日本,方能找到两国和平共处之道。张深切在《谈日本·说中国》中,对日本的文化、民俗、生活等作了详细介绍和剖析,并认为中日两国应该相互理解、共同研究,才能维持亚洲的安全、和平。在张深切看来,日本帝国主义与日本文化不该混为一谈,日本文化有其优势,也有其"岛根性","日本的社会是以义理人情的道理构成的"①,但只靠文化上的义理人情并不能解决中日两国的问题,不该对日本的政治抱有同等的希望。因此,应该认识到日本对外政治的冷酷与民族意识,才能调整邦交,了解日本。可以看出,张深切将日本文化和政治作了严格区分,在割裂了政治与文化之后,他所反抗的只是帝国主义的日本,而非文化上的日本。事实上,张深切积极翻译、介绍日本新感觉派的创始人横光利一的作品,并于1943年在北京会晤武者小路实笃等日本作家,与日本文坛有一定的交往,可见他对日本文化并不排斥,而是强烈希望祖国同胞能早日对日本文化有一定的了解,才不致重演台湾的悲剧。

洪炎秋也在厌恶日本殖民统治的同时,持续译介日本文化。旅居北京时期,洪炎秋开设的人人书店售卖日本书籍,向国人介绍日本文化。台湾光复后,洪炎秋曾撰写《日本的武士道》(1955年)、《日本的大

---

① 陈芳明、张炎宪、邱坤良、黄英哲、廖仁义主编:《张深切全集卷6:谈日本·说中国》,文经出版社,1998年,第222页。

学通信教育》(1958年)、《日本的国会》(1973年)、《黄著〈台湾农民运动史〉序》(1977年)等,对日本文化进行介绍和研究。同时,借助《国语日报》推行函授教育的契机,洪炎秋大力推介日本的函授教育经验,以日本更为完善的教育体系为台湾的典范,"值得我们研究采用"①,号召台湾奋起直追。在品评日本武士道时,洪炎秋细数中日文化的相互影响,指出中国太多坐而论道的情形,而日本的武士道则"是针砭我们的一剂良药"②。对于中国对日本研究不足的现状,也认为"没有一所大学肯花钱去购买日本书籍,没有几个学者能专心去研究日本情状,思想起来,叫人不寒而栗"③。可见,洪炎秋对日本文化,有着如张深切一样的研究热情,并认为研究日本有助于大陆与台湾的反省和发展,对中日两国都有益处。

"三剑客"中的张我军则与日本文学走得更近,也更有意识地区分文艺与政治的界限。他积极介绍、翻译日本的作家作品,尤其是日本自然主义、白桦派的小说创作,与鲁迅、周作人的译介亦步亦趋;主编《日文与日语》,提倡学习日语,编写日语学习教材。张我军在1942年参加大东亚文学者大会时,与武者小路实笃相识,并与之保持了较为密切的联系,同时积极向中国读者介绍武者小路实笃。张我军在大东亚文学者大会期间不愿表现对日本的顺从,与其对日本作家的友好态度形成鲜明对比。在张我军看来,中日应加强文化交流,中国不该轻视日本

---

① 洪炎秋:《废人废话》,"中央书局",1974年,第85页。
② 洪炎秋:《又来废话》,"中央书局",1966年,第119页。
③ 洪炎秋:《常人常谈》,"中央书局",1974年,第150页。

文化,"不认识日本文化,便无法实行中日文化交流和合作"①;中国只有努力研究和认识日本,才能理解近代日本崛起的轨迹,"一切才有办法,否则一味趋于感情作用,对日的问题,终成盲人骑瞎马之势,战则失败自无可讳言,和亦绝无成功之理"②。可见,张我军对日本文化十分欣赏,并极力倡导中国对日本文化的研究,以促进中国自身的现代化。

与张我军相同,刘呐鸥也是以创作、翻译实绩介绍日本文学的作家。刘呐鸥对日本新感觉派的移植、翻译,直接影响了中国新感觉派的诞生和发展。在刘呐鸥的日记中,可知刘呐鸥在闲暇时光阅读大量日本文学作品,并对夏目漱石、久米正雄、菊池宽、谷崎润一郎等日本作家时有点评。与北京"三剑客"不同的是,刘呐鸥的日本教育背景让他具备了更良好的日语写作、阅读能力,因而他对日本文学更为亲近。

由此,抗战时期旅陆台籍作家在政治上的反日,以及对日本文化的欣赏和研究,形成了他们具有一致性的文化情感特征之一。

二、对大陆的情感趋向

旅陆台籍作家之所以选择大陆作为旅居的目的地,表明他们在赴大陆之前,对中国怀有不同程度的"朝圣"心态,才会在留日大潮如火如荼的日据时期,从台湾内渡到祖国。虽然到达祖国以后不同的人生

---

① 张光正编:《张我军全集》,台海出版社,2000年,第220页。
② 张光正编:《张我军全集》,台海出版社,2000年,第478页。

际遇、学习工作经验,让他们对祖国的看法、态度有所变化,但在赴大陆之前,这些台籍作家怀揣"祖国梦"而内渡的动因是毋庸置疑的。

在大陆的生活经验让这些作家产生了对祖国三种不尽相同的看法/态度。

首先是"祖国梦"被强化的作家。旅京台湾作家中的"三剑客"张深切、张我军、洪炎秋,无一不是因为仰慕祖国文化、对新文学有着明确向往,才在沦陷时期选择留在北京。他们对祖国的态度一直保持了较为热烈的亲近态度,并以文化实绩推动华北沦陷区的文化复兴。在沦陷时期的作品中,他们致力于宣扬中华文化,并向台湾介绍中国新文学运动的实绩;在返台后的作品中,则多为缅怀他们的大陆经验,将记忆中美好的祖国形象呈现在台湾读者面前,并在台湾主动传播五四新文学。在他们对祖国的想象中,普遍将中国作为台湾的灯塔或前进的方向进行描绘,乃至于切割日本作为殖民母国的形象,将台湾与中国重新连接,展现了他们在内渡后,对祖国的认同感被强化了。他们对于祖国的想象多呈现为温馨、正面的,也显示了他们对于祖国的文化情感始终是爱慕、亲近的。洪炎秋是第一个以一般考生身份考入北京大学的台湾学生,毕业后申请恢复中国国籍,在返台后继续创作以将台湾建设为理想中的文化中国。江文也也因怀有对祖国的向往而来到北京,并于1939年写成《孔庙大成乐章》,以传统中国音乐解读儒家乐论。另外,江文也所作的《北京铭》《大同石佛颂》《赋天坛》三本诗集,也展现了他对中国文化,尤其是北京文化的种种思虑、推崇。林海音自幼时随父母迁居北京,自此以北京为故乡,在1948年返台前一直居于北京城南,"住得太久了,像树生了根一样"①,因而对故乡台湾反而较为陌生。林海音一直以北京人自居,对其台湾身份并无过多显露,乃至"多次公开发表她是'大中国主义者'的论调,导致所有书写台湾文学史的都淡化或根本不提她的贡献"②,可见林海音对祖国文化一直持有非常明确的认同感。

对祖国的第二种态度,以吴浊流、钟理和为代表,他们在赴大陆前对祖国有着好奇、期待的心情,而在大陆目睹种种落后、遭遇被歧视与不信任之后,对祖国产生了较为辩证的看法,即"祖国梦"醒后对中国的重新认识。吴浊流在赴南京工作之前,怀着对祖国一探究竟的好奇心态,而在南京目睹伪国民政府的腐败、台湾人在大陆生活的窘境、战时中国的破落而对祖国进行了重新审视。这种审视并不带有认同的转变,而是在认清祖国现状后辩证地批判。钟理和则更具批判性,事实上,钟理和的经济困顿让他一直自外于华北沦陷区文坛,与底层人民的长期接触也让他认清祖国底层社会的藏污纳垢,所以在《夹竹桃》中,钟理和对北京四合院居民的批判,代表着他对于某种社会现实的批判,是他的中国经验带来的情感变化。但与吴浊流一样,这并不代表他文化认同的转变,在其1945年的日记中,犹见"祖国呀!起来吧"③的希冀。因而抗战时期的旅陆台籍作家对祖国的第二种态度,显现为对祖国的批判精神,其对中国的文化认同没有改变。

---

① 林海音:《英子的乡恋》,浙江文艺出版社,1997年,第37页。
② 夏烈:《流光逝川》,尔雅出版社,2008年,第106页。
③ 钟怡彦编:《新版钟理和全集6:钟理和日记》,春晖出版社,2009年,第20页。

对祖国的第三种态度,以刘呐鸥为代表,则显现出台湾人所受到的殖民印记。刘呐鸥在选择留在上海后,对自己的地域、文化身份含糊其辞,并将上海、台湾、东京皆看作空间的栖居地,而非寄寓文化情感的归属。他的精神依归显现出某种背离感与矛盾心理。刘呐鸥在东京找不到留下的理由,感到"台湾是不愿去的,但是想着家里林园,却也不愿这样说,啊!越南的山水,南国的果园,东瀛的长袖,那个是我的亲昵哪"①。可见,在刘呐鸥心中,对故乡台湾逐渐陌生、在东京找不到依归,又向往其他空间的种种美好与便利,而最终选择回到上海也是多番思虑的结果。这展现出长期的空间流动、文化混杂交叠对作家文化意识的极端影响,也是殖民统治对于祖国认同剥离的极端案例。因而在刘呐鸥身上,显现出更多的殖民印记。

不过,抗战时期的旅陆台籍作家对祖国文化的情感与态度,在赴大陆前是欣赏和期待的,这一点毋庸置疑。虽然在大陆的生活经验致使出现三种不同的态度变化,但不可否认的是,台籍作家的大陆经验让他们无一不受到五四新文学的影响,无论是张我军发表《糟糕的台湾文学界》向台湾介绍中国新文学运动、发表《乱都之恋》新诗集,还是洪炎秋的众多散文、杂文对周作人的继承关系,还有林海音对凌叔华的青睐,都呈现着台籍作家这一群体与五四新文学密切的传承、与新文学家的互文关系。

综上,抗战时期的旅陆台籍作家之所以能作为一个创作群体被讨

---

① 康来新、许秦蓁合编:《刘呐鸥全集:日记集》(下),台南县文化局,2001年,第446页。

论,是由其在特定时间内几乎一致的空间流动轨迹、内部复杂的关系网络与交游唱和、对于日本和大陆相对一致的情感轨迹所决定的。虽然作家们的创作风格各异,但其东亚空间流动的经验均在其创作中有所呈现,致使其作品涉及的话题、情感有其交叉与碰撞,从而展现了殖民时代出走大陆的台湾人在面临大陆、台湾、日本三地时所面对的精神困境和文化选择,具有极大的代表性。同时,这又是他们不同于大陆新文学作家和那些坚守在殖民地台湾的作家的重要特质,是他们作为群体所具有的特殊性。

第二章
抗战时期旅陆台籍作家与两岸新文坛的互动

抗战时期的旅陆台籍作家，在大陆接受了中国新文学的洗礼，与大陆的作家广有接触，这是没有出走大陆的台湾作家所不具备的特质。旅陆台籍作家由于地缘优势，与鲁迅、周作人、林语堂等作家有着不同程度的交往活动，也因而受到这些作家的影响。抗战胜利后，旅陆台籍作家返回台湾，为五四文学精神与创作在台湾的延续起到重要的作用，与战后迁台的外省作家共同承担起台湾光复后白话新文坛的重建工作。

日据时期的台湾新文学主要由两部分组成。一部分是受到五四文学或直接或间接的影响，从事中文白话创作的台湾作家。在这些作家中，有旅陆台籍作家，他们直接受到五四的洗礼，在五四精神与文学的感召和影响下为台湾带来了中国新文学的火种；也有在台湾间接接触大陆新文学作品的作家，以创作实绩发展了台湾的白话新文学。台湾新文学的生发，以张我军发表《糟糕的台湾文学界》为发端，将五四文学的火种播撒到台湾,台湾自此才有了中文白话创作的燎原之势。换言之,台湾的白话新文学创作与五四连接,始于旅陆台籍作家张我军的振臂一呼。在张我军提倡白话文以后,"作家才渐渐重视使用语言的问题"①,也才有了赖和在台湾文坛的登场。陈芳明认为:"如果张我军所负的任务是在于破除旧文学,则赖和所承担的工作应该在于建设新文学。"②赖和的白话小说《斗闹热》(1926年)与《一杆秤仔》(1926年)中的白话文十分圆熟,使台湾的新文学运动"基本上完成了实验的阶段"③。日据时代台湾新文学的另一个重要组成部分,是台湾作家以日语写成的新文学作品。事实上,台湾日据时代后期由于中日战争爆发、台湾殖民程度加深,日本在台湾实行"皇民化"运动,全面推行日语教育,致使战时台湾作家普遍采用日语进行创作,采用中文白话进行创作的文学作品少之又少。于是,采用中文白话和采用日语创作的两大阵营,成为日据时期台湾新文学的两大支流。

  旅陆台籍作家不仅直接与大陆的新文学作家有一定的接触,直接继承了五四新文学的成果,并且与当时的台湾文坛也有着密切往来,成为连接两岸新文坛的重要纽带。同时,抗战时期的旅陆台籍作家的创作与战时台湾的其他本省作家(吕赫若等)又有明显的不同,展现了这一群体的特殊性。而这一特殊性也使其在台湾光复后成为台湾文坛重建的新鲜血液与重要力量。

---

① 陈芳明:《台湾新文学史》,联经出版事业股份有限公司,2011年,第79页。
② 陈芳明:《台湾新文学史》,联经出版事业股份有限公司,2011年,第77页。
③ 陈芳明:《台湾新文学史》,联经出版事业股份有限公司,2011年,第81页。

第一节　台籍作家与五四作家/文学

旅陆台籍作家与大陆新文学作家的往来、继承与发展显示了他们与五四、新文化运动的密切联系，并确保了抗战前与光复后台湾新文学能不断接收来自大陆的新文学成果，从而为五四文学精神、创作机制、文学传统等在台湾的继承与发展起到了至关重要的作用。

一、台籍作家与中国新文学作家的交游

在旅陆台籍作家中，在大陆旅居时间较长、在文坛较为活跃的，是旅京台湾作家"三剑客"张深切、张我军、洪炎秋，以及旅居上海的刘呐鸥，因而他们对于五四精神与新文学运动的体认更加全面、深入，与文坛巨擘鲁迅、周作人也有着直接、间接的接触（详见附录3）。

(一)与鲁迅的往来

张深切在中山大学读书期间，曾与鲁迅有一定的来往。不过，离开广州以后，张深切便几乎没有与鲁迅有过比较深入的往来，只在上海的内山书店见过鲁迅一两次。因而张深切对鲁迅的直接印象皆来自他学生时期的接触，带着青年的眼光看待鲁迅，难免有其不成熟和讹误的部分。

张深切曾在广州参与成立台湾学生联合会，并发行机关杂志《台湾先锋》。《台湾先锋》的执笔者有左派也有右派，而张深切始终坚持"不分左右"的宗旨，只要是支持革命的稿件都表示欢迎。张深切的办刊主张，决定了他对于当时文坛巨擘的革命文章都是来者不拒的，而令他感到遗憾的是，当时身为中山大学教授、教务主任和文学系主任的鲁迅没有稿件刊载在《台湾先锋》上。直至晚年撰写回忆录《里程碑》时，张深切对此依然感到十分惋惜，这表明他对于鲁迅的敬仰之情以及对当时鲁迅在中国新文坛和青年心中的地位的清晰体认，因而希冀鲁迅能够赐稿。虽没有稿件来往，张深切与鲁迅仍有直接接触。在《里程碑》中，张深切曾对记忆中的鲁迅形象有所描述：

> 他虽然带有浓厚的绍兴口音，但我们讲话还能讲得通，用中国话讲不通的时候，还可以拿日本话帮助，所以我很喜欢去访问他。……他平素不修边幅，发不梳，脸不刮，虽非蓬头垢面，却近似这样的"丰采"，声音涩滞，中等身材，喜欢穿了蓝布大褂，衔一支小象牙纸烟嘴儿，不管有没有烟，衔着不放。他和他的弟弟周作人一点儿也不像。①

在张深切的描述中，鲁迅是随和的长辈，平时不修边幅，但在与晚

---

① 陈芳明、张炎宪、邱坤良、黄英哲、廖仁义主编：《张深切全集卷1：里程碑》（上），文经出版社，1998年，第341页。

辈的往来中,常常能考虑晚辈的实际情况而进行交流,可见张深切对于鲁迅的欣赏与好感。由于张深切后来在沦陷区北京与周作人有着较为密切的联系,对周作人有一定的了解,在他心中对周氏兄弟有一定的对比。在张深切看来,鲁迅表面的不修边幅,与周作人的细腻敏感形成了极大的反差。这一反差正展示出张深切对于鲁迅的态度一直是对文坛巨擘的景仰之情,而对周作人态度则经历了一番转变。

实际上,张深切对于周作人的坏印象首先来自鲁迅。张深切在中山大学读书期间,对周氏兄弟失和一事了解甚少,只知两人是兄弟,却不知两人已断绝关系。因而当张深切特意在鲁迅面前称赞周作人时,鲁迅的冷漠态度让张深切不明就里。据张深切回忆,他曾在报纸上得知周作人是鲁迅的胞弟,以为兄弟两人感情极好,便向鲁迅描述自己对周作人的看法,认为周作人的文章淡泊有味、绮丽潇洒,并指出周作人的文章像是日本菜,而鲁迅的则更像是中国菜,两人的文章他都非常喜欢。鲁迅对此非常冷淡,并没有发表意见。鲁迅的冷漠态度让张深切深感疑惑,进而怀疑鲁迅、周作人的兄弟关系,鲁迅则对张深切表示两人并不是兄弟,"大概是我们的姓名相近,所以发生了误会吧"①。可见鲁迅在兄弟失和多年后,仍对此保持缄默。鲁迅对周作人的态度,也影响了张深切的看法。当时与周作人素未谋面的张深切,在认识周作人以前,由于鲁迅对周作人的态度而让张深切对周作人怀有先入为主

---

① 陈芳明、张炎宪、邱坤良、黄英哲、廖仁义主编:《张深切全集卷1:里程碑》(上),文经出版社,1998年,第342页。

的迟疑态度,这一点在《里程碑》对周作人的形象描摹上也有所体现。

除了对个人的印象之外,在政治立场方面,张深切则指出中山大学时期的鲁迅仍没有偏向于,或加入任何主义的阵营。他对马克思主义的看法是:

> 我所认识的鲁迅,既不是共产主义者,也不是有意识的普罗列塔利亚作家,他对马克斯主义和共产主义没有多大兴趣,只是他的作品被左翼作家拿去做宣传法宝而已。①

可以说,张深切对鲁迅当时的思想认识是有一定程度的了解的,也足见得两人有一定程度的往来。在逃离"白色恐怖"的北京,又在厦大执教受挫后,鲁迅来到广州并执教中山大学,此时其革命思想较之北京时期已有所变化。尤其是四一五事件后,他"深知广州这个所谓'革命策源地'中的水深火热,创作《狂人日记》那样的社会语境已经不再"②。此时的鲁迅对革命与革命文学保持更多的反省,更深知"左翼""右翼"的界限并非人们想象的那般分明。因而张深切看到了一个对革命有着更多反思的鲁迅,即对革命走向极端而保持警惕的鲁迅。但鲁迅并非张深切所说的对马克思主义毫无兴趣,事实上鲁迅正是深知自己在青年群体中的影响力,又切身体会到革命的两面性,才有意自藏

---

① 陈芳明、张炎宪、邱坤良、黄英哲、廖仁义主编:《张深切全集卷1:里程碑》(上),文经出版社,1998年,第341页。
② 朱崇科:《鲁迅的广州转换》,上海三联书店,2019年,第153页。

锋芒,因其"是深知革命话语中的流动性与多变性的,与其被无谓的话语收编,倒不如保护自我,更好的战斗"①。因而张深切对鲁迅的看法,显示出他的学生视角和一定的局限性。

但正是鲁迅的革命性让张深切找到了自己与鲁迅的契合点,因而促使他进一步学习、了解鲁迅。而在与鲁迅的接触中,张深切对日本帝国主义与日本文化的态度也有所变化。张深切曾提及鲁迅对日本和日本帝国主义的看法:政治上反对日本帝国主义,而在文化等方面对日本抱有很大好感。据张深切回忆,鲁迅在中山大学期间,没有偏向哪一派,只希望能"打倒帝国主义,解救中国就好了"②。同时细数鲁迅因中国的牙医不重视消毒,而只能选择日本牙医的故事,提及鲁迅认为,"一旦有事,就痛感排外也是应该有限度的"③。

鲁迅对日本帝国主义的痛恨、对日本文化的欣赏态度影响了张深切。张深切曾于少年时期在日本留学,在日本被老师骂作"清国奴"的经历激发了他的民族意识,也决定了他日后的抗日思想基调。不过,由《里程碑》的记录可知,当时刚从日本渡海到大陆的张深切,其抗日思想是比较极端、偏激的。其对日本的反抗立场,甚至影响到他对一切与日本有关的事物和与日本人的往来,"凡日本的固有文物,我都瞧不

---

① 朱崇科:《鲁迅的广州转换》,上海三联书店,2019年,第302页。
② 陈芳明、张炎宪、邱坤良、黄英哲、廖仁义主编:《张深切全集卷1:里程碑》(上),文经出版社,1998年,第343页。
③ 陈芳明、张炎宪、邱坤良、黄英哲、廖仁义主编:《张深切全集卷1:里程碑》(上),文经出版社,1998年,第342页。

起"①。赴大陆后,张深切认为管控松散的上海租界和青年聚集的广州是抗日胜地,在两地积极参加青年革命运动,此时与鲁迅的交往便也时常谈到中国的革命。虽然广州时期的鲁迅(尤其在四一五事件后)已痛感革命的异化与国民党的堕落,但他依然坚持学习与革命之间是不可分割的观点,也让张深切感受到了他对革命的关注,更使张深切坚定地参与革命运动。

除革命之外,鲁迅则对张深切表示:"国粹主义者以为自国的都好,外国的都坏,和吴佩孚一样,既要固执,又不能彻底,害国害民,贻祸甚大,犹不反省,自以为是爱国者,忝不知耻。"②可以说是对张深切以往抗日思想的一种修正。

在日本求学时的张深切,认为事事都不能与日本人为伍,中国人与日本只有仇恨。鲁迅对日本文化展现出一定程度的好感,认为对外国的文化应该采取辩证的态度,而不是一味偏激地否定,混淆政治和文化的界限,这可以说对张深切的思想转变起到了很深的影响。张深切后来在沦陷区北京与张我军、洪炎秋共译日本文学,返台后写成《谈日本·说中国》等著作探讨中日关系与日本文化,将日本文学和文化作为中国的参照和现代化的参考,展现了张深切在对日本的态度上的转变。

---

① 陈芳明、张炎宪、邱坤良、黄英哲、廖仁义主编:《张深切全集卷1:里程碑》(上),文经出版社,1998年,第159页。
② 陈芳明、张炎宪、邱坤良、黄英哲、廖仁义主编:《张深切全集卷1:里程碑》(上),文经出版社,1998年,第343页。

张深切对日本帝国主义和日本文化界限的区分,可以说与鲁迅有着莫大的关系。鲁迅提倡的是一定程度的"排外",而不是没有标准的盲目"排外",并表示"我们的敌人是日本帝国主义和他们的走狗,并不是日本人,我们科学的落伍是无可否认的事实,我们是找科学和医生并不是敌人"①,意在说明要区分日本帝国主义和日本文化科技的界限。在鲁迅看来,中国的牙医连手术工具也不做消毒,是中国人的精神问题,有必要进行精神的革命,而不是坚持盲目排外的偏激想法。在与鲁迅的交往中,张深切潜移默化地接受着这一影响,使得本身就对日本文化有着一定了解的张深切逐渐放弃早年对日本的偏激态度,对政治和文化的界限作出了更清晰的区分,从而转变了对日本文化与科技的态度,转而向中国同胞介绍日本文学作品,更为理性地对待中日文化。

　　可以看出,与鲁迅的交往影响了张深切的革命运动和对日本的态度,也影响了他此后在沦陷区北京的文化活动。

　　与张深切一样,"三剑客"中的张我军也与鲁迅有所往来。不同的是,张我军受到鲁迅的影响更多来自文学作品的译介与阅读,直接往来不密。

　　张我军曾主动拜访鲁迅两次,分别是 1926 年和 1929 年,其中只有第一次顺利与鲁迅会面。1926 年,张我军专程到北京阜成门内西三条拜访鲁迅,并赠予鲁迅四本《台湾民报》作为纪念。对于这段经历,鲁

---

① 陈芳明、张炎宪、邱坤良、黄英哲、廖仁义主编:《张深切全集卷 1:里程碑》(上),文经出版社,1998 年,第 343 页。

迅在《写在〈劳动问题〉之前》里有所说明。张我军的拜访,让鲁迅意识到中国人在内忧外患中,很少关注台湾现状。在鲁迅看来,中国人很少将台湾纳入思考,而"正在困苦中的台湾的青年,却并不将中国的事情暂且放下。他们常希望中国革命的成功,赞助中国的改革,总想尽些力,于中国的现在和将来有所裨益,即使是自己还在做学生"①。可见,鲁迅对于当时中国人对台湾的局势不了解,而台湾青年却对祖国革命非常积极的情况感到痛心。及至在中山大学任教时(1927年)结识张深切,得知台湾人张深切亦殷切地在大陆参与抗日革命,相信鲁迅对此番情形又有更深的体认。《写在〈劳动问题〉之前》是为台湾革命运动领袖张秀哲(张月澄)翻译的《国际劳动问题》所作的序言,鲁迅在此将张我军拜访一事加以陈述,与作者张秀哲的台湾身份契合,更表明张我军的到访和张秀哲的翻译让鲁迅认识到,台湾青年对祖国革命的热情和台湾在日本殖民统治下水深火热的境况。

张我军虽与鲁迅只有一次会面,但他对于鲁迅的欣赏和介绍是非常深入的。张我军在《台湾民报》任职期间,积极转载大陆的新文学作品,尤其是鲁迅的作品。据中岛利郎考证,张我军应该是"第一个正式地介绍鲁迅给台湾的人"②。据刘恒兴考证,张我军在选择鲁迅作品刊载的时候,掺杂了对日本殖民政府的妥协。他转载了鲁迅的《鸭的喜剧》《故乡》《牺牲谟》《狂人日记》《阿Q正传》《杂感》《高老夫子》,并转

---

① 鲁迅:《鲁迅全集第三卷》,人民文学出版社,2005年,第444页。
② [日]中岛利郎:《鲁迅在台湾文坛的影响》,陈弘译,参见张光正编:《近观张我军》,台海出版社,2002年,第296页。

载了鲁迅翻译的《鱼的悲哀》《狭的笼》，展现了他对鲁迅作品与翻译作品的了解。张我军转载鲁迅作品，是为了传播大陆的新文学成果，向台湾文坛介绍大陆的作品，并以鲁迅的作品来宣传新思想。殖民政府则将鲁迅作品中批判中国国民性的内容看作宣传"'中国性'劣等"①的工具，展现了殖民政府对鲁迅的误读。

正是因为张我军对鲁迅作品的了解和仰慕，才驱使他在北京主动登门拜访鲁迅。而他选择赠送《台湾民报》，也表明张我军希望这位中国新文坛的领袖人物能够对台湾的情势有所了解，希望中国文坛不要忘记处于殖民统治下的台湾。张我军是否希望通过赠与刊物的举动，引起鲁迅对于台湾的兴趣，从而借助鲁迅之手向大陆介绍台湾的殖民现状，如今不得而知。但从张我军主动登门拜访、并携《国际劳动问题》请求作序的举动之中，至少可以看出他对于鲁迅的仰慕之情，以及作为台湾青年而向文坛前辈求教的初衷。张我军通过拜访鲁迅这一行为，将自己一直以来对鲁迅作品的推介写下最重要的一笔，也为他更深入地理解鲁迅的创作提供了直接的对谈空间。

除张我军、张深切外，刘呐鸥与鲁迅也有一定的交集。刘呐鸥作为与中国大陆新文坛交融程度极深的台籍作家，不仅直接与施蛰存、戴望舒、冯雪峰等人有着密切往来，与鲁迅也有一定程度的交游。

刘呐鸥于1929年成立水沫书店，出版了大量左翼作品。1930年，

---

① 杨杰铭：《民族的幽灵·现代化的追寻——论张我军〈台湾民报〉的鲁迅思潮引介》，参见许俊雅编选：《台湾现当代作家研究资料汇编16：张我军》，台湾文学馆，2012年，第223页。

冯雪峰和鲁迅合编翻译马克思主义文艺理论《科学的艺术论丛书》，在最终发行的八种中，有六种是由水沫书店发行，其中鲁迅翻译的有两种。据此可以推测，在这期间，鲁迅与刘呐鸥的往来是较为密切的。不过与张深切、张我军不同的是，刘呐鸥与鲁迅的接触来自出版事业的往来，而非私人交往。刘呐鸥选择出版鲁迅翻译的文艺理论，乃在于他对于左翼理论的青睐，以与鲁迅的部分主张契合为基础。在这一层面上，刘呐鸥也算是鲁迅的推介者。

不过，刘呐鸥的资本家身份与"浪荡子"情结注定与鲁迅陌路。刘呐鸥打造的电影《猺山艳史》因对市场的迎合与对政治化倾向的距离感而遭到左翼电影人批评，这些负面评价中亦有鲁迅的身影。鲁迅将刘呐鸥比作"擅长'精神胜利法'的阿Q"[①]，认为其所传达的精神文明无法在欧美传播，足见刘呐鸥的通俗性与左翼的貌合神离。

综上，旅陆台籍作家与鲁迅有着不同程度的接触和往来，与其主张有不同层面的契合之处。鲁迅的影响与传播在20世纪二三十年代并未止于大陆范围内，而经过张我军等人的推介，亦在台湾开花结果。对旅陆台籍作家来说，虽然对鲁迅的主张可能存在误读或存在分歧，但与鲁迅的接触、对鲁迅的理解和学习，同样影响了他们后来的文学理念与创作。

---

① ［日］藤井省三：《鲁迅的都市漫游》，潘世圣译，新星出版社，2020年，第158页。

(二)与周作人的往来

旅京台湾作家"三剑客"与周作人的往来甚密。在"三剑客"中,张深切与周作人是由编辑《中国文艺》而相识,通过编辑和撰稿的相关工作而进一步熟识;洪炎秋、张我军与周作人的关系则是从师生关系发展而来。三人与周作人在编辑、撰稿等方面的往来,都影响了他们的创作。

张深切在大陆接受高等教育,并任职于北京,受五四影响颇深。在《我与我的思想》中,张深切自陈在1923年到1924年之间,受到三民主义影响,跟随当时中国青年一起为各种主义摇旗呐喊,"倡什么主义思想高于一切,青年必须以身殉主义"[①],可见他受到20年代革命与文学的种种浪潮影响。而他与中国新文学最亲密的接触,则是在沦陷区北京与周作人的频繁往来。

不过,张深切对周作人的态度并非一成不变的。事实上,在与周作人相识以前,鲁迅对周作人表现出的冷漠,让张深切对周作人怀有较为迟疑的认知态度。而与周作人的合作中,张深切转变了对周作人的看法,从迟疑转而变成欣赏。在张深切的描述中,周作人的形象与鲁迅截然不同:

---

① 陈芳明、张炎宪、邱坤良、黄英哲、廖仁义主编:《张深切全集卷3:我与我的思想》,文经出版社,1998年,第79页。

作人的态度比他文雅,身材稍矮,皮肤细腻,脑袋圆得好看,额头广阔,两眉弯得像柳叶,一对耳朵特别小,眼皮儿要是没有那么厚,勉强可称为美男子,怪不得他会吸引了哥哥的爱人,造成弟兄不睦的原因。①

　　在张深切眼中,造成周氏兄弟不睦的原由竟是周作人吸引了鲁迅爱人的注意。这一说法或许佐证了羽太信子年轻时与鲁迅的过往,作为一桩名人绯闻在当时文人之间传播,也显示了张深切对兄弟失和原因的猜测。

　　张深切对周作人的态度转变,始于他在《中国文艺》工作期间与周作人的往来。1939年张深切主编《中国文艺》期间,周作人为《中国文艺》撰稿数篇,张深切也在编后记中多次感谢周作人的帮助和支持。张深切主编《中国文艺》时,提出四条办刊宗旨,即编辑方针和内容不受干涉、不刊登宣传标语、保持纯文艺而不做主义思想宣传、不加入其他新闻杂志社的团体及参与政治活动。同时,对于杂志避免日本介入的问题,"有关这些问题的检讨,周作人也是参与人之一"②,可见沦陷初期的周作人对日伪政权是明哲保身的态度。1939年,张深切在《中国文

---

① 陈芳明、张炎宪、邱坤良、黄英哲、廖仁义主编:《张深切全集卷1:里程碑》(上),文经出版社,1998年,第341页。
② 陈芳明、张炎宪、邱坤良、黄英哲、廖仁义主编:《张深切全集卷2:里程碑》(下),文经出版社,1998年,第659页。

艺》创刊号的编后记里感激周作人的来稿《俞理初的诙谐》,表示"周作人是我们的北极星,他虽然不像那彗星的活泼,或火星那样的闪烁,但是他在于无言无为之间也仍镇在南面的位置"①,可见当时的张深切对周作人的文坛泰斗身份十分认可与仰慕。《中国文艺》发行后反响热烈的原因,除了沦陷区文化生活匮乏之外,更重要的是《中国文艺》宣扬的文化复兴理念符合舆论要求,以及周作人这一文坛巨擘的支持。而《中国文艺》能在日伪政权下保持与政治较为疏离的姿态,在初期能做到不媚日,周作人的坚持也是其中的重要因素。在张深切看来,此时的周作人还坚持不与日本妥协,"不做官,不做走狗,只从事教育,透过教育来鼓舞一般青年的士气,所以他尚能博得文化界和青年们的支持"②。可以说,张深切在主编《中国文艺》期间,其反日和复兴中华文化的编辑方针由于得到了周作人的支持而得以强化。不过这也从侧面说明,周作人在北京沦陷初期与伪政权保持了一定的距离,正是这种距离感成为张深切欣赏周作人的重要原因。

在1941年周作人出任伪职后,张深切对周作人的态度经历了较为复杂的转变。《中国文艺》被武德社接管后,张深切便处于日伪政权的软禁中,与周作人的合作也被迫中断。周作人出任伪职后,张深切认为周作人遇刺事件(1939年)让日伪政权更加重视周作人,而周作人当时

---

① 陈芳明、张炎宪、邱坤良、黄英哲、廖仁义主编:《张深切全集卷11:北京日记·书信·杂录》,文经出版社,1998年,第217页。
② 陈芳明、张炎宪、邱坤良、黄英哲、廖仁义主编:《张深切全集卷2:里程碑》(下),文经出版社,1998年,第662页。

已对担任伪职一事有所动摇。对于此事，周作人也征求过张深切的意见，而张深切认为既然要征求意见，"便是有意向，既然有意向，反对没用"①。换言之，在张深切看来，遇刺事件后周作人已明显倾向于接受伪职，但由于两人的合作关系，以及周作人为《中国文艺》做出的种种贡献，张深切仍不愿相信周作人在精神上变成汉奸。因此，对于周作人出任伪职的举动，起初张深切是采取辩护的态度，认为不能以出任伪职就判断其转变为汉奸，在日伪政权下苟延残喘的文人也有可能是地下抗日志士。可见张深切对周作人是抱有期许和同情的，认为周作人出任伪职的原因受环境的影响，也与其日本太太有关，对周作人抱有理解的态度。

在张深切的回忆中，沦陷初期的周作人能够忍受寂寞，不被利用，保持士人精神，而与林房雄接触后，中方在战场上节节败退、环境的威逼导致他"脑筋不知不觉闹昏了"②。无论张深切起初对周作人事伪一事如何表示理解，但在周作人泥足深陷之后，张深切的态度开始变成失望，继而由衷承认周作人是汉奸了。出任伪职后，周作人改换门庭的做法，让张深切认定他是为了配合自己地位的改变而作的一番修整，"对他同情的观念顿时改变了"③，继而减少了与周作人的来往。张深切在《里程碑》中详细叙述了周作人变成汉奸的经过，是为了"警戒后人

---

① 陈芳明、张炎宪、邱坤良、黄英哲、廖仁义主编：《张深切全集卷2：里程碑》（下），文经出版社，1998年，第722页。

② 陈芳明、张炎宪、邱坤良、黄英哲、廖仁义主编：《张深切全集卷2：里程碑》（下），文经出版社，1998年，第660页。

③ 陈芳明、张炎宪、邱坤良、黄英哲、廖仁义主编：《张深切全集卷2：里程碑》（下），文经出版社，1998年，第722页。

不要为一念之差，自招千古之恨"①。可见，此时的张深切已经对周作人抱有较为疏离的态度，明确与他保持一定的距离，对他出任伪职一事不再采取同情的态度。

如果说周作人出任伪职一事让张深切对周作人的态度有所改变，那么《艺文杂志》的创办则让两人从合作彻底走向决裂。在《里程碑》和张深切的北京日记中，对与周作人决裂的始末都有详细叙述。据张深切回忆，因为《中国文艺》的失败，他对《新文艺》的主编并没有表现得十分热心。由于主办方要求周作人参与主编，张深切只能再度登门拜访周作人，得到周作人同意后张深切才开始筹备刊物的创办。而此时日本文学报国会的文化使节林房雄欲与周作人合作，周作人将之推脱给张深切，而张深切对林房雄十分冷淡，导致林房雄与周作人的弟子沈启无对张深切等人十分忌惮，在成立艺文社的事情上百般阻挠。张深切认为林、沈两人私下勾结，便劝说周作人不要听信两人的意见，反对林房雄为主编，因此与周作人产生芥蒂。从此，沈启无通过新闻攻击张深切，张深切便决定找到周作人阐明误会。

张深切于1943年3月份频繁拜访周作人，以向他征询创办报纸的意见，显示出他当时仍以周作人的意见作为杂志创办的重要参考。此时张深切接到东亚新报的消息称林房雄对自己十分忌避，不希望他参加座谈会，改由张我军代替出席。张深切意识到林房雄和沈启无对自

---

① 陈芳明、张炎宪、邱坤良、黄英哲、廖仁义主编：《张深切全集卷2：里程碑》（下），文经出版社，1998年，第660页。

已有相当大的意见,便对林、沈二人同样抱有忌避的态度。在3月29日召开的杂志准备委员会上,由于沈启无的在场,张深切无法与周作人详谈,而沈启无则提出暂时不公开干事姓名,周作人对此表示同意。沈启无的做法无疑显示了他对于张深切的忌避,因而拒绝让张深切接触干事名单。这次会议决定了由周作人担任主编、张深切担任编辑长的结果,由张我军通过中华通讯社发表消息。3月30日,有报纸发布"编辑长张深切,总编辑周作人"①的新闻,企图挑拨离间。周作人闻之,以为与张深切有关而感到愤慨,便听从沈启无的建议拟辞去总编辑而改任顾问。至此,张深切、张我军被怀疑是这则新闻的制造者,开始与周作人产生嫌隙。

面对周作人的来信,张深切回复说明自己并没有私心。为了表明清白,张深切以外出旅行的方式远离纷争。一周后,张深切回到杂志社,此时杂志社决定由周作人任社长,张深切、张我军为编辑委员。待4月17日周作人回到北京后,曾约张深切在北京大学文学院见面,两人就编务事宜进行了一定的交流。此时张深切与周作人的误会算是暂时解除,关系有所缓解。4月21日,张深切又接到消息称新闻的发表内容是以他为总编辑,与之前同周作人商定的结论不符,只得诘问中华通讯社,要求其第二天刊登更正声明。至此张深切打电话到周作人公馆,就遭拒接了。此时周作人明确表达了不接受挽留的态度,新民印书馆

---

① 陈芳明、张炎宪、邱坤良、黄英哲、廖仁义主编:《张深切全集卷11:北京日记·书信·杂录》,文经出版社,1998年,第332页。

迫于周作人的社会地位而偏向周作人一方,张深切被迫与杂志断绝关系。

张深切由于是非缠身,早有辞职打算,便决意不出席第四次编辑会议。4月26日,张深切收到周作人的信函,得知周作人在见到报纸消息后,便对《艺文杂志》失去了兴趣,再也不参与相关工作。张深切认为新闻的造谣与自己无关,他也是受害者。但此番解释显然没起作用,张深切便又写信给周作人,告知自己辞职的结果,托付芸子、尤炳圻等向周作人解释。

但此时的周作人与张深切嫌隙已深,张深切多次拜访未果。后来周作人明确表达了对张深切的不满,并拒绝见面,与张深切正式决裂,张深切对周作人的期待也完全破灭。由于周作人在文坛和政坛的影响力,张深切自此直到抗战胜利,"同华北文坛几乎完全绝缘"①。同时,日本当局重视周作人的伪职,便认为与周作人有冲突的张深切早年的反日情态复萌,因而重新对张深切实施监控,甚至逮捕张深切,致其险些丧命。由是,《艺文杂志》事件以张深切与周作人决裂、张深切的辞职为结束,显示了张深切对于周作人态度的转变过程。在对这一事件的叙述中,隐含着张深切对于周作人事伪一事的惋惜,也显示出他对于周作人的态度经历了由理解到保持距离,再到失望的转变。

后来,周作人意识到在《艺文杂志》的编辑事宜上沈启无对他的隐瞒和欺骗,发表《文坛之分化》(1944年)与沈启无断绝师徒关系,即所谓的"破门事件",但与张深切的关系没有恢复。虽然在《文坛之分化》

---

① 徐迺翔、黄万华:《中国抗战时期沦陷区文学史》,福建教育出版社,1995年,第259页。

中，周作人特意提到《中国文艺》在华北沦陷区文坛的重要地位和起到的积极作用，但在张深切看来，"这时已悔之莫及了"①，展现出他对周作人出任日伪"教育督办"和《艺文杂志》事件被蒙蔽的失望，对周作人已经非常疏远。在《文坛之分化》中，周作人只介绍了沈启无和张深切决裂的经过，而张深切的日记中则补充了自己和周作人决裂的过程。在日本学者木山英雄看来，"周作人并不一定坚持不和林房雄在同一个杂志上合作，并忍受某种程度上的妥协，他担心这种对立会危及到振兴会本身，于是牺牲了自己和张深切的关系"②。换言之，木山英雄认为周作人与张深切的决裂带有振兴会的考虑，而非单纯涉及与张深切个人的关系。黄文成则认为，张深切对周作人的态度在决裂后变成鄙夷和凄凉，是有待商榷的。张深切与周作人的往来，虽然只停留在工作上，但他对周作人的欣赏一直洋溢在字里行间。对于周作人做伪官一事，张深切曾表示惋惜，在回忆录《里程碑》中，也对与周作人的往来念念不忘。周作人做伪官之前，张深切与之在反对日本帝国主义和欣赏日本文化方面十分契合，根本不是黄文成说的两人文学趣味、价值选择完全不同。在与周作人决裂后，张深切更多将之归咎于沈启无、林房雄的挑拨和日本帝国主义的威逼，而对周作人表现出惋惜的态度。所以黄文成有关张深切对周作人是"鄙夷"态度的说法是不妥的。

---

① 陈芳明、张炎宪、邱坤良、黄英哲、廖仁义主编：《张深切全集卷2：里程碑》（下），文经出版社，1998年，第660页。
② [日]木山英雄：《北京苦住庵记：日中战争时代的周作人》，赵京华译，生活·读书·新知三联书店，2008年，第181页。

张我军、洪炎秋则与周作人是师生关系。张我军在北京师范大学就读期间,曾受教于周作人;洪炎秋则在北京大学选择国文系作为辅修科目,同样受教于周作人。在"三剑客"中,洪炎秋受到周作人的影响最深。洪炎秋在毕业后,与周作人也有很多交集。但洪炎秋对周作人的态度也与张深切一样经历了一定的变化。

洪炎秋曾撰《国内名士印象记》(《台湾文化》,1947 年)、《〈又来废话〉代序》(1966 年)、《漫谈随笔》(《纯文学》,1967 年)、《我所认识的周作人》(《纯文学》,1967 年)、《教育史上的一段小插曲——关于周作人的两封信》(《传记文学》,1967 年)等,细数了自己与周作人的往来。在读书期间,洪炎秋曾修过周作人的课,但自陈由于听不懂周作人的绍兴官话,便很少上课,起初与周作人并不相熟。在北大读书期间,洪炎秋曾因梁漱溟讲座收费而招致批评一事打抱不平,投稿到《语丝》,并得到了周作人的回应。梁漱溟在北大举办讲座,主办方要求收费一元,而梁漱溟担心给学生增加负担,便主动表示可以馈赠听讲券。洪炎秋见有人在报纸上拿此事挖苦梁漱溟,便撰文为梁漱溟鸣不平,认为讲座可以收费。周作人在《语丝》上刊登了洪炎秋的来信,表示自己的意见与洪炎秋相同,认为教书是职业,劳动应该获得报酬,"我也希望有一天,教员白讲,学生白听;不过大家都须由政府领得饭票才行,这又有点像什么恶化了"①。这件事成为洪炎秋与周作人往来的开端,从此洪炎秋才开始到周作人家中请教。

---

① 洪炎秋:《忙人闲话》,三民书局,1968 年,第 104 页。

洪炎秋在与周作人的交往中，不乏替友人求字的请求，周作人都一一应允了。作为洪炎秋的师长，周作人还曾为洪炎秋介绍北平大学女子文理学院的职务，展现出师生之谊。抗战爆发后，洪炎秋奉北平大学命令，留守北平，并任农学院保管委员，在沦陷时期和周作人有更为密切的接触。当时伪北平大学并入伪北京大学，周作人任文学院院长。与张深切相同的是，当时的洪炎秋同样认为周作人绝不会做伪官，最多是虚与委蛇做一些教育文化的事务，假意搪塞。洪炎秋了解的周作人，是反对侵略、绝不与日本军阀为伍的周作人，虽然推崇日本文学和日本的生活方式，但还保有知识分子的气节。而他之所以滞留北京，也是因家人系累，并非一心想要"落水"。在此番描述中，可以看出洪炎秋在周作人出任伪职之前，对他的态度是欣赏且亲近的。

1939年元旦，本欲为乡友陈逢源求字而欲到周作人家中拜年的洪炎秋，先在琉璃厂购买宣纸，在去周宅的路上听说周作人遇刺一事，感到十分震惊。在洪炎秋看来，这件事是周作人选择"落水"的重要转折点。洪炎秋认为当时的周作人背负着日本威逼利诱的压力，却感到爱国青年并不能谅解他，由此心境大变，自暴自弃，才出任伪华北教育总署督办的职务。除此之外，周作人出任伪北大文学院院长后身不由己、陷入泥潭的处境，侄子周丰二与伪北大文学院会计狼狈为奸、亏空公款导致教育总署无法报销一事，也都是促使他出任伪职的重要原因。

洪炎秋认识到周作人在出任伪职后内心非常苦恼，曾在给洪炎秋朋友写的字中用了陶渊明《归园田居》的一首。在洪炎秋看来，周作人写的正是他自己。同时，洪炎秋又以周丰三在周作人出任伪职后愤而自杀一事,表达了自己对周作人的惋惜态度,同时也抱有一定的同情心理。洪炎秋认为周作人在当汉奸之前,"他的思想和做人,却很为青年人所向往"①,但直到老年,都受到他在《两个鬼》中提到的绅士鬼和流氓鬼的交互指使。在写文章方面,他反对为道德的文章,又说自己写不出为文章的文章,非常矛盾;在做人上,"周作人最痛恨日本军阀,最厌恶卖国汉奸,结果却又陷身其中。呜呼!两鬼缠身,不由自主!这是周作人的悲哀"②。可见,洪炎秋对周作人矛盾的性格较为了解。

但应该注意的是,洪炎秋出于对周作人的师生情谊,为周作人出任伪职一事进行辩解,乃在于他对周作人的惋惜,而并非一定是周作人事伪的真正原因。在这里,洪炎秋为周作人"落水"所找到的理由虽然言之凿凿,却明显带有辩解成分。对于周作人在沦陷区的种种行为,南迁的文人皆表达了痛心疾首的态度,纷纷对周作人口诛笔伐。茅盾认为,周作人"背叛民族"③,以之为耻;何其芳认为,周作人的"落水"与他长期的思想与生活环境有关;尚钺则认为,周作人受日本文化与影响颇深,事伪是必然发生的。洪炎秋在众多文人的口诛笔伐中,对周作人的辩解明显论据不足。洪炎秋出于与周作人的师生之谊,以及周作人对自己的知遇之恩,为周作人辩护有章可循。但因此而对周作人事伪抱有理解态度,则是不妥的。

---

① 洪炎秋:《忙人闲话》,三民书局,1968年,第96页。
② 洪炎秋:《忙人闲话》,三民书局,1968年,第98页。
③ 茅盾等:《给周作人的一封公开信》,原载《抗战文艺》,1938年第1卷第4号。参见孙郁、黄乔生主编:《国难声中》,河南大学出版社,2004年,第5页。

不过,在周作人出任伪官后,洪炎秋与周作人的来往明显减少。洪炎秋自陈自己因拒绝了周作人为之推荐的工作一事,与沈尹默交好,反而与周作人有所疏远,但也避免了在周作人任伪官时"像张我军、尤炳圻诸兄一样,惹来一些是非了"①。这说明洪炎秋虽为周作人辩解,但他对于民族大义及沦陷时期的北京政坛有着较为清醒的理解,这也是他在沦陷区北京能够与伪政权保持一定距离的原因。同时,洪炎秋对于周作人任伪官后从不威逼自己为日本人做事的举动,也让他"没有受到丝毫的困扰,这是应该对他们深致感谢的"②。这表明洪炎秋虽然对周作人抱有同情和感激的态度,但仍坚持反对日本帝国主义的立场。事实上,洪炎秋曾在文章中细数自己与周作人的往来事迹,时间集中于洪炎秋1929年于北京大学毕业后至1941年周作人任伪官之前,在周作人"落水"之后直至抗战胜利便再无直接接触。

最后,洪炎秋提及周作人在1949年大陆局势变幻之时,国民政府欲释放政治犯,周作人便托尤炳圻写信给洪炎秋,托洪炎秋为其谋划赴台一事。洪炎秋找到北投的别墅,答应与张我军设法承担日常生活费用。但周作人出狱后没有立即赴台,两人从此断了联系。

木山英雄和袁良骏都曾对这一事件有所考证。木山英雄认为,周作人出狱后没能立刻去台湾,此事也就不了了之了。袁良骏则指出,在狱中的周作人知道国民党败局已定,希望蒋政权尽快垮台,加之与胡

---

① 苏芗雨、叶荣钟、洪炎秋:《三友集》,中央书局,1979年,第229页。
② 洪炎秋:《又来废话》,"中央书局",1966年,第6页。

适、傅斯年的关系交恶,年老思家等原因,都证明周作人不可能去台湾。由此袁良骏认为,洪炎秋的文章是在周作人去世两个月后,带有悼念性质地为周作人"说几句好话"①,因此文章中带有一定的记忆失误,不足为怪。但是洪炎秋在《我所认识的周作人》中,详细介绍了周作人托尤炳圻写给自己的信,并且与张我军的谋划也十分详细清楚,如果是记忆失误,或理解错了尤炳圻的信件,哪会有如此周密的赴台计划?周作人或许在出狱后由于种种原因放弃赴台的打算,但在出狱前托尤炳圻写信之时,在监狱中的他对胡适、傅斯年赴台一事是不知情的,而将台湾当作出狱后的备选,其动机有章可循。周作人后来没有重提赴台一事,只能说明他在出狱后对时局有了更多了解,在周全考虑下放弃了赴台计划,而并不能说明他在狱中没有赴台的打算。

洪炎秋对周作人的态度,是欣赏、仰慕他的为人和为文;而在其出任伪职之后,虽抱有同情态度,但采取了明哲保身的姿态予以疏远。在抗战胜利后,洪炎秋则念及自己与周作人的私交,仍愿意为其谋划赴台一事,可以看出洪炎秋与周作人的交情颇深。

与张深切、洪炎秋在周作人出任伪职以后的疏远态度不同,张我军与周作人一直保持着一定程度的往来。张我军在代张深切主编《中国文艺》期间,仍向周作人约稿,两人有密切往来;张我军以周作人的名义翻译岛崎藤村的《黎明之前》,才得以进入翻译界的视野;张我军翻译的《文学论》(夏目漱石)出版时,周作人为之作序;张我军主编的

---

① 袁良骏:《周作人曾想去台湾否?》,《上海鲁迅研究》,2012年第4期。

《日文与日语》,特意邀请周作人和钱稻孙担任编辑顾问,可见周作人对张我军的影响是极大的。可以说张我军在北京的文化事业因周作人提携而得以发展,同时他的译介还受到周作人的直接影响。徐纪阳认为,从张我军对白桦派的译介来看,他"从周氏兄弟所关注、译介的作家中选取他最初的翻译对象"①。这显示了张我军从周氏兄弟的翻译中汲取灵感和养分的事实,展现了他与周作人直接、间接的往来与学习。张我军在《日文中译漫谈·关于翻译》(1942 年)中,亦将有周作人的译文质量推为上乘,其他的翻译则"简直是胡说八道"②,也展现了他在事业上受到周作人的影响。

张我军曾于 1942 年、1943 年两次参加于日本东京举行的"大东亚文学者大会"。据洪炎秋回忆,张我军参加两次大会的缘由,"一半由于周作人、钱稻孙等先辈的邀约,一半由于他一直以教授日文,名重一时,而平生不曾到过日本,在讲解上难免常感困难"③,可见张我军的参会由周作人促成。不过,相关经过、缘由在张我军的文章中并未见到,可见张我军为了不给自己招致麻烦,便也对此事讳莫如深。

总的来说,张我军对于周作人的态度是几乎没有转变的。他对周作人创作与文学翻译的仰慕,以及对周作人的欣赏态度,在周作人事伪前后没有发生明显改变。张深切、洪炎秋认识到周作人的"落水"乃

---

① 徐纪阳:《张我军的翻译活动与"五四"思潮——兼论与鲁迅、周作人之关系》,《沈阳师范大学学报》(社会科学版),2011 年第 6 期。
② 张光正编:《张我军全集》,台海出版社,2000 年,第 492 页。
③ 洪炎秋:《老人老话》,"中央书局",1977 年,第 131 页。

代表着对民族大义的背离,因而与周作人保持着非常疏远的关系;而张我军则依然接受周之邀约赴日本参会,显示了他与事伪后的周作人仍有来往。虽然张我军一直以来都坚持中国认同与反抗殖民,在沦陷区北京宁愿过着贫苦生活也不出任伪职,但他受邀参加"大东亚文学者大会"一事,又的确是他因与周作人的私交而选择错误的事实。同时,这也显示出殖民地知识分子特有的窘境:正是因为对日本文化的深入了解,以及日文教授身份的限制,才造成了张我军虽有民族认同,却难抵与日本文化界亲密接触的诱惑,而坚持在抗战大背景下作出参加这一"文化殖民会议"的决定,其中隐含了台湾殖民教育的种种线索。

因而旅京台湾作家"三剑客"与周作人的来往以及他们对周作人的态度,显示出他们对于民族大义、中国认同等问题的看法与选择,显示了殖民地知识分子对于抗战与殖民的不同态度。不过,总体来说,几位作家与鲁迅、周作人这两位中国新文学巨擘有着密切的往来,显示了他们与五四新文学的连接。与周氏兄弟的直接往来与合作,促使几位台籍作家直接受到他们的影响,展现了旅陆台籍作家与大陆新文坛的互动,同时也影响了他们的创作。

二、台籍作家的创作与大陆新文学的影响

与鲁迅、周作人的直接或间接接触,让台籍作家深受五四新文学创作影响。此外,旅陆台籍作家在大陆接受了中国新文学运动的洗礼,

对中国新文学耳濡目染,因而其创作受到中国新文学的影响。

(一)张我军与胡适、郁达夫

台湾新文学的发轫,与张我军的关系颇深。他于1924年发表的《糟糕的台湾文学界》,真正让台湾文化界意识到文学改革的重要性。而他对于台湾新文学发展的突出贡献,即为"破除旧文学的迷障,建立新文学的信心"①。他不遗余力地向台湾推介中国新文学运动,在他身上可见中国新文学与五四不同维度的影响。他不仅介绍祖国的文学运动与作品,还向台湾推介五四时期的文学理论,同时又是第一个将鲁迅正式介绍到台湾的人。他所创作的《乱都之恋》是台湾第一本白话新诗集,"显示张我军以具体作品来实践其文学理论的决心"②,为台湾白话新诗的发展提供了借鉴。许俊雅曾称他为"台湾胡适"③,并认为他在台湾新旧文学论争中,"模仿鲁迅的犀利笔法,抓住论敌的弱点与社会的弊病,其尖锐泼辣的风格颇得鲁迅神韵"④。另外,张我军还与鲁迅、周作人有直接往来,对当时中国新文学运动的种种文学论争和思潮都有一定的接触和思考。可以说,在张我军身上集中体现了五四新文化运动对他的影响,不仅是文学革命方面的,更有五四精神的影响。而在

---

① 陈芳明:《台湾新文学史》,联经出版事业股份有限公司,2011年,第75页。
② 陈芳明:《台湾新文学史》,联经出版事业股份有限公司,2011年,第77页。
③ 许俊雅:《点燃火把,期待黎明——张我军及其研究概况》,参见许俊雅编选:《台湾现当代作家研究资料汇编16:张我军》,台湾文学馆,2012年,第64页。
④ 许俊雅:《点燃火把,期待黎明——张我军及其研究概况》,参见许俊雅编选:《台湾现当代作家研究资料汇编16:张我军》,台湾文学馆,2012年,第70页。

众多作家之中,张我军对于胡适、郁达夫的继承更为明显。

1.张我军与胡适文学主张、新诗创作的继承关系

张我军是台湾新文学运动的先锋,其文学革命主张、在台湾新文学史上的地位与胡适相似。张我军在《台湾民报》期间,于1925年2月到4月连续介绍胡适和陈独秀有关文学革命的文章,积极介绍胡适的思想,并将胡适的"八不主义"融入自己的解释,同时还大力介绍郭沫若的诗歌,可见他对中国新文学非常了解和推崇。

与胡适相同的是,张我军对中国传统文化和文学的弊病持坚决批判的态度,倡导学习西方;同时大力鼓吹新的文学形式,以白话文学革新台湾文坛,并强调僵化的文学表现形式束缚了做文章的自由与思想。

在《糟糕的台湾文学界》(1924年)中,张我军直指台湾当时击钵吟盛行的弊病,认为击钵吟有害无益,只是"臭不可闻的恶空气"[1],导致台湾的文士只顾旧梦,不知革新,指责当时的台湾文学陷在过去的泥淖里无法自拔。虽然张我军在文中尚未提出有力的文学改革方针,但已提出了革新台湾文学的主张。在1925年发表的《请合力拆下这座败草丛中的破旧殿堂》《绝无仅有的击钵吟的意义》《揭破闷葫芦》等文章中,张我军清晰地表达了自己的文学主张:批判和摒弃旧文学,提倡文学形式的革新、文学语言的转换(白话)和勿拘泥于形式而束缚说话的自由。可以看出,张我军对胡适的"八不主义"有着极深的理解,并十分

---

[1] 张光正编:《张我军全集》,台海出版社,2000年,第5页。

推崇。他所提倡的反对击钵吟、反对形式束缚思想、提倡白话文的主张,与胡适的"不用典""不用陈套语""不讲对仗""不避俗字俗语""讲求文法之结构""不作无病之呻吟""不摹仿古人"①等主张有着极大的契合点。

在《欢送辜博士》(1924年)中,张我军表达了对辜鸿铭等旧文人的批判,认为东方文化并不适合现代文明与现代人的生活,而中国就是为这种文明所耽误,所以在现代化的大潮下,像辜鸿铭这样鼓吹东方文化的人是不合时宜的。此外,张我军还批判了中国大家族式的生活方式、不注重运动而只重视文学的片面教育,倡导自由恋爱,可以说是对五四时期提倡个人独立性的一种呼应。张我军与当时的胡适一代五四文学家一样,对于西方文明极其推崇,有矫枉过正的嫌疑。

不过,张我军的文学革命论又与胡适有所不同。他的文学革命主张并非完全移植西方,而是转换视角,以祖国新文学为参照,以新文学革命让台湾文学重新与祖国的文学相联系,带有反殖民和中国文化复兴的意图。他所倡导的思想改革,是以中国文化为基点而进行的,而非胡适等人倡导的"欧化"。不过他批判的是在殖民地台湾没有反抗性、逐渐式微的古典文学,提倡复兴的是带有祖国特色的白话新文学,以此反抗日语教育。由此,张我军的文学革命主张在与胡适的文学改革主张契合的同时,又有所改造。除了胡适之外,张我军的文学革命思想

---

① 朱正编选:《胡适文集第1卷》,花城出版社,2013年,第3页。

还融合了其他各派的主张,例如承认"为艺术之艺术"①的文学,并认为即使是社会主义文学,也不能成为政治斗争的工具,可见张我军对文学与政治的界限区分明确,是对20年代革命文学一定程度的超越。

另外,张我军的新诗集《乱都之恋》作于1924年至1925年之间,是台湾第一本白话新诗集。而大陆的第一本白话诗集则是胡适的《尝试集》,出版于1920年。张我军受到胡适、郭沫若等五四新文学作家的影响,开始创作新诗,成为台湾新诗的重要开创者。《乱都之恋》中的新诗,大多抒发自己的相思、恋爱、流寓经历,是张我军的一次创作试验。但诗集中的白话运用并不成熟,对于新诗的创作也较为生疏,充斥着"小山上/绿草又长了几许了/不错呀/相别已两度月圆啊"②之类的松散词句,可见《乱都之恋》是张我军在新诗创作上的一次尝试,而非成熟的新诗创作。不过,《乱都之恋》在台湾新文学史上的开创意义远大于其文学价值,与胡适的《尝试集》相似,是运用白话进行新诗创作的一种创作试验。

2.张我军与郁达夫小说创作的互文关系

张我军的小说中处处可见郁达夫式细致的心理摹写和彷徨的情感状态。《买彩票》(1926年)讲述了"他"家境贫苦,与妻子生活维艰,却怀着中奖的希望买彩票的故事。故事从"他"当衣服开始写起,冬夜难眠,便开始仇恨起自己的富家同学,感到上天不公。"他"一面鄙夷同学

---

① 张光正编:《张我军全集》,台海出版社,2000年,第158页。
② 张光正编:《张我军全集》,台海出版社,2000年,第236页。

买彩票的行为,"由直觉上感到中国人的可鄙,不想发奋做事,却只望着买彩票发横财。即想要坐着收利的,实在是可咒诅的根性"①,一面又拿着仅剩的钱买了彩票,展现出一种矛盾心理。"他"所批判同胞的劣根性,在自己身上同样存在着。在《沉沦》和《茑萝行》中,郁达夫也塑造了相似的人物。《沉沦》的主角一面痛感自己在日本被歧视,情感得不到释放,感到自己作为弱国子民的悲哀和自己的民族劣根性,另一方面又对日本女子产生着种种越矩的想象。《沉沦》的主人公在怨恨祖国带给自己自卑感的同时,又实践着自己所鄙夷的行为,在矛盾中自我纠缠。诚然,《沉沦》的主题更加宏大,它所要描绘的是弱国子民在强国之中难以立足的悲剧现状,但主人公的困顿、自卑又无法奋起的矛盾心态,与《买彩票》中诅咒着富裕的同学而自己却又寄希望于中奖发财这一虚幻迷梦的主人公,有着极大的相似之处。他们都表现出一种自我鄙夷却又无法摆脱的悲剧现状与命运,也正如《沉沦》中所呐喊的,"祖国呀祖国!我的死是你害我的!"②而悲剧的最终酿成,是主人公无法摆脱困苦的现状,并陷入自己所鄙夷的民族性格之中,而非只是弱国身份带来的悲剧命运,从而更加深了主人公的悲剧性。《茑萝行》中则同样将悲剧的诞生归咎于社会、命运,而主人公的懦弱、缺乏责任感的性格依然加深了悲剧性,导致其深陷恶性循环之中无法自拔。

另外,细腻的心理描写也是两人作品的契合之处。《买彩票》中对

---

① 张光正编:《张我军全集》,台海出版社,2000年,第268页。
② 郁达夫:《沉沦》,江苏文艺出版社,2009年,第35页。

于主人公买彩票时的惶惶之情、等待中奖前的兴奋、得知结果时的绝望,描写得细致入微。在其心理变化的过程中,对中国人性格的可鄙、贫苦人生的映照也都有所展现。最终,主人公未得大奖,只能放下学业和爱人离开北京。与郁达夫的作品一样,在这篇小说中,主人公将自己的悲剧归结为不可摆脱的宿命和劣根性,而实际上主人公自己也沉溺于无法自拔的悲剧轮回之中。在《买彩票》中,主人公怀着"孔乙己"式的迂腐,明明没钱却害怕被看不起,先去书店"摸书",又到彩票店买了两小张彩票;仇恨富家同学,却又想着发横财——这与《春风沉醉的晚上》中的主人公那句"自杀!我有勇气,早就干了"[①]的懦弱独白有着极为相似的矛盾心理。张我军在另一篇小说《诱惑》(1929 年)中描写了同样贫穷的主人公,虽则没钱,却答应与太太们打麻将赌钱的故事。主人公参与这样的社交活动,是因为"这是他第一次接近女性的机会"[②]。在打麻将的过程中,主人公因为碰到姑娘的手、脚而感到高兴,因为输钱丢脸而再也不敢接触姑娘的眼光——这种患得患失的心理状态和对女性的窥探心理,与郁达夫《沉沦》的主人公有着一定互文。《沉沦》的主人公对房东姑娘十分爱慕,与之对视便已经浑身发烫,又生怕其他人知道他的爱慕与越矩的想象。两篇小说的主人公,都由于长期的欲望压抑,而对女性带有极为变态的渴望心理。因而张我军的文本在这里形成了对郁达夫文本的一种引述。张我军引述郁达夫文本中对女子

---

① 郁达夫:《沉沦》,江苏文艺出版社,2009 年,第 121 页。
② 张光正编:《张我军全集》,台海出版社,2000 年,第 290 页。

的变态与窥探心理,以此展露一种压抑的精神状态,形成了对郁达夫的一种互文关系。不过,正如李玉平所说:

> 互文性的价值正在于文本之间的异质性和对话性。如果原文本的一部分进入当前文本后,与原来相比没有产生异质性,在新文本中没有生成新的意义,形成对话关系,那么,这样的互文性就没有多大的研究价值。①

诚然,《沉沦》中的压抑来自弱国子民的自卑心理,而对于《诱惑》的主人公来说,这种压抑的心理来自自己社会阶级的低下。张我军无需面对郁达夫式的自卑感,因而在他的引述中,自卑感被淡化,命运无常与底层社会的悲惨情境乃至国民性的懦弱被强化了。不过,结果都造成了主人公对女性的渴望和变态心理。由此,张我军的文本在与《沉沦》的对话与异质性中实现了对郁达夫的借鉴与超越。在《诱惑》中,主人公苦于挣钱不易,却又为了与女性社交而花光积蓄;渴望着女性的关注,却又感叹着家族制度的悲哀,拖累自己无法有正常的恋爱。在这里,张我军控诉的是中国旧式的家族生活给人带来的负累,同时又批判主人公因长期压抑而无法摆脱自我预设的精神牢笼,是一种双重批判。

可以看出,张我军的小说与郁达夫的小说有着心理描写、控诉命

---

① 李玉平:《互文性:文学理论研究的新视野》,商务印书馆,2014年,第61页。

运却又无法摆脱的悲剧宿命等方面的互文,除此之外又伴随着鲁迅的国民性批判的影子。作为在台湾大力宣传中国新文学运动的健将,张我军不仅在文学主张上借鉴了胡适、陈独秀一派的文学革命论,在《台湾民报》时期积极刊载鲁迅、郭沫若、焦菊隐、杨振声等作家的作品,在创作上更是杂糅了当时大陆文坛种种文学理论,展现着五四文学革命在他身上的印记。

(二)洪炎秋与周作人

洪炎秋自20世纪20年代初就在北京求学,直到抗战胜利后才返回台湾,期间深受五四新文学影响,与众多文坛巨擘有着深入交往。在洪炎秋返台后创作的散文中,对于与五四新文学作家的往来有诸多记录,对很多作家也有品评,与五四的继承关系十分明显。其中,洪炎秋在50年代的文章中曾自陈写文章遵循的是胡适的遗训:"要有话说,方才说话。有什么话,说什么话;话怎么说,就怎么说。要说自己的话,不说别人的话。是什么时代的人,说什么时代的话。"①而傅斯年的治学态度"有三分意见,写三分文章;七分意见,写七分文章;没有意见,就连一个字也不写"②则是他写文章奉为圭臬的原则。此外,洪炎秋还与胡适、周作人、林语堂、沈尹默、蔡元培等有师生关系和不同程度的来往,

---

① 洪炎秋:《教育老兵谈教育》,三民书局,1968年,第2页。
② 洪炎秋:《教育老兵谈教育》,三民书局,1968年,第2页。

与傅斯年、罗家伦等也有不同程度的接触,①新文学作家对洪炎秋的影响颇深。不过在这些新文学作家之中,周作人对洪炎秋的影响最大。

洪炎秋与周作人的往来和他对周作人的欣赏,前文已经有所讨论。周作人也影响了洪炎秋的创作,致使他在散文写作中颇得周作人真传。洪炎秋曾自陈"周先生写的文章,我差不多篇篇读过,他出的文集,也几乎本本必买,亲炙的次数,也不算少"②。这证明他对周作人的私淑程度极深,而他对周作人的欣赏必然影响他的散文创作。沈信宏对于洪炎秋与周作人在散文观念上的相似之处已有论述,但只针对《漫谈随笔》和《我所认识的周作人》来谈,对于两人的其他作品没有深入探讨。沈信宏认为,洪炎秋将散文看成是最自由的文体,可自由叙述、议论和抒情,而周作人则认为抒情是文学最极致完美的状态,展现了两人在散文创作上相似的观念。同时,沈信宏还指出,洪炎秋的随笔理论核心是言志观念,仍出自周作人"人的文学",重视人的自觉、个性

---

① 洪炎秋在北京大学期间,胡适、周作人、沈尹默、林语堂、林语堂夫人皆为其老师,蒋梦麟时任北京大学校长,并与傅斯年、罗家伦等关系甚好。洪炎秋毕业之际,蒋梦麟曾将洪炎秋的毕业论文《日本帝国主义下的台湾教育》推荐到《教育杂志》发表,又推荐洪炎秋赴新加坡华侨中学担任校长;时任河北教育厅厅长的沈尹默为洪炎秋谋得河北教育厅的科员职位。30年代,洪炎秋曾因北平大学附属高中险些被停办一事,求助于沈尹默,沈尹默将洪炎秋介绍给蔡元培,此事由蔡元培出面,与当时的教育部部长周旋,才得以保住附属高中的办学。洪炎秋与胡适的往来除了师生的课程关系,洪炎秋也曾向胡适求字,以及在工作后因学生投考北京大学的成绩问题向胡适求助,胡适同意将其学生的分数提高,以将其录取到英文系。傅斯年则是洪炎秋在北京大学的师兄,返台后傅斯年担任台湾大学校长,洪炎秋也于该校任教。洪炎秋在台湾主持《国语日报》期间,师兄傅斯年任董事长、罗家伦则担任《国语日报》社董事,与洪炎秋共事。可以说,无论是在旅居北京时期,还是返回台湾后,洪炎秋与五四时期涌现的众多文人与知识分子有着十分密切且深入的往来。

② 洪炎秋:《忙人闲话》,三民书局,1968年,第92页。

表现,"在散文中要能表现自我,发出自己内心真正的声音,先得重新寻获被旧传统压制失声的'我'"①。

可见在文学创作的主张上,洪炎秋与周作人是一致的。不过,洪炎秋对周作人散文、文学创作理论的继承,并非只体现在《漫谈随笔》一篇文章上。他对周作人的继承,也不只在于散文创作理论的核心要旨,还在于具体的散文创作方法、旨趣和国语推行等方面的思考上。

首先,在散文创作的具体方法和旨趣方面,洪炎秋与周作人有明显的继承关系。洪炎秋在散文创作中,极善于旁征博引,引用中国古代的名家故事、西方的文学故事、外国的新闻等以佐证自己的观点。在具有论述性质的散文中,洪炎秋善于利用这些古今中外的例子论证观点,《再谈作文》(1967年)、《漫谈文化》(1967年)、《菲游杂记》(1967年)、《从清贫说起》(1968年)、《向清富迈进》(1968年)等文章都是如此。在《从清贫谈起》中,洪炎秋论证了教育行业只能一生清贫,但清贫对下一代的训育作用十分重要。在文章中,以范蠡的儿子犯杀人罪的故事、美国的故事论证金钱不是万能的,最终得出结论,守住清贫也是一种气节。在洪炎秋看来,好的随笔必须要有哲思,兼具自然,因此在散文中引入了古今中外的例子以论证其观点。而哲思也必以自然、真实为基础,也就是洪炎秋所说的:

---

① 沈信宏:《洪炎秋的东亚流动与文化轨迹》,秀威资讯科技股份有限公司,2016年,第308页。

……(随笔)是一个学识、修养、经验都极其丰富的至人的精神蓄积的自然反映,所以才能够富有诗趣,才能够具备着"云无心以出岫"的自然,"柔条纷冉冉,落叶何翩翩"的闲适,"落花流水宫然去,别有天地非人间"的奥妙吧。①

洪炎秋对哲思的追求、举例的旁征博引很容易让人联想到周作人的《娼女礼赞》《哑吧礼赞》《麻醉礼赞》三篇文章。《娼女礼赞》以《水浒传》的诗做开头,又谈到德国诗人柯祖基的话,兼及美国的们肯、德国的哈尔波伦等人的说法,以论证当下的世界"是买卖的世界,我们对于卖什么东西的能加以非难乎?"②《麻醉礼赞》同样以中国古代的麻醉文化谈起,细数历代麻醉之法,又引罗马哲人的故事,最终表达了对于当下清醒的人却无法振臂一呼的悲哀。可见在具体的写作方法上,洪炎秋与周作人十分契合。两人都善于以当下时局出发,以古今中外的故事加以论证,要求文章须抒发哲思。

就文章的旨趣来说,洪炎秋也颇得周作人真传。洪炎秋在沦陷区北京发表的几篇散文,总的来说选题都在于从生活中的日常物品出发进行散文创作。在《闲话鲍鱼》(1939年)中,洪炎秋从中国宴席的主菜说起,对于美味的鲍鱼无法被当作主菜而鸣不平。在文章中,洪炎秋历

---

① 洪炎秋:《忙人闲话》,三民书局,1968年,第52页。
② 周作人:《看云集》,上海三联书店,2018年,第10页。

数中国古代对鲍鱼的相关记载和故事，对比日本对鲍鱼的看法，可谓旁征博引，不过最后落脚于"世间美物而蒙恶名的，所在皆是，正不独鲍鱼为然，故亦无须特别替它难受也"①，让文章蒙上一层无奈的情绪。《就河豚而言》(1940年)也有类似情感。洪炎秋在这篇文章中从中国的河豚谈到日本的河豚，同样旁征博引，最终却落脚到当下河豚的流行乃在于日本饭馆的盛行，是"经济提携的好模范"②，同时话锋一转，又表示"莫谈国事"③，给了文章一个欲言又止的结尾。诚然，《闲话鲍鱼》《就河豚而言》等几篇散文，创作于北京沦陷时期，考虑到日伪政权的监管，作者在选题和叙述上都无法自由选择。但就这几篇文章的旨趣来看，洪炎秋坚持的是在散文创作中，选择日常物品、事件以作为话题展开叙写，从日常小物中见生活真知、社会情状，与周作人、林语堂一派"为人生的艺术"十分契合。事实上，洪炎秋也对林语堂非常欣赏。在北大就读期间，洪炎秋是林语堂夫人的学生，也曾听过林语堂的演讲。洪炎秋对当时北大的两大散文阵营——以胡适为中心的现代评论派和以周作人为中心的语丝派有自己的偏好。在洪炎秋看来，林语堂的小品文与语丝契合度非常高，幽默有趣，无论中文还是英文写作都十分流畅，表现出洪炎秋对语丝社小品文的欣赏与私淑。返台后，林语堂到台湾时洪炎秋也多次出席作陪，可见他与林语堂的师生关系较为密切。

---

① 洪炎秋:《废人废话》，"中央书局"，1974年，第252页。
② 洪炎秋:《废人废话》，"中央书局"，1974年，第235页。
③ 洪炎秋:《废人废话》，"中央书局"，1974年，第235页。

在《就河豚而言》中，洪炎秋将写文章的人分为两种：一种是为了抒发意见而做文章，另一种是为了写文章而写文章的人。洪炎秋对前者的褒扬和对后者的不赞同态度十分明确，可见在洪炎秋的散文创作观念中，写文章须出于内心的情感，同时具备哲理思考便更为上乘。这与周作人所倡导的"平民文学"有着明显的继承关系。周作人主张"平民文学应以普通的文体，写普通的思想与事实……以真挚的文体，记真挚的思想与事实"①，便是以小见大，"以真为主，美即在其中"②。实际上，周作人在《金鱼》中也曾表达过类似的分类标准和意见。周作人在《金鱼》里将文章分为有题目的和没有题目的两种，没有题目的文章往往先有意思，在把意思写出以后，总结大意补充文章；另一种则是先有题目再写文章。在周作人看来，前者"更容易出些佳作，因为能够比较自由地发表"③，而后者则是命题作文，难以逃脱束缚。可见周作人与洪炎秋一样，主张不能为了写文章而写文章，应以真情实意抒发意见。而细数周作人的散文创作，这种以小见大、以真见美、自由抒发的旨趣也处处可见。《金鱼》从金鱼写起，最终落脚到文学的潮流，也是以小见大、倡导自由抒发情志的典范，可见洪炎秋在散文创作的旨趣上，与周作人有明确的继承关系。

其次，在国语文学方面，洪炎秋与周作人的看法相似。洪炎秋在返台后任职于《国语日报》，曾积极推行国语，并提出了很多自己的主张，

---

① 周作人：《艺术与生活》，北京十月文艺出版社，2011年，第6页。
② 周作人：《艺术与生活》，北京十月文艺出版社，2011年，第6页。
③ 周作人：《看云集》，上海三联书店，2018年，第24页。

主要有推行简体字、废止冗长低效的公文样式、推广函授教育和检定试验等方面的主张,展现了他对于中国白话文的文字、文学推行的极力推进。不过,与张我军对胡适的亦步亦趋不同,洪炎秋对"打倒孔家店"的主张持有待商榷的态度。在洪炎秋看来,五四运动所要反对的是汉武帝以来错认的"孔家政治店",而非孔子所创的"孔家学店",后者"任谁都打不倒,可以永存于世上,为'万世师表'"①,可见他对于中国传统文化的态度并非胡适、陈独秀那般极端。而周作人对此论点早有表述。在《国语文学谈》中,周作人认为古文和白话文都是汉语的书面语言,古文也应该被囊括在"国语文学"之中,肯定了古文的作用。周作人指出,古文的弊病并不在于其运用的生僻语汇不为民众所熟知,而在于其僵化的形式和陷于模仿的窠臼中,阻碍了文学形式的发展。换言之,周作人肯定了古文的作用和地位,同时并不认为白话的形式可以完全作为没有弊病的文学形式被接纳。在这里,洪炎秋对古文、传统文化的认识,与周作人是契合的,两人都主张对古文和白话文重新认识,不该因倡导白话文就否认古文的作用。

最后,洪炎秋对周作人虽然有着继承关系,但他对周作人的介绍,保持了他对周作人的文学与政治加以区分的态度。1947年,洪炎秋就已在《国内名士印象记》中对周作人进行了一番介绍,《纯文学》时期的《我所认识的周作人》并不是他第一次向台湾介绍周作人。沈信宏认为,洪炎秋并不完全认为周作人是汉奸,所以才答应林海音撰《我所认

---

① 洪炎秋:《又来废话》,"中央书局",1966年,第92页。

识的周作人》以在台湾推介周作人,这也导致他在文章中对周作人的评价总有相对矛盾的叙述。但只要结合洪炎秋在其他文章里的叙述就可看出,洪炎秋并非对周作人事伪一事毫不在意,而是出于欣赏周作人的文章才愿意介绍周作人到台湾。在《国内名士印象记》中,洪炎秋早已阐明自己在周作人事伪以后,"就把八道湾视为畏途,不敢再去问津了"①,证明洪炎秋对周作人"落水"一事十分在意。在《我所认识的周作人》中,也并非存在对周作人的矛盾叙述,而是将自己对周作人的态度以事伪为节点,分为两部分——事伪前密切往来与事伪后主动疏远,这两种态度并不矛盾。

　　至于洪炎秋为何愿意在台湾介绍周作人,乃在于他对周作人文章的欣赏、创作旨趣的相投和他自身的性格使然。林海音在《不要紧吧!》中,曾提及洪炎秋豁达、乐天知命的性格,并指出他不顾别人眼中的敏感,大方接受介绍周作人的任务。而林海音之所以找到洪炎秋撰写介绍,乃是因为洪炎秋早年与周作人私交甚笃,对其"美文"创作亦颇有研究。因此在洪炎秋身上,五四文学传统的印记体现在他对于周作人"美文"创作理念和方法的继承与发展上,他对周作人创作的推介也对战后台湾文坛产生了重要影响。

---

①　洪炎秋:《废人废话》,"中央书局",1974年,第179页。

(三)钟理和与鲁迅

钟理和在抗战时期虽在华北沦陷区文坛处于边缘地位,但在阅读、创作上并没有离开五四的影响,鲁迅的文章对他的影响明显。钟理和一生为疾病所累,疾病体验和婚姻受阻是其文学创作的两大主题。他的创作动因,除了来自两岸之间的空间流动之外,最重要的就是病痛折磨和婚姻不被祝福而导致的压抑情绪。而鲁迅的疾病书写,也正是他个人患病体验的输出,鲁迅日记亦是"包含了一部鲁迅的病史"①,"书信中谈到病的内容也随着时间的推移越来越多"②。在这一层面上,钟理和的疾病书写与鲁迅的疾病书写有着相同的创作动因和表现形式。或许钟理和对鲁迅精神与创作的学习与继承,最初也正出于此。

除了疾病书写之外,虽然钟理和擅写田园牧歌式的台湾乡土故事,但又蕴含着对乡土社会某些陋习和传统的批判,与鲁迅对乡土社会的批判有所继承。《阿远》(1951年)和《薄芒》(1944年)都塑造了为乡土社会陋习所害的女子形象。在《阿远》中,阿远经常遭丈夫阿贵毒打,是典型的受难女性。"我"偷走了阿远的锄头,而阿贵却没有再给她锄头,以致她只能用手扒牛粪;牛贩子提出用牛交换阿远的提议,阿贵还倒找了牛贩子二十块钱,答应互换;阿贵死后,阿远只能在邻居家养

---

① 吴俊:《暗夜里的过客——一个你所不知道的鲁迅》,东方出版中心,2006年,第180页。
② 姜彩燕:《从鲁迅到贾平凹——中国现当代文学疾病叙事的历史变迁》,《西北大学学报》(哲学社会科学版),2018年第6期。

牛,寄人篱下。阿远的悲剧命运在于其作为女性在乡土社会中只能成为男性观看的附属品,人们拿她当作谈资却缺乏同情。阿远嫁给阿贵后,被村民挖苦的是阿远被伤害的经历,却不是阿贵的无能与贫穷,展现出钟理和对乡土社会种种恶习的批判。阿远作为乡土社会陋习和封建观念的受害者,与《祝福》里的祥林嫂、《明天》里的单四嫂子,被安排了相同的命运:她们是封建乡土社会中的被观看者,连反抗的想法也几乎没有,在成为封建乡土受害者的同时又对自己的受难不自知,将自己推向深渊而不是救赎。阿远的形象与祥林嫂、单四嫂子一样,成为批判乡土社会愚昧、麻木、吃人陋习的一种符号,进而与鲁迅的国民性批判有所吻合。

《阿远》的最后,作者只能用无奈的口吻,写下对阿远命运的猜测,"我什么都不知道:我已经有很久不回去了"①。钟理和从人道主义的立场出发,希望阿远不再是流落街头的丧家犬,而现实很可能是她的日子更加困苦不堪,因为乡土社会没变,封建陋习仍在。这样的结尾和评断与鲁迅的《祝福》又形成了一定的互文。在《祝福》中,同样对于祥林嫂的悲剧命运展现了"那我可不知道"②的无奈情绪。钟理和与鲁迅一样,对于被观看却无法被拯救的受难女性有着人道主义的同情,却又不得不承认现实的残酷。不同的是,钟理和不忍对受难女性过分苛责,因而悲悯情怀更多;而鲁迅则对放弃反抗的女性悲剧有更多反思,批

---

① 钟怡彦编:《新版钟理和全集1:短篇小说卷》(上),春晖出版社,2009年,第198页。
② 鲁迅:《鲁迅全集第二卷:彷徨·野草·朝花夕拾·故事新编》,人民文学出版社,2005年,第21页。

判更甚。

不过钟理和与鲁迅在人道主义的立场上是契合的。在《阿远》中，阿远当着众人的面被阿贵卖给牛贩子，又在众人围观中与牛搏斗，是典型的看与被看的场景。这一幕承自鲁迅所描述的围观砍头的场景，"把实际生活过程戏剧化，把应该引起人们同情和怜悯之心的情感扭曲为一种审美反应"[①]，看客的麻木、好奇更印证了阿远的悲剧。钟理和以看客的欢呼和狂笑，映照出乡土社会的落后、麻木以及对阿远的同情、悲悯，与鲁迅维护人的尊严、争取思想解放的人道主义精神相契合。鲁迅的人道主义精神，不仅关注人的解放，更关注集体式的解放。《祝福》中的祥林嫂形象，并不是个人形象，而是代表了一种群像。祥林嫂代表了一部分受难女性，她们为封建社会所害，却又因长期被观看和迫害而丧失了自我救赎的能力，转而变成自我戕害者。在钟理和的作品中，对受难女性自身的封建性虽没有如此激烈的批判，但阿远这样的女性形象，也与祥林嫂的受难经历有极大的重合点，鲁、钟两人对受难女性的人道主义悲悯情怀是一致的。

在《薄芒》中，钟理和同样塑造了受难女性的形象阿英。阿英与阿龙本两情相悦，但因阿英母亲早逝，父亲和兄弟都需要阿英照看，父亲坚持不答应阿英的婚事，导致阿龙发疯、阿英困守家中终老。阿英为传统的乡土社会、封建家庭所束缚，被认为理应照顾父亲和兄弟，而阿英

---

① 任辉：《鲁迅小说中的人道主义思想的内涵以及女性人物命运悲剧之渊源简论》，《黑龙江教育学院学报》，2018年第10期。

的幸福则无人关心。父亲的自私、邻居对阿英的道德绑架,让阿英只能被约束在大家族中被压榨至死。与《阿远》相同的是,《薄芒》同样批判了压榨、迫害女性的封建乡土陋习,对无力反抗的女性表达了极大的人道主义关怀。不过,阿英也曾有追求幸福的勇气,但最终在道德上被父亲、邻友绑架,只能做一个封建乡土社会认可的"好女儿",而无法追求个人的幸福,这让她的形象更接近祥林嫂。祥林嫂为封建伦理所害,导致精神失常,即使有着对幸福生活的向往,也因围观者的持续伤害而走向悲剧。阿英也是如此,她本有幸福人生,却因母亲早逝而肩负家庭重担,讽刺的是将她完全束缚在家庭中的竟是母亲的临终嘱托。母亲的死成为阿英悲剧命运的起点,被封建乡土社会伤害的女性又成了绑架下一代女性的祸源,而阿英除了得到父亲"宣传式的抱歉"①,只能在封建伦理的绑架之下一步步走向麻木的深渊。在故事的最后,阿英如祥林嫂一样,对于邻人的意见,只有麻木的回应,她们一样是封建父权的受害者,也是围观她们的人所迫害的对象。鲁迅和钟理和都塑造了一个个被封建乡土、围观者迫害、压榨的受难女性,而这些女性由于长期被迫害而丧失了反抗的能力,展现出作者的悲悯情怀和人道主义精神。不过,钟理和的批判更多针对乡土社会的陋习和封建观念,对于受难女性则展现了更多的同情态度,阿龙在故事的最后发疯地重复"谁不让我们结婚?"②便是对乡土陋习最大的控诉。而鲁迅则更进一步

---

① 钟怡彦编:《新版钟理和全集3:中篇小说卷》,春晖出版社,2009年,第40页。
② 钟怡彦编:《新版钟理和全集3:中篇小说卷》,春晖出版社,2009年,第57页。

要求受害者应摆脱自己的奴隶意识,对于受害者的麻木情态也有进一步的反思。

此外,钟理和对民族性的批判也与鲁迅有所契合。钟理和在沦陷区北京生活困苦,接触的底层人士居多,也让他看到了中国的种种陋习与不堪。这让他与旅京台湾作家"三剑客"对当时中国/北京社会的歌咏不同,而是更多表现出对中国时局、民族性的批判意识。在《夹竹桃》中,钟理和细数底层人民的自私、贪欲、人性之恶,以极为悲观的笔调描绘了一幅战时中国图景。林大顺的父亲依靠儿子过活,寡妇的儿子只要有钱就马上花完,鲁太太睡到中午什么也不做……在钟理和的描述中,"懒惰,这也是这院里取之不尽,用之不竭的东西"①。四合院中的住户思想和生活都不自由,对道德、法律也视若无物,每家各自为政,怨天尤人而不知满足。《泰东旅馆》也同样展现了一间藏污纳垢的旅馆。旅馆中的住客各藏私心,男人满身淫欲,女人行为乖张。账房起初对"我"和妻子的谄媚态度、到后来认清夫妻俩殖民地人民身份后的不屑,与《夹竹桃》中房东太太的冷漠与奴性如出一辙;张教授指责男女平等的思想让青年变得毫无志气,男人地位一落千丈,展示着儒家腐化的道德教育带来的弊病。在这两部作品中,钟理和同鲁迅一样,批判了腐化的传统道德带来的陋习,国人的奴性、冷漠、自私带来的种种恶果加深了彼此的悲剧命运。同住在四合院里的居民不见相互扶持,但见排挤、凑热闹、冷漠,正是《祝福》里的柳妈、四婶一样的人物。钟理和

---

① 钟怡彦编:《新版钟理和全集3:中篇小说卷》,春晖出版社,2009年,第89页。

与鲁迅批判的,正是柳妈、四婶一类的人,在冷漠、自私、奴性的同时,又教唆、压迫他人也与之同流合污。

不过,虽然在批判封建乡土陋习、人道主义精神、批判国民性等方面较为契合,但钟理和对鲁迅并不完全认同。在《夹竹桃》中,钟理和塑造了一个藏污纳垢的北京四合院。四合院的住户都是底层人士,他们自私、奸诈、充满欲望,展现了沦陷区北京的种种丑恶现实。钟理和在《夹竹桃》中要展现的,是五四运动和辛亥革命以后,精神和现实都无法现代化的北京底层人士,五四的精神大旗在他们身上无法有效施展。钟理和的创作理念和人生轨迹,以"隐忍""悲悯"为关键字,而这一特质也反映在他对五四的信念上。在他看来,北京四合院里的住户充满着种种肮脏的、落后的观念,也呈现了较为悲观的现实世界。因而钟理和走上了与鲁迅相似,但又不同的道路。实际上,钟理和在日记中也曾表达过对鲁迅的不认同:

> 鲁迅的路子在现在是行不通的。他太激烈、太彻底了。把这法子适用于现在,那是傻子才肯做的。因为这不啻自动的断绝了升官发财的机会。一辈子甘愿做奴才。聪明人是不走这条路子的。①

在钟理和看来,鲁迅所作的努力,与辛亥革命和五四运动一样,对中国的底层人民并无影响。鲁迅认为用文章就可以唤醒同胞的精神,

---

① 钟怡彦编:《新版钟理和全集6:钟理和日记》,春晖出版社,2009年,第41页。

结果却杯水车薪。在钟理和的作品中,处处可见无力抗争悲剧命运的结局,即使是《夹竹桃》中的知识分子曾思勉,也难以摆脱对自己的憎恶、鄙夷,难以逃脱悲剧的命运。于是,钟理和在对民族前途的悲观、民族精神的绝望之中,与鲁迅走向了分歧:

> 他(鲁迅)还不如快去茅山,由茅山老祖借来一把斩妖剑呢!印在纸上的冷冷的字究竟是无用的,他不如向准横行在白日下的妖魔鬼怪们的脖子上"嚓"的一刀劈下去管事。我相信只有去掉那一小部份或者是大部份的人,另一部份的人才能得救,才有法子活下去。而欲去掉那一部分的人,大概除开杀头以外,是没有更好的办法的。①

钟理和对民族命运的悲观态度,致使他产生了较为偏激的思考。虽然这一说法带有发泄的成分,但也正反映了在钟理和的观念中,中国只有极少数的知识分子能认清现实、完成思想的现代化,而更广大的民众无法有效接受五四运动和辛亥革命的思想与成果,他们依旧与《夹竹桃》中的住户一样,过着自私、落后、庸庸碌碌的传统生活,即使有一定新知的曾思勉也无力改变现状。而解决这一问题的方法,单靠鲁迅的精神革命和文学救国的批判精神,是无法完成的。这说明钟理和对乡土社会和国民性等问题的思考和批判,在带有鲁迅色彩的同

---

① 钟怡彦编:《新版钟理和全集6:钟理和日记》,春晖出版社,2009年,第41页。

时,更愿意相信悲剧的宿命论,在批判的同时又怀有悲观的情绪,认为人无法摆脱现实的困境,即使怀有鲁迅的战斗精神,也无法通过思想革命快速实现人的启蒙和解放——这也是他对鲁迅最大的反驳点。所以钟理和才会对鲁迅的批判精神不以为然。钟理和虽然欣赏鲁迅,并在日记中特意为鲁迅逝世作纪念,称赞鲁迅"不把阿Q当作唯一的战斗对手"①的精神,但不认为鲁迅的路子能走得通。

不过,钟理和虽然更多怀着"同情"与"悲悯"看待其批判的对象,但仍没有放弃对陋习、丑恶的揭露,这也说明钟理和的批判主旨仍然是鲁迅式的。他对于阿远、阿英的形象塑造,对看客心态的细致摹写,正展现了祥林嫂式的受害者如何在封建乡土社会中走向(精神与肉体的双重)死亡。因此,他虽然声称不认同鲁迅的做法,但依然走上了与鲁迅相同的道路。

(四)林海音与凌叔华

在抗战时期旅陆台籍作家中,林海音是唯一一个在五四之中长大、全面接受着五四教育与影响的作家。虽是这一群体中最年幼的一位,但她对于五四的继承却是最为全面、深入的。张我军、张深切等人赴大陆后才受到五四的洗礼,其语言运用与创作习惯未脱日语、闽南语的影响。而林海音自小在北京长大,其文学创作语言和习惯的养成可以说完全是五四式的。同时,林海音与中国新文学作家的往来也十

---

① 钟怡彦编:《新版钟理和全集6:钟理和日记》,春晖出版社,2009年,第35页。

分频繁——与梁实秋、余上沅、张秀亚、沉樱、於梨华等皆有交集。林海音也曾自陈：

> 我和我国五四新文化运动,几乎同时来到这世上。……是跟着这个运动长大的,所以那个改变人文的年代,我像一块海绵似的,吸取着时代的新和旧双面景象,饱满得我非要借写小说把它流露出来不可。①

林海音不仅在北京期间接触、阅读新文学作品,养成了其文学创作的品位与习惯,其一生中与众多新文学作家也往来甚密,展现出与五四的深入交集。不过,在众多新文学作家中,林海音更倾心于凌叔华,甚至自称"凌迷",可见她对凌叔华的私淑程度。

事实上,林海音与凌叔华的创作也有着较多的重叠之处。两人都擅写闺中故事、婚姻家事,在创作主题、题材等方面的契合度是非常高的。

首先,林海音对凌叔华的继承体现在北京故事的儿童视角上。与钟理和的北京故事不同,林海音的北京故事没有战乱、受苦,只有天真的童趣和儿童视角对成人世界的解读。这与林海音在北京的童年经验有关,也与凌叔华的影响有关。在《城南旧事》和《英子的乡恋》中,林海音以小英子的视角,细数虎坊桥、西单牌楼、天桥、文津街、香山双清别

---

① 王开平策划:《林海音作品集 8:写在风中》,游目族文化公司,2000 年,第 206 页。

墅、琉璃厂等北京的独特地景,塑造了儿童眼中远离战火与政治的乌托邦空间。在这里,虽然也有父亲的情事、秀贞的悲剧、爱国青年的被捕,但儿童视角的叙述基调决定了林海音回忆中的北京是灵魂安放之处,是不可超越的美好童年。而在凌叔华的小说中,也存在类似的情感与叙写。《小英》中以小英的视角叙写了儿童对于三姑姑结婚的印象,以小英对三姑姑结婚的期待展现了家族上下准备传统婚礼的种种烦琐步骤。最后,冗长的婚礼准备让小英开始由期待变成不舍,说出了"三姑姑不做新娘子行吗"①的稚嫩话语,展现出以儿童视角观看家族生活的一面。

梅家玲指出,"北京"是林海音和凌叔华共同的书写焦点,不过林海音与北京的关系总是若即若离,其对婚姻的认识后来延伸到台湾女性的婚恋问题;而凌叔华则将《古韵》变成西方想象中国的一部分,两人都展现了战乱之外的有关北京的独特故事。不过,梅家玲执着于林海音身处北京的台湾人身份和凌叔华身处西方的北京人身份,认为两人都居于边缘地位,其对北京的描写也带有边缘性与独特性。梅家玲认为,林海音的外地人身份影响了她对京式家族生活的认知,是由婚前的"边缘"向婚后真正融入大家族生活的转变,而凌叔华生长在京式大家族的成长经历让她比林海音更具备书写北京传统家族生活的资格。诚然,在林海音的文章中,除了对丈夫何凡的家族生活的描写外,罕见中国传统家族生活的叙写,但她的儿童视角与凌叔华一样看到了

---

① 凌叔华:《红了的冬青》,天津人民出版社,2016年,第88页。

成年人世界的欺凌与无奈。此外,作为台湾人的林海音对北京城市形象的塑造,更多北京地域特色,因而呈现出更典型的空间文化特色,而非梅家玲所说的"边缘性"。与之对应的是,凌叔华所描写的家族生活相对来说较少北京的独特性,而更多是具有普遍意义的中国式家族生活,所以梅家玲的说法是不够准确的。

　　两人都有直接描写北京生活的作品,即《古韵》与《城南旧事》。在《城南旧事》中,林海音通过运用京腔口语、塑造城市地景等方式,展现了童年记忆中的北京城形象。林海音在呈现童年记忆的过程中,将空间地景赋予了文化情感,使《城南旧事》呈现出明确的"北京"特色。在《惠安馆》《我们看海去》《驴打滚儿》中,林海音提到了惠安馆、新帘子胡同、西交民巷等明确的城市空间,并让这些空间具备了故事性,使之成为北京城形象的重要组成部分。在《惠安馆》中,以惠安馆为舞台,上演了英子、秀贞和妞儿的故事。在故事里,惠安馆不只是故事的背景,更参与了故事的发展。作者多次强调秀贞住在惠安馆附近,让故事与情感附着在这一空间中,成为童年英子情感附着的一部分——提到惠安馆就想到秀贞和妞儿,就能记起自己在北京的生活记忆。《我们看海去》中将新帘子胡同描述为一把汤匙,《驴打滚儿》中则刻意提及西交民巷的中国银行,其用意与《惠安馆》一样,即不断重复附着了童年文化记忆的空间,以此塑造北京城形象。

　　《城南旧事》的儿童视角是以童年的记忆重绘北京空间,其文化情感指向北京这座城市,而《古韵》明显不同。在《古韵》中,基本没有涉及真实/确切的北京城地景,只在故事的结尾出现了"去西山看雪景"①和要去长城的说法——《古韵》是直接指向中国旧式家族生活的作品,而非指向北京这一城市空间的独特性。在《古韵》中,很难见到《城南旧事》式的北京地景和北京特色的描写,只见中国式家族生活、旧式知识分子家庭故事的展演——梅家玲所说的两人都写"北京故事"的观点是有待商榷的。梅家玲指出,林海音在婚前对北京式的生活并不熟悉,其台湾人身份使其处于北京故事的边缘地位;凌叔华则因从小熟悉北京的家族生活,因而《古韵》中表现出了更为地道的北京生活。但梅家玲所忽略的是,林海音的童年生活虽与北京旧式家族不同,但她在北京长大、完成学业,北京的空间对她来说就是一种"家乡"。这一"家乡"的形象不以家族生活作为表现形式,而以附着了童年记忆与情感的空间表现——《城南旧事》的确塑造了更为典型的北京形象,让故事与北京城市形象联结。而《古韵》中父亲纳妾、五姐婚礼的礼教色彩、与义母分别时唱起《阳光三叠》等情节,明确反映了作者刻意要向西方读者展现的、新旧交替时代的中国形象,而不是北京这座城市特有的面貌。在这之中,更多见没有地域特色的、脸谱化的"中国故事","为西方人型塑,甚至坐实了对古老中国的想像(象)"②,而不是"北京想象"。综上,林海音的儿童视角,书写的是空间(北京)记忆和城市故事,而凌叔华的儿童视角则书写了中国的家族故事,其地域特色并不明显。

---

① 凌叔华:《古韵》,天津人民出版社,2016年,第244页。
② 梅家玲:《女性小说的都市想像与文化记忆——林海音与凌叔华的北京故事》,参见陈平原、[美]王德威主编:《北京:都市想像与文化记忆》,北京大学出版社,2005年,第406页。

其次,林海音与凌叔华一样,善于描写婚姻生活和女性故事。夏祖丽曾言:"林海音认为'五四'那个新旧冲击的洪流,许多女性在这洪流中想逆流而上,但仍被冲下来,有人则一直在洪流中挣扎,这些后来都成为她构思小说的题材。"①在林海音的婚恋小说中,她所关注的是新旧女性在面对现代性时,作出的不同选择和面临的不同命运。在五四时期的女作家中,擅写婚姻生活与女性故事的不少,也各有特色,林海音与凌叔华的相似之处在于,在两人的女性、婚姻故事中,两性关系往往非常复杂。五四时期的女性作家,在表现两性关系时,往往刻意展现女性主义、女性解放的观念,以两性博弈、女性争取权益为主题。而在林海音、凌叔华的作品中,两性关系回到家庭生活本身,新女性的选择不再是单一的,新旧女性面对命运、时代之时,有更多元的结局。在《婚姻的故事》(1960年)中,林海音记叙了众多两性故事,其中有受到丈夫宠爱却被主母排挤的兰姨娘、有着婚外情的芳、与人私奔的琼——这些人物有旧式女子,也有新女性,而她们对婚姻的选择和感情的态度并不是千篇一律的。正如林海音所说:"那个时代是新和旧在拔河,新的虽然胜利了,旧的被拉过来,但手上被绳子搓得出了血,斑渍可见。"②在旧女性中,有金鲤鱼(《金鲤鱼的百褶裙》,1963年)那样虽身为姨太太却也向往地位平等的形象;在新女性中,也有秦大姐(《婚姻的故事》)那样认为保守旧道德才是婚姻秘诀的形象,即使是《春风》(1967年)里

---

① 夏祖丽:《从城南走来——林海音传》,生活·读书·新知三联书店,2003年,第196页。
② 王开平策划:《林海音作品集4:婚姻的故事》,游目族文化公司,2000年,第16页。

的女校长静文也对丈夫的情妇和非婚生女怀有接纳之心。在林海音眼中，新旧女性不一定存在明确界限，她们在各自的命运旋涡中挣扎，简单地呼唤女性主义和女性独立，并不能解决这些女性的实际问题。"娜拉走后怎样"的命题，林海音以作品作出了回答：新式女性的"出走"是开始而不是结束，新式女性也会因为男性的欺骗而回归旧式家族生活，旧式女性也存在与命运的拔河与抗争。在《婚姻的故事》中，方先生和亚珊是新式夫妻，而由于亚珊无法生育，方先生在外另组家庭生子，亚珊至死都不曾知晓。这对夫妻在女性解放的洪流中自由恋爱结婚，丈夫却在婚后遵守着旧道德，而这一举动竟得到了"我"和朋友的赞叹，可见作者对于女性主义这一话题，有着更为辩证的看法。

  林海音的这一视野与凌叔华相似。凌叔华虽更注重女性在家族中的生活状态，但其婚姻故事也回归了两性本身。女性在婚姻中不再脸谱化地高歌解放，而是面对更为复杂的生存、生活问题。在《古韵》中，母亲朱兰的婚姻故事展现了凌叔华对于新旧女性问题的辩证思考。朱兰在旧式家庭长大，也接受了做四姨太的命运，却对这一安排十分不满。虽然《古韵》向西方读者展现了古老中国家庭的刻板印象，但朱兰的婚姻观又带有一定的新女性色彩。新旧交替时代的影响显现在朱兰身上，与《城南旧事》中的兰姨娘、《金鲤鱼的百褶裙》中的金鲤鱼如出一辙——她们都是活在旧家族中、拥有部分新思想的旧女性。这些旧式女子在面对传统家族生活的时候，有其抗争意识，却无抗争之力，因而在时代的洪流之中只能成为牺牲者——而她们是高歌女性解放者无法解救的一群人。

新旧女性的复杂选择、不同的命运交织,让林海音与凌叔华形成了既有继承,又有不同的创作关系。林海音自1949年后才进入创作高峰期,在台湾期间发表众多作品,其中有对新旧女性形象的描摹,也有对北京经历、五四运动的缅怀。这些作品的发表,正是林海音在台湾传播与赓续五四新文学创作与五四精神的实践。除了对凌叔华的学习与继承,林海音更将自己在大陆时期习得的白话文写作技巧等通过其编辑工作与文学创作在台湾努力耕耘、提携后辈,成为五四文学传统在台湾得以重建的重要一环。

（五）刘呐鸥与中国新感觉派

旅居上海的刘呐鸥,在抗战时期旅陆台籍作家中是一个"异数"。刘呐鸥籍贯台南,于日本青山学院毕业后,赴上海震旦大学学习法语。1927年开始译介日本新兴文学和文艺理论,1928年与戴望舒、施蛰存创办第一线书店,1929年改组为水沫书店。水沫书店毁于淞沪会战后,刘呐鸥的文化事业转向电影领域。1936年,刘呐鸥入国民党中央宣传委员会"中央电影摄影场",1940年又接任国民新闻社社长,隔月被击身亡。虽然刘呐鸥在上海期间对自己的台湾身份讳莫如深,但在上海的文学实践和创作中,几乎又时时凸显着他作为东亚旅行者的复杂文化身份。

以刘呐鸥为起始的中国新感觉派,包含施蛰存、穆时英在内,与现代派诸团体之间有着密切的往来和相互影响。刘呐鸥在上海结识了施蛰存、戴望舒等同学,后来在赴北京考察期间又结识了冯雪峰、丁玲等,在旅陆台籍作家中,他是与大陆新文坛交融最深的一位。刘呐鸥在1927年的日记中,多次提及与戴望舒、施蛰存等人的交游。在日记中,刘呐鸥坚称自己与戴望舒等人一同到北京考察、学习,闲暇时经常与戴望舒、胡也频同游、聊天,与戴望舒谈论文学与评论,并为戴望舒等人补习日语。施蛰存晚年回忆戴望舒当时寄住在自己家,而刘呐鸥当时"恐怕已经回日本去了"①,以此反驳刘呐鸥与戴望舒一同赴北京考察的说法。不过这一说法可能并不准确,加之施蛰存当时与刘呐鸥并没有频繁联系,而刘呐鸥的日记中有明确与戴望舒补习日语、谈论文学与生活问题的记录,所以施蛰存的回忆可信度不高。除了与大陆的新文学作家深入交往之外,刘呐鸥的日记也透露出他对于创造社诸作家的阅读与欣赏,尤其是对张资平、郁达夫的赞赏态度。对于郭沫若,刘呐鸥则持批判态度,认为郭沫若的用字和用法并不准确,"全篇如中学教师对于学生在释解诗经似的"②,质疑郭沫若的新诗创作水平。总体来说,刘呐鸥广泛接触五四新文学作家的创作成果,私淑创造社诸人的创作。从他后来对日本新感觉派的移植来看,其创作兴趣乃来自创造社诸作家的熏陶与影响。

彭小妍指出:"旅行的发生,绝非'强势文化的单向宰制',而是'双

---

① 许秦蓁:《专访上海施蛰存谈刘呐鸥》,《重读台湾人刘呐鸥(1905—1940)——历史与文化的互动考察》,台湾"中央大学"硕士论文,1998年。参见康来新编选:《台湾现当代作家研究资料汇编53:刘呐鸥》,台湾文学馆,2014年,第123页。
② 康来新、许秦蓁合编:《刘呐鸥全集:日记集》(上),台南县文化局,2001年,第410页。

向的施与受'。"①对刘呐鸥来说,他的东亚旅行恰恰印证了这一文化流动的过程。他不仅接受着来自五四新文学运动某些流派的影响,更是将这种创作旨趣进一步发展成对现代主义的移植与创造性转化——刘呐鸥是"第一个接受1920年代于日本开始的最先进的现代主义——新感觉派与普罗文学,并将其翻译介绍到上海文化界"②的作家。因此,刘呐鸥不仅受到五四新文学影响,更在大陆开创新的文学流派,影响着中国新文学发展。

据施蛰存回忆,"他脑袋里没有'写实主义'的,我们都是受他影响的"③。在刘呐鸥的文学创作中,鲜见20世纪30年代左翼文学的写实与现实主义作风,而以现代主义开创了中国新文学的另一个流派。不过,刘呐鸥并非与左翼文学完全不相融。他不赞成左翼文学的写实作风,但却对日本的普罗文学较为欣赏并有所介绍。在《流》(1928年)中,刘呐鸥以堂文和镜秋两主仆流连于声色场所为开端,描写了镜秋和晓瑛的恋爱故事。在这一故事中,晓瑛参与工人罢工的结果始终是故事的悬念。镜秋对工人运动的摇摆态度、晓瑛对罢工的坚持,与宣传式的左翼文学风格不同。左翼文学擅长的文化宣传、写实的文学文本,在刘

---

① 彭小妍:《浪荡子美学与跨文化现代性——20世纪30年代上海、东京及巴黎的浪荡子、漫游者与译者》,浙江大学出版社,2017年,第4页。
② [日]藤井省三:《台湾新感觉派作家刘呐鸥眼中的一九二七年政治与性事——论日本短篇小说集〈色情文化〉的中国语译》,王志文译,参见康来新编选:《台湾现当代作家研究资料汇编53:刘呐鸥》,台湾文学馆,2014年,第145页。
③ 许秦蓁:《专访上海施蛰存谈刘呐鸥》,《重读台湾人刘呐鸥(1905—1940)——历史与文化的互动考察》,台湾"中央大学"硕士论文,1998年。参见康来新编选:《台湾现当代作家研究资料汇编53:刘呐鸥》,台湾文学馆,2014年,第125页。

呐鸥看来太过直白露骨,而他明显更看重在工人运动中,处于被压榨地位的工人如何从心理上真正摆脱工厂主的精神剥削。镜秋对于晓瑛参与工人运动的犹豫态度,正说明了刘呐鸥对于工人运动、左翼运动的迟疑——他并非反对左翼文学与运动,而是在左翼狂飙突进的年代,提出左翼文学的不足之处:无产阶级运动并非左翼文学表现得那么乐观,在资本主义迅速发展的现代都市上海,工人很难从精神上完全脱离资本家的精神控制,彻底投身工人运动之中。

在《流》的最后,镜秋看到晓瑛不顾一切地参与女工运动,终于受到鼓舞,"下了很大的决心,他便挺起他那澎湃然有风的身体来了"①。这说明刘呐鸥并非不认可普罗文学,而是更关注工人在资本主义机器运作之下参与工人运动的困难与困境。所以刘呐鸥与左翼文学的矛盾,并不是二元对立的,而是出于不同的创作方法和立场,看到了工人运动不同的侧面。同时,刘呐鸥出于现代主义的立场,对抗战时期左翼文人提出的"国防文学"概念提出了质疑。他认为,左翼文人提出这一概念"完全是因为混饭吃的缘故"②。当然,"国防文学"和"民族革命战争的大众文学"两个口号之争,是左翼内部的朋党之争,而非不同主义的争论,其本质是文学是否具有独立性等问题。对文学的宣传作用有极大反感的刘呐鸥,对"国防文学"这一将文学统摄于政治组织之下的口号性主张,自然十分反感。但他的主张又不同于"民族革命战争的大

---

① 刘呐鸥:《都市风景线》,水沫书店,1930年,第66页。
② 《大公报》,1941年1月31日。参见康来新编选:《台湾现当代作家研究资料汇编53:刘呐鸥》,台湾文学馆,2014年,第109页。

众文学"一方的论点,而是仍将关注点放在五光十色的都市现代性之中。对他来说,政治上的反殖民、抗战都不是现代主义要解决的问题——或许这也是他与鲁迅、沈从文等人鲜少来往的重要原因。

刘呐鸥所打造的中国新感觉派,走上了与30年代左翼文学不同的道路。对于新感觉派与左翼的分道扬镳,很多学者已经有所论述。如李洪华所说,新感觉派文人想要保留自由主义,同时其价值观念、文学创作等倾向于现代都市文化与现代派文学,而这两者"是筑基于资本主义工商文化基础之上的,这与左翼的无产阶级世界观和马克思主义的理论基础是相背离的"①,于是新感觉派与左翼渐行渐远也就有章可循。回到刘呐鸥个人,也带有这一文学派别的共性。他所主张的是以文艺反映时代,但又拒绝左翼的现实主义手法,更侧重于表现都市现代性带来的精神困境。史书美认为,刘呐鸥作品中"对都市现代性的迷恋轻而易举地掩盖了种族主义的真相"②,但实际上刘呐鸥的小说中除了醉心于夜场霓虹之外,也对人在都市中的精神困境(《杀人未遂》,1934年)、工人生存现状(《流》)等有一定的思考。虽然刘呐鸥的思考并不如左翼文人那般深刻,更多流于对现象的描述,但史书美对其沉湎于都市现代性的定论依然不够准确。史书美指责刘呐鸥作品中找不到对殖民主义的反思,但忽略了刘呐鸥在长期的东亚空间流动中其台湾人/殖

---

① 李洪华:《从"同路人"到"第三种人"——论1930年代左翼文化对现代派群体的影响》,《南昌大学学报》(人文社会科学版),2009年第3期。
② [美]史书美:《现代的诱惑:书写半殖民地中国的现代主义》,何恬译,江苏人民出版社,2007年,第321页。

民地人身份已经在一定程度上被弱化这一特质。

身份的模糊性也同样表现在对上海这一都市空间的塑造上。在刘呐鸥的笔下,十里洋场的都市生活可以是上海,也可以是罗马,或者是别的国际都市。只是因为他恰巧身在上海,使其创作与上海形成了一定的联系。在刘呐鸥的文本中,鲜见林海音式的空间地景,上海这一都市形象除了在中国众多乡土形象中具备特殊意涵以外,放诸众多国际都市之中则毫无特色。这种都市形象的塑造,在同为新感觉派作家的穆时英的作品中,就有不同的表征。穆时英在描写上海故事的文本中,常常明确地将上海空间与摩登都市相连接。《上海的狐步舞》开篇就强调了上海在文本中不可替代的形象:"上海。造在地狱上面的天堂!"①《空闲少佐》中亦有北四川路等明确的空间地景——上海与作品中的摩登都市形象产生联系,从而塑造了作为摩登都市空间的上海。这展现出受到刘呐鸥影响的新感觉派作家,并非与刘呐鸥亦步亦趋。刘呐鸥地域身份的模糊性与混杂性、对中文运用不熟练的特点,让他对上海空间的形塑呈现出一种含混感。

不过,较之于新感觉派的其他作家,穆时英仍是与刘呐鸥最相似的。相较于施蛰存,穆时英与刘呐鸥同样私淑日本新感觉派作家横光利一,更普遍地在作品中夹杂外语用词,醉心于都市生活。在刘呐鸥的作品中,主人公流连于"探戈宫"、喝着 Old Tom,纵情声色的男女过着

---

① 严家炎、李今编:《穆时英全集第一卷:小说卷一》,北京十月文艺出版社,2008年,第331页。

摩登、虚华、纵欲的生活。穆时英也是如此,"Cabaret""Evening Post"等英语词汇频频出现,男女的相互吸引、流连夜场,语言的混杂性与刘呐鸥如出一辙。

同时,两人都不局限于上海故事,将男女情欲的书写扩展到异地、异国,将都市性格作了陌生化处理。在《赤道下》(1932年)中,刘呐鸥描写了一对在热带度蜜月的新婚夫妇,妻子珍在岛上与当地人非珞激情一夜,而丈夫受到刺激,与异国女孩莱茄也发生了关系。在文本中,夫妻两人并没有分道扬镳,而是共同踏上归程,恩爱有加。可见对刘呐鸥来说,摩登都市的生活方式、人被物化以后的精神困境才是他所关注的特质,而非摩登都市空间本身。同时,腐坏的摩登都市的种种代表性地景(夜场、旅馆)也并非承载其特质的唯一空间。在《杀人未遂》中,刘呐鸥虽然没有再将故事的发生地放置在夜场、旅馆等易引发联想的空间,而是让故事发生在写字楼里,但男性主人公与其他作品中的主人公一样,具有旺盛的欲望,对女职员进行性侵。在这部作品中,即使脱离了夜场生活,也时时充斥着"dumb"等英文词汇的运用、男女之间的强烈欲望等因素。这表明对刘呐鸥来说,任何象征都市的意象皆可指称摩登都市的种种腐化堕落。

在穆时英的作品中,除了与刘呐鸥一样的外语词汇运用,也一样不局限于上海故事。《圣处女的感情》将故事放置在修道院,描写了圣女的感情经历。穆时英在这一为数不多的、不具备上海都市特质的作品中,与刘呐鸥一样展现着男女之间的欲望,展露出两人对摩登都市生活的理解,并非局限在某一地域空间,而是更执着于都市生活方式对于现代生活的影响。不过，与刘呐鸥不同的是，穆时英似乎比刘呐鸥更执着于通过外语词汇、摩登都市的种种物品和具有反差性的人物（如童贞圣女），以物质描写展现物化的都市生活。在《上海的狐步舞》中，蔻丹、别克、电车这些代表都市的物品/形象频频出现，更将摩登都市的物化推到极致——而这些与上海的空间地景塑造一样，是刘呐鸥所不具备的。

总的来说，刘呐鸥不仅接受着五四时期新文学的影响，更创造性地介入了中国新文学的发展历程，为中国新感觉派的诞生发展起到了重要作用，同时也影响了中国新感觉派的其他作家。新感觉派的其他作家，虽然在地域身份、语言偏好等方面存在差异，但在刘呐鸥的译介下，皆以灯红酒绿的摩登都市生活、摩登女郎等意象赋予了上海形象一定的都市特色，成为中国新文学发展历程和城市形象塑造中非常重要的一环。

第二节　台籍作家与台湾文坛的互动

追随着五四大纛的张我军、张深切等旅陆台籍作家，受到大陆新文学的影响颇深。而日据时期的台湾文学，在殖民高压下生存维艰。吕赫若、龙瑛宗、张文环等在台湾深耕的本省作家（以下简称"本省作家"），在受到五四影响之外，也受到日文文学影响（日文写作），是日据时期台湾文坛的另一个支流。20世纪40年代，岛田井二提出"外地文学"的理论,将台湾文学看作是日本的"外地文学",参照法国的"外地文学"而来,强调其异国风情。虽然这一概念强调在台日本作家的文学作品,但仍是将台湾文坛看作日本文坛一部分的视角。旅陆台籍作家所创作的作品,以中文写成,显然不能归于其中。而台湾的本省日文作家,其作品大多存在不同程度的反日倾向,亦不能归于日本文学之中。

在此期间,旅陆台籍作家不仅与大陆新文学作家和文坛有密切往来与继承关系,同时与身在台湾的本省作家亦有不同程度的接触,台湾文坛也得以不断接收着五四的文学精神与成果。当时的台湾"还没有所谓职业作家"①,文坛仍处于文艺启蒙时期,建设文艺运动的基础更为重要。可见日据时代的台湾文坛发展艰难,几乎只能通过台籍作家的地域流动、与本省作家的往来,中国新文学传统才得以在台湾延续。

一、台籍作家与本省作家之互动

在抗战时期,旅陆台籍作家并非与台湾文坛完全绝缘。旅陆台籍作家往返于大陆和台湾之间,与深耕台湾文坛的本省作家也有着较为密切的往来,从而在日据时代就将五四新文学与革命精神传播到台湾,使本省作家也能接触大陆新文学创作。

---

① 陈芳明、张炎宪、邱坤良、黄英哲、廖仁义主编:《张深切全集卷2:里程碑》(下),文经出版社,1998年,第610页。

张我军曾于1942年、1943年两次参加大东亚文学者大会。在第一次会议上，张我军与张文环、龙瑛宗相遇；在第二次大会中，又与杨云萍重逢。张我军作为中国华北沦陷区的身份参会，张文环、龙瑛宗、杨云萍则作为殖民地台湾的身份出席。据王申考证，张我军于1935年以后，通过任教于北平大学附中的苏维霖结识张文环，而与龙瑛宗则是在大东亚文学者大会上相识。而张我军与杨云萍于20年代已经相识。1925年9月，张我军曾与杨云萍商讨创建台湾文学研究会的事宜，而杨云萍也在同年的《人间》杂志收录张我军的《乱都之恋》，可见两人有相当程度的文学往来。

　　张我军在日据时代与台湾文坛的互动，不止于与具体作家的交游。张我军在20年代已经供职于《台湾民报》，以《糟糕的台湾文学界》发起台湾的新文学运动，将大陆的新文学运动介绍到台湾，同时刊登鲁迅的作品，成为台湾新文学运动的先锋。在赴北京以后，又任《台湾民报》驻北京通讯员，将祖国的新文学和文化介绍到台湾，并与友人创办《少年台湾》向台湾发行，在一定程度上保持了两岸之间的新文学交流。

　　台湾光复以后，张我军供职于台湾省合作金库，任业务部专员、研究室专员及主任，主编《台湾茶业》《合作界》月刊期间与龙瑛宗是同事。龙瑛宗在《高举五四火把回台的先觉者》中，详细叙述了自己与张我军的结识与往来经过。龙瑛宗自陈在结识张我军后，由于语言问题，对张我军的作品没有足够的了解。台湾光复后，龙瑛宗完成语言转换后才开始与张我军有文学上的往来。张我军返台后与龙瑛宗共同服务于合作金库，一起编辑《合作界》月刊，自此往来密切。张我军在北京期间,参与了华北沦陷区文坛的众多文化事件,亲身参与了文化抗日的行动,在抗战胜利后还曾被中共看中,与之私下接触。返台后张我军缄默不语,不再参与主流文坛的文化运动。龙瑛宗描述张我军在《合作界》时常饮酒,"心血来潮时,他会唱出华北地方的小调"①,可见张我军在台湾时期并不如在北京时期那般积极乐观,也反映了他对华北生活的怀念。

张深切与台湾文坛、台湾抗日活动的交融更为密切,在日据时代已经有意识地参与建设台湾的新文坛,为五四精神在台湾的传播和台湾新文学的发展做出了极大的贡献。1930年,台湾乡土文学论争爆发,张深切多次投稿《台湾新民报》发表意见,深度参与文学论争。1934年,张深切返台参与文艺联盟的创立,被推选为文联常务委员长,参与发行《台湾文艺》杂志。张深切本想以统一战线推动台湾新文学运动,结果以失败告终。不过,文艺联盟虽然解体,但它与《台湾文艺》的确起到了刺激台湾文坛的作用,促进了30年代新文学的发展。

在负责《台湾文艺》期间,张深切积极投稿、策划、编辑,并举办座谈会,围绕如何让台湾文艺蓬勃发展的问题展开广泛讨论,可见其对台湾文坛发展的积极努力。综观他在《台湾文艺》期间发表的文章,其文艺主张主要有:文艺大众化,主张文艺与科学同步,文学创作要在一定的理论指导下撰写,结合台湾特色走出属于台湾的独特道路,以统一战线推进台湾新文学发展,等等。可以看出,张深切想要努力为台湾

---

① 龙瑛宗:《高举五四火把回台的先觉者》,《民众日报》,1980年2月27日。

文坛找到一条符合台湾现实的特殊道路,而这条道路最关键的因素就是文艺大众化。文艺与科学同步的思想,来自五四时期就提出的"德先生""赛先生"之说,主张引入科学的理论以研究、更新中国文化;文艺大众化的理论则来自他在大陆的革命斗争经验,也是他在中山大学时期对鲁迅的学习、从革命文学论争等思潮中得到的要旨。在这一维度上,张深切将他在大陆的文学经验在台湾加以实践,是五四新文学运动和五四精神在台湾延续与转化的重要实证。而张深切将《台湾文艺》看成是台湾启蒙运动的重要载体,时刻以大众为启蒙对象,更是印证了他对五四启蒙运动重要性的认识。如果说张我军对文学革命等理论的介绍为台湾带去了五四新文学运动的火种,并推动了台湾文学语言变革、文学形式进步;那么张深切则不仅是在文学上更为深入地引入大陆的革命文学成果,更是在思想上在台湾亲身实践五四启蒙运动的种种现代思潮,推动了台湾的启蒙运动和思想现代化的进程。

在张深切看来,真正做到启蒙普遍化的程度,才能切实推进台湾的文化发展,"咱们应该要时时刻刻拿大众为对象,建设咱们的文学成为台湾民众的文学,咱们的艺术才不碰壁,所谓台湾文学才能跃进,才能发展,才能收好的效果"①。而台湾文坛的建设,最终也是为了惠及和启蒙大众,而不是为了作家个人的文学成就。为了实现这一路线,张深切提出,台湾新文学应该建立新的文学道德,这个新的道德必须"分析

---

① 陈芳明、张炎宪、邱坤良、黄英哲、廖仁义主编:《张深切全集卷11:北京日记·书信·杂录》,文经出版社,1998年,第194页。

社会上的一切科学,从其分析里寻觅正体出来"①,"不为先入为主的思想所束缚"②。同时,张深切提出台湾文学的发展不必模仿日本文学的描写主义,而是更应该参考中国旧文学形式与配合苏俄的新文学形式,即情节与描写并重。可见,无论在文学创作的内容还是文学创作的方法上,张深切都坚持启蒙运动的大旗,将大陆的文学成果传递到台湾,希冀在受到日本文化侵略的台湾保持中国文化的血液。而启蒙运动的精神、文艺大众化的口号、倡导"民主"与"科学"的主张,无一不是五四运动的文化精神。换言之,张深切在《台湾文艺》期间,以其创作主张大力宣传五四新文学精神,对于台湾文坛的发展和大众启蒙起到了极大的刺激作用。同时,张深切还以创作实绩来实践自己的创作理论。《鸭母》(1934年)、《落阴》(1935年)都是这一时期以一定创作理论指导而做的文章,是他对重建台湾文坛的切实努力,也是将五四的文学理论在台湾进行推广的重要举措。虽然《台湾文艺》发行时间不长,但张深切用有限的创作与评论展示了自己对于台湾文坛建设的主张,也在一定程度上刺激了台湾新文学与五四新文学运动的联结。

他痛陈台湾文坛当时的无序和内斗状态,认为一致对外才是台湾文坛发展的唯一基础。因此,他号召知识分子停止内斗,联合起来反抗日本帝国主义,并系统地、有组织地启蒙殖民地大众。不过,他提出的

---

① 陈芳明、张炎宪、邱坤良、黄英哲、廖仁义主编:《张深切全集卷11:北京日记·书信·杂录》,文经出版社,1998年,第180页。

② 陈芳明、张炎宪、邱坤良、黄英哲、廖仁义主编:《张深切全集卷11:北京日记·书信·杂录》,文经出版社,1998年,第181页。

《提倡演剧案》和《与汉诗人联络案》都遭到反对,致使文联内斗愈演愈烈。在文联期间,张深切与杨逵、张星建等人往来密切,虽然杨逵与其意见不合,致使杨逵独立创办《台湾新文学》(1935年),与文联机关刊物《台湾文艺》抗衡,并于同年取代《台湾文艺》成为担负台湾新文学重任的唯一刊物。在文联期间,张深切与杨逵都为台湾新文学运动做出了一定的贡献,将包含不同层面、不同主义的大陆新文学传播到台湾。正是因为文联的失败经验,加之其负责的《东亚新报》停刊,张深切意识到殖民统治下的台湾文坛举步维艰,才于1938年赴北京,参与华北沦陷区的文坛活动,使其文化抗日的举措得以延续。

　　张深切在《里程碑》中记录了《新民报》《台湾文艺》《东亚新报》的衰落过程,呈现了日据时代台湾文坛生存维艰的状态。张深切在《东亚新报》兼任编辑期间,报纸向日本阵营展开攻击。而在东亚共荣协会趋向解体时,《东亚新报》为当局接管,致使协会消亡。30年代,台湾《东亚新报》的停刊与后来张深切在北京主编的《中国文艺》被接管如出一辙,都是因嫌疑抗日而为当局取缔。张深切在台湾因文化反抗活动而为日本当局忌惮,转往北京后仍从事相关活动,展现出他在台湾重建新文坛、在大陆复兴中华文化的决心。张深切在殖民地台湾以五四新文学为参照、以新文学的形式反抗日本统治,而在北京期间采用复兴中华文化的举措以反抗日本帝国主义,虽然采取的文学形式不同,但其努力都是为台湾/北京重建新文坛而努力,可见他要复兴的,是以五四为代表的中国文化,而不是陈芳明在《我与我的思想》再版绪言中说的"本土认同……极为鲜明"①。在这里,张深切的民族意识是身为中国人的民族意识。

除了以《东亚新报》在台湾文坛向日本发起进攻外,《台湾文艺》《新民报》也是张深切的阵地。《台湾文艺》为了局势需要,不得不转变为纯文艺杂志,语言上也变为中日文并重,后来甚至以日语为中心。而采用日语的原因则是因为当时的中国白话文还没有较为统一的文学标准,加之台湾读者对白话文较为生疏,便只能如此。因此,《台湾文艺》的停刊虽主要归咎于文联的解体,但30年代台湾的语言环境(文坛以日语文学为主)致使读者对大陆新文学的吸收有限,同时语言转换也造成了编辑之间的龃龉,是其停刊原因之一。

同时,张深切痛陈《新民报》不能与《台湾文艺》站在统一战线的原因,是《新民报》"执迷不悟",老一辈的作家出于嫉妒,不肯提携少壮派,导致两份杂志均为日本帝国主义所瓦解,实在可惜又可悲。在他看来,台湾30年代的文坛内斗激烈、成果凋敝,无法一致对抗日本帝国主义,是切肤之痛。当然,《东亚新报》《台湾文艺》等杂志编辑并非都如张深切一般激进,两派的分歧导致张深切的主张无法付诸实践,张深切心灰意冷之后才决意转往北京从事文化活动。

由此可见,张深切对日据时代台湾文坛的耕耘丝毫不逊于他在北京时期的付出。张深切也以文坛实践连接着三四十年代大陆与台湾的

---

① 陈芳明:《再版绪言》,参见陈芳明、张炎宪、邱坤良、黄英哲、廖仁义主编:《张深切全集卷3:我与我的思想》,文经出版社,1998年,第12页。

新文学,甚至是现代新知与启蒙思想。不仅是日据时代,在抗战胜利后,张深切依然与台湾文坛有着一定的联系。他的《在广东发动的台湾革命运动史略·狱中记》出版时,张文环为这本回忆录作序。在序言中,张文环夸赞张深切是热血男儿、侠骨义风,可见两人也有往来。

在抗日方面,张深切与台湾抗日团体也保持着联系,张深切与台湾文化协会首脑蒋渭水有过往来。张深切自陈与蒋渭水在台北有几次会面,不过来往不密。在张深切的回忆中,蒋渭水"只要有志打倒日本解放台湾者,便认为是同志"①,说话和蔼可亲,怀有一腔爱国热情。除了蒋渭水,张深切与雾峰林家的林献堂也有较为密切往来。张深切曾经由林献堂介绍赴日留学,并在林献堂、蔡培火等台湾知识分子的帮助下完成了在日本的学业。在《里程碑》中,张深切记录了自己与林献堂的交往过程,也记叙了林献堂在台湾发起、参与的种种运动。在张深切看来,民众党和文协的对抗导致其忽略了共同的敌人——日本帝国主义,最终本末倒置。因而在张深切的眼中,林献堂是一个并不彻底的反日分子。张深切认为林献堂参加反日活动,部分原因是为了林家的利益,而其与板垣退助组织的台湾同化会以及台湾议会设置请愿活动,都是较为温和、消极的行为,其中又夹杂了个人利益的因素,因此指责林献堂并不是真正的抗日分子,只是为争取个人/家族利益的投机者,与林献堂产生芥蒂。

---

① 陈芳明、张炎宪、邱坤良、黄英哲、廖仁义主编:《张深切全集卷2:里程碑》(下),文经出版社,1998年,第464页。

台湾知识分子在政治运动和文化活动上的种种内斗和投机行为，让张深切对台湾心灰意冷，于七七事变后赴北京，在抗日第一线继续自己的文化抗日事业。台湾光复后，张深切与友人创办艺林影业公司，从事讲师和剧本写作的工作，出品的唯一一部影片《邱罔舍》(1957年)曾获金马奖故事类"特别奖"。1961年，张深切在台中开设圣林咖啡厅，为文化人士举办文艺沙龙，往来者有徐复观等。虽然在日据时期和台湾光复后，张深切在台湾文坛的联系有疏有密，但与张我军相比，张深切在台湾文坛一直保持了主动参与的状态，对台湾新文学产生了极大的刺激作用，并将五四的文学成果和启蒙精神切实传播到台湾，也是五四新文学在战前和战后都得以在台湾延续的重要力量。

二、台籍作家与台湾本省作家的"感应"：反日思想与暧昧倾向

抗战时期旅陆台籍作家虽与本省作家有不同程度的接触，但两者在参与反日文化活动的程度、语言风格方面有着较大的差异。这种差异性源于旅陆台籍作家受到更多五四文坛的影响，也来自战时殖民地台湾的文化高压政策使台湾作家的言论自由受到限制。也正因为此，旅陆台籍作家显现出了不同于战时台湾本省作家的一面，为战时台湾文坛提供了另一种可能性——引入白话文学创作这一语言与形式，以存续和更新中文创作。

(一)台湾本省作家的暧昧倾向:日本人形象的亲善与虚伪

1937年七七事变后,日本在台湾实行"皇民化"政策,反抗日本的文学作品被查处,同时出现了歌颂日本殖民的"皇民文学"。吕赫若和龙瑛宗是这一时期的主要作家,也是持反日思想的知识分子。在"皇民化"运动时期,他们只能采取"'皮里阳秋'的春秋笔法"①,将反日倾向隐藏于字里行间,戴着镣铐跳舞。

1940年创刊的《文艺台湾》,在1941年改组之后变成传播"皇民文学"、决战文学的官方喉舌,以《志愿兵》这样的"皇民文学"为代表。与此同时,已在文坛享有盛名的张文环主办《台湾文学》,坚持台湾的"本土文学"立场,是对《文艺台湾》的一种反拨。在1944年与《文艺台湾》合并之前,《台湾文学》一直以一种与《文艺台湾》不同的审美向度艰难地生存着。吕赫若和龙瑛宗与《台湾文学》保持着密切的联系,也足见他们的反日立场。

与旅陆台籍作家不同的是,吕赫若等作家不仅只能使用日语写作,在创作内容上更是只能将反日思想隐藏于对日本人形象/殖民政策态度的暧昧表达上。

吕赫若作为《台湾文学》的主要作家,在"皇民化"运动时期仍有很多作品问世。其中以《邻居》(1942年)、《玉兰花》(1943年)、《一年级生》

---

① 沈庆利:《在暧昧的注视中——日据时期台湾文学中的日本人形象》,《世界华文文学论坛》,2014年第2期。

(1943年)为代表。《邻居》以"我"的视角讲述了邻居田中夫妇一家的故事。田中夫妇久居台湾,租住在台湾人聚居之地,并收养了台湾人的孩子阿民。在故事的开始,田中夫妇的形象是善良可亲的:田中先生的外貌让人恐惧,但谦和的态度让人想要亲近;田中夫人带孩子时候的和蔼态度也让人深受感动。但作品对日本人的形象刻画并不止于此。田中夫妇因膝下无子,在抱养台湾孩子阿民时,因为生身父母的不情愿,表现出了十分强硬的一面。田中夫妇不仅没有征得孩子亲生家庭的同意,反而企图强行对阿民进行洗脑,以此摆脱台湾家庭的纠缠。吕赫若通过田中夫妇强行带阿民踏上了回日本的游船这一结局,与田中夫妇平时的亲善形成对比,显示出日本人的虚伪面目,更暗示了台湾在"皇民化"运动大潮下,与阿民一样被强行切断了和母亲的文化渊源,乃至走上文化失根之路。他在年少无知的情境下被强行抱养,被灌输了殖民文化,无论如何都要变成日本皇民,成为一个文化的孤儿。

《玉兰花》和《邻居》一样,也讲述了与日本人相处的故事。与《邻居》相似的是,日本人铃木善兵卫的出场极其唯美,他主动和孩子们亲近,和台湾人相处也非常融洽。他陪孩子们一起读书,讲桃太郎的故事,出游钓鱼,在"我"的心中留下了美好的回忆。不过,善兵卫的善良友好,又带着明确的文化输出目的。他讲述日本的传说和文化、教习日语,是"皇民化"运动对台湾进行文化殖民的写照。只是善兵卫的输出带着美丽的外衣,不像田中夫妇那般粗暴罢了。这也是吕赫若对"皇民化"运动本质的揭露,即在亲善和友好的外衣下,更暴露出台湾和日本之间的隔阂和鸿沟。

这种隔阂感在《一年级生》中更为明显。小学生陈万发在入学前学习日语，因死记硬背而无法与日本老师交流，但老师始终保持着微笑和耐心。日本教师亲善态度的虚假性，和《邻居》中的田中夫妇、《玉兰花》中的铃木善兵卫一样。而陈万发和女教师之间的相互不理解，更是直接反映了台湾和日本存在着不可忽视的鸿沟和不对等的地位。

总的来说，在吕赫若的作品中，日本人的亲善态度和台湾人对日本的认同是表面化的。亲善背后是作为殖民者的强势态度，和日台之间不可逾越的隔阂鸿沟，表露出作者不愿屈服于"皇民化"运动的出发点。对比吕赫若在"皇民化"运动之前的几部作品，如《牛车》(1935年)、《暴风雨的故事》(1935年)也可发现，吕赫若对日本的殖民政策是不认同的，也更显现出作家在"皇民化"运动的高压下不能尽言的苦衷。

龙瑛宗和吕赫若一样，在"皇民化"运动之前就已成名。他在此时的代表作主要是《植有木瓜树的小镇》(1937年)、《不知道的幸福》(1942年)、《莲雾的庭院》(1943年)、《歌》(1944年)等。《植有木瓜树的小镇》和《不知道的幸福》都渲染了台湾人和日本人之间的不对等关系。在《植有木瓜树的小镇》中，陈有三目睹台湾人生活的艰难，立志成为日本人。而这种对日本的敬畏之心，包含着羡慕、嫉妒等复杂的心理。陈有三正是因为看到了日台的不平等，才立志成为日本人。而在这一过程中，对日本人复杂的情感也让他不能彻底认同日本，而只能过着苦难的生活。《不知道的幸福》也同样如此。故事中的日本人直接以一副丑陋的嘴脸出现，与台湾人婚后是不断地家暴和背叛，殖民者姿态尽显。两部作品分别从被殖民的弱者台湾和强势的殖民者日本的角度，展现出双方之间的不对等关系。

《莲雾的庭院》则描述了一个亲善友好的日本家庭——藤崎一家。藤崎一家和台湾人"我"相处亲密,是友好的邻居形象。藤崎甚至曾表示要将女儿嫁给"我",让"我"受宠若惊。而作者在此也写道:"有的人喜欢说民族啦,怎样啦,我以为问题在乎爱情。"①这种话语,是作者在"皇民化"运动的高潮中为了消解涉及国族的敏感问题而刻意作出的表白。龙瑛宗后来为人所称道的自然主义,所谓以自然人性来消解国族话语的手法,恐怕在这里也带有一种在政治高压下的无奈,只能游离于国族之外。对比《植有木瓜树的小镇》和《不知道的幸福》中的大胆揭露,也更容易理解作者这样的话语,究竟是出自怎样的苦衷。

而无论作者怎样逃避政治的审查,也不改作品中透露出的对殖民真相的揭露。虽然藤崎对"我"十分友好,但藤崎夫人对女儿的婚事表示出极大的不满。她虽久居台湾,对台湾人较为亲近,但在女儿的婚姻大事上却表现出对台湾人的嫌弃。这种态度也恰与吕赫若作品中的日本人一样,在被刻意强化的亲善外表下,是一颗存在着极大偏见、认为台湾低人一等的心。

在《歌》中,几位年轻人对南洋战争展现出极大的热情,白滨反复强调要将日本人的爱带到南洋,三泽也表示要用爱来理解南洋。在白滨和三泽的认知中,战争是美好的,仿佛一句简单的"用爱理解"就能化解干戈。在这里,三泽和白滨完全接受了日本"皇民化"运动的文化

---

① 龙瑛宗:《龙瑛宗集》,前卫出版社,1990年,第157页。

洗脑，认为残酷的战争殖民可以通过爱来教化。原本残酷的战争和殖民真相在传教式的宣传中变得如同儿戏，而作为受害者的台湾人却对此津津乐道，殖民政策的欺骗性与伪善如是，对台湾人的毒害如是。

无论是对台湾苦难生活与日本殖民嘴脸的展现，还是对深层文化隔阂的探讨，龙瑛宗与吕赫若一样，虽然表面上描写"皇民化"运动的成果，但仔细解读，就能读出对殖民真相毫不留情的揭露。

换言之，在"皇民化"运动的大潮下，吕赫若、龙瑛宗的作品在表面的歌颂之下，存在着更深的内核，即在撕掉和善的外衣之后，是强势的殖民者对被殖民者的盘剥压榨以及两者之间的巨大隔膜。殖民者在亲善的背后，是殖民和被殖民、现代与传统之间的冲突，反映出作家们对殖民政策和现代文明的反思。正如《清秋》(吕赫若，1944年)中耀勋周围的年轻人都义无反顾地踏上了南洋战场，实现了《志愿兵》中的愿景，但同时存在着主角耀勋这样一个"不一样的声音"，让故事在复调中展现出对志愿兵制度的反思和对殖民制度的游离。由此，吕赫若、龙瑛宗在"皇民化"运动时期(抗战时期)创作的作品，以"虚伪的亲善"面具下的日本人形象，展现出两人在文化高压政策下只能采取阳奉阴违的叙述策略以表达反日倾向的情况。

(二)台籍作家的积极反日思想：台湾人和日本人形象的复杂性

与台湾本省作家不同的是，在旅陆台籍作家所创作的作品中，日本人形象要更为复杂，台湾人形象也有着更为丰富的维度。在本省作家的作品中，不仅日本人形象较为单一，台湾人的形象也一般表现为受难等负面的情感状态。旅陆台籍作家则以吴浊流与钟理和为代表，能够在一定程度上脱离殖民统治的高压政策，因而有机会将自己的反日思想更为明确地传达出来，正面抨击殖民文化统治。

吴浊流的《亚细亚的孤儿》作于抗战时期，以吴浊流的大陆经历为部分蓝本，是他在这一时期最重要的代表作。在《亚细亚的孤儿》之中，台湾人形象有游离于家庭与社会之间的"零余者"、勇于抗争的反日斗士、固守传统的传统文人、寡廉鲜耻的汉奸，而日本人形象则较为负面。吴浊流通过不同层面的台湾人形象、负面的日本人形象表现出日据时代台湾人的精神困境和对日本殖民统治的批判。

胡太明是吴浊流塑造的台湾"零余者"形象。胡太明从小接受的是祖父胡老人和彭秀才灌输给他的传统教育，学习传统经典，并从小形成了中庸的思想。在国民学校任教之始，胡太明满怀"爱的教育"的美好理想，想要为教育事业奉献自己的一切。在做教员的经历中，他才意识到作为殖民者与被殖民者间的差距，也是他被迫开始思考身份的开始。对他来说，身份是一个枷锁，得不到日本人的认同，也得不到同胞的认可。他不愿意参加蓝和詹的政治运动，而是寄希望于教育，采取消极的方式，认为"如果所有的青年都投身政治而不从事学问，台湾的学术园地无疑地将会荒芜"[①]。虽然内心仍渴望认同，但胡太明并不愿意积极采取行动来争取和抗争。

胡太明的形象与同时期大陆作家老舍的《四世同堂》所塑造的祁

[①] 张良泽编：《吴浊流作品集1：亚细亚的孤儿》，远行出版社，1977年，第71页。

瑞宣形象相似，却又有不同。与祁瑞宣相比，胡太明的传统家庭没有阻碍他实现报国的理想，他也没有可以依靠的祖国。阻碍瑞宣报国的主要是传统的保守力量和责任，而对胡太明来说却是殖民教育下的身份认同——胡太明的家庭传统被多年的殖民统治消解了。而同时期面临侵略战争的大陆，传统的力量依旧强大。祁瑞宣虽囿于传统形成了优柔寡断的性格，但对传统的态度始终充满自豪感。他担忧传统的失落和文化的失传，更甚于北平的沦陷。与祁瑞宣相比，胡太明经历的痛苦更深：作为台湾人，他面对的是在两种文化的夹缝中生存的困境，他身上的责任是厘清与大陆和日本的关系。对台湾人来说，被祖国"抛弃"，又不甘认日本为"母国"，在文化上存在一种无归属感，使得胡太明不敢贸然反抗；而这样的人物与郁达夫的"零余者"颇为相像。他们都来自弱势地区，游离在社会和主流之外，努力无果，只能继续做游离的亡魂，找不到归宿。祁瑞宣对文化失落的担忧在日据时期的台湾真正实现了，所以胡太明只能走向疯狂来实现自己的反抗。

台湾人的第二种形象是抗日斗士——胡太明的同学蓝和友人詹。面对日本的殖民统治和"皇民化"行径，他们勇于反抗；在日本，积极投身于解放台湾的斗争之中，联合大陆同胞，隐藏自己的台湾人身份。他们对自己的身份定位也比较清醒，他们能意识到隐藏身份不是自轻自贱，洞悉大陆同胞的误解是帝国主义的离间政策所致，也是为了能与大陆同胞并肩从事抗日救国运动的权宜之计。

蓝与詹的行动只能在地下进行，即使是联合大陆同胞，也只能隐藏自己的身份，展现了当时台湾人反抗日本帝国主义的真实样态。来自同胞和社会的疏远和不解,让他们的反抗活动尤为艰难。蓝和詹出场并不多,更多的是侧面描写。在这种表述方式中,似乎可以看到作者在日本高压之下对蓝和詹地下工作的态度:既想肯定,又不敢表态。与吕赫若、龙瑛宗等长期生活在日本殖民统治下的台湾作家不同的是,吴浊流在大陆亲见抗日志士的义举,能以更为激进的反日态度写下蓝和詹两位抗日志士的事迹。但蓝和詹仍不能像《四世同堂》里的祁瑞全、钱默吟一样,彻底、正面地表达抗日决心——这是由日据时期的殖民教育和政策决定的,也正是《亚细亚的孤儿》无法在日据时期问世的重要原因。

胡太明认为蓝和詹的活动是以卵击石,这一观点代表了当时多数台湾人的想法。吴浊流所勾勒的蓝和詹的形象,就是在不被认可和理解的背景下,仍然怀有报国之心,不愿做"皇民化"运动的牺牲品,始终将自己的一腔热血投入到谋取平等的努力之中。虽然被逮捕、下狱,却不愿改变自己的初衷,坚持抗争。

《亚细亚的孤儿》中第三类台湾人形象,是固守传统的旧文人——彭秀才和胡老人。他们都认为汉学即将不兴的时局是对传统的践踏,坚持让学童接受汉文教育。胡老人更是忍痛让孙子独自在外求学,为的是让胡太明接受传统文化的洗礼。在他们看来,日本文化完全不能跟中国传统相提并论。胡老人和彭秀才都是老去的一代,与胡太明等在日据时期长大的一代不同,他们是在一个传统已没落的社会中坚持着自己的文化。彭秀才与胡老人在面对日本的殖民重压时,为了让自己的传统不至失传,希望重振汉学,是一种文化自救的行为。但随着

"皇民化"运动的深入,这一微弱的力量也被扼杀了:彭秀才取消了兴学的念头避世隐居,胡老人也开始认同日本的文化。这两位老人最终的妥协,包含了文化最终失根的悲哀。也正是老一辈在文化上的妥协,完成了"皇民化"教育最关键的一步——传统在台湾真正失根了。

《亚细亚的孤儿》中的最后一类台湾人形象,是胡太明的哥哥胡志刚——皇民教育的牺牲品。他没有胡太明一样的日本、大陆经历,更不能对自己的被殖民地位有所体认,便如当时的很多人一样,为殖民教育所蒙骗,是"皇民化"运动的悲剧产物。胡志刚的所作所为当然是利益驱使,但他更是从内心相信自己是日本国民。他装修新浴室时避免粉刷成红色,是因为红色代表中国,不符合他心中日本风味的要求。胡志刚的作风令人作呕,而作者对他充满"哀其不幸怒其不争"的复杂情感。胡志刚的荒唐行为背后,是对自身传统的抛弃,也就更令人感到日本的文化殖民对台湾人造成的精神伤害。

吴浊流通过四类不同的形象,展现了"皇民化"运动时期(抗战时期)台湾人的不同选择。与吕赫若、龙瑛宗的作品相比,《亚细亚的孤儿》展现出了台湾人在殖民时代的精神困境和两难选择,比单一的台湾人形象更为真实地呈现了当时台湾人的生存情况。吴浊流能创作出这样的作品,与其大陆经验、日本经验有密不可分的关系。吴浊流在旅居南京期间,目睹战时大陆的破败、台湾人被歧视的情状,加之日本在南京的文化统治弱于台湾,对于台湾人的不同选择有着更为切身的体验。吕赫若、龙瑛宗的作品在精神层面表现的是台湾人在殖民统治下被教化、被伤害的苦闷现实,而《亚细亚的孤儿》展示的则是面对侵略和殖民时台湾人的困境与抗争。

在这一层面上,《亚细亚的孤儿》与同时期大陆的文本亦呈现出不同的一面。以同样创作于抗战时期、表达抗日思想的《四世同堂》为例,老舍在作品中透露出对中华传统的坚持与自豪感,也正是这种文化自信才让老舍能够对这一传统进行批判。尽管这种传统把"小羊圈"的很多人引向犬儒的困境,但这种文化批判的状态实在是《亚细亚的孤儿》中胡太明所艳羡的。吴浊流只能通过哀叹传统的丧失来批判殖民统治,而老舍则希望这种腐朽的传统被改造,才能彻底抗战、走向胜利。

不仅是《亚细亚的孤儿》,吴浊流在同时期创作的《先生妈》(1944年),也塑造了不同的台湾人形象,以表达对"皇民化"运动的批判。在《先生妈》中,钱新发过着皇民生活,是如胡志刚一样的文化汉奸。他积极响应"皇民化"政策,在家只允许说日语,将家中装修成日式房屋,改日本姓名,过着日式生活,俨然一个日本化了的台湾人。而钱母"先生妈"则对此十分看不惯,坚持中式的生活,拒绝儿子的生活方式。在这里,吴浊流批判了钱新发这样的文化汉奸数典忘祖,在"皇民化"运动时期对日本极尽讨好之能事,最后变成不伦不类的台湾人。先生妈是坚守传统和反抗日本教化的正面台湾人形象,死后却被钱新发安排日式葬礼,讽刺意味强烈。故事的最后,老乞丐在先生妈的坟前,说出的那句"先生妈,你也和我一样了"[①],正道出了"皇民化"运动的本质:它让台湾人没有了国,也没有了家。而先生妈这一坚守传统的形象,最后只能

---

① 张良泽编:《吴浊流作品集2:功狗》,远行出版社,1977年,第118页。

被迫"改朝换代",也是作者对"皇民化"运动的控诉。可见吴浊流所塑造的台湾人形象,较之吕赫若、龙瑛宗更为大胆。吕赫若、龙瑛宗囿于"皇民化"运动的高压,只能将台湾人进行弱化、脸谱化处理,呈现更为温顺、驯服的一面,才能逃过日本殖民者的审查;而有大陆经验的吴浊流则有着更为激烈的批判和表现:《先生妈》与《亚细亚的孤儿》一样,让台湾人以传统文化作为反抗日本殖民同化的武器,表现出更为鲜明的反日思想。

在对日本人的形象塑造上,《亚细亚的孤儿》较之于吕赫若、龙瑛宗的作品也更为复杂。胡太明的初恋内藤久子,在亲善的外衣下有着对被殖民者的鄙夷:台湾人是下等人,她与胡太明并无发展的可能。胡太明第二次回乡时正值"皇民化"运动的高潮,目睹日本对台湾的压榨和掠夺;此时出现的日本人,则是更为负面的形象。他们对台湾进行无尽的掠夺,释放自己的贪欲。日本兵谈论如何奸淫妇女、朋友的公司被压榨破产,这都应归咎于殖民政策的不义。

至此,《亚细亚的孤儿》中的日本人呈现出极为负面的形象。吕赫若、龙瑛宗塑造的亲善日本人形象,铺垫着其背后的虚伪、暴戾;而在吴浊流那里,虚伪和暴戾成为更"前台"的形象特质,而非在"皇民化"运动高压下的暧昧注视。诚然,《亚细亚的孤儿》作为"抽屉里的文学",在抗战时期并未发表,这也是吴浊流能大胆塑造负面日本形象的重要原因,但其南京经历是其能够更为彻底地坚持反日思想的缘由,也是毋庸置疑的。大陆经验让他意识到台湾无法完成反殖民任务,也让他切身体会到大陆抗日志士的种种活动,与30年代反抗运动被全面镇压而逐渐销声匿迹的台湾有很大的不同。正是对抗日活动的耳濡目染，让吴浊流能比吕赫若等台湾本省作家更直接地表达自己的反日思想。

不过，《亚细亚的孤儿》中并非没有正面的日本人形象。胡太明回乡工作时遇到的日本同事便是亲善台湾的代表。他对世界大势有着比较清醒的认识，并真心帮助胡太明，希望胡太明能谋得光明的前途。他与胡太明相见恨晚，帮助胡太明到台北工作，并创办杂志希望引领台湾的舆论。吴浊流在对日本人的体认上，有着较为客观的认识——既不像吕赫若等人一样暧昧，又不是《四世同堂》中那样单一脸谱化。不过，总体来说《亚细亚的孤儿》所塑造的日本人形象整体上仍是负面的，吴浊流以此直接表达了对日本殖民的反抗与批判，而不是通过文字游戏、隐藏意义来表达对"皇民化"运动的阳奉阴违。

除吴浊流外，钟理和笔下的日本人形象也较为负面，展现了他的反日态度。《第四日》(1945年)描写了抗战胜利后"在留邦人"收容所中日本人的种种丑态：

> 他们惊惶失措，原是呆呆地看着远方出神的，却忽而张大了眼睛诧异地看着四周和地下的人们。……女人们则让男人们抱包袱似的一个一个的抱下车子。那是用淫乱和污秽养肥的肉袋，天才晓得她们来这里干些什么。……他们的脸孔没有例外地都因了担惊受苦而消瘦，又因沾满尘土而只剩下三个圆洞，上边两个，下边

一个。两道彷徨无定的光芒,便由上边两个圆洞里发射出来。①

《第四日》中的日本人形象较之吴浊流更为露骨地表达出作者的厌恶、鄙夷。日本男人目光呆滞、浑浑噩噩,日本女人藏污纳垢、淫乱做作,而在面对战败局势时,他们又都彷徨不定、庸庸碌碌如蝼蚁般任人宰割。钟理和所展现的是抗战胜利后日本底层民众的落魄,是被弱化、去势的战败者形象,而非吕赫若、龙瑛宗作品中经过刻意修饰的强势殖民者形象。

具体来说,《第四日》塑造了不承认日本战败的阿久泽、支配人等形象。阿久泽认为日本只是输在科技,并没有输掉战争;支配人在宴会上打骂中国厨子,被日本部长训斥不该歧视中国人;在这里,钟理和为读者呈现的日本人形象,无论是收容所中弱化为蝼蚁般的底层形象,还是失势却不敢承认、非要逞凶斗狠的日本军方高层形象,都显现出强弩之末的悲剧感,展现出对日本的厌弃态度和明确的反日倾向。

而如此彻底的反日情绪,在吕赫若、龙瑛宗战后初期的作品中,也是难以见到的。吕赫若在战后初期发表的两篇《故乡的战事》中,并没有出现类似极度反日的倾向。这反映了在长期的殖民统治下,作家言论自由受到严格限制,在台湾光复后无法立即完成思想解放、语言解放的情况。而钟理和在抗战时期一直在北京旅居,受到的日本教化较少,又由于日本对大陆沦陷区的文化同化政策弱于同时期的台湾,钟

---

① 钟怡彦编:《新版钟理和全集 1:短篇小说卷》(上),春晖出版社,2009 年,第 43 页。

理和对日本的厌弃思想也得以延续,才能在抗战胜利初期即创作出《第四日》这样的作品,将殖民者的形象转化为落魄、弱化的战败者形象,展现出大陆经验对台籍作家的影响。事实上,钟理和也在日记中记录了抗战胜利后中国人对日本人的报复、殴打,以及日本侨民不知反省、不把中国人放在眼里的情状,可见《第四日》中的日本人形象有其现实基础。抗战时期积压的仇恨和恐惧情绪一时之间得到释放,对日本人的憎恶转化为对其失势后的践踏、丑化,自然让其笔下的日本人形象呈现出弱势、丑恶、可怜的情态。

　　总体来说,吴浊流与钟理和笔下的日本人形象和台湾人形象塑造,与吕赫若、龙瑛宗等本省作家有着不尽相同的一面。吕赫若、龙瑛宗囿于"皇民化"运动的高压政策,以暧昧的方式表达殖民者的虚伪。而吴浊流、钟理和旅居大陆的经历使其能在一定程度上脱离"皇民化"运动的高压,加之接触更多直接的抗日活动,因此能够更为准确、客观地表现彼时日本人对台湾人的态度、中国人对日本人的态度等情状,于是才有了《亚细亚的孤儿》里傲慢的日本人和《第四日》中失势的日本人形象。

　　于是,旅陆台籍作家表现出与本省作家所不同的一面,即在直接受到五四新文学创作影响的同时,能更为彻底、全面地表达其反日立场和台湾人的精神困境。本省作家在反日思想上无法做到"尽其言",只能寓反殖民思想于日本人形象背后,期望有心的读者能读出亲善背后的虚与委蛇。这也是旅陆台籍作家作为流寓群体的特殊性,他们能够在不同程度上跳出殖民语境,为台湾文坛保留了反抗殖民统治的振臂一呼,为台湾新文学的发展提供了不一样的视角。

三、战后台湾新文学的发展轨迹:
台湾文学是中国文学的一部分

战前台湾新文学的两大支流——中文白话创作和日语创作,在战后只有中文白话创作一支保留了下来。台湾光复后,国民党政府在台湾全面推行国语(中文)运动,禁止公开场合使用日文,使得日语创作迅速式微。而本省作家一时之间无法完成语言转换,对白话的运用十分生疏,于是战后台湾文坛的重建只能依赖从大陆返台的"半山"作家和迁台的外省作家接棒。在本省作家完成语言转换之前,台湾文坛的重建依靠这些"半山"知识分子和外省作家,直接将五四新文学的成果带到台湾,加之这些作家大力推介大陆的新文学作品,使得战后台湾文坛与大陆的新文学联系更加紧密,五四新文学在战后台湾得到了充分延续和传承。台湾新文学在与大陆新文学亦步亦趋了三十多年后,终于在抗战胜利后合流。

就旅陆台籍作家而言,返台后的文学境遇大不相同。张我军、张深切等作家虽想要建设光复后的台湾,然遇"二二八"事件,台湾本省知识分子被噤声。他们虽怀有比吕赫若、龙瑛宗等作家更为流利的现代白话文创作技巧,却无法施展其才。加之张我军、张深切等人的创作旺盛期已过,于是在本省作家几乎完全被埋没的50年代,这些从大陆返台的知识分子虽与台湾文坛仍有交游——或入其他行业成为职员(张我军),或投身教育界(张深切)——但他们在光复前横归千军的气势已式微。而洪炎秋、钟理和、林海音、吴浊流则在台湾光复后承担起了在台湾赓续五四新文学的重任,其文学创作成为联系两岸新文学的纽带。

台湾部分学者拒绝承认台湾文学与中国文学的关系,如陈芳明认为台湾文学史的建构"乃在于台湾文学主体的重建不断受到严厉的挑战"①,而大陆对台湾文学史的书写则是将台湾"边缘化"②。但不能忽视的是,台湾新文学自生发到台湾光复后乃至今天,每每涌现出的文学潮流(无论是日据时期的乡土文学,还是50年代的战斗文学、60年代的现代派文学、70年代的乡土文学等)无不体现着对大陆的凝视与怀乡感,"中国结"隐含其中。台湾新文学中的怀乡感,正是"文学'乡愁'的遗民文化属性"③,展示了台湾文学中普遍存在的遗民心态。这一遗民心态体现在张我军、张深切等人将祖国作为台湾的榜样与灯塔进行重塑的努力中,也体现在洪炎秋、林海音在战后台湾依然坚持将五四新文学传统传承于台湾的文学实践里。这也正说明台湾新文学的发展轨迹是以大陆为原乡与榜样的文学凝视,而不是陈芳明所说的建构"台湾文学主体"。

与陈芳明相似的是,许俊雅认为张我军将台湾文学定位为中国文

---

① 陈芳明:《台湾新文学史》,联经出版事业股份有限公司,2011年,第40页。
② 陈芳明:《台湾新文学史》,联经出版事业股份有限公司,2011年,第40页。
③ 刘鹤:《遗民情结"场"下的台湾现代文学叙事研究》,吉林大学出版社,2017年,第12页。

学支流的做法有待商榷。在许俊雅看来,张我军照搬五四的文学革命主张并运用到新诗写作中,试图将这套理论在台湾文坛进行推广,没有考虑到台湾的现实,而彼时的台湾青年大多通过日文认识世界、接受新知,因而台湾新文学更多接受了日本、欧美地区的文学理论和文学运动的成果,即"台湾白话诗(文学)多少受中国五四以来新文学的影响,但不宜解释成'台湾白话诗乃是受中国白话诗影响而产生的'"①。在这里,陈芳明与许俊雅皆试图切断台湾新文学与五四的联系,否认台湾新文学是中国新文学的一部分。但毋庸置疑的是,无论是张我军的《糟糕的台湾文学界》在台湾首倡文学革命,还是赖和的《斗闹热》作为语言运用成熟的白话小说而在台湾发表,两人都明确受到五四新文学的影响。对张我军来说,胡适的文学革命主张、鲁迅的批判精神和翻译思想、郁达夫的心理描写等都切实影响了他的文学主张和创作。他反对台湾汉诗创作的击钵吟现象,正是他以五四的文学革命论为蓝本、批判传统文学形式无法达到抗日目的的表现之一。对于赖和来说,对鲁迅的继承与学习也是非常明确的。而其他旅陆台籍作家,如洪炎秋对周作人的继承、钟理和对鲁迅的继承、林海音对凌叔华的继承等,都展现着台湾的白话新文学与五四新文学的传承关系。旅陆台籍作家由于与大陆文坛和五四有种种互动和交流,同时又与台湾文坛保持着密切的联系,成为流动于两岸之间、将五四新文学传承于台湾的重要纽带,与两岸文坛的互动显示着他们的独特性。旅陆台籍作家与两岸

---

① 许俊雅:《台湾文学论——从现代到当代》,南天书局,1997年,第170页。

文坛的频繁交流，不仅为战时的台湾文坛带去了大陆新文学的影响，更在战后起到了重建台湾文坛的重要作用。换言之，在日据时期采用中文白话创作的新文学支流中，无论是旅陆台籍作家张我军、洪炎秋等，还是本省作家赖和、杨逵等人，他们受到五四新文学不同程度的影响是毋庸置疑的，所以台湾文学的这一支流是中国新文学的一部分，也是顺理成章的。

而日据时期台湾新文学的另一个支流——日语创作，由于战后国语政策的推行而迅速消亡。吕赫若、龙瑛宗等人的日语创作，在不同程度上受到日本现代文学的影响，是台湾新文学中与五四新文学不尽相同的一部分。台湾的日语作家普遍对白话文创作并不熟悉，台湾光复后能够顺利完成语言转换的作家并不多，其中更有张文环这样习惯日语写作而导致创作生涯搁浅的作家。同时，战后本省作家即使完成了语言转换，一般也难以达到其使用日语创作的同等文学水平，因而其接受的日本、欧美文学影响也难以发挥更大的作用。至此，日语创作与影响式微，日据时期的白话文创作支流融入五四新文学，使得战后台湾文坛与中国文学更好地融合在一起。由此，许俊雅所说的台湾文学受到的五四影响有限、台湾文学并不是中国文学支流的观点是不成立的。综观台湾新文学的发展历程，与大陆的五四新文学运动一直是亦步亦趋的关系，在台湾光复后更是由于"半山"作家和迁台的外省作家的参与，让台湾文学更直接地传承五四新文学的成果，从而作为中国新文学的支流向前发展。

第三章
祖国梦徊
——旅京台湾作家的民族共同体想象

近代东亚诸国的发展,无一不是在民族主义驱使下,在建立现代民族国家的过程中伴随对"自我"与(西洋)世界双边想象与纠缠。而率先完成近代化的日本则提出了"亚洲主义"以区分亚洲与西方世界,并试图以此摆脱汉文化的影响。这种带有强烈日本本位意识的亚洲主义,本质上是日本主义——它必然"不是中国的'亚洲主义'"①。在这种民族主义驱使下进行的殖民扩张,以及对台湾人进行的同化教育,也就顺理成章地对台湾人的东亚认知产生极大的干扰,更对台湾的传统文化存续、文化认同带去极大的伤害。

而反观当时的中国,与日本一样急需通过民族主义确立自己在东亚乃至世界的位置,也更需要从传统思维中跳脱以进入近代民族国家的思考方式中。因此,无论是政治、地理上的"中国",还是文化、思想上

---

① 葛兆光:《"宅兹"中国》,中华书局,2011年,第185页。

的"中国",在辛亥革命后皆成为亟待厘清的重要议题,也是当时知识分子论争的重要场域。传统的"天下"观在民族主义大潮下迅速失效,无论是大陆还是台湾的知识分子,亦或是离散海外的华人,对中国的想象皆成为他们对"中国"这一具有地理和文化双重概念的情感表达与文化思考。

作为中国新文学的一部分,台湾新文学中对于中国的凝视与想象成为重要的主题之一。对旅陆台籍作家来说,如何看待中国和自身,更是极为重要的命题,也是展现他们精神依归的重要表征。正如王德威所说,在20世纪中国文学史上,"'中国'这个词作为一个地理空间的坐标、一个政治的实体、一个文学想象的界域,曾经常带给我们许多论述、辩证和启发"[①],因而对"中国"的想象也从一定程度上展现了作家的认同取向、文化情感趋向。抗战时期旅陆台籍作家在空间流动之间,与两岸文坛有着深广的交流,他们对于"中国"这一概念的思考更具有复杂性。同时,由于他们自身的"台湾"视角,对"中国"的空间书写也就难免带有一种比照的态度,展现出东亚空间转换对他们的文化认知产生的复杂影响。

对于旅京台湾作家张我军、张深切、洪炎秋、林海音来说,他们在作品中往往是以热切的目光凝视大陆,以祖国的新文学或传统文化作为台湾反殖民及战后重建的武器,展现了五四精神与文学传统在他们

---

① [美]王德威:《现当代文学新论:义理·伦理·地理》,生活·读书·新知三联书店,2014年,第117页。

身上的印记。其对"中国"的凝视包含了地理意义与文化意义上的仰慕感,在某种程度上反映了一定的遗民心态。刘鹤认为,台湾遗民文学的主要文学表现形式即乡愁文学,"遗民借助文学的'乡愁'抒发自己对故土对故国执着的怀想与真诚的爱"①,因而旅京台湾作家对于"中国"形象的塑造,本质上属于乡愁文学,展现着身处殖民地却心向祖国的遗民心态。这一遗民心态并非旅京台湾作家所特有,而是台湾新文学生发以来一直存在于其中的潜藏特质。无怪乎梅家玲称如今的台湾新文学仍是"后遗民的二十一世纪"②文学。这一遗民特质之所以在旅京台湾作家身上尤为明显,乃在于他们在空间流动中,能在一定程度上摆脱殖民体制的高压,其反日取向与大陆经验相结合,更强化了他们的祖国梦,因而使其对中华文化的仰慕之情更加明确,也便加深了作为殖民地知识分子的遗民心态和抗争意识。因而对于"中国"这一原乡的想象,则成为其"内心深层心理结构的集体无意识"③,展现着部分旅京台湾作家对祖国的怀想。

---

① 刘鹤:《遗民情结"场"下的台湾现代文学叙事研究》,吉林大学出版社,2017年,第12页。
② 梅家玲:《台湾研究新视界:青年学者观点》,麦田出版社,2012年,第45页。
③ 刘鹤:《遗民情结"场"下的台湾现代文学叙事研究》,吉林大学出版社,2017年,第17页。

第一节　中国作为一种空间想象：
旅京台湾作家的中国形象塑造

张我军、张深切、洪炎秋、林海音是抗战时期旅居北京的台籍作家，并参与了华北沦陷区的文坛活动。旅京"三剑客"于抗战时期在北京寓居，展示了他们对于中华文化的仰慕和文化认同，乃至对祖国文化的向往。他们塑造的祖国形象，呈现出他们对中国的认同感，也以此呈现出明确的遗民特质。

一、张我军：作为（文学）灯塔的中国形象

"民族的爱国主义和公民身分……是隐含于一种文化的同一性和意识形态"[①]，这在张我军身上体现得尤为明显。日据时期内渡到大陆的台湾人，很多自称福建人，张我军亦是如此。他在北京师范大学的学籍记录是福建人而不是日侨，一方面源自当时台湾人在大陆受到歧视的现实，很多台湾人自称来自福建一带；另一方面也是他自我身份认知的一种表达，显示了他的文化认同感。他在创作中传达的中国形象，

---

① ［美］爱德华·W.苏贾（Edward W. Soja）：《后现代地理学——重申批判社会理论中的空间》，王文斌译，商务印书馆，2004年，第55页。

则更清晰地传达出他的民族共同体想象。

张我军自1924年发表《糟糕的台湾文学界》开始,便致力于将台湾新文学与中国新文学建立联系,将五四的文学、文化成果介绍到台湾,并以新文学作为促进台湾文学进步、抵抗殖民统治的武器。自1924年到1926年,张我军先后发表了《欢送辜博士》《为台湾的文学界一哭》《请合力拆下这座败草丛中的破旧殿堂》《绝无仅有的击钵吟的意义》《揭破闷葫芦》《文学革命运动以来》等文章,向台湾介绍五四新文学成果,并树立了一个在文学和思想方面已领先于台湾的中国形象。

事实上,张我军塑造的先进中国形象,有极为明确的目的:实现殖民地时期台湾的"去日本化"和"再中国化",即他对于五四新文学/新文化的介绍是为反抗殖民统治、建立台湾的祖国认同服务的。为此,他对于五四新文学和新思潮的介绍,有着明确的"三步走"思想路径:破除日本在台湾宣传的落后中国形象,树立中国(五四)的灯塔形象;以中国为参照系,强调台湾新文学作为中国新文学支流的地位;切割"日本化"与"近代化"的关系,建立"中国化"与"近代化"的联系。

(一)树立作为(新)文学灯塔的中国形象

在《台湾民报》发表的一系列文章中,张我军将台湾文学看作中国文学的一部分,强调中国新文学的灯塔地位和指导意义。因而他对于台湾新文学的改革主张,多依从五四时期胡适、陈独秀等人对于中国新文学的改革措施,将大陆的文学改革作为台湾文学改革的榜样。

在《糟糕的台湾文学界》中,张我军展露出他对当时台湾文学界陋习的批判态度，认为当时的台湾文学沉溺于陈旧固化的形式主义古典文学中无法进步，也正是因为此，台湾文学已经跟不上世界的潮流。在张我军看来，形式主义的击钵吟严重阻碍了台湾文学的发展，甚至无法承担文化抗日的重任。虽然台湾的古典诗人选择击钵吟这一形式是为了逃避日本的殖民统治，在一定程度上也是对日本殖民统治的一种反抗行为，但毕竟这一消极避世的态度与文学形式无法完成真正的反殖民任务。同时，这一陈旧的文学形式衍生了守旧风气，而形式的固化也束缚了文学思想的进步。这种陈旧的风气又影响了台湾文学的进一步发展，让青年也沉溺在这一不良风气中，使得台湾文学在形式和内容上都无法进步。在《绝无仅有的击钵吟的意义》中，张我军又批评古典文学形式击钵吟束缚了台湾人的思想，以形式束缚文学，将当时台湾流行的文学形式看作落后的现象。由此，他将台湾文学定位为"站在泥窟里的人，愈挣扎愈沉下去，终于要溺死于臭泥里"①，对当时的台湾文坛抱有十分悲观的态度，以此实现他宣传文学改革的第一步——将当时的台湾文坛塑造成落后、过时的形象，需要注入新鲜血液才能发展。

而张我军所心仪的新鲜血液，正是五四新文学。在《请合力拆下这座败草丛中的破旧殿堂》中，张我军提出了"台湾的文学乃中国文学的一支流。本流发生了什么影响、变迁，则支流也自然而然的随之而影

---

① 张光正编：《张我军全集》，台海出版社，2000年，第7页。

响、变迁,这是必然的道理"①。张我军坚称台湾文学是中国文学的一部分,将中国新文坛描述成广阔大海,将台湾新文学的发展轨迹顺理成章地与五四连接,让台湾文学的发展与中国新文学的发展汇流。为了达成这一目的,张我军积极向台湾推介鲁迅、郭沫若的作品和胡适的八不主义、陈独秀的三大主义,并明确指出"在中国的文学已进行革新了,而我台湾却还泥守着古典主义的坟墓"②,将中国新文学作为台湾新文学发展的目标,抬高了中国新文学对台湾文学的示范意义,并号召台湾文坛学习五四文学革命进行改革。在张我军看来,中国的杂志在20年代已经实现了普遍使用白话文创作的愿景,而台湾也应该以此为榜样,跟上白话文写作的潮流。可以看出,张我军在文学改革方面,对五四新文学极为推崇,而这也反映出他对中国的文化情感:在新文学发展道路上,始终以中国作为祖国与榜样进行学习,而不以当时的日本现代文学作为标杆。为了达到这一目的,张我军在1925年2月到4月之间,于《台湾民报》详细介绍了胡适和陈独秀有关文学革命的众多文章,试图以中国的白话文学改造台湾语言,"须多读中国的以白话文写作的诗文"③。可见张我军极力强调台湾文学应主动与五四新文学建立联系,从而实现他在台湾进行文学改革的第二步——将五四新文学塑造为文学灯塔,是救赎台湾文坛的一剂良药。

张我军在对台湾进行文学革命启蒙的过程中,完成了对中国形象

---

① 张光正编:《张我军全集》,台海出版社,2000年,第15页。
② 张光正编:《张我军全集》,台海出版社,2000年,第35页。
③ 张光正编:《张我军全集》,台海出版社,2000年,第57页。

的塑造。他将中国的新文学包装成"近代化"的,而将台湾看成是"落后"的,台湾的落后需要被近代化改造,只有实现文学的近代化才能顺利实现文化抗日。通过将"近代化"与中国新文学挂钩,向台湾文坛传递学习中国等同于文学"近代化"的观念,塑造了作为灯塔的中国新文学形象,从而切割台湾文学与日本文学的关系。

为了进一步抬高中国新文学的灯塔形象,张我军积极推介中国新文学作品,与台湾的保守文人论战。张我军在宣传中国新文学的文章中,频频表达对胡适、郭沫若、陈独秀等人的推崇,并积极介绍郭沫若的新诗,同时以《乱都之恋》等新诗的创作开风气之先。许俊雅在《日据时期台湾白话诗的起步》中,强调张我军除了《乱都之恋》之外,并未有新诗创作,断言台湾的白话新诗并不只是受中国新文学运动的影响,乃至否认张我军为台湾新文学首开风气的结论。许俊雅的立论点是台湾新文学受到大陆、日本、欧美的多重影响,否认台湾新文学是中国新文学的支流。她认为,台湾新文学不只受到中国的影响,而张我军照搬的五四新文学主张与台湾实际情况不符,同时《乱都之恋》在台湾未能引起足够重视,由此将张我军与台湾新诗的发端作了一定切割,否认台湾新文学源于中国新文学运动。诚然,《乱都之恋》的审美价值如胡适的《尝试集》一般,无法与后来的新月派、现代主义等媲美,而其具有开创意义的文学史价值是不容置疑的。张我军后来没有新诗问世,也不能成为否定其开创意义的论据。许俊雅还指出,在张我军之前,有关新文学的理论和创作已经产生,张我军并不是风气之先。这在逻辑上也是说不通的。在中国新文学运动之前,白话小说已经在明清时期广为流行,而白话始终没有以取代文言创作的姿态登上文坛。五四文学革命的意义,正在于以既有的白话创作形式,以取代文言、蕴含新知的姿态登上文学舞台。因此,在张我军的新诗创作之前,台湾存在白话新诗的现象,只能说明张我军的文学实践有其创作基础。真正引发台湾"新旧文学论战",从而让新文学/白话诗走进台湾人视野的,正是张我军的《糟糕的台湾文学界》;而让台湾白话新诗真正起步并走向广泛创作实践的,乃是张我军的《乱都之恋》。

  除了介绍五四新文学之外,张我军还与保守文人进行论战,以强调中国新文学的示范作用。在《揭破闷葫芦》中,张我军驳斥了对中国新文学抱有批判态度的闷葫芦生,认为闷葫芦生没有弄清中国新文学的内容,就盲目地对新文学提出批评,是一种守旧行为。张我军指出,白话文学其来有自,并不是闷葫芦生所说的是胡适、陈独秀的个人创造。此外,张我军对中国古典文学总体是批判的态度。在《欢送辜博士》中,他指出,东亚文明与精神耽误了中国,而辜鸿铭仍倡导东方文化的种种糟粕,应该为台湾文坛唾弃,以此批评辜鸿铭固守传统、不接受新文学的洗礼。可见在张我军的塑造中,不是所有的中国文学形式都可以拯救台湾,只有中国的五四新文学才能成为台湾文学的灯塔和目标。古继堂将张我军的文学理论概括为"内容第一,形式第二"[①],文学要真诚、独创、厚今薄古、确立白话文为文学语言等,可见其文学理论的来源,仍是胡适、陈独秀等人主张的文学革命。

---

  ① 古继堂:《台湾文学的母体依恋》,九州出版社,2002年,第273页。

总体来说,张我军对中国新文学的介绍、推崇,塑造了一个积极正面的中国新文坛形象,将盛行击钵吟的台湾文坛形容成一种先进与落后的关系,打破了台湾日据时代将"日本"等同于"近代",将"中国"等同于"落后"的简单模式。

(二)融合与超越:以中国为参照系

张我军对于五四时期新文学的介绍,并不是简单塑造五四与中国的先进形象,更重要的是以这一灯塔形象作为参考系,结合台湾的特殊现实来改造台湾文坛。这便是他介绍五四新文学的思想路径的第二步:通过将五四新文学、新文化与台湾现实融合,实现对五四的转化与超越,重新建立台湾文学与中国文学的联系,为台湾的"再中国化"提供思想依据。

在对中国新文学运动的推介中,张我军不遗余力地将胡适的文学革命论进行创造性转化。与胡适不同的是,胡适文学革命思想的重要参照系是西方文明和外国文学;而对张我军来说,台湾新文学革命更重要的参照系是大陆的新文学,以大陆的白话新文学改造台湾文学,确保形式和语言上与祖国的一致性。对于日据时期的台湾来说,"在反对'纵向的'历史链条中的'封建'的同时,它还要面对'横向的'殖民地处境"[1],因而强调以中国为参考系而不是日本及西方国家作为参照,

---

[1] 刘俊:《台湾新文学诞生之初文学现代性的三种形态——以连横、张我军、赖和为中心》,《中国现代文学研究丛刊》,2012年第4期。参见《复合互渗的世界华文文学:刘俊选集》,花城出版社,2014年,第123页。

是确保民族语言和文学形式的关键。由此,张我军改造台湾文学的路径一定是从淡化外国(日本)因素、强化中国影响开始的。

对胡适一代的新文学作家来说,以外国文学的形式和内容革新中国文学的思想和精神,是五四现代性的重要内容。而台湾的局势不同,殖民统治致使台湾的中华文化生存维艰,中华文化的生存是更重要的议题。正如王明珂所说:"强调文化特征以刻画族群边界,常发生在有资源竞争冲突的边缘地带;相反的,在族群的核心,或资源竞争不强烈的边缘地区,文化特征则变得不重要。"①王明珂强调的是民族溯源和民族史研究中的边缘理论,但这一论点放在文学史、思想史研究中同样适用。日据时期的台湾知识分子,面临的就是边缘地区的境况,反抗殖民统治须以本民族的文化作为手段。因而强调中国文化特征而非外国(日本)的影响,对于民族文化的存续、民族特征的强化有着十分重要的意义。

然而旧文学因固守传统而束缚了人们的思想,五四新文化/新文学则更具备作为反抗殖民统治工具的意义。张我军曾多次撰文指出日本在台湾的民族压迫教育和同化政策,对于台湾同胞的思想改革也尤为重视。采用击钵吟等古典文学形式的文人,很多带有反抗日本殖民统治的考虑,以旧诗文的形式对抗日语教育。但在张我军看来,击钵吟导致很多文人沉溺于中国古典文学的迷梦之中自娱自乐,无法对殖民统治产生实质影响,反而带领中国文学走向式微的悲剧命运。那么无

---

① 王明珂:《华夏边缘:历史记忆与族群认同》,社会科学文献出版社,2006年,第38页。

法承担中国文化复兴的旧体诗和古典文学，必然要为新的文学形式取代——这种形式就是大陆的白话新文学。对张我军来说，倡导中国的白话新文学，不仅是文学形式的革新，也是他在汉语教育被逐渐摒弃的台湾作出的反抗举动。张我军通过引入祖国的文学革命，以白话新文学这一形式反对日本的文化、语言殖民，使得台湾文学与祖国文学得以联通。

换言之，张我军的文学革命论是以祖国新文学为参照，以文学革命让台湾文学重新与祖国的文学相联系，带有反殖民和中国文化复兴的意图。他所倡导的思想改革，是以祖国文化为基点而进行的，不过他批判的是在殖民地台湾逐渐式微的古典文学，提倡复兴的是带有祖国特色的白话新文学，以此反抗日语教育。因而他将五四新文学中外来影响的部分淡化，留下批判旧文学的部分，强调五四新文学对台湾文学的指导意义。

同时，张我军对新文学理论有进一步的思考。张我军认识到，30年代的中国文坛已经完成了形式上的革命，但思想的革命还没有完成，而当时如火如荼的无产阶级文学才是真正的革命文学，能带领中国新文学走向进步。同时，他又强调文学与政治斗争没有关系，为艺术而艺术的文学也值得提倡。可以看出，张我军试图融合30年代左翼文学与自由主义文学两种文学主张的缝隙，展现出他对中国新文学的思考。总的来说，张我军对中国新文学的介绍，主要是对文学革命论和白话语体的极力推介，以及对无产阶级文学与为艺术而艺术的文学的融合性思考，使得他对中国新文学的灯塔形象塑造，呈现出既有继承又有部分融合与超越的样态。

(三)建立"中国化"与"近代化"的联系

通过介绍五四新文化/新文学,张我军破除了日本殖民政府在台湾宣传的落后中国形象,重新建立了台湾文学与中国文学的关系,为台湾接受五四新文化/新文学提供了思想基础。除了介绍新文学,张我军还将五四时期的现代性及启蒙思想等作为指导台湾社会进步的榜样,以此将中国塑造成近代科学知识、新思想的交汇地,进而将"中国化"与"近代化"联系起来,号召台湾学习。

在《致台湾青年的一封信》(1924年)中,张我军倡导青年要自己改造社会,而不是等他人来救赎,以此主张台湾青年要有改革精神。《台湾民报》于1925年8月发表张我军的《赛先生也访到台湾了》,以五四时期对科学的称谓起始,赞美科学精神。在文章中,张我军将科学精神表述为前进、批评、怀疑,并将其看作近代化的标志之一,以此批判中国的传统。他对科学精神的推崇、以此为武器批评中国传统学术研究的语气,与五四时期的陈独秀如出一辙。张我军将陈独秀推崇的"赛先生"抬到至高无上的地位,并以此反对当时台湾的封建思想和迷信风气,是将中国新文化运动以来所产生的新思想、新观念推介到台湾的表现。

除了对科学的推崇,张我军还将五四倡导的人的解放和婚姻恋爱自由等观念传播到台湾。在《〈少年台湾〉的使命》(1927年)中,张我军认为台湾的民主和现代进程可与大陆类比,同样充满曲折,将台湾的政治、文化发展与大陆连接,认为台湾的改革应"由思想改革入手"①,而大陆就是台湾应该奋起直追的榜样。在《聘金废止的根本解决法》(1925年)中,张我军认为当时台湾的婚姻制度是卖淫、强奸式的,倡导父母承认女子的人格,打破家族主义。在《至上最高道德——恋爱》(1925年)中,他又提倡恋爱自由,反对包办婚姻。这两篇文章中倡导的婚姻自由主义,同样以五四以来人的解放等近代思想为比照,塑造了中国的近代化形象。

　　在新诗创作中,张我军也对此有所表现。《乱都之恋》描写的是自己与妻子罗心乡的恋爱故事,其中充满着彷徨、受挫与相思的情绪。张我军在离开北京的船上,思念着自己的爱人,即使家人反对,在海上航行时也无时无刻不惦念着罗心乡,期望与她重逢。《乱都之恋》的故事展现出追求自由恋爱、人格解放的新观念,可以说是张我军以创作实绩扛起倡导近代化思想大旗的代表作。如李诠林所说,《乱都之恋》"唤起青年一代的觉醒,启示他们与封建思想进行斗争,具有重要的现实意义"②。《乱都之恋》歌颂的自由恋爱,正是张我军在众多评论文章中所倡导的近代新思想。而《乱都之恋》的题目强调作品创作于北京(乱都),在开头又出现了陶然亭等明确的空间地景,将情感附着于具体的空间,从而实现了作品与北京的相互关联,即是将这一倡导自由恋爱的挽歌放置在中国的空间中进行,更加深了张我军作品里"中国"作为

---

① 张光正编:《张我军全集》,台海出版社,2000年,第140页。
② 李诠林:《台湾现代文学史稿》,海峡文艺出版社,2007年,第211页。

指导台湾进步的近代化榜样的形象。

事实上，张我军在台湾宣传的新思想，无论是反对封建礼教，还是争取婚姻和个人自由，其思想源泉不只是来自大陆。人的现代性问题、冲破传统的束缚，是当时的后发现代化国家都要面临的问题。而解决这些问题的参照系，则是当时已经完成了现代化的西方国家。而张我军将这些新知、新思想包装为中国的新思想，强调台湾应向大陆学习，是为了切割台湾与当时日本文坛、日本现代社会的关系。

张修慎指出，"殖民地时代台湾知识份子对于'近代性'的关心，明显带着互相矛盾的双重心态：一是知识份子心中牵挂着对桃花源似的'近代性'憧憬，另一则是对于不得不被帝国'同化'，而被动式地产生对'近代性'的关心"①。在日据时代，日本化和近代化的区分是萦绕在台湾知识分子心头的"紧箍咒"。台湾要想进步、独立，必须以思想和经济的近代化为前提，融汇新知、接纳近代化的新观念。而在殖民地时期，台湾接受新知的渠道，几乎只能通过日文教育、日语文学而来。所以接受近代化意味着在先进观念、科学新知背后，有着如影随形的殖民教育渗透。日本在台湾设立学校、组织近代化企业、传播近代知识，很容易让殖民地人民混淆日本化与近代化的区别，将近代化等同于日本化，落入殖民陷阱。经过了近代化包装的日本化教育，试图让台湾人相信，认同、接纳日本，就是台湾走向近代化的关键一步。如本尼迪克特·安德森所指出的，殖民教育政策的目标即在于培养"被同化了的本

---

① 张修慎：《近代台湾知识分子的轨迹》，台湾交通大学出版社，2015年，第178页。

地精英阶层"①,通过本地精英对日本化和近代化的认可,达到殖民同化的目的。

事实上,近代盛行于日本的"亚洲主义"也的确融于其殖民政策中。"把'亚洲'的历史和日本连在一起,又在'日本'身上寄托亚洲理想"②成为近现代日本殖民同化政策中最基本的逻辑,而这一逻辑渗透于彼时在台湾的日化教育中,乃至于其遗毒如今仍未完全磨灭。当下台湾部分群体声称把台湾历史放置在东亚语境中加以解读,其目的在于将台湾与大陆脱钩,但其所谓的"重建台湾历史"又杂糅着日本近代的"亚洲主义"的逻辑——这在一定维度上仍反映了日据时代殖民遗毒对台湾知识界文化认知的伤害。

而对于张我军来说,他的超越性乃在于认识到台湾必须与这种以日本为中心的亚洲主义与台湾脱钩,为台湾重新寻找一个代表"现代化/近代化"的模板——大陆,以此揭露台湾对殖民同化政策的真相,让台湾重新与祖国产生联系。

他将冲破传统婚姻、打破家族主义、强调个人自由的新观念打上五四的烙印,是将近代新知与日本区隔,打破当时台湾的部分知识分子将近代化等同于日本化的错误观念,打造同样代表着近代化的五四运动和中国形象,以此实现台湾近代化与大陆近代化的汇流。张我军将殖民地知识分子所容易混淆的"近代化"与殖民主义的关系分割开

---

① [美]本尼迪克特·安德森:《想象的共同体:民族主义的起源与散布》,吴叡人译,上海人民出版社,2011年,第120页。
② 葛兆光:《"宅兹"中国》,中华书局,2011年,第177页。

来，从而让"近代化"与"日本化"脱钩，重新与"中国化"建立联系，从而将中国作为台湾学习的范本，而非很多殖民地知识分子那般有意无意地将台湾的前进轨迹打造成另一个日本的道路——这也正说明他在民族认同上坚定地站在中国的立场。同时，张我军选择北京作为学习、工作的归属之地，也让他能够在北京这一文化空间里把自己当成是"本地人"，进而固化对中国的共同体想象，也才能将中国的灯塔形象加以强化。

为了进一步切割日本化与近代化的关系，促使民众区分两者的界限，张我军发表《排日政策在华南》（1923年），指出"日华亲善"政策的虚伪性，日本人的傲慢态度无法改变，并将排日运动根源归结于日本的侵略政策。在《田川先生与台湾议会》（1925年）中，他又指摘日本的公然压迫。在《危哉台湾的前途》（1926年）中，他指责日本总督倾向于日本人而压迫台湾人，重申台湾需要真正的解放，而日本当局对台湾采取同化主义，是不明智的行为。张我军揭露日本在台统治的真相是同化教育，从而将日本化与近代化完全隔离，使台湾与大陆的近代化连接成为可能。

不过，张我军虽然塑造了近代化的中国形象，并以此抵抗日本对台湾的影响，但他也是矛盾的。20年代曾与古典文学水火不容、与旧文学激烈论战的张我军，在抗战时期的北京，重新在华北沦陷区倡导振兴中国文化，以复兴北方文坛，似乎展现出前后不一致的文学主张。这是台湾近代知识分子的普遍困境：在台湾参与文学论战时期，张我军将中国塑造为文学和思想的灯塔，是台湾学习的榜样，这是为了对抗日本在台湾的同化教育,以及台湾知识分子混淆日本化与近代化的错误思想。如张修慎所说,日据时代的台湾知识分子所倡导的民族主义,往往纠缠于"追求'近代化'的必要性,以及对'民族意识'认知的重要性之间的双重纠葛中"①,在承认台湾既有的中国古典文化的同时,又需要学习世界的新文化以破除传统陋习。而沦陷时期的华北文坛,即落入与台湾相似的困境。在沦陷区北京继续摒弃旧文学,对于中国文化在殖民统治下的复兴有着极为不利的影响。北京沦陷时期的张我军,意识到中国的传统文化与文学对于民族意识、民族自信心的重要作用,因此通过倡导中国文化来唤起沦陷区人民抗战的勇气和信心,使其不为殖民政策所同化。这也是为什么台湾的传统文人采用击钵吟这样的形式,宁愿固守过时的文学形式和样态,也不愿接受日本的同化教育。张我军对台湾旧文人的批判,其实并没有看到这些旧文人选择古典文学形式以反对同化教育的一面,直到抗战时期身处沦陷区北京,才意识到复兴文化的重要意义。不过即使是倡导文化复兴,张我军也不忘对中国新文学的推介。张我军在抗战时期不如20年代那般积极向台湾介绍中国的新文学和新文化,有沦陷区的文化统治政策原因,更重要的是,此时的台湾处于"皇民化"运动时期,殖民同化教育达到顶峰,中文白话写作已无法在台湾继续推介,才造成了新文学传播的断裂。

即使在这样的情况下,张我军仍坚持将日本作为"他者",而非台湾的殖民母国进行推介和研究,以此切割中国与日本的关系。虽然抗

---

① 张修慎:《近代台湾知识分子的轨迹》,台湾交通大学出版社,2015年,第38页。

战时期的张我军一改20年代对日本殖民政策的揭露，对日本文化和文学进行积极的推介和翻译，但是对日语的介绍和对日本的研究，张我军始终站在中日分立的角度。在抗战时期，张我军塑造的中国新文学和近代化的灯塔形象变得不如战前明显，是因为这一时期作品中作为隐藏形象与隐藏读者的台湾消失了。这与抗战时期台湾人在沦陷区的敏感身份有关，致使作家不敢轻易展露自己的省籍身份，不过也可看出张我军所塑造的中国灯塔形象，是以台湾为对照的。失去了台湾这一参照和读者，张我军所塑造的中国形象，便失去了他原本所希望的、指导台湾前进的意义。

而当台湾光复以后，张我军返回台湾，为推行国语运动而编著了《国文自修讲座》(1947年)一书，怀着巨大的使命感，在战后中文尚不通行的台湾教导台湾人自修中文的办法。这一行为更展露了张我军对于大陆文学对台湾文学指导意义的坚持，也是他于战后继续在台湾推介大陆作为新文学、近代化榜样的灯塔形象的表征。

张我军将中国塑造为文学、文化上的灯塔，是为了证明台湾文学是中国文学的支流，让台湾与中国大陆的新文学相连；更是为了使台湾摆脱殖民时代的"日本化"，重新实现"中国化"。这说明张我军所认同的，是自己作为中国人的文化情感。

二、张深切:作为抗日据点的中国空间

张深切在抗战前就在广州、上海等地参与组织抗日革命活动,抗战时期又前往北京从事文化活动,其作品中对革命运动的回忆、记录相对较多,而这些活动又几乎在大陆进行,使得张深切笔下的中国形象成为反抗日本殖民统治的革命空间。通过大陆的抗日革命活动和文化活动,张深切切割了日本与台湾的关系,即以日本为"他者",将台湾和大陆作了一定的联结。

(一)广东与华北:抗日活动根据地形象

考察张深切的文化情感,经历了从少年留日时期从亲日到反日的过程,他对中国的文化情感,也由反日而激发了民族意识,自此完全认同自己的中国身份,与当时在台湾的很多知识分子的矛盾心理不同。在日本读书期间,张深切就已经对没有去过的祖国十分向往,"我读了祖国的历史,好像见着了未曾见面的亲生父母,血液为之沸腾,漠然的民族意识,变为鲜明的民族思想"[①]。在流动到大陆后,在大陆的学习、革命、工作经历进一步强化了他对祖国的文化情感,至此一直保持着对祖国的文化认同感。在张深切看来,台湾的革命想要成功,必须依赖中国革命的成功。因此,张深切作品中所塑造的中国形象,往往是他反

---

① 陈芳明、张炎宪、邱坤良、黄英哲、廖仁义主编:《张深切全集卷1:里程碑》(上),文经出版社,1998年,第166页。

抗日本殖民统治的空间，也是他投向日本帝国主义的一把利刃。

在具体的形象塑造上，张深切首先是通过将广州塑造成革命运动的策源地，传递中国是抗日革命运动主战场的形象，以此传达自己的反日立场。张深切之所以在20年代远赴大陆，是因在台抗日革命运动受阻，而大陆由于极少受到日本的直接控制，从事抗日革命运动更为便利。因此，张深切选择了当时革命气息较浓的广州作为栖身之地，并将广州作为抗日活动的根据地。在张深切的描述中，广州的革命氛围十分浓厚，相较于上海的秘密抗日行动，广州的抗日活动更为激进、公开，"凡呼吸着广州空气的人，没有一个不革命，没有一个不为国家民族效劳，这种民气绝不是几个革命家或什么政党所能造成的"①。从小目睹了台湾抗日活动的受挫、压抑，到20年代台湾种种抵抗殖民政策的折中运动被打压，张深切对于广州的革命氛围十分向往。于是，广州成为张深切在中国进行抗日运动的第一个根据地。

这一抗日基地的空间形象，于《在广东发动的台湾革命运动史略》中有着详细的记叙。张深切描述了自己在广州成立台湾革命青年团和发起运动的经过，将广州当成台湾青年抵抗日本帝国主义的堡垒，以台湾革命运动支持祖国的革命运动，主张"台湾的民族是中国的民族！台湾的土地是中国的土地！"②张深切指出，虽然当时北京、上海、厦门、

---

① 陈芳明、张炎宪、邱坤良、黄英哲、廖仁义主编：《张深切全集卷1：里程碑》（上），文经出版社，1998年，第314页。

② 陈芳明、张炎宪、邱坤良、黄英哲、廖仁义主编：《张深切全集卷4：在广东发动的台湾革命运动史略·狱中记》，文经出版社，1998年，第104页。

东京等地均有台湾学生组织的抗日活动，但只有广州的革命活动最为积极、公开，也更直接地影响了日本当局的殖民统治，由此将战前的中国形象塑造为台湾人反抗日本殖民统治的基地和庇护地。不仅是广州，张深切对于上海、厦门的塑造，也遵循着这一空间形象进行摹写。在对上海的革命活动进行描述时，张深切不忘强调上海租界是革命策源的庇护之所，并以此作为进一步展开抗日活动的据点。

其次，中国的抗日空间形象，还通过抗战时期参与华北沦陷区文坛的文化抗日活动来达成。在《里程碑》中，张深切明确表达了自己在抗战时期将北京作为自己抗日活动根据地的想法："因为我选择这里做战场，一似要入虎穴"①，并自陈本欲奔赴抗战后方参与抗日的计划。可见张深切在抗战时期赴大陆的原因与抗战前一样，是为了参与反对日本帝国主义的革命活动，而在他的作品中，中国也是相对于台湾更为理想的抗日空间。

与战前不同的是，在为日伪政权控制的北京，无法像在广州、上海一样公开发起反日革命活动，只能通过文化活动以抵抗日本殖民政策。于是，对华北沦陷区文坛形象的塑造和改造成为张深切文化抗日活动的关键一步。在沦陷区北京期间，张深切主编《中国文艺》杂志，切实参与了华北沦陷区文坛的种种文化活动和文学论战，通过《中国文艺》的编后语、卷头语及发表的文章来看，可明确见到张深切对华北沦陷区文坛形象的刻画。

---

① 陈芳明、张炎宪、邱坤良、黄英哲、廖仁义主编：《张深切全集卷2：里程碑》（下），文经出版社，1998年，第641页。

在《中国文艺》的创刊词(1939年9月1日)中,张深切痛陈当时的华北文坛需要重振中国文化,以此塑造了趋于落伍、需要整合新文化的中国文坛形象。在张深切看来,中国的文化由于没有及时整理和吸取外来文化,导致当下的落伍状态,只有通过整合新文化,才能让中国的旧文化保持更为长久的生命力。在1940年8月的《废言废语》中,张深切又提出中国的文化历史悠久,但是缺乏科学整理和组织,无法进一步发展,因此《中国文艺》应该担负起这一使命,将中国文化放置在世界中,融合新文化,重新建设文化,"这并不是一片的空想,也并不是为要自慰的一种虚望"①。可见对于华北沦陷区文坛,张深切怀有一腔重建的热血,对于中国文化复兴有着极大的责任感。这种责任感来自他将华北文坛当作文化抗日的根据地,而并非止于编辑好一本文学杂志的赤子之心。

张深切对华北沦陷区文坛的不良形象塑造,并不代表他对于当时的沦陷区文坛抱持负面态度。事实上,他仍以沦陷区文坛为抗日据点,延续了抗战前的反日思想。在1940年3月《中国文艺》发表的《随便谈谈》中,张深切重申振兴国家和振兴文化是相通的,提出如果文化不振兴,国家也就无法振兴的观点。至此,张深切在抗战时期的文化活动,与他战前的抗日革命活动相连接,华北文坛作为新的抗日空间,成为这一时期作品中时常出现的形象。

张深切对于华北沦陷区文坛的塑造并不只是负面的,也有积极和

---

① 陈芳明、张炎宪、邱坤良、黄英哲、廖仁义主编:《张深切全集卷11:北京日记·书信·杂录》,文经出版社,1998年,第274页。

改造的一面。在1939年9月1日的编后记中,张深切反驳了日本人指责华北沦陷区文坛充满淫逸颓废风气的观点,认为日本评论家并没有看透中国作家的真实情态。张深切承认华北沦陷区文坛萧条现状的同时,并不认为当时的创作者只能处于消极状态。在张深切看来,虽然华北沦陷区文坛已经没有了20年代乃至30年代的强劲气势,但在日伪统治下仍有重新高举中华文化大旗而复兴的可能,并非如日本评论家所说的只有颓废淫逸的风气。由此可见,张深切虽然一开始将华北沦陷区文坛塑造成较为负面的形象,但在主编文艺杂志期间,仍通过提倡文艺复兴等举措切实为沦陷区文坛的振兴和形象改造作出了极大努力。而当侵略者提出沦陷区文坛的不良风气时,张深切则表现出非常不满的情绪并极力辩解,表现出他致力于改造华北沦陷区文坛形象的努力,也以此作为反击日本当局、振兴中国文化的重要举措。事实上,通过张深切的努力,《中国文艺》也切实推动了华北地区文坛的振兴,使"华北沦陷文坛基本作者群的重组初具雏形"①。

不过,张深切也曾在《中国文艺》发表有关中日关系等问题的意见,而这些评论文章又对中日关系有着较为暧昧的观点。在1940年5月的《战争与和平》中,张深切就表达了希望中日和平的愿望,并在其他文章中多次提到战争与和平的辩证关系,呼吁东亚和平。虽然张深切对于战争、东亚新秩序等有应和日本帝国主义的部分,也曾声称"东亚

---

① 张泉:《殖民/区域:建构中国现代文学史的一种维度——以日本占领华北时期的北京台湾人作家群为例》,《文艺争鸣》,2011年第9期。

黎明之期,共同振作精神,勇往迈进,互相来建设新秩序,是所至盼"①,但从未明确表示对日本殖民政策妥协,并始终坚持《中国文艺》不为政治力量介入。联系他在《中国文艺》创刊时期坚持将刊物作为复兴华北沦陷区文坛重要阵地的宗旨,加之在战后的回忆录中也明确指出自己将中国作为抗日根据地的言论,可见张深切只是在沦陷区殖民统治下不得已而为之,即"不得不将建设新文艺的理想包裹于日人宣传的思想之中"②。张泉认为,在分析张深切的抗日立场时,应"充分估计到日伪宣传攻势的无孔不入,以及受到视野狭窄的束缚,滞留在沦陷区的人士大多很难对时局和抗战方略有全面的认识"③,也承认张深切在主编《中国文艺》期间是坚持反对日本帝国主义立场的。不过,对于张深切的反日立场,更应考虑他在战前和华北沦陷区的文化活动,以及战后的回忆录陈述,才能更好地认识他在抗战时期以华北沦陷区文坛作为文化抗日空间的努力。

张深切通过战前广州的革命运动策源地形象的塑造和抗战时期华北沦陷区文坛的文化抗日形象的塑造与改造,将中国的形象描述为台湾人借以掀起抗日运动、摆脱殖民统治的抗日空间。而台湾的革命只能依赖祖国的革命才能实现,也是张深切通过这一形象塑造所传达出的观念,也就是他在《里程碑》中所说的:"我们如果救不了祖国,台

---

① 陈芳明、张炎宪、邱坤良、黄英哲、廖仁义主编:《张深切全集 11:北京日记·书信·杂录》,文经出版社,1998 年,第 230 页。
② 高妹妮:《张深切与〈中国文艺〉》,《北京社会科学》,2018 年第 8 期。
③ 张泉:《沦陷时期北京文学八年》,中国和平出版社,1994 年,第 283 页。

湾便会真正的灭亡,我们的希望只系在祖国的复兴,祖国一亡,我们不但阻遏不了"皇民化",连我们自己也会被新皇民消灭的!"①张深切所塑造的中国形象与张我军相似,都存在着隐现的台湾形象。这一形象虽然并没有被放置在"前台"与中国形象作比较,但在对中国的观看中,实际也隐含了对台湾自身的对照。

(二)从东京到北京:遗民的民族共同体想象

除了将中国塑造成抗日空间,张深切还塑造了南京、北京等具体的中国城市形象。通过这些城市的空间地景、城市形象的描摹,张深切笔下的中国形象与其抗日空间更为密切地重叠在一起。

在张深切的文本中,着重塑造过三个城市空间:东京、南京和北京。在《里程碑》中,张深切回忆自己初到东京时的情形,对宫城二重桥印象深刻。对于少年时期的张深切来说,到东京读书,可以算作殖民地人民向殖民母国的一种文化朝圣行为。张深切之所以对宫城二重桥格外关注,是因为宫城二重桥曾出现在台湾公学校的课本上。当少年张深切见到宫城二重桥的时候,心中浮现的是"和课本上画的一模一样"②——这是一种明确的殖民心理暗示,通过殖民同化教育在台湾少年心中树立日本地景与国家崇高感的关系,从而塑造台湾人对于日本的民族共

---

① 陈芳明、张炎宪、邱坤良、黄英哲、廖仁义主编:《张深切全集卷2:里程碑》(下),文经出版社,1998年,第635页。

② 陈芳明、张炎宪、邱坤良、黄英哲、廖仁义主编:《张深切全集卷1:里程碑》(上),文经出版社,1998年,第131页。

同体想象。当台湾少年在日本见到学校教育中反复提及的真实地景时，课本形象和真实地景重合，让这场文化朝圣之旅的效果达到了同化教育的顶峰：

> 城池的布置，确实优美可观，城里老松翠柏和粉白的城楼相辉映，在空间构成的雅致，会令人对这皇居感到神秘和庄严。城下芸芸众生，纷纷扰扰，如蝼蚁般蠕动奔走，独这城楼屹然自立，高耸天空，寂然无声，不知其深浅，不知其广狭，真不愧为一个神圣不可侵犯的禁阙，莫怪日人一到宫城前，便会肃然起敬。①

同时，在东京受到老师和同学的平等对待，也让张深切开始"做得了日本人，觉得心满意足"②。在这里，少年张深切的民族共同体想象产生了一定的偏移。他将课本的日本宫阙和眼前的日本宫阙的重叠错认成一种民族文化的认同感，并以此接受了自己作为日本人的地域身份。虽然在日本期间，少年张深切开始将自己作为日本人看待，并鄙弃着中国人，"觉得父亲是乡下来的土包子，我是帝都的骄儿，不大喜欢和他一起出门，怕人家知道我是'支那人'不是日本人"③，但这一认同

---

① 陈芳明、张炎宪、邱坤良、黄英哲、廖仁义主编：《张深切全集卷1：里程碑》（上），文经出版社，1998年，第131页。

② 陈芳明、张炎宪、邱坤良、黄英哲、廖仁义主编：《张深切全集卷1：里程碑》（上），文经出版社，1998年，第140页。

③ 陈芳明、张炎宪、邱坤良、黄英哲、廖仁义主编：《张深切全集卷1：里程碑》（上），文经出版社，1998年，第151页。

感来自日本的同化教育,实际上并不具备十分坚实的心理基础。而当殖民者显露出对台湾人的歧视态度时,同化教育的本质也就暴露出来。当日本老师向张深切表达了将他看作"台湾人"和"清国奴"时,张深切才猛然醒悟:同化教育并不将被殖民地人民看做真正的日本国民,而只是一种归化教育。由此,在《里程碑》中塑造的东京空间,反映了少年张深切经过台湾的殖民教育,使其民族共同体想象被改造的过程。而当他发现自己所想象的共同体坍塌以后,则迅速转向幼时所接受的中国文化的怀抱之中。

张深切所塑造的南京和北京形象,则是对东京形象的巨大颠覆。如果说少年张深切初到东京时对宫城二重桥是出于殖民教育的朝圣心理,那么他对于北京、南京的古迹所表现出的则是基于民族意识的归属感。多年以后当张深切在南京第一次看到祖国的城墙,想起少年时期在东京看到的日本城墙,心中对于殖民同化教育下所塑造的日本古迹已经失去了文化共情,而对于中国的名胜则油然生出了文化上的民族情感:"外国公园的美,比不上我国乡村的自然一景,粗俗的西洋摩天大楼,那能和我们秀丽的江山相媲美?"①在这里,张深切形塑了与东京时期不同的南京空间形象。张深切在南京见到的城墙,比之日本更为雄伟,但南京的破落显然比不上东京的繁华。对此,张深切仍生发了对祖国河山的叹服,而早已不是少年时期站在日本宫阙边感叹芸芸众生的情状了。在日本宫阙前,少年张深切所叹服的是宫墙华丽,与学

---

① 陈芳明、张炎宪、邱坤良、黄英哲、廖仁义主编:《张深切全集卷1:里程碑》(上),文经出版社,1998年,第302页。

校课本的形象叠加,强化了少年心中殖民者的高大形象。而面对南京城墙的张深切,已摆脱了殖民教育传递的同化思想,对于南京古旧的城墙升起对于中国这一民族共同体的认同感。与南京相同的是,张深切对上海的空间塑造明确出现了具体的空间地景:北四川路、老靶子路、横滨路、苏州河、徐家汇、永安里、宝山路,都是他参与革命运动的印记。而这些真实的空间地景与多年前的日本宫阙相比,虽不壮观,却写下了作者参与抗日革命运动的足迹。

与对南京的文化情感相似的是,北京空间的塑造也展现着张深切对于中国、日本的态度。在《里程碑》中,张深切坦陈北京虽有着浓厚的封建色彩,但当时已经是全国的政治和学术中心,人才荟萃,可以说是全国的精神机枢,"五四运动发源于此,台湾的革命运动也茁壮于此"①,表达了对北京的向往。张深切在抗战时期赴大陆,是出于难以忍受江山沦陷而如坐针毡,想要奔赴北京参与抗日活动。可以说,在台湾无法施展抗日之才的张深切,千方百计奔赴北京,可看作一种"逃避主义"的行为,即逃避日本在台湾的"皇民化"运动高压。因而在这一层面上,张深切在抗战时期从家乡台湾到祖国大陆的奔逃便带有明确的遗民特质与意义——回到祖国版图以反抗外族统治/同化。正是由于他向往祖国大陆的抗日氛围,以及对于台湾殖民统治的反抗情绪,才使得他内渡祖国大陆,以之为抗日据点,以此表达自己的反日立场。"遗民文化是叛逆文化,因此,遗民情结又会以隐伏、叛逆的曲折形态出现,这种

---

① 陈芳明、张炎宪、邱坤良、黄英哲、廖仁义主编:《张深切全集卷1:里程碑》(上),文经出版社,1998年,第257页。

叛逆变异的本质,仍然是潜伏于遗民深层意识结构中的对故国的'忠'"[1],因而张深切选择北京作为抗战时期的栖居地,乃证明了他仍将自己看成是中国的遗民,他对于战时南京和北京形象的塑造也带有一种遗民的心态。

当张深切与北京有了亲密接触以后,他笔下所描写的北京形象,便自然带有对于日本殖民政策的抵抗意味。他曾写到初见北京时的情景:

> 要驶入北京站的一瞬前,我看见城垣边的一株古梅开透了雪白的花;冰雪之操,国亡节劲,这一印象永远难忘,就是现在运笔至此,还会引起和当时一样的伤感。[2]

张深切以冬天的梅花象征这座在战争中岿然屹立的古都,虽遭遇侵略与兵灾,却"国亡节劲",与多年以前见到宫城二重桥的情形与情绪,可谓完全不同。宫城二重桥让少年张深切生发的崇高感来自其殖民同化教育的毒害,而当张深切见到战乱中的北京城垣,一股悲壮感油然而生——这是张深切在确立了自己的民族共同体想象之后,主动进行的朝圣之旅。如果说少年张深切赴日本是一种被动的文化流动,

---

[1] 刘鹤:《遗民情结"场"下的台湾现代文学叙事研究》,吉林大学出版社,2017年,第67页。

[2] 陈芳明、张炎宪、邱坤良、黄英哲、廖仁义主编:《张深切全集卷2:里程碑》(下),文经出版社,1998年,第642页。

那么他面对北京城生发"国破山河在"的感叹,正是因为他此时已经冲破了殖民地教育欲赋予台湾知识分子的共同体形象塑造,而他所塑造的战时北京空间也变得清晰具体。在张深切看来,梅花作为中国的象征,代表着革命精神和中国历尽艰险、廓清环宇,"比英国的蔷薇纯洁,比日本的樱花高尚"①。张深切以梅花比对抗战时期的北京城,使北京的城市形象与中国形象重叠,具备了抗日的形象属性。张深切对北京城市形象的塑造,也正是反抗帝国主义的一环。而后者也正是萨义德所说的"帝国主义毕竟是一种地理暴力的行为。通过这一行为,世界上几乎每一块空间都被勘察、划定、最后被控制"②。张深切所展现的北京空间,不仅有着如梅花般不屈的气节,更是有着独特地景的中国文化空间,这与战时日本对北京的控制形成巨大的龃龉。而张深切正是通过将北京空间与抗日的中国形象相连接,让北京的空间形象也具备了相当的反殖民特性。

除去北京的抗日文化形象,张深切还不吝表达自己对北京这座城市的喜爱。张深切笔下的北京空间,不仅是在兵灾战乱中保有民族气节的城市形象,同时社会风气也比福州、厦门、上海等地更好。除了对北京在抗战时期形象的内在感知,张深切对北京也有外在的描写与塑造。在《北京感想录》中,张深切塑造了一个四季分明、美丽传统的文化

---

① 陈芳明、张炎宪、邱坤良、黄英哲、廖仁义主编:《张深切全集卷6:谈日本·说中国》,文经出版社,1998年,第212页。
② [美]爱德华·W.萨义德:《文化与帝国主义》,李琨译,生活·读书·新知三联书店,2003年,第320页。

古都形象。虽然在文章的开头,作者自陈是要为朋友介绍自己在北京三年期间的活动,但文本花费大量篇幅描述北京空间,为台湾地区、日本读者(文章用日文写成)呈现了战时的北京形象。不过,张深切在北京参与的种种文化抗日活动被隐去,北京在抗战时期的形象反而被塑造成"世外桃源",充满古意:

> 一望无垠的天空蔚蓝得美丽之极,和任何别的地方看到的天空大异其趣。空气也不是单纯的一色之物,而是数百甚至数千不同色调混合而成的东西。……北京之天空可以说是所有的蓝色中,最清澈亮丽的一种吧?如果想欣赏天空之美,北京之天空的确是一绝,所以我格外喜爱。①

《北京感想录》作于 1941 年,正值张深切失去《中国文艺》主编职位而返台期间。对比战后回忆录中出现的北京形象,《北京感想录》中的北京是令人欣赏、感怀的古都,毫不见抗战时期的风雨飘摇情态。诚然,囿于台湾"皇民化"运动和华北沦陷区日伪政权的殖民高压,张深切此时无法直言胸中苦闷,但《北京感想录》所呈现的北京城市形象,却也表达出张深切的文化情感。对比多年前的东京形象,可见张深切对北京存有执着的文化信念与喜爱。在这里,北京的城市空间不仅表

---

① 陈芳明、张炎宪、邱坤良、黄英哲、廖仁义主编:《张深切全集 11:北京日记·书信·杂录》,文经出版社,1998 年,第 285 页。

征为抗战时期傲然耸立的抗日中国形象,也有其世外桃源、古意盎然的一面。在战后的创作中,张深切也依然对北京的名胜古迹念念不忘。对于北京的白塔、鼓楼、钟楼、大前门、紫禁城等名胜古迹,依然历历在目。在《里程碑》中,张深切对北京表现出"山河千里国,城阙九重门。不观皇居壮,安知天子尊"①的民族认同。站在日本宫阙前的少年张深切,对东京的感情后来止于日本老师的辱骂;而多年后站在北京宫墙外的张深切,将更多的民族感情附着于北京城市空间之中,无论是强调北京的抗日精神,还是将北京作为中国认同的附着空间,都展现着他对于中国这一民族共同体想象的坚定信念。

由此,张深切通过他在广州、南京、北京空间的抗日活动,无论是革命上还是文化上的抗日,都将中国的城市与抗日革命活动相连,为台湾呈现了一个反抗殖民侵略的中国形象。与张我军相同的是,张深切形塑的中国空间为台湾提供了参照——具有抗日/反殖民精神的大陆乃是台湾需要学习的榜样与典范。这表明张深切同样超脱于日本在台湾宣称的"亚洲主义",敏锐地意识到了日本在这种"亚洲主义"中的"自我"意识,而试图确立与日本对立的中国形象。在这一过程中,中国形象在日本殖民语境中的"他者"转变为"自我",是发动抗日活动的策源地和根据地,是台湾应该与之连接的祖国,而日本则变成大陆和台湾应共同抵抗的"他者"。

---

① 陈芳明、张炎宪、邱坤良、黄英哲、廖仁义主编:《张深切全集卷2:里程碑》(下),文经出版社,1998年,第698页。

在这一向度上,张深切、张我军皆反驳了日本"亚洲主义"的说辞,将日本知识界赖以确立自身位置、摆脱中国与西洋双重笼罩的近代思想进行了解构,因为他们认清了日本的"亚洲主义""并非单纯强调地缘的作用,它也凸显一种价值的认同取向"①。这一解构的过程依赖一个与日本对立的先进中国形象的确立,也正是以城市空间展现的中国形象,构成了对日本殖民话语的解构。

三、洪炎秋:复刻五四与礼乐中国

在旅京台湾作家中,洪炎秋在北京的寓居时间最长。他于1922年陪同父亲洪弃生游历大陆之后便留在北京,在北京完成学业并参与教育、文化事业,直至抗战胜利后返台。有关洪炎秋的研究,两岸都相对薄弱。即使台湾近年来有《洪炎秋的东亚流动与文化轨迹》的出版,大陆有杨红英对洪炎秋生平的文化活动考证,但对他的文化情感、文本研究都较为单薄。杨红英考察了洪炎秋的生平、在大陆时期的文化活动,而对他返台后的文化和文学活动缺乏论述。洪炎秋虽然在抗战时期频频发表作品,但他主要的文学活动和文学成就,则集中于返台后在《国语日报》任职期间,这一时期对中国/北京形象的塑造展示了他的祖国认同感和遗民心态。

---

① 葛兆光:《"宅兹"中国》,中华书局,2011年,第172页。

(一)以北京大学复现北京形象——五四的遗民

洪炎秋在北京旅居二十五年,对北京的生活、环境非常熟悉。谢冰莹曾表示,洪炎秋满口北京话的样子像是"道道地地的'北京人'"[1],展现了洪炎秋身上的北京影响。洪炎秋返台后,也对自己的北京经历念念不忘。在他的文章中,北京空间成为隐藏在众多故事中的地域背景。

与好友张深切不同的是,在抗战时期发表的文章中,洪炎秋表现出了对政治明确的疏离感。他在沦陷区北京发表的文章,全部与抗战、反日无关,而集中于人生、生死、饮食等话题。在战后发表的《〈闲人闲话〉小引》(1948年)中,洪炎秋自陈他在抗战时期于《中国文艺》发表的十篇文章都是囿于时代环境所迫,只能发表闲话和评论,而不能有经国文章,可见在沦陷区北京进行文学创作的困境。不过也正是因为此,洪炎秋主动自外于沦陷区日伪政权,对于北京的回忆也便是闲适、雅致的。返台后,洪炎秋曾发表文章回忆自己在北京时期的生活和故事,塑造了美丽优雅的文化古都形象。在他的回忆文章中,北京是传统、美丽的文化古都,有春花秋月、夏雨冬雪、良辰美景、赏心乐事,"它是个最适合于文化人居住的好地方,假使不是遇到世变,我一定会终老于是乡,子子孙孙恐怕都要变成北平人了"[2]。可见洪炎秋所塑造的北京形象,不见政治、战乱,而更多见闲适意趣。

---

[1] 谢冰莹:《我所知道的洪炎秋》,参见洪炎秋:《浅人浅言》,三民书局,1972年,第168页。
[2] 洪炎秋:《常人常谈》,"中央书局",1974年,第104页。

不过,北京的空间形象在洪炎秋笔下有更多面向。在《杨肇嘉回忆录序》(1967年)中,洪炎秋回溯日据时代台湾知识分子在大陆的留学历史,着重讲述了台湾知识分子在北京的抗日事迹。洪炎秋在读书期间参与主编《少年台湾》,向大陆介绍台湾的情况,并以此作为反抗日本殖民统治的手段;又以北平台湾学生全体会议代表的身份阻止台湾人参加段祺瑞政府主持的孙中山逝世善后会议,展现出他坚定的抗日思想,虽然不像张深切那般直接参与革命运动的策划,但"要努力去从日本帝国主义者的手中,把台湾解救出来的热诚,却没有二致"①。

在北京期间,洪炎秋主动远离政坛,即使被推荐到日伪文化部门任职,也坚持拒绝,展现了他明哲保身的态度。在北京的生活体验、工作体验成为他叙述的重点,当洪炎秋多年以后行至大洋彼岸的美国,仍时时不忘拿北京的事物来作比较。例如,当看到美国的夜总会表演时,洪炎秋感叹"如果把我们北平天桥的那些玩意儿,搬到这里来表演,是要精彩得多的"②,可见他将自己的北京经验作为比对其他城市、地域生活的重要标尺,对北京经验念念不忘。

北京城市形象在洪炎秋的描述中,展现出闲适的一面,同时又成为他在台湾生活的一把标尺,而这把标尺又通过他对北京大学形象的塑造呈现出来。洪炎秋在众多散文随笔中,屡次提及自己在北京大学的生活与学习故事,并将自己任教的台湾大学与北大比较,塑造了一个学术自由、民主平等的北京大学形象,与北京形象相呼应。

① 洪炎秋:《忙人闲话》,三民书局,1968年,第61页。
② 洪炎秋:《云游杂记》,"中央书局",1959年,第95页。

洪炎秋笔下的北京大学形象首先通过对胡适、蔡元培、蒋梦麟等北大教授的回忆确立。在洪炎秋的回忆中，蒋梦麟将他的毕业论文《日本帝国主义下的台湾教育》推荐给《教育杂志》，一举投中；在洪炎秋毕业后，又曾推荐洪炎秋赴新加坡华侨中学担任校长，可见他对于北大学生的爱护和照顾。沈尹默也曾为洪炎秋介绍河北教育厅的职位，因此洪炎秋经常到沈尹默家中拜访。在洪炎秋的回忆中，沈尹默的行政风格与蔡元培相似，泾渭不分、清浊兼容——这也是洪炎秋在求学时和毕业后一直追随他的重要原因。由于为官清廉、不谙官场，乃至在抗战胜利后没有财力留在南京，沈尹默只能辞掉工作在上海卖字为生，令人唏嘘。不过，也正是蒋梦麟、沈尹默这些固守知识分子气节的教授、校长以身作则，才有了洪炎秋眼中高大的北大形象。

对于胡适，洪炎秋则只是"偷听"了几节他的课程。有关与胡适的交往，洪炎秋曾提到为自己在北平大学附属高中的学生转系的故事。这位学生想要报考英文系，却被录取到国文系，于是托洪炎秋代为谋划。洪炎秋找到胡适，表明来意，胡适找出该生的英文试卷，将分数多加四分，便解决了这位学生的录取问题。后来，洪炎秋为洪弃生的遗作出版问题，又找到胡适，求他代为转交给出版社，而商务印书馆的高梦旦认为传统文学的文学价值虽高，但市场认可度却不高，因此不能因为胡适的关系就盲目出版，便就此搁置。不过胡适为洪炎秋谋划出版一事，让洪炎秋大受感动。洪炎秋对胡适肯提携后辈的作风十分欣赏，胡适的温和形象也为北京大学的形象增加了一抹色彩。

在《国内名士印象记》中，洪炎秋还记述了与蔡元培的往来。在洪炎秋的回忆中,蔡元培与胡适一样,是乐于提携后辈的教育界长辈形象。洪炎秋任北平大学附属高中主任时,仍受沈尹默提携,沈尹默卸任后附属高中受到停办威胁,洪炎秋被推举为协调人赴南京向教育部部长陈情。为了保住附属高中,洪炎秋曾向沈尹默求救,沈尹默因早已失势,便将洪炎秋介绍给蔡元培,祈求蔡元培能帮助附属高中渡过难关。蔡元培得知此事后,从上海专程到南京向教育部部长表明附属高中的情况,请求教育部批示高中继续办学,才解决了洪炎秋的难题。经由此事,洪炎秋见识了蔡元培对于教育事业的支持和对北大学生的爱护,其心中北大的高大形象进一步得到强化。总的来说,洪炎秋通过介绍与北大教授的事迹,将高山仰止的教授与北大相连,塑造了风气良好的北大形象。

其次,洪炎秋将北大的高校教育模式和理念标准化,以实现将北大作为台湾高校榜样的示范作用。洪炎秋在回忆自己在报考北大预科时,专门指出北大规定无论文科还是理科,所有中学课程都要考,有效地防止了很多中学为升学准备而偷工减料的行为,以这种模式作为当时台湾高校招生的模范。可见洪炎秋已经将自己在北京、北大的经历经典化,北京的生活经验、北大的学习经验成为他返台后为人处世的重要范本,也是他在台湾欲复现北京形象的重要参照。

北大的示范作用还通过与台湾大学的对比而树立。在洪炎秋看来,自己在北大读书期间,教员待遇较差,藏书、教授阵容、校舍等也比不上光复后的台大,但北大仍能成为当时的最高学府,乃在于它的自由、平等之风气,"就连驰名中外的周家弟兄,也只能纸上谈兵,可坐而论道,并不适宜于立而讲学"①。洪炎秋如此推崇北大的自由、平等,乃在于台大的风气和待遇比之北大差距颇大,实在无法超越他心中被经典化、榜样化了的北大形象。

在洪炎秋看来,即使北大教员的薪资低,却受到其他阶层敬重,北大的学生虽然布衣粗食,却怀有澄清天下的大志。北大的师生能在战乱年代保有最大限度的学术自由、言论自由,在读书方面也有专门的日文、外文书籍供应商,保证了师生读书的权益。也正是洪炎秋说的,"北大的好,就好在它的师生,大都带有狂狷的倾向……就是现代语的'独立自由的精神'的意思"②。可见在洪炎秋的文本中,北京大学的形象是独立、自由、自信的现代大学空间,台湾大学虽然在硬件和制度上都要比北大完善,却在自由风气、师生待遇上欠缺良多,便也无从与洪炎秋回忆中的北京大学相媲美了。

在《和台大同学谈毕业典礼》(1965年)中,洪炎秋再次提及在北大的读书经历,认为台大的学生推崇校长在毕业典礼上的建议是本末倒置的行为。以北大的经验而言,北大的学生对毕业典礼不以为意,但在毕业后北大的学生却总能参与国家的重大事务和在重要机构任职,以此说明没有毕业典礼的北大,依然能培养出对社会有益的毕业生。在这一方面,台大对学生的培养又弱于北大,北大的形象又被进一步抬高了。在《蔡先生为我解决困难及其遗风对台大的影响》(1977年)中,洪炎秋进一步提出北大对台大的影响。蔡元培曾主张对于教员的评定

---

① 洪炎秋:《又来废话》,"中央书局",1966年,第14页。
② 洪炎秋:《又来废话》,"中央书局",1966年,第15页。

不该以其校外的言行为标准,当时台大的傅斯年校长欲聘请胡适到台大做教授一事受到台大教授徐子明的攻击,傅斯年本欲辞退徐子明,正因苏芗雨强调蔡元培的兼容并包思想,才阻止了傅斯年此举。在洪炎秋看来,有着北大背景的傅斯年和胡适,能在台大大展宏图,正是受到蔡元培和北大的影响。在这里,即使洪炎秋承认北大当时的风气有些"吊儿郎当"①,但仍应作为战后台大乃至台湾所有高校的榜样。这表明洪炎秋对于北京大学的认可,影响了他返台后对于台湾城市、高校的认知,乃至将中国/北京的经验作为指导,试图在台湾高校复现北大空间、在台湾复现中国空间的努力。

因而洪炎秋回忆中的北京形象以北京大学为典型,是理想化了的中国空间。他对北京、北大的怀念,经过了自我经典化,成为他在战后台湾关照自身的一面镜子。在日据时代,洪炎秋作为殖民地台湾的"遗民",申请恢复中国国籍,流寓于北京。在北京期间,洪炎秋在祖国作为边缘人,参与了华北沦陷区的部分文化事件。抗战胜利后,洪炎秋渡海返台,又以"半山"身份参与了战后台湾的国语推行运动和文化建设,在某种程度上又具备了大陆"遗民"的身份,处在较为边缘的位置。在抗战时期,洪炎秋是相对于大陆的"他者";在台湾光复后,则是相对于本省作家、外省作家的边缘人:这种双重边缘、双重遗民的身份,让洪炎秋时时思考,变换着自己的想法。

王德威在讨论华语语系时,提出"后遗民"的概念,认为遗民的状

---

① 洪炎秋:《废人废话》,"中央书局",1974年,第160页。

态可能无法摆脱,乃至在时空错置和正统交替中,"变本加厉,宁愿更错置那已错置的时空,更追思那从来未必端正的正统"①。洪炎秋则是这一状态的最好注解。洪炎秋在幼时学得一身传统文化,心怀礼乐中国的大梦。当他奔赴北京,却发现一个五四之后礼崩乐坏的中国空间。实际上,洪炎秋在北京的经历并非一帆风顺,如在《也谈窃盗》(1967年)中讲述自己在搬入兴华寺街以后,出于疏忽而丢失了自己的洋车一事。当洪炎秋向派出所陈述自己是警察局长的邻居以后,久无音信的盗窃案马上有了结果,洋车第二天就被找回。这段经历让洪炎秋感到北京也有其藏污纳垢之处,但叙述之中带有自嘲意味,同时对比了台湾的诈骗故事,为的是说明无论是北京还是台北,盗贼的问题都不易解决。由此可见,洪炎秋对于北京/中国的凝视,过滤掉了当时中国的丑恶现实,而只追思那些经过了自己美化的部分。这导致在返台后的几十年中,洪炎秋每每想起自己的北京经验,最感叹的依然是五四时期的北京作为当时的文化重镇,在很多方面为当代台湾提供了众多可借鉴和学习的榜样——北京大学就是其中之一。而洪炎秋塑造这样的北京形象,乃在于五四时代已然过去,而在台湾延续五四精神依然任重道远。所以洪炎秋对于台大种种现象的批判、对台湾社会众生相的不满,乃来自他仍将目光投放于几十年前的五四运动,即在精神上依然是五四的遗民。如王德威所说:

---

① [美]王德威:《后遗民写作:时间与记忆的政治学》,麦田出版,2007年,第6页。

>"遗民"的本义,本来就暗示了一个与时间脱节的政治主体。遗民意识因此是种时过境迁、悼亡伤逝的政治、文化立场;它的意义恰巧建立在其合法性及主体性已经消失的边缘上。①

洪炎秋对北京/中国形象的塑造,正展示了他对于五四的念念不忘,返台后在"白色恐怖"的高压政策下缅怀着已经成为过去的五四时代与大陆经验。虽然抗战时期的中国并不是他原本所向往的,但由于当时的中国作为台湾人抵抗日本殖民的避难所,给予了台湾人较大程度的接纳,于是洪炎秋选择接受这一现实中国空间,愿意将这座接纳他的城市作为真实的中国形象来看待。洪炎秋自以为完成了从"遗民"到"逸民"的转变,接受了五四时代乃至抗战时期的中国现实,在这一层面上,洪炎秋成为五四的遗民。返台后,洪炎秋将自己在北京、北大的经验在台湾大力推广,并以这种经验为"正统",希冀台湾能够向北京看齐,说明他的遗民心态在返台后得到了延续,而非他自己所认为的"逸民"心态。正是"遗"的状态,才让他无法接受台湾与北京、台大与北大的巨大差异,因而远没有达到"逸"的心态。北京、北大成为他心中难以超越的榜样,台湾只有在学习中才能复现北京。而在北京形象的塑造和复现过程中,"遗民"的身份又进一步在精神上被固化,致使他终生无法摆脱这一精神困境。

---

① [美]王德威:《现当代文学新论:义理·伦理·地理》,生活·读书·新知三联书店,2014年,第155页。

(二)以国语运动复现中国形象——礼乐中国的遗民

除了以北京大学的示范作用以复现北京空间之外,洪炎秋在台湾光复后还通过发行《国语日报》的努力,促进台湾的国语推行运动,以实现中国空间在台湾的再现。

在洪炎秋看来,台湾光复的重要意义并不只是重新归于中国的地理版图,"最要紧的还在于使那些和祖国的文化脱了节的人民,重新变成一个地地道道的中国人"①。可见洪炎秋积极参与国语推行运动的目的,乃是带着"半山"对于中国空间的认识,以实现殖民地台湾的再中国化。

洪炎秋参与国语运动最重要的方式是推动《国语日报》的出版发行。有关自己参与《国语日报》的事宜,洪炎秋在众多文章中都有所陈述。《十年来的台湾国语运动》(1955年)、《国语日报十五年》(1964年)、《国语日报——它的政治的、教育的背景和现况》(1966年)、《国语运动逢七有庆》(1968年)、《推行国语三十年》(1975年)、《国语日报简介》(1975年)等文章都对《国语日报》的发展轨迹有详细的叙述。1948年教育部部长朱家骅见台湾国语教育成绩斐然,便决定将教育部在北京发行的注音国字小型报纸《国语小报》在台湾刊行,为《国语日报》拨款以推进国语运动,洪炎秋作为《国语日报》主创参与报纸发行。由于《国语日报》办报初期资金不足,只能寄居于台湾省国语推行委员会联合

---

① 洪炎秋:《废人废话》,"中央书局",1974年,第111页。

办公,借助国语推行委员会的力量协助办报。不久,《国语日报》接受吴稚晖的指示成立董事会,以傅斯年为董事长、洪炎秋为社长,在一定程度上缓解了《国语日报》的经济问题。台湾省政府为支持《国语日报》事业,将印发学校书籍的任务交给《国语日报》排版,社务才逐渐转好。1955年,台湾省国语推行委员会搬迁到木栅,《国语日报》流离失所,设法在台北市长沙街买下楼房迁入。1960年,《国语日报》改组为财团法人国语日报社,后改迁至福州街,加强供应注音读物,以提高儿童阅读兴趣,员工数量也大大增加。

在《国语日报》的发展历程中,无论是改组还是迁址,洪炎秋始终是中流砥柱。同时,在《国语日报》发表众多有关国语推行改革主张的文章,也是洪炎秋切实参与国语推行运动的实证。在洪炎秋看来,台湾光复以后推行的中国语文恢复运动(闽南语和客家语的恢复)、语言标准化运动,对于战后台湾的国语重建起到了极大的作用,同时也加速了台湾人在精神上回归中国的进程。在《闲话国语》(1968年)中,洪炎秋指出中国的各地语言不完全统一,但文字是统一的,因此文字作为维系团结的工具,能够防止国家的分崩离析。而台湾光复初期之所以发生"二二八"事件,语言不通是其中最重要的原因之一。经过二十年的国语推行以后,外省人和本省人之间的隔膜由于语言的关系大大降低。至60年代,洪炎秋感叹二十年来的国语教育是台湾光复以后省务三大成就之一,推行国语提高了台湾青年的国语水平,"统一语言的梦想,已经首先在台湾实现了"①。

在国语推行中,洪炎秋坚持以北京语言为基础的正音国字,而不赞成以台湾的口语方言作为修改方案,展现出他并不把国语推行当作台湾本省的事件,而将其看作整个国家的事业,不能因为台湾的口语与国语不同便作修改。虽然洪炎秋赞同国语和方言并行不悖,但在他看来更重要的,仍然是提升国语的地位,认为只有以政治、经济文化为推动力,大力培养优秀的国语教师,才能更切实地提高国语水平。这表明洪炎秋在国语推行运动中的出发点,是以中国为标准,而不是以台湾的情况为标准,"来使台湾成为一个全国的国语教育的模范省"②,以中国形象改造台湾,而非适应台湾。直到1978年,洪炎秋仍坚持国语运动,在《省议会中应说国语》中指出自己作为"半山"都能坚持说国语,在公共场合所有人都应该努力学习使用国语,尤其是在省议会这样的政治场合,说国语便有着非同一般的意义。在总结《国语日报》在国语推行方面的种种成绩之后,洪炎秋坦陈"将来可供大陆各省取法"③,更是展现出他试图在台湾复现自己心中的中国空间,以期将来与大陆接轨的愿望。

为了更好地推行国语,洪炎秋还提出了种种改革意见,如提倡推行简体字,倡导国字的简化,以减少因学习写字而花费的时间;赞同中国文字排版从左而右,因为商周甲骨文也是如此,所以并不是学习西

---

① 洪炎秋:《忙人闲话》,三民书局,1968年,第172页。
② 洪炎秋:《废人废话》,"中央书局",1974年,第48页。
③ 洪炎秋:《又来废话》,"中央书局",1966年,第78页。

方。洪炎秋认为,简笔字是汉字不亡的重要条件。汉字数目和笔画太多,非常难记,而蒋介石政府在1931年就提出要求教育部搜索简体字,1935年即公布简体字并进行了推广。1949年迁台后,台湾当局也多次要求推行简体字,但因种种原因一直无法实施,造成文字改革的中断。洪炎秋呼吁政府早日制定简笔字和常用国字表,才能进一步推动国语运动的发展。同时,洪炎秋认为台湾如能推出简体字表,则可与当时的大陆简体字有所对照,"隔海唱和"①,以达到两岸文字的相对统一。又如,发表对国语字音、字义等考证的研究文章。如在《"野合而生孔子"的检讨——答胡晶玲女士》(1966年)中考证"野合"的意思,在《遵照标准国音推行标准国语》(1969年)中考证国语和国音标准的由来,在《也来谈"和"》(1969年)中讨论"和"字的读音,在《"跌杯"国语怎样说》中讨论台湾的"跌杯"在国语中应该对应的书面语等,以期通过考证文章来确立部分国语的标准读音和释义。

  洪炎秋以《国语日报》的发展促进国语运动的推行,期间提出了种种改革方案,并痛陈国语推行对于将台湾改造成理想的中国空间的重要意义,认为注音符号的推行是五四以来少数绝对正确与成功的文化活动,并频频表示推行国语运动是"对国家、对民族很有贡献的工作,因此'爱不忍释',决心'终身以之'"②,以此作为推翻日本在台语言教育的重要举措。

---

① 洪炎秋:《语文杂谈》,国语日报,1978年,第155页。
② 洪炎秋:《教育老兵谈教育》,三民书局,1968年,第242页。

同时,在批判台湾当下的社会不良风气时,洪炎秋也将这一问题看作"中国"的问题,而非一省的问题加以批评。在宣传日本函授教育的《日本的大学通信教育》中,以日本的大学函授教育比较当时台湾较为落后的函授教育,并指出通信教育的大力推广"正合我国当前的需要"①。在《愿人人都做肥料——一个教授的自觉》(1963年)中,洪炎秋指责当下大学教授的薪资待遇太低,其视角是中国与美国比较,比较的出发点是中国而不是台湾省。

从国语推行的众多具体建议与实践中,可见洪炎秋对于在战后台湾复兴中国语言文字,乃至中华文化的努力。他众多建议的出发点是中国,而非台湾一省;他所要复现的不是日据时代的台湾空间,而是在台湾复现他理想中的中国空间。因而他所希冀的仍是中国传统的"大一统"局面,他对于中国的想象依然带有传统的部分。于是除了提出国语推行的具体措施,洪炎秋还通过提倡中华文化的复兴以在台湾重现中国的文化空间。在《教师匠的祖师爷——孔子》(1966年)中,洪炎秋评述了孔子作为老师的生平和思想。洪炎秋认为,五四时期陈独秀等人要打倒的是汉武帝以来错认的"孔家政治店"②,而"孔家学店"不该被批判。在这篇文章中,洪炎秋反思了五四时期的文学革命主张,强调孔子思想积极的一面,展现出他对于中国的旧文化有一定的正面评价。与张深切相似的是,洪炎秋虽然在新文学创作上笔耕不辍,但对于传统的儒家、诸子学都有所肯定,并认为中国传统文化中的精华在当

---

① 洪炎秋:《废人废话》,"中央书局",1974年,第87页。
② 洪炎秋:《又来废话》,"中央书局",1966年,第92页。

代社会也应被提倡,而不该采取五四时期较为偏激的态度,只推崇新文化而摒弃旧文化。洪炎秋在文章的最后建议在考试和联合招生中,应该设置与孔子/儒家相关的题目,以此显示对孔子思想的继承与思考,展现了他试图以中国传统思想解决台湾当下社会问题的努力。在《闲话孟子》(1968年)、《漫谈孟子的教育思想》(1969年)中,以孟子思想为圭臬,以提倡孟子思想来响应当时复兴中华文化的思潮,认为"要想复兴中国文化,孟子和论语一样,是全体国民必读的圣典"①。可见洪炎秋以传统儒家思想为工具,试图在台湾再现礼乐中国的想法。此外,洪炎秋在《国语日报》发表的评论文章中,也多以孔孟思想作为论据,从中国传统文化中寻找解决当下问题的依据。如在《该把教育搞好了》(1966年)中,以孔子的故事说明搞好教育是国家的基础,以孔子为指示和参照,祈求以此复兴文化;在《国文教本该多选诗歌》(1968年)中,要求国本教材应该以诗歌培养学生情操,从而达到诗教的目的,是对孔子诗教传统的提倡;在《礼节第一》(1968年)中,又强调儒家道德,以礼节复兴中华文化;在《老人的处置》(1969年)中,则提出中国传统强调的齐家治国平天下亦适用于现代社会,在这方面提倡中国文化的复兴是有必要的,未必要全盘西化。

  洪炎秋参照中国传统文化中的精华部分,提出对五四以来西化风气极端化的质疑。不过,洪炎秋提倡的文化复兴并不是文化复古。他所提出的以孔孟思想为现实依据,不是教条照搬、事事遵循,而是从传统

---

① 洪炎秋:《常人常谈》,"中央书局",1974年,第8页。

智慧中寻求经验，在推行国语的同时倡导学习传统文化的精华。在《国语教育的现代化》(1967年)中，洪炎秋自陈在学习传统的同时，必须推行国语教育现代化，才能让一般大众迅速学会使用国语，推行科学教育。

洪炎秋在台湾所提出的种种改革方案、评论文章，都在不同程度上以中国传统文化在台湾的复兴，号召台湾人学习中国传统，"进而成为堂堂正正的中国人"①。这表明洪炎秋的出发点是将台湾作为中国的一部分，要求在台湾复兴孔子之道，并建设现代中国——以中国的思想解决台湾的实际问题，即在台湾再现中国的文化空间。如他所说：

> 要加深本省人的祖国爱，必须使他们理解祖国的事情，景仰祖国的文化，才可以达到目的。但这不是空口说白话可以办得到的，应该拿出具体的事实，放在他们眼前，才能够使他们心悦诚服。②

洪炎秋在台湾积极参与国语推行，主编《国语日报》，提倡台湾的国语化，是为了建立台湾人对祖国的文化情感，通过语言的统一以达到对祖国文化的认可。不过，洪炎秋在复现五四时期那个自由、民主的北大形象的同时，又在台湾提倡恢复礼乐中国的文化空间，即在成为五四遗民的同时，又难忘幼年时期接受的传统教育，保有"礼乐中国"的遗民身份。洪炎秋从台湾流动到大陆，是因对中国的向往和对科学

---

① 洪炎秋：《忙人闲话》，三民书局，1968年，第208页。
② 陈万益编：《闲话与常谈——洪炎秋文选》，彰化县立文化中心，1996年，第177页。

新知的探求；而他从北京回到台湾以后，五四的影子促使他具备了遗民的身份认知，便以五四以后的中国为典范，试图教化台湾民众。但在这一过程中，他又清楚地知道战后台湾的中国化只靠启蒙、科学民主的思想是不够的。五四精神与新文学本身包含着"欧化"的倾向，而这些现代新知在殖民时期与日本的亚洲主义杂糅在一起，对于民众来说，他们很难分清"近代化"与"日本化"的区别。因而在战后台湾要实现"再中国化"，只强调五四新文化运动是远远不够的。传统文化中有关礼乐中国、大同中国的论述，又刚好能够帮助光复后的台湾迅速融入中国的语境，同时又是对殖民时期以日本为本位的亚洲主义的绝佳反拨。

因而他不仅成为五四的遗民，更是传统中国的遗民——洪炎秋正是立足战后台湾的现实才作出了此番选择。他探求科学新知，又对传统文化念念不忘。由此他才会对五四时期"打倒孔家店"的口号提出质疑，不赞同五四时期的西化思想，而要求振兴中华文化，以中国文化改造台湾。诚然，这是让台湾摆脱殖民阴影的良策，而洪炎秋身上展现出两种不同的遗民状态。这或许印证了王德威所说的，"离散不是一了百了，而是该完不完，或者完而不了"①。对洪炎秋来说，离散的状态一直贯穿了他返台以后的人生轨迹，直到其晚年仍未摆脱这一心绪。这表明空间流动所造成的离散状态，并没有明确的完结节点。史书美所说

---

① ［美］王德威：《后遗民写作：时间与记忆的政治学》，麦田出版，2007年，第49页。

的"离散有其终时"①,认为移民可以结束离散状态,开始"在地化",而洪炎秋作为移民却终生保持着遗民的状态,对两个时代念念不忘,恰恰说明离散状态可以"完而不了"。

直至70年代的创作中,洪炎秋所主张的台湾改革方案仍展现着复现五四和复现礼乐中国之间的龃龉。虽然两者都强调中国对于台湾建设的典范作用,但两者复现的中国毕竟是一个是现代中国,一个是传统中国——这仍显示出洪炎秋在双重遗民身份上的挣扎与犹疑。这几乎也是台湾现代知识分子所普遍面临的精神困境:一方面,五四倡导的新知对于台湾的思想启蒙有着极为重要的作用,促使他们接受近代化;另一方面,殖民语境中将近代化与日本化连接的现实,让即使光复后的台湾民众依然很难区分两者的不同,因而引入祖国的传统文化以消解殖民遗毒又是意义重大的。于是,洪炎秋既是五四的遗民,高举台湾启蒙的大旗;又是传统文化的遗民,试图在台湾复现孔孟之道和礼乐中国。

不过对于洪炎秋来说,这两种状态能够和平共生,也有其轨迹可循。对五四时代的追思,体现在将北京/中国作为近代化的榜样,以求台湾能够模仿与复现;对礼乐中国的追求,则体现在将传统中国与台湾相连,试图在台湾复现灿烂的中华文化。由此,洪炎秋的实践为台湾联结起了现代中国与古代中国,从而为台湾提供了"古"与"今"的示范。

---

① [美]史书美:《反离散:华语语系研究论》,联经出版事业股份有限公司,2017年,第47页。

第二节 故国之思如何不同：
70年代台湾的北京书写热潮

20世纪70年代，台湾被逐出联合国、国际地位下降等因素引发了社会对大陆的文化乡愁，对北京、上海等大陆城市的回忆散文成为热潮。其中，书写北京的作品无一不隐现着对中国的凝视，展现了以北京形象书写中国的创作理念。

王德威曾指出，这股热潮中最引人注目的部分——战后迁台的"老北京"在"北京热"中的种种表现，却没有提及这一热潮中的另一股文坛力量——旅京台湾作家——推动北京书写在70年代大放异彩的重要作用。旅京台湾作家如迁台"老北京"一样，将书写北京作为寄寓中国想象的一种方式。不过，他们与迁台"老北京"毕竟有着不同的空间流动经验，虽然其所书写的都是20世纪二三十年代的北京，在他们笔下时常见到近乎一致的北京四季与天坛等古迹，但"老北京"们书写的北京形象，往往展现怀古幽思、感叹物是人非，与返台的"半山"作家对北京生活的恋恋不忘是不完全相同的——复杂的地域身份造成了"北京热"背后的龃龉。北京形象的碰撞与交汇，也隐现着70年代台湾的种种文化热潮，显示出台湾想象大陆的一种方式，也展现着旅京台湾作家的精神依归。

一、"异乡人"眼中的北京形象

旅京台湾作家回忆北京的散文层出不穷，其作品之所以在"北京热"中不被重视，除了"半山"身份在战后台湾的边缘性之外，也在于其创作不仅止于70年代，而是贯穿返台后的长期创作中。但毕竟北京经验成为他们的创作起点，台籍身份则显示在他们的北京书写中，成为70年代"北京热"中的独特风景。

北京作为台湾作家对抗日本殖民统治的目的地，是旅京台湾作家民族意识、故国之思的一种表征。在他们笔下，北京形象不仅指涉北京城市本身，也寄寓着作家对祖国的文化乡愁。张深切、苏芗雨、张我军、林海音都曾对北京旅居经验有所叙写。张深切在回忆文章中，将北京描述为"世外桃源"，认为"任何人只要踏进一步北京，一定会深深爱上这个地方，也会很想去这个地方定居下来才对"①。在张深切看来，"北京可以说是世界最美丽的古城，最有诗意的都邑……世界无论哪个都会都可毁，只有北京不可"②。张深切将北京塑造为优雅的文化古都，并寄寓了浓厚的文化情感。

苏芗雨与张深切一样，因在日本求学的不快经历而决意内渡。他

---

① 陈芳明、张炎宪、邱坤良、黄英哲、廖仁义主编：《张深切全集11：北京日记·书信·杂录》，文经出版社公司，1998年，第284页。
② 陈芳明、张炎宪、邱坤良、黄英哲、廖仁义主编：《张深切全集卷2：里程碑》（下），文经出版社，1998年，第697页。

于1922年考入北京大学,七七事变后辗转抗战后方八年,生活流离困窘,但直到晚年在台湾撰写回忆录时,仍对北京念念不忘:

>外国人拿她和西方的巴黎比美。风俗人情之佳,中国别处城市,无可与伦比。因为过去几百年间政界人物都是南方人,住民长期和外省人相处惯了,非常和谐,绝无排外的风习,非常讲情面,非常有礼貌。①

在苏芗雨看来,北京作为文化古都毫无排外风气。苏芗雨将自己对祖国的仰慕感寄托于北京,北京的开放、自由、先进成为祖国形象的投射。在苏芗雨、张深切看来,北京可与巴黎等国际都市媲美,正展现了旅京台湾作家将北京作为具象化的祖国空间以寄寓民族认同感的思想路径。

同样在沦陷时期参与了众多文化事件的江文也,也书写了众多与北京有关的新诗,抒发他在太庙、白塔寺、圆明园、什刹海、天坛等北京地景的种种感怀,歌咏北京四季,颇有咏今怀古之思。江文也毕业于日本武藏高等工业学校,专研音乐作曲,于1936年第一次造访北京。1938年受聘于伪北京师范学院后,便在北京居住直到去世。

在沦陷时期创作的《北京铭》(1942年由日本青梧堂出版)中,他书写了北京的众多名胜古迹。站在北海的琼华岛,他歌咏"琼岛的春霞暧

---

① 苏芗雨、叶荣钟、洪炎秋:《三友集》,"中央书局",1979年,第15页。

觌的季节"①;当他在天坛流连时,感叹"没有一件东西会阻拦的直线/胸臆扩展"②;在故宫祈年殿,又感慨"天与地/而把人/连结于它的光的大庭园"③。《北京铭》作为江文也为数不多的文学创作,为读者展现了北京四季的不同风光,以及他在不同季节、面对不同古迹的种种兴怀,展现了他对于北京的欣赏与热爱,与张深切、苏芗雨一样,展现了他通过北京形象而传达出的、对祖国的热切凝视。

在旅京台湾作家中,林海音是较为特殊的一位。她于幼年时期随父母迁居北京,直到1948年才回到台湾。在林海音的作品中,对中国的想象通过对北京的回忆和空间书写而得以呈现。《城南旧事》《英子的乡恋》等作品都直接触碰到了抗战时期北京的城市形象,并以儿童视角描摹了一个远离战乱的北京空间。

林海音对于北京空间地景的描写相较于张深切、苏芗雨等人更表达出一种怀乡感,以具体的地景形塑了北京城市空间。在林海音的作品中,北京形象首先通过空间地景的描写而被塑造。在林海音的作品中,童年时期在北京城南所居住的地址、学校附近的空间、玩耍嬉闹的地方,都成为形塑北京空间的重要部分。《我的京味儿回忆录》(1987年)细数在珠市口、椿树上二条、新帘子胡同、虎坊桥、西郊民巷、南柳巷、永光寺街的童年故事,这些故事以真实的空间为线索,勾勒出林家从移居北京、到林海音童年成长的轨迹,林海音成长、学习的空间跃然眼

---

① 江文也:《北京铭》,叶笛译,台北县政府文化局,2002年,第56页。
② 江文也:《北京铭》,叶笛译,台北县政府文化局,2002年,第134页。
③ 江文也:《北京铭》,叶笛译,台北县政府文化局,2002年,第132页。

前。琉璃厂一代的南柳巷、永光寺街,上学的厂甸附小、师大附中,天安门的华表构成了林海音的北京空间记忆。林海音的文化情感附着于这些具体的空间之中,从而制造了基于童年记忆的地方感——儿童对于空间的感知是通过附着于空间的故事和记忆形成的,因此林海音作品中的空间和地方最后都与童年的故事、食物相关联。此外,北京的四季也与食物、记忆相关:夏天听蝉鸣,煮绿豆稀饭烙薄饼;秋天到香山和海淀道赏红叶,吃西单牌楼的炒栗子和清真烤肉打牙祭("足以代表季节变换气味的,就是牛羊肉的膻和炒栗子的香味了"①);冬天围炉夜话,正月去白云观骑小驴。林海音以此营造北京的空间记忆与地方感,使情感附着于味觉、嗅觉,从而使感官记忆与空间记忆相连。可见林海音的北京形象塑造,以童年故事勾勒北京城市空间,塑造了温情脉脉的北京空间形象。因而林海音的北京城市形象塑造与其他旅京台湾作家呈现出几乎不同的一面:林海音的北京城市形象塑造几乎隔离了政治、战乱,儿童视角的北京空间呈现出部分乌托邦特质。

正因为林海音回忆中的北京蒙上了儿童视角的滤镜,过滤了战乱、兵灾、抗日等时代议题,"只剩下笑泪难分的怀念"②。在林海音的回忆中,北京胡同里的生活非常安静,"因为北平人的生活,步调一向不快"③。这与张深切等人塑造的北京形象截然不同。张深切等人在沦陷

---

① 王开平策划:《林海音作品集 7:我的京味儿回忆录》,游目族文化公司,2000 年,第 76 页。
② 齐邦媛:《千年之泪:当代台湾小说论集》,尔雅出版社,1990 年,第 105 页。
③ 王开平策划:《林海音作品集 7:我的京味儿回忆录》,游目族文化公司,2000 年,第 67 页。

区北京参与抗日文化活动,因而他们回忆中的北京,无论与政治如何疏离,都在不同程度上反映了时代主潮。而林海音作品中的北京形象,则自外于战乱、离散,反而带有童趣和温情。作品中的空间地景虽然明确勾勒出了台湾人林海音在北京的生活轨迹,但在林海音看来,它们在地理上又都是独立存在的,无法连成一线——因为每一个空间都只能与碎片化的童年故事相连,难以勾勒出每一处地景的绝对位置。在《北平漫笔》(1961年)中,林海音提及60年代友人带来北京地图,这才将她记忆中的文津街、景山前街连在一起,可见作家记忆中的北京城市空间也是零散的。因此,林海音众多散文、小说中出现的北京地景无法连成完整的北京地图,正反映了她的"异乡人"特质。

  所以林海音的北京书写是特殊的:她作为"异乡人",却对北京有着故乡般的怀念。但当林海音回到真正的故乡台湾,发现自己无法成为"北京人"以后,不得不接受了自己的台湾人身份。林海音对于自己台湾人与北京人身份的体认,便成为她作品中北京形象的耐人寻味之处。一方面,林海音的成长在北京完成,自认对北京非常熟悉,除了对北京的空间有所塑造,同时还致力于介绍北京的方言土语、生活风俗,呈现了较为全面的北京形象,展现出她对于自己"北京人"身份的认可。另一方面,林海音在返台后,也曾创作大量文章介绍台湾土产与方志——她身上的台湾地域身份特质同样是不可忽视的。空间流动带来的是身份体认的转变,因而她与其他旅京台湾作家又是殊途同归的,即离开北京后,如她的前辈洪炎秋、张深切一样,对于北京的书写始终存在"异乡"感、"圈外人"的身份特质:

只要地方指涉的是一群人与某处位址之间紧密而相当稳固的关联,地方就会不断涉入"我们"(属于某个地方的人)和"他们"(不属于这个地方的人)的建构之中。如此以来,就建构了圈外人。①

离开北京以后,林海音就只有一种地域身份——台湾作家。当指涉北京时,林海音只能作为"异乡人"而被讨论。林海音对此也有体认,这正是为什么她所书写的北京故事,最后往往指向离她而去的结局。虽然林海音声称自己将北京作为第二故乡,并在作品中极力塑造充满童趣的北京空间,但不可否认的是,这种自我边缘化的地域身份特质让林海音在描绘北京形象的时候,不自觉地带有"异乡人"的烙印,而无法达到与40年代迁台的"老北京"一样的视角与眼光。

这也决定了她所塑造的北京形象,不可能成为"我们",而只能是"他们"。林海音在地域身份的转换过程中,也意识到自己无法真正成为"北京人",于是在她的北京故事中,也就时时流露出失落、哀伤的情绪。在《三盏灯》中,林海音记述了小时候做莲花灯的经历,提及童年时期总盼望着明年的到来,期望明年能做出更好的莲花灯。而当她真的长大了,宋妈离她而去,她也不再做莲花灯。在这里,长大与离别相联,而离别又牵出失落的情绪。在《奶奶的傻瓜相机》(1994年)中,林海音

---

① [英]蒂姆·克雷斯韦尔(Tim Cresswell):《地方:记忆、想像与认同》,王志弘、徐苔玲译,群学出版有限公司,2006年,第67页。

对于没有将北京的旧照片带到台湾一事感到十分懊恼,感叹自己和家人的成长记录都消失了。将成长、空间流动与记忆丢失联系在一起,展现出有关作者身份转变的隐喻。照片的散佚代表着记忆的失去,能证明地域身份的照片丢失,便也隐喻了身份的转变。表面上看,林海音的北京故事之所以流露出伤感的情绪,是因为童年的逝去、父亲的离世,但结合林海音的空间流动和身份转变,便可知北京故事的失落感来自作者意识到自己地域身份的丧失,从此只能以"他者"的身份看待北京。

其他旅京台湾作家亦是如此。他们对北京的仰慕感源自他们对中国的民族认同,当他们书写的北京形象指向中国时,呈现的是返台后作为"圈外人"与大陆分隔两地、无法回到北京(大陆)的文化乡愁。而当北京想象指向北京城市本身时,其台籍身份便显现出来:即使在北京旅居多年,也难以北京人的视角看待这一古都空间。因此,北京形象的塑造、空间经验的回忆展露了旅京台湾作家的"异乡人"身份。地域身份的碰撞无论体现在对城市还是国家的书写中,其对北京的追忆都展现出仰慕与感怀并存的一面。而对北京的情感无法与对祖国的乡愁感分离,致使在旅京台湾作家笔下,北京只能成为代表中国的符号出现。这一创作取向并非是到70年代台湾文化乡愁达到高峰时才显露端倪,而是贯穿旅京台湾作家返台后长期的创作历程中。

在这一维度上,旅京台湾作家在返台后便开始书写北京,时间上比迁台"老北京"在70年代对北京书写的爆发要早得多——这正是"北京热"背后的多重历史线索之一,也正说明这一热潮背后北京形象的复杂性。将北京与祖国形象进行融合,以书写北京寄寓故国之思、具象化大陆的形象,借以抒发对中国的文化乡愁,是旅京台湾作家北京书写的重要指向。

二、迁台"老北京"对北京的追忆

迁台"老北京"作为 70 年代书写北京热潮的直接发起者,对于北京城市形象的呈现更全面。由于六七十年代国际形势变化,外省作家返乡梦碎,迁台"老北京"对北京的怀念文章在 70 年代大热,正反映了迁台作家在特殊时代下的思乡热潮。迁台作家往往对特定年代的北京生活津津乐道、展现怀古幽思,正是与旅京台湾作家相龃龉的一面——他们所追忆的北京剥去了台湾作家的家国指涉,呈现了北京的旧日民俗、灿烂历史,更透露出 70 年代特定的时代情绪。从唐鲁孙的《吃在北平》,到梁实秋的《雅舍谈吃》、喜乐的《喜乐画北平》、侯榕生的《又见北平》……"老北京"的回忆散文涵盖北京的生活旧俗、城市风貌等,呈现了带有怀旧风味的老北京城市形象。

唐鲁孙在描述北京的饮食文化之外,对于北京的名餐馆、其背后的历史与传统颇有研究。同和堂的"天梯鸭掌"、聚贤堂的"炸响铃双汁"、同兴堂的"烩三丁"等美食碎片被作者串联起来。同时,唐鲁孙对于旧时北京餐馆的营业惯例、习俗的回忆更显示出史料意义。例如在回忆北京的名餐馆时,总结"北平的饭馆子以成桌筵席跟小酌为主;虽然也应外会,顶多不过十桌八桌,至于几十上百桌的酒席,就很少接了"①;在谈及北京的甜品时,引用民俗作家金受申的考证,称北京的中式饽饽铺有元朝风格;当介绍北京的早点时,则致力破除"北平的早点,还不就是烧饼油条豆浆而已"②的成见,列举北京早点的繁多花样。在唐鲁孙的考证与串联下,北京美食地图和旧时北京的饮食风貌被呈现出来。

梁实秋对于北京美食的回忆承接唐鲁孙的考证,进而介绍更多北京旧时的烹饪方法及东兴楼、致美楼等餐馆,认为"中国人馋,也许北平人比较起来最馋"③,延续了唐鲁孙对北京美食的串联。在唐鲁孙、梁实秋等人的推介下,老北京的旧日风情在70年代的台湾大放异彩。

侯榕生对于老北京城的历史考证则与唐鲁孙、梁实秋相似,全面呈现了北京城市构造的前世今生。侯榕生于1930年移居北京郊区通县,1943年迁居北京,后考入辅仁大学。1948年,侯榕生迁居台湾,后于1964年定居美国。与旅京台湾作家一样,她的离散经验不仅止于两岸之间,还牵涉海外旅居、身份转换,她所描写的北京空间也由于其"台胞""华侨"的双重身份,展现出与唐鲁孙、梁实秋、夏元瑜等人较大的差异,同时其北京书写也更显示出时代、地域身份特质。

侯榕生的北京形象塑造首先表现在文化古都形象的描绘上。在《东安市场及其他》(1972年)中,侯榕生将北京呈现为令人怀念的古都,"凡是在北京住过的人,离开北京,没有不对那地方怀念的,旧日宫殿

---

① 唐鲁孙:《中国吃》,广西师范大学出版社,2004年,第8页。
② 唐鲁孙:《中国吃》,广西师范大学出版社,2004年,第46页。
③ 梁实秋:《雅舍谈吃》,文化艺术出版社,1998年,第212页。

楼台、三海、公园,是北京的代表物,当在怀念之内"①,以此表达对北京的爱慕之情。在《访古录》《北京城》等作品中,侯榕生追溯了北京城市空间的发展历程,以真实的空间地景演变展现了北京空间形象,而在这背后是其对比旧时北京的惆怅与失落情绪——这与唐鲁孙、梁实秋等人是一致的。迁台"老北京"在台湾怀念着北京的城市空间、节日民俗、生活细节,并不是志在简单的怀旧,而是通过对北京生活的追忆,"唤起了他们心中多重历史线索"②。对"老北京"来说,北京形象只是"借尸还魂",他们想要缅怀的毋宁说是在北京生活的那个时代。

  侯榕生在众多作品中,对于北京的住、吃等都有所考究,是台湾70年代探讨北京生活旧俗的重要组成部分,与唐鲁孙等人一样展现了"北京人在台湾"的思乡之情。她的"又见北平"系列文章,是在她发现当时的北京已经不是她"朝夕系念的京城,怀着失落的惆怅"③而写成的,同时也存在极为主观的怀旧成分。如在离开北京时,侯榕生坐在撤退到台湾的飞机上,"望着下面渐次小去的宫城楼阙,就下定决心,认作天下只有北平好"④。不过她所怀念的北京只是特定时代环境下的北京。侯榕生不仅书写了再回到北京之后见到的北京城现状,同时也追溯了自己幼时的种种生活旧俗,乃至对北京空间地景之历史沿革的回

---

① 侯榕生:《又见北平》,时报文化出版事业有限公司,1981年,第4页。
② [美]王德威:《北京梦华录——北京人到台湾》,参见陈平原、[美]王德威主编:《北京:都市想象与文化记忆》,北京大学出版社,2005年,第363页。
③ 季季:《在异乡之外》,参见侯榕生:《又见北平》,时报文化出版事业有限公司,1981年,第7页。
④ 侯榕生:《侯榕生自选集》,黎明文化事业股份有限公司,1982年,第128页。

溯。作者熟稔小时候的生活旧俗、旧时的行政区划,听到久违的乡音,吃到久违的家乡食物,难免有怀古之思。然而北京已几乎全然变样,从美国返乡,侯榕生见到的是北京城的新地景:机场、工厂及宿舍、翠华楼、华侨大厦,等等。而这些现代化的地景,让她生出失望的情思:

> 我这远乡游子,恒以崇文门为念——我是崇文门区的居民——更何况生于斯死于斯的北京乡亲们,看到那朝夕相共的巍峨城楼,今日少飞檐,明日少楼栏,那曾为生活中一部分的城楼,渐渐残缺,渐渐消失,终于不见,应以何等沉重、悲伤的心情,来接受这不应当有的事实!①

与唐鲁孙等人一致的是,侯榕生对北京的书写结合了旅行经验与历史考证,追溯北京建城的种种历史、行政区划与地景营造(大都城、紫禁城等),即"记游与历史文化考察相交替,也即是旅游的足迹与'卧游'的历史文化知识相互交错、相互印证、相映成趣"②,以空间地景的历时性变化展现附着于北京城市地景的情感。故宫的角楼、天安门、琼华岛、太液池、安贞门、健德门、崇仁门、齐化门等,并不只是老北京城的地景,而成为一种历史坐标。除了对故乡、家园空间的缅怀,侯榕生要表现的是一去不返的童年时光、旧北平的灿烂历史。她的情感附着

---

① 侯榕生:《又见北平》,时报文化出版事业有限公司,1981年,第180页。
② 翁奕波:《在斑驳的史影中咀嚼乡情和文化——侯榕生游记浅探》,《华文文学》,2004年第1期。

于如今已不存的崇文门,而高楼、工厂、华侨大厦这些现代化地景取代了这些地景,她的归属感被打破了。在这一层面上,侯榕生所怀念的毋宁是特定时代下的北京城市空间,她对于北京的怀恋带有清晰的历史余绪。与唐鲁孙、梁实秋等人一样,侯榕生的北京书写所表现出的怀乡感指向对北京城市本身的乡愁,与旅京台湾作家的家国乡愁是不同的。迁台"老北京"对旧日北京的追忆和乡愁,来自对70年代台湾现状的不满,是对特定时代的厌弃情绪。因此,他们追索、考证故乡北京的民俗风物,用以替代眼前风雨飘摇的台湾社会,寄寓乡愁和失落的时代情绪。在这一维度上,迁台"老北京"对故乡的乡愁并不完全等于旅京台湾作家的文化乡愁。

不过,迁台"老北京"的北京书写与旅京台湾作家又有重合之处。侯榕生的北京书写很容易让人联想到林海音对北京的文化情感和对北京城市形象的塑造:林海音于90年代回到北京,发现当代北京的巨变,而她更追怀的是景山前街和旧日北平城墙,面对现代交通与高楼则只能生出失落情绪。与侯榕生相似的是,林海音对于四合院等传统住宅空间的缅怀、对旧日地景的追忆都呈现着往日不再的遗民余绪。

因此,旅京台湾作家和迁台"老北京"都展现出了离开北京后追忆往昔的失落和惆怅情绪。这种失落感来自对家国、时代的遗民余绪,也是两股文学力量的交汇点:这正是"北京热"爆发的历史线索,显示出不同身份的知识分子对于中国、故乡的文化乡愁。这种乡愁或来自对家国的文化认同,或来自对具体故乡的怀恋,抑或来自对特定时代的追忆,即"回到大陆(家乡)""回到过去"的驱动。在这种情绪的推动下,无论是旅京台湾作家还是迁台"老北京",呈现出的北京形象往往只是被主观美化、希冀重现的维度。迁台"老北京"感叹物是人非、崇效寺无人能识、崇文门依然不存,乃来自这种对特定历史时代的遗民余绪,而非志在呈现二三十年代真实的北京空间。这正是台湾 70 年代书写北京热潮能够爆发的重要思想线索:迁台"老北京"自 50 年代积累的怀乡情绪、想要回到故乡的美好愿望在 70 年代破灭,厚积薄发的乡愁、无法回到过去的绝望让他们只能沉浸在记忆美化中——北京城已经成为"想象的本邦"。相似的情况也发生在旅京台湾作家身上:北京形象中"世外桃源"的一面被刻意强调,而 40 年代华北沦陷区的萧条战乱被有意过滤了。因而旅京台湾作家与迁台"老北京"所书写的北京形象,都呈现出一种遗民余绪,他们对旧日北京的回忆都带有美化、再造的特点,指向了北京形象背后不同的历史余绪。

三、空间的移植与时间的复古

迁台"老北京"和旅京台湾作家处于相似的时空之中,在离开北京后,都致力于书写北京形象,共同助推了台湾 70 年代"北京热"的爆发。然而地域身份的差异致使他们在从台湾望向北京时,对北京回忆的加工、再造有所不同,北京形象指向了不同的创作动能和维度。

迁台"老北京"对于北京城市形象的塑造,更多从历史、地理上将北京空间作考证和串联,依稀还原了北京的城市空间。侯榕生从北京内外城全图出发,描述了北京城市建设的发展历程、城内古迹的建设规划、从明朝开始对道观的兴建等,以几处地标性建筑(法源寺、崇效寺等)勾勒了北京的城市空间。侯榕生造访法源寺、崇效寺,并对比古今种种不同,与她对崇文门等地景物变换的描述有所呼应:崇文门已经不存,只能以崇文门地铁入口的中间地段作为城楼所在地,与北京人不识崇效寺的现状殊途同归。多年来的城市改造,以视觉化的空间建构抹去了侯榕生记忆中的北京空间,于是侯榕生更执着于对北京城市空间的溯源,祈求找到北京城市之根,也便有了对北京空间的全面展示。这种展示不仅囊括了全景的空间,也包含着北京的前世今生。迁台"老北京"将对故乡这一空间的缅怀与时间相连,北京的生活记忆、历史线索成为其北京空间书写的坐标,时空交融使北京书写成为厌弃当下、追慕过去时代的出口,是他们观看过去北京、当下台湾的一面镜子。

这种"北京人在台湾"的视角,印证了迁台"老北京"对北京的怀乡感,北京形象的内核是复古往昔时代。事实上,迁台作家的笔触不仅止于北京,他们对于上海的回忆文章在同时期也令人瞩目。迁台作家对于上海味道、上海空间的追忆,与"老北京"对于古都遗迹、旧俗的玩味如出一辙:北京和上海一样,成为迁台作家长期的怀乡情绪在70年代爆发的出口。唐鲁孙反复提及的北京餐馆、梁实秋谈及北京美食的味道与做法,侯榕生对古建筑的考证,很难确定作家怀念的是"过去的……味道,还是怀旧一种……感觉"①。玩味旧俗的背后仅仅是故乡之思吗?对于迁台"老北京"来说,在台湾不稳定的生活环境、风雨飘摇的国际

---

① 许秦蓁:《战后台北的上海记忆与上海经验》,大安出版社,2005年,第130页。

形势让他们时刻处于能否回到故乡的焦虑之中,考证故乡风物成为他们缅怀特定时代的代码。"愈是价值不明的环境,愈可能产生强大的'怀旧'情愫来"①,除了返乡梦碎,70年代台湾面临断交、取消联合国席位等国际地位变化也促使作家更怀念往昔统一的大陆时代。因而迁台"老北京"对旧时北京的遗迹、旧俗格外青睐,正反映了他们的怀乡感除了来自无法返乡的愁闷,更寄托于对旧的大陆时代的缅怀。所以在"老北京"笔下,"北京热"并不止于单纯的北京旧俗,书写北京是迁台作家不满当下、复古往昔时代的出口。

与"老北京"相比,旅京台湾作家对北京的追忆则停留在更为直观的印象中,而"台湾人在北京"的立场也必定使其北京书写隐现着台湾的影子。林海音在几次返京访问中都表现出对于"京味儿"的熟悉感,但这种感知仍停留在直观感受上。例如在描写四合院时,林海音只能写出四合院的表层建筑特征,与"老北京"侯榕生对四合院的考据截然不同。除了四合院,侯榕生对北京的"住"文化有更广的探究,展现了"老北京"对北京文化空间更深层次的执念。迁台"老北京"所呈现的今昔对比,不仅囊括古代北京与现代北京的比较,更包含着现代北京与当代北京改弦更张的龃龉,在故乡之思外依然寄托着对时代的追怀。相比之下,林海音塑造的北京形象则视角不同。这种不同源于台湾作家"在台湾看北京"的抽离感与比较视野:如在《艋舺》中为了说明万华

---

① 詹宏志:《城市人——城市空间的感觉、符号和解释》,天下文化出版股份有限公司,1989年,第14页。

夜市的热闹,而提及"游台北不去万华,就像逛北平不去天桥一样"①;在《黄昏对话》中特意写到台湾的煮饭花在北京叫作茉莉花;在《晓云》中又不断强调北方的生活习惯与台湾不同,爱吃面食的美惠"注定要和外省人结婚的,而且是北方人"②……由此可见旅京台湾作家的地域身份在作品中的投射:北京形象映射着台湾的"他者"身份与距离感,时时透露出与台湾对比的视角。

虽然林海音认为自己"比北平人还北平"③,离开北京多年后仍苦苦怀念北京,"不敢想什么时候才再见到熟悉的城墙、琉璃瓦、泥泞的小胡同、刺人的西北风、绵绵的白雪……"④但这种"他者"视角时时影响着她对北京的书写,台籍身份的抽离感注定与"老北京"不同。《城南旧事》中并非只有安闲的城市生活,同时也存在动乱、挣扎。《惠安馆》中因自由恋爱失败而发狂的秀贞、《我们看海去》中被抓的青年,都是时代浪潮的牺牲者。而《城南旧事》能以完全抽离的姿态讲述动乱年代的温情故事,正因为英子的"他者"视角——她只是观看者而不是参与者。这也正是梅家玲所说的,林海音对于北京的观看,处处体现出"外乡人"的视角,"总要在内/外之间游移,在即/离之间摆荡"⑤。

因而林海音等旅京台湾作家所怀念的并非"老北京"心中的美好

---

① 林海音:《英子的乡愁》,浙江文艺出版社,1997年,第403页。
② 王开平策划:《林海音作品集1:晓云》,游目族文化公司,2000年,第17页。
③ 王开平策划:《林海音作品集8:写在风中》,游目族文化公司,2000年,第151页。
④ 王开平策划:《林海音作品集8:写在风中》,游目族文化公司,2000年,第152页。
⑤ 梅家玲:《女性、小说的都市想像与文化记忆——林海音与凌叔华的北京故事》,参见陈平原、[美]王德威编:《北京:都市想像与文化记忆》,北京大学出版社,2005年,第406页。

时代,台湾70年代式微的国际地位和本土文学思潮更不是她书写北京的起点。"北京热"表面上看是对北京的摹写与介绍,是台湾70年代对大陆乡愁的大爆发,但在这股文学思潮之下,乡愁感不能简单地定义为"文化乡愁"。迁台"老北京"式的追索,指向的是故乡北京与往昔时代;在旅京台湾作家那里,北京无需作为时间的参照系,而是成为祖国空间的表征,是在空间上与台湾相对的参照物。

在这一维度上,其他旅京台湾作家走得更远。他们对于北京的形象塑造,在追思祖国的基础上更强调北京对于台湾的镜像意义:将北京作为大陆想象的一部分,进而强调这一形象对于台湾的示范、改造作用。

张深切将北京塑造成抗战时期的反日大本营形象,是作者抗日精神的投射。张深切在1944年见到大陆各地的情景,认为抗战充满希望,感到"从而台湾也已接近黎明"[①],心中快慰。可见,张深切认为台湾的命运与大陆的抗日活动息息相关。张深切对于北京形象的展示、反思,时时映照出台湾的影子——在他的叙述中,大陆是台湾的参照系,塑造大陆形象的目的是对台湾的改造。

洪炎秋对于北京的回忆也有同样的视角。他十分怀念北京大学的自由、开放风气,并不断重复蔡元培、蒋梦麟等北大校长的故事,希望借以在台湾大学复现同样的校园氛围;对于台北的新闻报业,洪炎秋

---

① 陈芳明、张炎宪、邱坤良、黄英哲、廖仁义主编:《张深切全集卷2:里程碑》(下),文经出版社,1998年,第732页。

也以五四时期"为艺术而艺术""为人生而艺术"两种创作风潮来勉励和鞭策；谈论台湾当下的恶性补习现象，以自己在北京时期的补习经验为参照，强调对恶性补习不该求全责备。可以看出，洪炎秋书写北京、缅怀北京的目的，是以北京经验为范本改造台湾社会。他以北京经验为台湾"形塑下一个有五四'个人主义'精神知识分子"[①]和中国国民，致力于在台湾横向复现大陆文化空间。

苏芗雨同样通过北京大学塑造了北京的先进形象，以此作为台湾的示范，以期在他任职的台湾大学移植北大的经验。苏芗雨对北大开放女禁、办学生军的举措赞不绝口，并列举蔡元培、胡适、辜鸿铭等人上课的情形以展现北大的自由风气，提出五四"冲破了中国旧文化、旧思想、旧行为的屏障，使新文化、新思想、新行为能够生根"[②]，将北大形象与五四精神相连，也成为他试图在台大践行的校园精神，即在台湾横向移植大陆经验。

旅京台湾作家返台后醉心北京回忆录的创作，表面看与迁台"老北京"一样是缅怀战前的北京生活。但不同于迁台"老北京"的故乡之思，旅京台湾作家之所以无法将"北京"形象与"中国"形象作分割，即来自他们时刻关照自身、将北京生活作为台湾榜样的镜像心理。因而北京形象在旅京台湾作家笔下成为祖国形象的一种表达，除了故国之思，更在于作家从台湾望向北京的地域身份特质。

---

① 沈信宏：《洪炎秋的东亚流动与文化轨迹》，秀威资讯股份有限公司，2016年，第351页。
② 苏芗雨、叶荣钟、洪炎秋：《三友集》，"中央书局"，1979年，第14页。

在"北京热"的大潮下,旅京台湾作家书写的是北京形象背后的中国想象、五四精神,而"老北京"们回味的则是稳定的大陆时代。洪炎秋等人试图在空间上,于台湾复现北京/中国空间,以北京作为范本来向台湾进行推介,以期在台湾复现大陆的种种先进思想。这种主动学习大陆、在台湾再造北京的做法源于他们返乡后在精神上依然怀揣内渡大陆时的"祖国梦"。因而他们书写北京的出发点,乃在于横向移植北京/中国经验。而迁台"老北京"对北京衣食住行与前世今生的重现,看似是怀乡之情,实则是以传统、古代的北京空间"借尸还魂",以展现1949年以后的多重历史余绪——"老北京"的余绪岂止是感时忧国?北京已经不是他们所熟知的故乡,因而他们所伤怀的更是时间意义上的时代变幻、风光不再。王德威将之称为"中国文学一种现代性想像的见证"①,是为了说明"老北京"们对于北京空间的回溯展现了时代对文学的影响,但没有说出迁台"老北京"试图追溯的究竟是历史还是当下。就他们对于北京历史的考证和回忆来看,古代北京只是一个隐喻,空间的故乡之思寄托的实际是时间上复古迁台以前的时代与稳定生活。所以在思乡之外,黍离之悲乃是"老北京"执着于书写北京的最大动能。

台湾 70 年代涌现的众多书写北京的作品,将一个传统与现代交汇的北京呈现在读者面前。从表面来看,由于六七十年代本土文学浪潮不断高涨,北京书写成为寄寓乡愁的重要载体,但这种"乡愁感"仍可以细化为不同的精神指向与投射。旅京台湾作家自内渡大陆之时,

---

① [美]王德威:《后遗民写作:时间与记忆的政治学》,麦田出版,2007 年,第 74 页。

便怀揣"祖国梦",北京成为他们想象中国的起点。当他们回到台湾,北京经验便成为他们移植中国空间的重要依据。空间的流动与对照让他们无法将北京作为独立的城市空间看待,书写北京成为复现中国空间的一环。而迁台"老北京"对北京生活的追思,则直接兴起于台湾动荡的社会环境,让作家无比怀念过去的北京生活。对他们来说故乡之思连接的是逝去的时代。空间的再现与时间的复古交汇而成为台湾70年代北京书写浪潮中的故国文化之思与故乡时代之愁,其复杂性并非简单的"乡愁"所能概括。

　　回到对旅京台湾作家这一群体的探讨上,他们对中国形象的塑造与表达,几乎都源自对彼时日本"亚洲主义"中所包含的扩张、殖民性的反驳与解构。通过塑造具有先进性的中国形象,以及引入中国传统文化与五四新文学以清除台湾的殖民遗毒,显示了他们相对于同时期台湾其他创作群体的超越性。而他们对中国经验的回忆与想象、对抗战记忆的描述,也就不仅仅是对旧时光的追忆,更在于承担起了台湾光复以后的去殖民重任。

　　这或许是巴兹尔·戴维逊所说的:"历史不是一台计算器,它在思维和想像中发展,体现于一个民族在文化上的种种反应之中,而历史本身又在物质世界、经济基本现实和不可改变的客观现实之间极其微妙地进行调和。"[1]可惜的是,旅京台湾作家与迁台"老北京"在70年代

---

　　① [英]巴兹尔·戴维逊:《现代非洲史:对一个新社会的探索》,舒展、李力清、张学珊译,中国社会科学出版社,1989年,第235页。

大多处于文坛边缘,因而北京书写的浪潮几乎完全为乡土文学论战的锋芒所淹没。但他们对北京形象的推介,形塑了充满故国、故乡之思的大陆形象,又表达了台湾对大陆不同维度(地域、文化)的乡愁与忧思。他们虽身在乡土文学论战之外,却提供了台湾乡土文学发展的另一种可能——凝望祖国,进而为读者呈现了时代主潮下的冷静思考。

第四章
祖国梦醒
——从再现中国到"再造"台湾

　　离散经验是中国现代文学的重要资源与主题。离散的方式是多样的,中国人在 20 世纪的战争流寓、旅行经验、留学经历,都是中国现代文学发生与发展的动力。对流动于两岸之间的台籍作家来说,大陆旅行经验对其个体生命认知的改变也是巨大的,对他们来说,旅行"不仅是时空中主体的移动迁徙,也是概念、情感和技术的传递嬗变"①。这一特质在钟理和与吴浊流身上有着更为明显的体现。

　　由于旅居大陆时期并不愉快的生活经历、抗战时期中国的种种破落残象、战时大陆人对于台湾人的戒备心理,使钟理和与吴浊流对大陆的态度、情感发生了一定的变化。与张我军等其他旅陆台籍作家相比,两人对于大陆的情感与态度,因其旅居经验而得以转变,正体现了"旅行"这一空间位移对作家情感、精神的巨大影响。事实上,两人的大

---

① [美]王德威:《"世界中"的中国文学》,王晓伟译,《南方文坛》,2017 年第 5 期。

陆经验对比其他旅陆台籍作家,更像是一场"旅行":他们在大陆远没有达到安身立命的生存状态,而更是战乱年代的一场逃难。"旅行"的状态使钟理和与吴浊流重新审视大陆与台湾,并将自己的大陆旅居经验转化成对大陆城市空间的批判和对台湾空间的重新塑造,将"旅行"这一行为输出为文学、文化意义上空间、精神的流转。

因而"旅行"成为两人文学书写的开端与动力,也决定着他们所要到达的终点。在两人所展现的中国想象与台湾空间中,我们可以清楚地梳理出一种思想轨迹:"祖国梦"由于旅行的不愉快经历和现实的困顿而被惊醒,取而代之的是转向台湾空间的再造以寻求慰藉。然而现实的台湾未必是理想的栖身之所,无论是战前的殖民环境,还是光复后国民政府的"白色恐怖",都决定了他们再造的台湾空间也一定是虚幻的(乌托邦)。于是吴浊流与钟理和的空间再造存在明显的情感与文化张力。在民族意识之下,两人怀有热切的祖国梦,却被战时中国的现实击倒,其文化情感的转变展现了殖民地人民在面对"原乡"与"故乡"时更为复杂的心理状态。

第一节　幻灭与批判:中国形象的再现

钟理和与吴浊流对大陆的态度在赴大陆前后有着明确的转变。钟理和在赴大陆前,对大陆存有"原乡"憧憬,而在伪满洲国、沦陷区北京的贫穷生活,让他与战时中国的底层社会有着直接接触,辛亥革命与五四运动之后的新旧交替、传统与现代的拉锯让他见证了社会的种种矛盾、撕裂,促使他对于"原乡"的憧憬破灭。吴浊流与钟理和一样,在赴南京之前,对大陆存有好奇心和"祖国梦"。在目睹战时南京、上海的破落、混乱以后,吴浊流对于大陆的种种现状转而持批判态度。体现在作品中,则表现为两人将中国空间塑造为负面的形象,与张我军等人不同。

"旅行"对两人带来的情感转变,不能以"离散""认同转变"等词汇进行简化处理。事实上,从祖国憧憬到祖国梦醒的转变恰恰表明台湾人在面对祖国现实与憧憬无法重合时,作为中国人所应有的情感张力与批判态度。

一、钟理和:批判视角下的中国空间

钟理和因同姓婚姻受到家族阻挠,于1938年赴沈阳,入伪满洲自动车学校学习。将妻子钟台妹接到沈阳之后,于1941年迁居北京。与旅京"三剑客"不同的是,钟理和生活困顿,在大陆时期做着与文学创作无关的工作以维持生计。对于沦陷区文坛来说,钟理和是无名之辈,北京时期留存的唯一一部作品集《夹竹桃》乃是自费出版,可以说钟理和的大陆经验是十分压抑的。当其他旅京台湾作家享受着同窗之谊、在华北文坛如鱼得水的时候,钟理和的旅居生活更像是一种苦行。生活的困顿、同姓婚姻的不被看好,决定了钟理和的生命色彩,也决定了其作品的悲情基调。

(一)负面的中国城市形象

在旅陆台籍作家的旅居经验中,对大陆城市空间的体验往往是其书写的重点。"旅行"为作家带来了新奇的空间认识,不同的风物、地景也成为文学书写的动力和起点。钟理和自台南小城来到沈阳与中国新文学重镇北京,空间的流转在一定程度上冲击着这位年轻作家的身心,使他的思想产生了转变。但在他的作品中,鲜少有对于这两座城市的正面描写,直接指涉空间地景的书写也并不多,即使偶尔涉及真实地景的部分也往往不具备实际的指涉含义。

钟理和所塑造的中国空间,是通过北京和沈阳的底层生活经验呈现出来的,其中以《夹竹桃》最为典型。《夹竹桃》创作于1944年,是钟理和旅居北京时期最重要的小说。《夹竹桃》中描绘了自私麻木、肮脏龌龊的底层社会与无法走向现代化的北京城市空间,呈现了较为负面的中国形象。《夹竹桃》中的北京城市空间,是以一个有着众多住户的四合院来呈现的。四合院是北京的传统建筑与居住形式,钟理和选择四合院作为切入点,目的在于将四合院空间与北京城市空间相连,以此展现北京底层的城市空间样态。

钟理和强调这座四合院代表了北京的全部院落,使四合院与北京形象重叠,从四合院空间可窥知钟理和心中的北京形象。在故事中,四合院的每一间房都是阴暗、破败的。林大顺家又窄又暗,冬天像冰窖,夏天像蒸笼,一家人只能在尘土、臭虫的包围中生活,"恰如伏蛰的人愈挣扎,而系在脖子上的绳结,便也愈收紧起来一样"①。林大顺的房间展现出一种落后、肮脏、令人窒息的不洁感,而林家的生活样态和空间特质也正是四合院的居民中最为典型的——这正是钟理和所要塑造的四合院/北京城市的空间形象。

　　居住在这座贫民窟似的四合院中的其他居民,不仅生活样态与林家相似,精神上也如蝼蚁般庸庸碌碌。四合院中的住户很多,表面和气,却各自为政,彼此陌生。二房东邵太太爱好养花,表面看来和善,背地里却常与曾太太、庄太太嚼舌根,窥探各家的丑闻,还经常受到丈夫邵先生的打骂。林大顺一家生活在阴暗的南屋,林太太时常窥探北屋寡妇家的动静,企图撞破寡妇女儿的情事。林太太对继子、继女相当刻薄,继子被打以后,由于林太太的刻薄导致延误治疗而死,酿成悲剧。住在后院的老太太本是四合院的房东,由于儿子想要霸占房产,老太太的女婿收回四合院,致使老太太也变成租客,风烛残年。住在中院的曾思勉和黎继荣,虽是四合院中少有的知识分子,但两人又深陷四合院的冷漠现实中无法自救。

　　四合院中的居民,既有邵太太、后院老太太这样的受难女性,也有林太太这样的加害者,还有曾思勉一样在新旧思想中拉锯的新式知识分子,呈现了北京城市空间的人生百态。无论对自身命运是否自知,他们都有着共同的精神指向,即自私、冷漠乃至麻木:"一家一单位,我们彼此不相过问,他们这么孤独而冷僻地,在过着他们的日子。他们不相

---

① 钟怡彦编:《新版钟理和全集 3:中篇小说卷》,春晖出版社,2009 年,第 113 页。

过往,他们的门,单独的闭着。"①四合院不洁的空间环境、住户的自私冷漠与无知愚昧的中国人形象共同构成了钟理和所描绘的北京空间,附着了作者对于自私、冷漠、无法前进的底层中国人的揶揄、嘲讽。

  对四合院的空间形象塑造也表现出钟理和对于抗战时期中国底层生活的认识。同样身处沦陷区北京的张我军、林海音所建构的北京空间,是文化古都、东方巴黎,令人向往;而钟理和所塑造的北京空间则是没有尊严、甚至丑恶的。声色俱厉的女人、懒惰的男人、经历新文化运动却仍被家庭捆绑的新式知识分子,种种人物群像展现出钟理和对于辛亥革命、五四运动等启蒙运动的悲观态度。在钟理和看来,知识分子"负着历史的重担,像网底游鱼"②,对四合院里的住户没有丝毫影响,战时中国的底层社会所受到的思想启蒙极为有限,更多的底层民众仍挣扎在失去道德约束、冷漠麻木的环境之中。由此,知识分子无法承担启蒙重任,城市尚未完成近代化,构成了钟理和城市空间的要素,战争环境下不洁、落后的城市形象得以确立。而他之所以打造这样一个充满鄙陋的中国底层社会,与其在沈阳、北京的困顿生活有关,加之抗战时期北京的萧条破落,构成了他对战时中国城市空间的批判态度。

  此外,《夹竹桃》将故事背景放置在北京的冬天,也是耐人寻味的。来自南方的钟理和,在北京尝尽人世冷暖,对他来说,北京物理上的寒冬和抗战时期精神上的寒冬,与台湾南部的燠热环境和人情社会有着

---

① 钟怡彦编:《新版钟理和全集 3:中篇小说卷》,春晖出版社,2009 年,第 86 页。
① 钟怡彦编:《新版钟理和全集 3:中篇小说卷》,春晖出版社,2009 年,第 126 页。

鲜明对照,更映照出了钟理和笔下中国空间的负面形象与作者的批判态度。

除《夹竹桃》以外,钟理和在其他作品中也塑造了较为负面的中国形象。创作于1945年的《门》,与《夹竹桃》一样塑造了一个肮脏、不洁的四合院空间。在《门》中,日字形的院子里聚集着来自底层的住户。无论是菜贩子、柴贩子,还是洋车夫、皮鞋匠,都与《夹竹桃》中的住户一样冷漠、自私。房东太太和邵太太一样侦查住户的丑事,菜贩子与柴贩子和林大顺一样为金钱争吵。作为《门》故事背景的沈阳,也呈现为冷漠、道德沦丧的精神空间。与北京一样,钟理和对沈阳同样是批判的:"如果有一天,我从这世界,不,从这奉天消灭掉我的生存时,奉天可以仍像一匹食血兽,只不过舔舔粘在嘴唇上的腥暖的血渍,之后,若无其事的预备着再扑向第二个生命去么?"[①]在钟理和眼中,沦陷时期的沈阳是一座废墟之城,生活在这座城市里的人堕落、丑恶,展现出堕落民族的典型样态,而其前路是幻灭与痛苦,展现出钟理和对于战时中国现状与前途的悲观态度。

《泰东旅馆》(1941年)则以旅馆租客的丑恶嘴脸展现了同样负面的中国空间。《泰东旅馆》选择旅馆这一空间作为故事的背景,以彼此并不熟悉的旅客之间发生的故事,塑造了战时中国的人物群像。"旅馆"这一空间映照出作者长期的旅行经验,有其现实依据。战乱年代的旅行,往往是一场逃难。旅馆这一空间浓缩了战乱年代私欲横流、人性

---

① 钟怡彦编:《新版钟理和全集3:中篇小说卷》,春晖出版社,2009年,第155页。

丑恶的一面,成为藏污纳垢之地。在泰东旅馆中,有邵太太一般欺软怕硬的刘账房,也有寡妇女儿一般游戏人间的韩小姐,同样也有充满欲望、"满脸放纵"①的马警长,而张教授则如曾思勉那般将青年的丧气归咎于启蒙运动,与《夹竹桃》中的人物有所对应。

因而北京四合院、沈阳四合院、泰东旅馆形成明确的互文关系,在彼此补充、映照中可以窥见作者在大陆的旅行经验。在互文性理论中,无论是模仿说还是反映说,都没有直接揭示文学作品与现实世界的关系,因而"文学作品必须进入整个语言系统和文学网系,在与其他文本所构成的互文性网络中,才能产生意义,指向现实世界"②。最早开始创作但未完稿的《泰东旅馆》,成为《夹竹桃》中龌龊的北京四合院和《门》中蝇营狗苟的沈阳四合院空间的前文本。《夹竹桃》和《门》中出现的人物、故事,在《泰东旅馆》中都有所对应,不仅说明《泰东旅馆》是另外两部作品的创作基础,也正说明作者的旅行/逃难经验中不断涌现着类似的生命体验——三部作品共同指向了作者所经历的现实。"不管作者以什么样的态度来对待已经说过的话,对这些话的引用、重写、改写和歪曲只能进一步阐明文本所产生的共同而连续的作用,阐明文本的记忆及其运动"③,因而钟理和所呈现的负面中国形象便有章可循:空间流动经验的不愉快使作者产生了负面情绪,因而其生活的四合院与旅馆空间成为钟理和想象中国城市空间的切入点,集中展现了战时中国

---

① 钟怡彦编:《新版钟理和全集 5:散文与未完卷》,春晖出版社,2009 年,第 200 页。
② 李玉平:《互文性:文学理论研究的新视野》,商务印书馆,2014 年,第 111 页。
③ [法]蒂费纳·萨莫瓦约:《互文性研究》,邵炜译,天津人民出版社,2003 年,第 136 页。

底层社会的蝇营狗苟与悲剧命运，在一地鸡毛的狭小空间中尽显民族劣根性的贻害。

因此，钟理和对于中国的形象塑造，表面看来出自"原乡"幻灭，实际上是作者从乡土社会跨越到城市空间中时，目睹战时中国城市思想落后、物质贫乏的现状，而对于城市空间的幻灭过程。他所批判的城市空间是尚未完成近代化与思想启蒙的中国现状，进而指向了中国启蒙运动的不彻底性。

(二)批判中国启蒙运动的不彻底性

《夹竹桃》《门》等作品所呈现的城市空间，其内核源自钟理和对辛亥革命、五四启蒙运动的思考。钟理和从台湾乡土社会进入大陆的城市空间，除了原乡憧憬，也同时带有对城市生活的向往。然而文化启蒙运动并没有对中国社会产生充分而广泛的影响，底层社会仍处于落后状态，因而他对于当时中国启蒙运动表现出悲观的态度。因此北京与沈阳城市空间书写的背后，指向了对中国启蒙运动不彻底性的批判。在《泰东旅馆》《夹竹桃》《门》中，无一例外地设置了种种隐喻和新式知识分子的形象，以此作为四合院与旅馆等空间中的复调，并以新式知识分子的选择展现他对于辛亥革命的态度。令人遗憾的是，这些知识分子的表现远未达到差强人意的程度，原本应承担"拯救"角色的知识分子，也沦为底层空间的牺牲品乃至帮凶，无法带领民众摆脱民族劣根性的泥淖。在钟理和看来，新文化运动带来的新知并没有对中国社会产生充分而广泛的影响，乃至底层社会仍处于传统、落后的状态，表现出他对于中国启蒙运动的悲观态度。

《夹竹桃》中的负面中国形象隐藏着他对于当时中国国民精神与国民性的批判。首先,四合院中二房东邵太太的花与四合院形象形成隐喻与对照。邵太太种植各种各样的花草,石榴、夹竹桃、洋绣球、杜鹃花等在四合院中争奇斗艳,形成百花齐放的艳丽场景。夏天夹竹桃盛放,更让院落展现出美丽景致。而四合院中住户的自私、丑恶与表面花团锦簇的院落形象完全不符。夹竹桃的美,与没有金鱼的金鱼缸、花盆周围的蜘蛛网、住户的自私形成对比关系。于是,夹竹桃这一意象便成为一种隐喻:院落中的美丽花朵是"前台",代表着北京城市空间表面的新思潮、现代性;而花海背后住户的丑恶面目则是"后台",是隐藏在新旧时代交替之间无法受到启蒙思潮影响的旧时代中国民众。表面上百花齐放的北京城市空间,距离辛亥革命和五四运动已经过去了30年,新式知识分子鼓吹的现代性思潮持续发酵,但更广大的中国社会并没有完全进入现代性的思维逻辑中,仍然过着愚昧、麻木的生活。这正是《夹竹桃》中所说的:

> 人们的通性,以为开着夹竹桃的地方,那里应须有春天的明朗,健康的生命,人类的尊严,人性的温暖。然而……这里漾溢着在人类社会上,一切用丑恶与悲哀的言语所可表现出来的罪恶和悲惨。①

---

① 钟怡彦编:《新版钟理和全集3:中篇小说卷》,春晖出版社,2009年,第74页。

夹竹桃象征着现代新思潮，它向人们展现了现代社会应有的健康品格与积极思想，是辛亥革命和五四运动追求的社会愿景。而在这背后，是当时的中国社会无法顺利完成启蒙与改造的现实。钟理和以夹竹桃的意象隐喻无法接受启蒙思想的底层民众，展现了他对于当时中国社会乃至启蒙运动的批判。

在钟理和看来，五四运动的现代性启蒙对四合院几乎毫无影响，即使是新式知识分子曾思勉也难脱保守思想禁锢，堕入麻木思想的恶性循环，成为旧思想的帮凶——《夹竹桃》具备了对于中国启蒙运动的批判意义。在钟理和看来，启蒙运动对于中国的国民性无法起到积极的影响，乃至于四合院中的住户虽然自私、落后却又自足、沉默。他们麻痹自己，自认为舒服与满足，"美其名曰，像动物强韧的生活力啊！像野草坚忍的适应性啊！"①展现了民族劣根性的一面。

在这一层面上，钟理和与鲁迅是一致的。钟理和对于底层民众和知识分子的精神批判，与鲁迅所指摘的奴性、虚伪等劣根性是相通的。除了《夹竹桃》之外，钟理和曾在日记中表示"中庸、无过、无不及，这是中国人的人生哲学，……但是表现在事实上的作风，却并不尽然，或者可说是恰恰相反，无所不用其极"②，也显示了他在战时中国对于国民性的多重思考。虽然有学者认为，钟理和的国民性批判"无论在广度还是在深度上都远不及鲁迅视野开阔、思考深刻，往往流于情绪化的宣

---

① 钟怡彦编：《新版钟理和全集3：中篇小说卷》，春晖出版社，2009年，第75页。
② 钟怡彦编：《新版钟理和全集6：钟理和日记》，春晖出版社，2009年，第85页。

泄"①，但钟理和在国民性批判之外，警惕着启蒙运动本身存在的种种问题，与新旧时代拉锯之下底层民众无法得到思想解放的现状，更展现出他对精神改造的辩证思考，和对鲁迅的改造主张的质疑。

其次，曾思勉和黎继荣两位新式知识分子形象的对比也展现出启蒙运动之后中国知识分子的不同选择，表达了对落入旧思想旋涡中的知识分子的批判。曾思勉作为饱受现实折磨的知识分子，所学到的新知已不能支撑他在这所肮脏落后的四合院继续鼓吹科学、民主、自由的思想。于是，曾思勉对这座四合院同样保持着麻木的心态：他对于林大顺死去的儿子小福和南院无人赡养的老太太都抱有同情心，但又不认同黎继荣的哀叹，对于沦落为乞丐的南院老太太，也只是"感到了一种类似憎恶与鄙夷的感情"②。在四合院的环境熏染下，曾思勉最终也变成了麻木、自私的形象——这不啻是对中国启蒙运动的一种嘲讽。由于"认清"了战时中国底层社会的现状，钟理和认为辛亥革命与五四运动的成就不大，中国的底层社会仍在饥饿问题上挣扎，所以无法拥抱现代性。由此，钟理和对于五四运动的启蒙作用表现出悲观的态度。

而另一位新式知识分子黎继荣，则代表着还未被四合院同化的知识分子形象。他与曾思勉是邻居，却不认同曾思勉对于现实的接受与麻木心态。黎继荣的形象作为复调者展现出了另一种声音：虽然他认

---

① 徐纪阳：《钟理和：与文学者鲁迅相遇》，《福建师范大学学报》（哲学社会科学版），2014年第2期。
② 钟怡彦编：《新版钟理和全集3：中篇小说卷》，春晖出版社，2009年，第133页。

清了要求底层民众遵从道德和法律,是"可笑而且无聊的"①,但他与曾思勉的麻木态度不同。他无力改变四合院的现状,但也仍对于民族命运有所思考。他"鲜明地看见一步一步走向贫穷,更由贫穷一步一步走向破灭的一个民族的运命的影子"②,却没有如曾思勉一样落入同流合污的境地。作者安排曾思勉和黎继荣作为邻居的用意是十分明确的——曾和黎代表了两种不同的新式知识分子形象。曾和黎的辩论呈现了五四运动以后两种知识分子——认识到中国丑恶现实而理想破灭的知识分子与仍怀有理想主义而有所思虑的知识分子——之间的龃龉。曾思勉自认为超脱于四合院住户,却也是自私、冷漠的鄙陋小人;黎继荣的救国热情虽然是理想主义式的,但仍保持着对于中国社会的反思。钟理和以曾思勉的形象表现出对于中国启蒙运动的悲观态度与失望情绪;黎继荣的形象则表达了即使没有为旧思想纠缠的理想主义者,也只能眼睁睁看着国民精神进一步堕落、国家走向危亡而无力回天。无论是曾思勉还是黎继荣,他们作为启蒙运动的化身,没有起到改造四合院住户的作用——一个被四合院同化,一个则无力改变现实。虽然黎继荣的形象表现出对于启蒙运动的一丝希望,但显然在钟理和的眼中,理想主义者无法堪当精神改造的大任。于是黎与曾一样,成为钟理和批判的对象,也是他批判中国启蒙运动不彻底性的一环。

总的来说,钟理和所塑造的中国城市空间,反映了他对于中国启

---

① 钟怡彦编:《新版钟理和全集3:中篇小说卷》,春晖出版社,2009年,第83页。
② 钟怡彦编:《新版钟理和全集3:中篇小说卷》,春晖出版社,2009年,第129页。

蒙运动的反思。这正是他从落后的乡土空间进入城市空间后,目睹尚未完成精神启蒙的城市而导致的幻灭情绪。也是在这一层面上,钟理和对中国现状、思想精神的批判成为其原乡认同的清晰脉络:正是因为"爱之深",才"责之切"。

(三)中国空间与原乡认同

长久以来,以唐文标、陈映真等为代表,很多台湾学者将《夹竹桃》作为钟理和认同转变的证据加以论述。唐文标认为钟理和在抗战时期"没有采取更积极的立场,没有参与更建设的行动,更很少看他提及,这一点不能不说他的世界观太狭隘,只能在个人的爱情生活转迷宫之故了"[①]。陈映真则认为《夹竹桃》对大陆的负面书写表明钟理和对自己的民族失去信心,"如果这就是大杂院;就是当时的北京城;就是当时的中国,没有人应该对它的现实性有丝毫的怀疑"[②],并归咎于其殖民地性格而产生的劣等感,致使钟理和拒绝民族认同,认为钟理和看不起同胞。虽然陈映真秉持"大中国"的出发点,但他对钟理和的评述仍存在误读。与唐文标一样,陈映真窄化了钟理和对于中国国民性的批判和他对城市、乡土两个空间的辩证认识,简单地将城市、乡土分别与大陆、台湾联系,坠入"批评即是不认同"的二元对立误区中。虽然有林

---

① 史君美(唐文标):《来喜爱钟理和》,参见应凤凰编选:《台湾现当代作家研究资料汇编11:钟理和》,台湾文学馆,2011年,第72页。
② 许南村(陈映真):《原乡的失落——试评〈夹竹桃〉》,《现代文学》复刊第1期,1977年7月。

载爵这样"不预设立场,而是尊重研究对象"①的学者,将钟理和的文学性格总结为"隐忍",与赖和的"抗议"精神相对,是台湾学者中少有的聚焦钟理和文学意义的论述;但总体来说,在20世纪70年代台湾乡土文学论战和解除戒严令后台湾意识极端发展的背景下,钟理和研究普遍变成建构新的台湾想象乃至分离主义的手段。

  回到作品中,钟理和对于中国城市空间的塑造,虽然表现出极为强烈的批判态度,但经由前文所述,他展现的不是文化认同转变,而是对于战时中国现实与启蒙运动的批判。如果将这种批判精神简单导向"批判等于不认同"的结论,则是对于钟理和文化情感的误读。他对于中国的国民性批判,怀有与鲁迅一样的出发点。鲁迅批判中国人和中国的文化缺陷,"来自鲁迅对中国最深沉的爱,而这种爱又与对中国社会现实的苦难和黑暗的忧虑紧密相联"②。钟理和的批判路径亦是如此。诚然,钟理和对大陆的态度的确有所转变,这表现于他对中国原乡本抱有憧憬之心,以大陆作为同姓婚姻受阻后的避难所。而到大陆以后,战时大陆的现实与台湾人在大陆遭遇不公待遇的现状,致使他对大陆的态度由憧憬变为批判。正如施懿琳所说,钟理和所经历的是"热血青年在理想幻灭后,对大陆原乡浓烈纠缠、爱憎分明的矛盾情结"③。这种矛盾的心情,借由他对国民性和启蒙运动的批判得以表现,即"'台湾

---

  ① 古远清:《一位历史学家眼中的日据时代的台湾文学——评林载爵的〈台湾文学的两种精神〉》,《台声》,1996年第12期。
  ② 刘勇:《中国现代文学的历史性、当代性与经典性》,《当代文坛》,2019年第2期。
  ③ 施懿琳:《跨语、漂泊、钉根——台湾新文学研究论集》,春晖出版社,2000年,第96页。

籍民'身份时代性的吊诡,得借由其文学实践中所显露出之对于'原乡'的想象与失落,而获得充分的表述"①。这表明钟理和的中国城市空间塑造存在两个层面,一个是原乡想象失落,另一个则是对落后城市空间的幻灭。8年的旅居经验让钟理和对于原乡与故乡、城市与乡村有着不断变化的认识。初到大陆,战时大陆的萧条、破败与想象的原乡无法重合,致使他感受到原乡想象的迷茫与失落,因而"没有看清中国的'正体'和'实相'"②而对民族认同有所动摇。随着城市生活经验的深入,钟理和开始认识到,城市空间也并非乡土空间之外的乐土。战时大陆的城市空间尚未达成彻底的思想启蒙与近代化,因而空间变换并未让钟理和产生对城市空间的正面评价,反而转变为对中国启蒙运动不彻底性的批判。

不过,随着从北京返回台湾的空间转变、从日据时代到台湾光复的时间转换,钟理和对于城市空间、乡村空间,乃至原乡认同有了更为成熟的认识。在1959年创作的《原乡人》中,钟理和讲述了自己对于中国原乡的认识,从小"向往原乡,向往祖国"③。在赴大陆之前,钟理和被告知祖先来自大陆,对于村里的"原乡人"表现出好奇的态度,长大后央求父亲到大陆念书等故事,都明确表达了钟理和的原乡认同。在《原乡人》的最后,甚至说出"我不是爱国主义者,但是原乡人的血必须流

---

① 王申:《沦陷时期旅平台籍文化人的文化活动与身份表述——以张深切、张我军、洪炎秋、钟理和为考察中心》,北京大学博士论文,2010年,第78页。
② 王士琼、朱双一:《陈映真对钟理和的文学接受和思想超越——兼及1960年陈映真提出"台湾的乡土文学"之文学史意义》,《台湾研究集刊》,2012年第6期。
③ 古继堂:《台湾文学的母体依恋》,九州出版社,2002年,第301页。

返原乡,才会停止沸腾"①,以表明自己对于中国原乡的情感,足见他认同的是中国,而非众多台湾学者所说的认同台湾。钟理和对于中国的批判,与鲁迅一样是对于中国启蒙运动无法彻底完成而感到痛心疾首的态度,以及对国民性有所批判,而不是文化认同的变化。

诚然,钟理和对于中国的批判来自于他与中国底层社会的接触,和作为台湾人在大陆遭受的歧视与不公待遇,但这种批判精神并非只针对大陆,时空转换的印记也体现在他回到台湾以后的乡土书写中。在《故乡之二·山火》(1950年)中,钟理和批判了乡民由于现代知识匮乏、封建迷信而导致山火蔓延、烧尽山林的惨剧。《山火》对于祭典的细致描写,展现了乡民落后愚昧的思想:"一切极其矛盾而滑稽。亵渎和虔信、放肆和精诚、庄重和随便;这一切是那么自然地被融和在一起。"②钟理和对于乡民不扑灭山火、却寄希望于封建祭典的行为感到痛心,在祭典的描写中透露着荒诞与揶揄的语调,展现出钟理和对于台湾落后乡村的批判。《阿远》批判了乡土社会对于女性的迫害,致使女性沦为被观看者和受害者,进而批判台湾乡村落后的民俗与封建思想。《笠山农场》则明确批判了台湾乡村对于同姓婚姻的不接纳,对于乡土社会的愚昧思想痛心疾首:"这地方是如此保守,宗姓的观念牢固而严明"③,同样传达出他对于台湾社会种种落后现象的批判意识。由此可见,钟理和的批判精神不仅表现在对大陆形象的塑造上,也展现于他

---

① 钟怡彦编:《新版钟理和全集2:短篇小说卷》(下),春晖出版社,2009年,第47页。
② 钟怡彦编:《新版钟理和全集1:短篇小说卷》(上),春晖出版社,2009年,第136页。
③ 钟怡彦编:《新版钟理和全集4:长篇小说卷》,春晖出版社,2009年,第221页。

对台湾乡土社会的描摹中。因此,《笠山农场》等作品不仅不能作为台湾意识的代表符号而被论述,反而应看作是钟理和对台湾乡土社会的批判精神之体现。以这些作品证明钟理和的地方认同,与将《夹竹桃》等作品作为钟理和文化认同转变的证据一样,窄化了作品的文学价值,掩盖了钟理和作品的丰富意涵和审美价值。

因此,钟理和的批判精神是一以贯之的,并非只针对大陆,他所批判的是城市空间和乡土空间的落后与陋习。同时,细读钟理和日记,可得知钟理和在大陆期间穷困潦倒,回台湾后病魔缠身,加之同姓婚姻伴随一生的冷眼,对他的心理产生了极大影响。他对于国民性和中国启蒙运动的悲观态度,展现了他与鲁迅思想的一致性,使他能够喊出"啊呀,失却人性、羞耻,与神的民族哟"①。他的悲观乃至厌世情绪反映在创作中,让他无法有张我军一样的魄力,在临终前还能写出《春雷》(1951年)这样乐观的作品;即使是对故乡的礼赞《笠山农场》,也存有对台湾同姓不能结婚的习俗的批判,将故事设定为悲剧。因而《笠山农场》也应作为《夹竹桃》等作品的互文性文本加以解读,而不是作为《夹竹桃》中认同转变的结果来讨论。《夹竹桃》等反映大陆旅居经验的小说,虽与《笠山农场》的时空不同,但钟理和对于命运的哀叹、对两地习俗/民众的批判是不变的。在这一层面上,《笠山农场》是对于《夹竹桃》等几部作品的引述,它们共同指向了钟理和所批判的乡土社会特性与国民性。

---

① 钟怡彦编:《新版钟理和全集3:中篇小说卷》,春晖出版社,2009年,第145页。

在《旱》(1960年)中,钟理和依然表达了台湾乡土社会靠天吃饭而愚昧无知的悲剧,充满了对宿命的哀叹。无论是对于鲁迅国民性批判的悲观态度,还是在创作中对大陆和台湾乡土社会的负面情绪,都表露出贯穿钟理和人生的悲剧宿命论。因而中国城市形象塑造是他从乡村进入城市之后,原乡憧憬和城市想象的双重幻灭而导致的批判与矛盾、悲观心理,是对中国国民性和启蒙运动不彻底性的批判。

综上,钟理和表面上塑造了充满丑恶、冷漠的中国空间,实际上这正是旅行经验、空间流动经验带来的原乡幻灭与批判意识。他所批判的是国民性和启蒙运动的失败,这一批判意识放置在台湾的语境中依然成立。因而其批判意识并不具备认同转变的路径,而是他以中国人的身份对于完成国民精神的改造、台湾人不再受到不公待遇等问题的期望。

二、吴浊流:辩证视野中的南京空间

与钟理和一致,吴浊流的大陆经验同样源自"逃难"。钟理和远赴伪满洲国乃因婚姻受阻,不得不背井离乡;吴浊流则因日本殖民体制之高压而主动内渡祖国大陆,以逃离殖民控制。吴浊流于1941年赴南京任职,在南京《大陆新报》任记者期间,对战时的南京生活有着切身体验。1942年因意识到日本败局已定,吴浊流携家眷返台,在大陆旅居共1年3个月。短暂的居留时间,加之工作的不断辗转,让吴浊流的大陆经验更像是一场"旅行"而非"旅居"。因而在吴浊流的作品中,对中国城市形象的塑造多源自其所见所闻,未免有偏颇之处,同时深层的文化感受也有所欠缺。不过,与其他旅陆台籍作家相同的是,吴浊流的内渡乃是出自对祖国的憧憬与好奇。

> 眼不能见的祖国爱,固然只是观念,但是却非常微妙,经常像引力一样吸引着我的心。……只是以怀恋的心情爱慕着,而自以为只要在父母的膝下便能过温暖的生活。以一种近似本能的感情,爱恋着祖国,思慕着祖国。①

在内渡之前,吴浊流对于祖国的憧憬十分强烈,与钟理和一样存在原乡情结。随着日本殖民政策的不断深化,加之在学校任职期间遭受不公待遇,吴浊流一怒之下辞职内渡。

(一)落后的南京城市形象

吴浊流在大陆短暂的旅居体验,成为他想象祖国的重要现实来源。与钟理和一致的是,吴浊流在南京期间的生活远未达到令人满意的程度。学习国语的艰难、遭人冷眼的不被接纳、工作的颠沛流离,让吴浊流深感原乡幻灭。吴浊流原以为祖国是梦想之地,可借以摆脱殖民体制,"想去看个究竟"②,这才赴南京任职。却不承想,战时的华东沦

---

① 吴浊流:《无花果》,草根出版事业有限公司,1995年,第8页。
② 张良泽编:《吴浊流作品集4:南京杂感》,远行出版社,1977年,第51页。

陷区处于日本与诸列强的控制之下,中国人依然任人宰割。战时中国的满目疮痍、列强横行,自然让吴浊流生出失望的情绪,因而南京、上海的落后与萧条成为吴浊流祖国梦碎的直接原因。

在《南京杂感》(1942年)、《无花果》(1968年)等作品中,吴浊流塑造的南京城市空间呈现出较为负面的形象和批判的态度。他塑造的中国城市形象,首先展露出抗战时期萧条、满目疮痍的景象。由于《南京杂感》连载于战时的台湾,吴浊流对于南京见闻的表露囿于殖民者的审查,又考虑到台湾人对于祖国的憧憬,于是在文章中对南京的形象塑造留白较多,相比之下,其战后创作的《无花果》《台湾连翘》(1973年)中更为详细地描摹了战时南京的惨淡形象。从这一角度来看,《南京杂感》与《无花果》《台湾连翘》有着明显的继承关系。

当他在上海登陆后,目睹上海私娼、乞丐遍地,日本人与西洋人趾高气昂,更感受到亡国的悲惨现状。为了逃避殖民统治而内渡的吴浊流,怀着"那无限的大陆,有的是自由"①的心情到达南京,却看到满目疮痍的景象。当他发现"所见皆荒凉,比上海的繁华恍同隔世,上海俨然是列强榨取的中枢,很多银行、会社等高楼大厦,建筑的豪华令人吃惊,而住在租界的外国人,甚妄自尊大,甚旁若无人"②,台湾的殖民惨象再一次浮上心来。由此,吴浊流所塑造的中国城市空间,处处显露抗战时期华东沦陷区的萧条情景。吴浊流感叹南京和上海"简直就是家

---

① 吴浊流:《无花果》,草根出版事业有限公司,1995年,第94页。
② 吴浊流:《无花果》,草根出版事业有限公司,1995年,第97页。

破人亡的人间地狱"①,每一处地景都透露着战争的痕迹:"从上海到南京,没有一个完整的车站,全部都是临时搭盖的木板房。"②吴浊流所憧憬的祖国想象,一夕之间变成饿殍遍野的残酷现实,使他对于原乡的憧憬破灭了。

其次,吴浊流呈现的南京城市空间,表现出落后的特质。初见南京及上海,吴浊流感叹的是他所憧憬的祖国,竟是与现代化相差千里的落后空间,这与他心中预设的祖国形象差距甚大。

> 啊,南京!在大南京中,虽看不见一支工厂的烟囱,却曾是抗战中国的首都。南京是政治都市,同时也是田园都市。蜿蜒的城墙有三十四公里多,古色苍然的、发霉了的封建时代的残骸,像长蛇一般奔驰围绕着四周。其间有小山、沼泽、大厦,也有草顶的粗陋小屋。③

在吴浊流的笔下,南京城的确有着古之幽情,但无法与现代化连在一起,虽是政治中心,却破败不堪,城市规划少而难民众多,与整洁现代的日本都市无法相提并论。吴浊流曾到日本进行短期修业旅行,在有限的游览中对日本现代化都市印象深刻。日本都市的整洁现代,日本女性的高修养与亲和态度,在高砂寮受到的礼遇,以及在日本接

---

① 吴浊流:《台湾连翘》,草根出版事业有限公司,1995年,第103页。
② 吴浊流:《台湾连翘》,草根出版事业有限公司,1995年,第103页。
③ 张良泽编:《吴浊流作品集4:南京杂感》,远行出版社,1977年,第52页。

触到的民主主义思想等新知,都成为落后南京空间的对照。在吴浊流的塑造中,南京代表的是"田园都市",未经现代化,比之台湾有过之而无不及。这让对祖国一直怀有向往感的吴浊流,在对比日本都市与南京以后,认识到战时的大陆并不代表现代化的方向,无力自保的境地也让大陆无法承担庇护台湾与台湾人的责任,因而南京城的落后引发了吴浊流的批判:在乘车时,吴浊流认为南京火车站"窄小得太不像中国首都的玄关了"①;中国人对于泥泞的道路不自知而不走柏油路,觉得"马马虎虎";南京的道德和法律都是缺失的,"战争下的南京,并没有所谓的法律"②;在国破家亡之际众多南京人仍过着悠然生活,却不主动争取新生活……战时南京在吴浊流的作品中展现出落后的一面。

在吴浊流的眼中,战时的南京城市空间不仅在地理上是破落的,在精神上也难以承担抗战的重任——他对大陆的种种社会现象也存在明确的批判态度。读者从中可以清晰地看到20世纪40年代南京的种种人情世相。无论是阿妈"活着就好,甘于命运"的活法,还是洋车夫"没有办法,却充满希望"的态度,抑或是不唱歌、不放风筝、在垃圾场玩耍的孩子,都展现了吴浊流作为台湾人对大陆的观看与评价,带有负面情绪,同时也展露了吴浊流对于中国国民性的深切体认。在他看来,中国人的处世哲学对于"马马虎虎"有着执着的坚持,即使在战时的中国也不知焦急反而显得麻木,一般大众"对事变不表露出任何表

---

① 张良泽编:《吴浊流作品集4:南京杂感》,远行出版社,1977年,第55页。
② 吴浊流:《台湾连翘》,草根出版事业有限公司,1995年,第107页。

情"①,显露出冷漠的感情。

除了对于落后中国的批判,吴浊流还对中国的思想运动进行了一定的批判。吴浊流认为,中国的启蒙运动使现代女性沉溺于虚荣的思想中,女性主义成为有钱有闲阶级的消遣,而无法真正解放更广大意义上的底层女性;即使经历了现代性启蒙,战时中国的民众依然庸庸碌碌,对战时的中国现状毫无认知,仍悠闲地泡澡听戏,仿佛民族命运与己无关。除了空间地景的呈现与塑造之外,吴浊流更呈现了战时中国的精神空间,表现出对于中国思想运动的批判态度。在这一点上,吴浊流与钟理和有着较为一致的批判路径。他们的批判意识都源自原乡憧憬幻灭以后,对战时中国丑恶现实的暴露和对于国民性的批判。

在赴南京之前,吴浊流心中对于大陆的想象,与张我军所塑造的现代灯塔形象是一致的。将大陆等同于近代化与现代国家,以此作为殖民地台湾前进的榜样,而不是以日本作为近代化的前进方向,是吴浊流所抱有的信念。但战时南京的破败萧条、民众的麻木冷漠让他意识到想象中的大陆与现实大陆的不同,从而必然走向祖国梦碎。最让吴浊流痛心的,是20世纪40年代的台湾已经变成大陆沦陷区的一种预言,南京城中醉生梦死、不问前路的民众没有意识到战时的大陆已经朝殖民地台湾的方向开拨。当战时的老舍还在以《四世同堂》召唤青年"出走"的时候,"在台湾,'出走'不仅是文学的母题,而且就是现实

---

① 张良泽编:《吴浊流作品集4:南京杂感》,远行出版社,1977年,第84页。

生活本身"①。于是,吴浊流试图通过批判南京城中的种种现象警示大陆,也警示着台湾。

(二)为古都的文化招魂

虽然吴浊流塑造了负面的战时中国形象,但他对于南京、上海等城市空间,乃至中国的国民性,并非只有批判意识和悲观态度。

当吴浊流见到吴淞炮台,感叹战火纷飞,生发出一股"国破山河在"的爱国幽思;见到南京城墙的时候,又有"紫金山麓,如蜿蜒巨蟒静静地啜饮长江之水"②的感叹,展现出对于中国的文化认同感。在吴浊流眼中,南京的女学生是漂亮温柔的,秦淮河、玄武湖、夫子庙、清凉山、明孝陵、中山陵等古迹是南京的诗意所在。在《南京杂感》中,吴浊流所批判的,大多是在南京见到的现实,是战时的种种怪现状;而他所景仰的,仍是他在文章中仔细描摹的城墙、紫金山、明故宫、莫愁湖等遗迹与其背后的文化形象。

于是,吴浊流在《南京杂感》等作品中所再造的中国空间,裂变成两个部分:一个是他所批判的战时中国现实,另一个是他所景仰憧憬的传统中国空间。在作品中,吴浊流对南京的传统遗迹做了详细的介绍与梳理。在介绍鼓楼和大钟亭时,对比奈良东大寺的钟,认为南京大钟亭的钟更大,希望能听到大钟的声音;在介绍五台山的随园遗址时,

---

① 黎湘萍:《文学台湾——台湾知识者的文学叙事与理论想象》,人民文学出版社,2003年,第56页。
② 张良泽编:《吴浊流作品集4:南京杂感》,远行出版社,1977年,第55页。

也曾赞叹袁枚对白居易的继承和日本人对于唐诗（白居易）的学习与模仿；在火车上看到壮丽河山，感叹"从车窗看见的山都是不能在台湾看到的，曲线和缓，仿佛一幅柔美的图画"①。吴浊流对于南京的名胜古迹、传统与历史展现出的欣赏意味，和他对于战时南京城市空间的批判形成了一种对照。吴浊流并非对中国的传统文化与原乡失去信心，而只对战时中国的落后、萧条进行一定的批判。

吴浊流所描写的"中央大学"运动会、南京的学校、夫子庙的世相、南京的大众食堂等，每一个故事都对国民性进行了不同程度的批判。但对于台城柳、玄武湖画舫、清凉山寺、鸡鸣寺等古迹的描写则表现出对传统的追溯，不见批判。吴浊流所塑造的故国山河、传统遗迹，展现出他对于中国传统仍抱有景仰的态度，他所批判的南京空间仅止于战时南京的现实。因而吴浊流所呼唤的，是南京历史遗迹、悠长历史中的传统文化——这也是他原乡认同的起点。所以吴浊流不遗余力地描摹南京的古迹、传统，为的是为古都的文化招魂，唤起古都的历史记忆。

同时，作品中涉及的国民性也有着一体两面的特征：一面是冷漠、麻木、明哲保身的劣根性，一面又是包容万象、浑浊自清的传统精神。吴浊流批判的是战时南京民众表现出的种种落后、冷漠的性格特征。《南京杂感》描写了南京人落后的生活习惯与特质，如浴室污秽不堪，女性盲目追求女性主义而沉溺虚荣，小孩在阴沟里洗手、在垃圾堆里玩耍，民众对时局采取明哲保身的态度，等等，都是对于当时南京丑恶

---

① 吴浊流：《无花果》，草根出版事业有限公司，1995年，第110页。

现状的揶揄与批判。另一方面,吴浊流又对中国传统的包容、自信、中庸等精神表示出欣赏和赞叹的一面。在吴浊流看来,日本人无法理解中国人不写借据而仅凭信任便借予十数万元的行为,赞叹中国人以信立世,同时自陈"粗看会使人有支破灭裂之感的中国,其实仔细观察时,可以见出伟大而一贯的统一性"①,即是强调中国传统精神的延续。这些优秀的精神品质与战时南京的惨淡现实形成了对照,与南京城两种空间形象的对照是一致的。吴浊流一方面对于现实国民性有着批判的态度,另一方面又赞叹着中国传统精神的魅力,展露出他对于中国传统文化依然保有信心。中国文化的自信与强大是吴浊流对于祖国想象的一部分,当他徜徉在南京的名胜古迹中、看到中国姑娘拒绝穿和服的时候,这种原乡想象便被印证,于是蕴于南京城市空间中的中国传统精神与文化显现出其魅力,让吴浊流重新认识到他对于祖国的文化认同。

此外,对吴浊流来说,大陆精神空间的吸引力并不止于传统文化与精神。事实上,台湾光复后吴浊流发表了更多有关提倡汉诗、反思五四新文学的文章,并出版汉诗集以推广中国古典文学,借助提倡中国传统文学与文学品格来表现对于新文学的反思与探讨。这说明吴浊流不仅坚守中国传统精神,对于中国古典文学也极为坚持。这也构成了他对中国形象的一种塑造,即对中国传统文学与文化精神的呼唤。

因此,吴浊流对于南京城市形象的塑造,一方面展现了落后、萧条

---

① 张良泽编:《吴浊流作品集4:南京杂感》,远行出版社,1977年,第117页。

的战时景象,对于南京当时的精神空间存在批判的态度;但同时他对南京的传统文化空间,即南京作为中国文化古都的空间、传统的中国精神有着极深的认同感和欣赏态度。《南京杂感》中对南京的批判态度只能说明吴浊流对于现实中国原乡的幻灭过程,而非对于传统中国的认同转变。这也是为什么他展现出《亚细亚的孤儿》式的"孤儿"焦虑:对现实中国的批判与对传统中国的憧憬形成了矛盾的情感状态,一方面汲汲于恢复汉文化与文学传统,急于为古都文化招魂;另一方面只能囿于战时中国沦陷区的萧条落后而无能为力。他原以为南京是逃避殖民统治的庇护地,却没想到南京的境况与台湾相似,无法从侵略与奴役中摆脱出来。他的祖国梦破灭的原因乃在于沦陷后的南京与台湾无异,祖国无法为台湾人提供庇护地,万般绝望之下才扑灭了他对于原乡的期待。不过他对于古都传统文化的部分仍保有热切的原乡想象,因而在负面的现实空间之外,吴浊流依然愿意相信古都的传统文化空间有被招魂的可能。

(三)辩证视野中的文化认同

　　台湾的部分学者历来将《南京杂感》《无花果》《台湾连翘》等几部作品作为吴浊流在原乡幻灭以后,将文化认同倾注于台湾的证据,认为吴浊流的文化认同发生了转变。如陈芳明认为《台湾连翘》反驳了中国意识论者对吴浊流的看法,印证了吴浊流"很早便已具备强烈的台湾意识"①。在这里,陈芳明的结论与台湾学者对钟理和认同转变的逻辑是一致的,即落入简单的二元对立误区。由对吴浊流南京形象塑造的分析可知,他所批判的是战时南京萧条破败与冷漠国民性,而他对于南京的传统精神空间依然是认同和赞叹的。

与陈芳明一样,许俊雅在《光复前台湾小说的中国形象》中也采用了这一逻辑。许俊雅列举赖和、张我军、吴浊流、钟理和对中国形象的负面描述,认为张我军的作品展现了中国人不知振作、缺乏反省和实践的毅力等问题;而钟理和更为直截了当地表现出尖锐的嘲讽,隐藏着因期待而幻灭的痛苦,同时钟理和面对北京人的自私、懒惰、猜忌,因其文化、思想、道德信仰与自己不同而深恶痛绝。事实上,张我军、吴浊流、钟理和等人塑造的中国形象并不全然如此,其所表达的情感意涵也并非这么简单。许俊雅强调殖民地的人民由于受到高压统治,处于种种不平等中,自然对故国存有极大的亲近感和并不真实的丰富幻想。因此,"'中国'在小说中的再现,实在需要放在日本殖民社会文化与中国文化的脉络中去检视"②。然而许俊雅所展现的,是吴浊流等作家所塑造的负面中国形象,而他们对于中国传统精神空间的认同被选择性地忽略了。

台湾人在殖民统治下遭遇的不平等、不尊重,促使很多人更向往祖辈的故乡"唐山"。但毕竟这一想象的故国存于幻想中,与现实的中

---

① 陈芳明:《吴浊流与〈台湾连翘〉》,参见吴浊流:《台湾连翘》,草根出版事业有限公司,1995年,第262页。
② 许俊雅:《台湾文学论——从现代到当代》,南天书局,1997年,第111页。

国存在极大差异。在台湾人的故国想象中,祖国是古典的中国,存有仁义道德等种种美好品质,自然令人产生向往感和期待感。而在实际的大陆经验中,目睹20世纪40年代大陆的落后与乱象,是必然的幻灭过程。我们要追问的,不只是幻灭的原因和过程,更重要的是幻灭之后作家的选择是什么。在许俊雅看来,作家展现满目疮痍的祖国景象、不快与烦闷的大陆体验,就是作家认同的转变(而这些论据是被刻意选择过的),却忽略了在这背后复杂的思想过程,以及作家的文化活动所展现的种种文化线索,并不是表面的尖锐讽刺所能直接涵盖的。

在《南京杂感》中,吴浊流虽然存在批判的态度,认为"有钱便是世界上最能自由、最能纵情的国度,这就是中国的现实"①,但同时又承认"中国是海。想填也无法填的海。是世界上不能没有的海。不知海的性质,而以为海是危险的地方,无可如何的地方,而顺其自然则不可;而想要清净这海的企图,也是不可能的。不如把海当海看待,才有办法解开我们的谜"②。在《大陆的魅力》中,吴浊流又坦陈中国在长期的动荡不安中,竟能维持极度的文化自信,是对他文化情感的最好注解——这就是吴浊流追求的"中国性"。他在对现实的中国幻灭以后,修正了对于原乡的想象,将现实的原乡与传统的原乡分离,将精神原乡也分离成正反两个部分加以区分,而不是抛却中国性。同时,吴浊流将战时中国的破败与萧条归结于日本的侵略,"傲慢的侵略意识充溢在街

---

① 张良泽编:《吴浊流作品集4:南京杂感》,远行出版社,1977年,第61页。
② 张良泽编:《吴浊流作品集4:南京杂感》,远行出版社,1977年,第89页。

头"①,这展现了吴浊流所憎恨的并不是中国的萧条、落后现实本身,而是这丑恶现实背后日本的侵略殖民与中国的国民劣根性。他对于满目疮痍的南京空间的塑造,仍带有对日本人的仇恨心理,也就更显现出他作为中国人的民族意识。因此,他对南京的种种批判,是对沦陷区社会现实的批判,而非出于文化认同转变而进行的抨击。事实上,在台湾光复以后发表的《我最景仰的伟人》(1965年)中,吴浊流明确说出"我在日据时代,事实没有梦想到还有真正的国民可做;一旦光复,我的喜跃,是非笔墨所能表现了"②,表明自己的中国认同。反而是陈芳明在台湾意识的主导下,将吴浊流的思想意识进行窄化,强行将他作为台湾意识的代表,却忽略了吴浊流在其他作品中表现出的爱国精神与祖国认同。所以,吴浊流笔下的南京/中国形象,虽然有负面和批判的部分,表现了祖国梦幻灭以后的悲观情绪,但其属于国民性批判,而非国族批判。

另一方面,吴浊流在返台后发表了大量反思五四、提倡古典文学(汉诗)的文章,以此展现了他对于古典中国文化空间的坚守和信仰。吴浊流对于中国的批判不能作为国族批判的证据,乃在于他对政治上的中国产生幻灭情绪以后,开始推崇文化中国的古典精神——他对于中国的民族共同体想象展现在对文化的推崇上。也正是因为他对于中国时局的幻灭与批判,吴浊流对于五四新文学并不看好。在吴浊流看

---

① 张良泽编:《吴浊流作品集5:黎明前的台湾》,远行出版社,1977年,第205页。
② 张良泽编:《吴浊流作品集5:黎明前的台湾》,远行出版社,1977年,第3页。

来,五四与现实中国相连,也就存在种种问题。吴浊流曾发表《新文学运动的氛围气》(1954年)、《有关文化的杂感一二》(1961年)、《对诗的管见》(1965年)等反思五四与白话新诗,提倡古典汉诗创作。首先,吴浊流批判五四时期的西化主张,以及五四的负面影响,提出中国固有文化的自立和近代化更为重要,而不应一味学习西方。吴浊流认为,五四运动的负面影响,乃在于"打倒孔家店"的主张没有科学分析孔子的个人伦理道德与其政治思想的区别。吴浊流指出,中国有悠久的传统文化,应该更好地被传承,对世界文化不能贸然全盘接受。而五四运动中"打倒孔家店"的主张并没有用科学的眼光分析孔教思想,应该看到孔子的个人伦理和道德是应该保存的。在这里,吴浊流将对现实中国的批判移植到对五四的态度中,更强化了现实中国空间的负面形象。吴浊流极力倡导"我们中国的文学……基础很坚,有这样的传统,不必仿人"①,树立文化自信,要求青年"共同担负建立有中国文化格律的文艺责任"②,是对五四运动的一种质疑与反思,同时也展现了他对于中国传统文化空间的推崇。其次,吴浊流还通过提倡汉诗,来展现他对于古典文化的推崇。吴浊流对于当时中国文人轻视汉诗的行为感到痛心,认为新文学运动不应抛弃汉诗的文学与哲学意涵、抹杀汉诗的优良传统。在吴浊流看来,"现在的白话诗,平心来论,还未结晶,不是仿洋就是效

---

① 吴浊流:《疮疤集》(上卷),集文书局,1963年,第2页。
② 张良泽编:《吴浊流作品集6:台湾文艺与我》,远行出版社,1977年,第41页。

日,还不能像唐诗与世界文学并驾齐驱"①,对于新诗的发展提出了质疑。吴浊流认为白话新诗的发展仍不成熟,且其排除异己的行为不利于其发展,将白话新诗放置在被批判的位置。相对应的,吴浊流强调汉诗是民族文化的精华,唯有汉诗的革新与发展才可以补救白话诗的浅陋——汉诗作为中国古典文化空间的载体而被吴浊流推崇备至。

吴浊流对于五四的批判,源于他对现实中国的幻灭情绪。他批判胡适"用排除异己的手法来宣传新诗"②,恰映照出现实的中国空间里大陆同胞对台湾人的歧视与排挤。但在文化中国空间中,他又展现出了对汉文化的推崇与信仰,塑造了文化上的民族共同体想象,正说明他对于文化中国有着极深的认同感,展示出他对于中国的辩证看法。

由此,吴浊流以南京空间传达出的中国形象,虽然表面上是批判的态度,但是在辩证的视角下进行,是国民性批判的一部分。由于他的批判精神在大陆和台湾是一以贯之的,因此他对于大陆的批判更不能作为认同转变的证据。同时,他所塑造的中国形象并非只有南京空间一种,而是存在古典中国的一面。他对于中国古典文化的推崇,展示了他对于中国的文化认同感,恰恰反驳了陈芳明等人的台湾意识论。

---

① 张良泽编:《吴浊流作品集 5:黎明前的台湾》,远行出版社,1977 年,第 152 页。
② 张良泽编:《吴浊流作品集 6:台湾文艺与我》,远行出版社,1977 年,第 123 页。

第二节　裂变的第三空间："再造"台湾

　　钟理和与吴浊流的空间形象塑造，实际反映出他们心中对于祖国和台湾的种种情感纠缠。这种情感轨迹来自于空间流动所带来的精神和文化冲撞，当他们回到台湾，故乡的落后和殖民印记让作家陷入更为挣扎的精神困境中。钟理和、吴浊流与张我军等人走上了不同的道路：在两人的身上所展露的关键词，并不是"憧憬""遗民"，而是"旅行""逃难"，乃至充满抗争性的"孤儿"意识。因而他们对于台湾人在祖国的不被信任和被歧视格外敏感，对于台湾的殖民同化、政治倾轧也更痛恨，只能通过精神上的第三空间——理想台湾空间的"再造"以求慰藉。

　　钟理和、吴浊流的"逃难"经验反映在文本中，形塑了日后台湾（乡土）社会不能绕过的经典空间形象，乃至长久以来台湾文学都无法超越田园牧歌、"孤儿"意识等关键词。这也从侧面表明，空间流动与旅行、逃难经验构成了台湾文学发展轨迹中的重要一环。

一、"逃难"主题：现实台湾与理想台湾的分裂

　　钟理和在台湾光复前后的空间流转，让他对于祖国命运、台湾乡土、城乡转换有较多的思考。从他的旅居经验中，可以梳理出一条思想轨迹：城市空间的不快经历直指中国启蒙运动的不彻底性和国民劣根

性,所以他选择回到台湾乡土空间寻求慰藉与庇护。然而现实的台湾乡土空间未必是理想的栖身之所,他在战前逃离的殖民乡村,在光复后依然是问题重重的传统乡土社会,与大陆城市空间一样尚未完成现代性启蒙——这也决定了他再造的理想乡土空间一定是乌托邦式的。

(一)幻灭的现实台湾空间

钟理和在沈阳、北京遭遇的原乡幻灭感,在《白薯的悲哀》《祖国归来》(1947年)等作品中有着详细的介绍。钟理和自陈,台湾人普遍怀有对祖国的亲切感,"不管如何,只要他一踏到大陆,便有一种感觉使他们高兴。即回到了祖国的感觉"[1],一心认为殖民地的割据无法冲破与祖国同胞的血缘。而抗战胜利后,国民政府通过《关于朝鲜人及台湾人产业处理办法》,将台湾人看作是"外国人",更使台湾人感到幻灭。台湾人在大陆面临失业的窘境,想要返乡却因船只紧缺与延期滞留上海、天津等地。对钟理和来说,他的原乡幻灭感一方面来自目睹战时大陆的落后与冷漠自私的国民性格,让他想念台湾的浓浓温情;另一方面则是在大陆遭受同胞的歧视,被同胞边缘化的境遇和被称作"白薯"的屈辱感让他只能成为在北京游荡的边缘人。于是,钟理和身在北京却不被接纳,感到"北平是那么窄,窄到不能隐藏你了"[2],只能"把台湾藏了起来"[3];认为旅平同乡会也只是台湾人聊以自慰的手段,并不能

---

[1] 钟怡彦编:《新版钟理和全集5:散文与未完稿》,春晖出版社,2009年,第268页。
[2] 钟怡彦编:《新版钟理和全集5:散文与未完稿》,春晖出版社,2009年,第17页。
[3] 钟怡彦编:《新版钟理和全集5:散文与未完稿》,春晖出版社,2009年,第16页。

改变台湾人在祖国被歧视的现状。

钟理和在大陆的边缘人身份,让他更加怀念台湾的风土人情,将台湾理想化为温情的乡土空间——"敌不过乡心的引诱,于是回到久别的台湾"①。然而,怀有如此信念的钟理和在抗战胜利返乡之后,虽然熟悉的乡土人情让他安居,但离开台湾时的家庭矛盾尚未解决,同姓婚姻依然为台湾乡土所不容,加之台湾落后的乡俗、愚昧的民风等现状,击碎了钟理和在北京时期的台湾想象。因此钟理和对于故乡台湾的态度也经历了如对大陆一般的幻灭过程,他的批判精神也同样展露在返台初期对于台湾乡土空间的塑造中,对于愚昧混乱的、没有完成现代化启蒙的台湾乡村表现出厌恶、批判的态度。于是,钟理和在返台初期描写的台湾形象是现实中混乱不堪的落后台湾乡村,也是他台湾空间塑造的第一个层面——现实的乡土空间。

在"故乡"系列故事中,钟理和表达了对于台湾乡土社会落后民风的批判。"故乡"系列创作于20世纪50年代初,集中展现了当时作者眼中的台湾乡村,代表着钟理和在返乡初期对故乡台湾的态度与看法。《竹头庄》(1950年)描写了同乡炳文从有为青年变得麻木、"有如一个白痴"②的情态,展现出台湾乡村对民众的毒害。《阿煌叔》(1952年)则描写了年轻时期勤劳能干、年老后却风烛残年的阿煌叔形象,表现出对阿煌叔命运的惋惜与悲悯。《山火》更是进一步指出寄希望于神灵灭火却不采取行动救火的行为是荒谬的,对于乡村的祭祀仪式展现出揶揄

---

① 钟怡彦编:《新版钟理和全集1:短篇小说卷》(上),春晖出版社,2009年,第93页。
② 钟怡彦编:《新版钟理和全集1:短篇小说卷》(上),春晖出版社,2009年,第120页。

的态度。日本殖民时代结束后,台湾人可以恢复原有的乡俗祭祀,表面来看是歌颂殖民时代的过去,而实际上作者对于祭祀场景的狂欢化书写,更印证了他对于落后乡俗的嘲笑:

> 失明的青年乐师的嘴巴鼓得像两颗圆球,扁大的鼻头渗着大点的油汗,胸脯浪涛起伏,仿佛他的肺脏有无限的容量似的。唢呐随着他那像安了弹簧的指头尖的收放,忽而像女人尖叫,忽而像小孩欢笑,忽而又悲切地呜咽起来。它是看不见的一把铁爪子,紧紧地抓着每个人的心。①

钟理和通过狂欢式的描写,呈现出一幅荒诞、可笑的乡村祭祀图景。在《山火》中,钟理和刻意提到日本时代的结束,是为了在新旧交替的时机上演一出台湾乡俗的展览,演出展现的不是被殖民者重获自由以后恢复传统文化的自信,而是他们想要恢复的传统竟存在极为荒谬的思想模式,与现代文明格格不入。这即是陀思妥耶夫斯基所说的"笑谑抓住交替的两极,关注交替本身,关注危机本身。在一个狂欢笑谑行为里,结合了死亡与复活、否定(嘲笑)与肯定(欢乐的笑)"②。在这场狂欢化的祭祀行为中,乡民关注的不是用现代科学方法灭火,而是沉浸在荒谬的逻辑中祈求神灵降雨,造成山火蔓延。《山火》虽强调日本时

---

① 钟怡彦编:《新版钟理和全集1:短篇小说卷》(上),春晖出版社,2009年,第134页。
② [俄]米哈伊尔·巴赫金:《陀思妥耶夫斯基诗学问题》,刘虎译,中央编译出版社,2010年,第140页。

代的结束,但脱离了被殖民者与殖民者之间的复杂情绪,日本的现代管理方法反而成为光复后台湾落后思想的鲜明对照。这表明钟理和对于故乡台湾的落后民俗有着深恶痛绝的态度,他所塑造的田园牧歌式的乡土空间,只是脱离了殖民、光复等政治语境,而非全然是理想家园。这种情绪在"故乡"系列之四的《亲家与山歌》(1950年)中有着明确的表露,作者痛感炳文、阿煌叔、烧山人等故事传达的不良现状,希望这都是噩梦,"当我们睁开眼睛来时,世界仍旧是那样的美丽可爱"[①]。这传达出钟理和对于台湾乡村抱有期望,但对于当时受到破坏、又难以完成现代性启蒙的乡村社会现状十分痛心,才批判种种乡村恶俗。

对落后台湾空间的批判与悲悯态度,在同时期创作的《阿远》中有更为直接的表现。阿远是受难女性,在家庭和田间都得不到尊重。当阿远的丈夫阿贵同意拿她换牛的时候,围观者爆发出的嘲笑尖酸刺耳。阿远在众人围观中与牛搏斗,围观的人群成为加害者,映照出乡村女性的悲剧命运。丈夫阿贵的荒唐与无能不被嘲笑,而阿远寄人篱下却无人同情的遭遇,成为作者批判乡土社会吃人的重要表现。《阿远》抨击的是围观、迫害女性的乡村陋习,对阿远表现出同情悲悯的态度。与"故乡"系列故事一样,钟理和对于当时台湾乡土空间中骇人听闻的冷漠、自私、迷信、男权等传统遗毒深恶痛绝,但只能以悲悯的眼光展现对受害者的同情——这也是钟理和的国民性批判无法超越鲁迅的原因。

钟理和对于现实乡土空间的悲悯,乃至悲观的情感特质,每每透

---

① 钟怡彦编:《新版钟理和全集1:短篇小说卷》(上),春晖出版社,2009年,第160页。

露出对于命运的哀叹。《新生》(1944年)描写了存直因失业而无法承担家庭重担,遭到家人冷眼不得不出走谋生的故事。小说所哀叹的是因时运不济而导致无法生存的悲剧,展露出作者对于战时人民命运的同情。在《逝》(1945年)中,爱读书的小禄惨死街头的命运亦令人感到无力和悲悯。《阁楼之冬》(1960年)则讲述了同屋病友因买不起进口药剂、延误治疗而死的故事,依然表达出底层人民生活的困窘、对于无力反抗的悲剧命运之哀叹。《杨纪宽病友》(1960年)与《阁楼之冬》一样,记录了病友杨纪宽病情恶化的过程,对于杨的死感到惋惜。事实上,钟理和的悲情意识和宿命感与他的生命际遇有着莫大的关系。同姓之婚导致他为家人、朋友疏远,远走祖国大陆却成为边缘人,热爱创作却几乎终生怀才不遇的经历,导致他对于生命的体认较为悲观,在作品中也有所陈述。在《同姓之婚》(1949)中,钟理和细数自己婚姻遇到的冷眼,从登记户口开始就为同乡疏远,展现了贯穿钟理和半生的疏离、边缘地位。妻子对于朋友的冷眼极为敏感,孩子被女工嘲笑,让钟理和感叹"我们是不应该回来的"①。在《贫贱夫妻》(1959年)中,描述了妻子为家中生计种地、掮木头、躲避林管受伤等故事,感叹生活不易,表达对妻子的愧疚。在作品中,钟理和一贯表现出一种无法抵抗悲剧命运的无力感:"我们之间有一种不可抗拒的力量在残酷无情地支配着我们的生活和行动。"②于是,当想念着台湾的钟理和回到朝思暮想的故乡,却由于落后的乡村现实与被排挤的婚姻,生活更加困窘——在这种幻灭

---

① 钟怡彦编:《新版钟理和全集1:短篇小说卷》(上),春晖出版社,2009年,第97页。
② 钟怡彦编:《新版钟理和全集2:短篇小说卷》(下),春晖出版社,2009年,第135页。

情绪之下的钟理和再一次成为边缘人。因而他对于城市空间的启蒙不彻底、乡土空间的传统陋习的批判得以贯穿始终。

在这一维度上,钟理和的乡土书写与同时代的吕赫若、龙瑛宗、张文环等其他台湾作家呈现出不同的一面。在他们的作品中,民族矛盾成为台湾乡土空间书写的重要一环。而台湾乡土社会的现代性启蒙与乡土陋习之间的龃龉一直被掩盖在殖民时代的民族矛盾之下,是造成台湾乡土社会无法走向现代化的重要原因。这也是钟理和对台湾乡土空间进行批判的出发点——他看到了光复后台湾乡土亟须的是现代性启蒙。在这一层面上,吕赫若等人对于台湾乡土社会的批判无法达到钟理和的思考深度。反观钟理和,他对于台湾乡土空间的逃离(战时)和回归(战后),以及与城市空间的比对、对中国命运的思考,让他更能认识到台湾光复前后乡土空间存在的种种现实问题,从而以与鲁迅一致的批判精神加以展现。

另外,在台湾光复初期,钟理和对乡土现实进行的批判也是具有独特意义的。在本省作家无法迅速完成语言转换、白话新文学创作青黄不接之时,钟理和运用流利的中文写作,及时呈现了战后初期台湾乡土社会的种种问题,记录了两岸空间转换给作家带来的冲击——这是他从乡村到城市、又从城市回到乡村的空间转换中所生发的思考。他既补充了当时台湾新文学中缺失的城市空间形象,又对乡土空间进行了殖民话语之外的现实批判。他对于城市空间和乡土空间的批判不仅都继承自鲁迅的国民性批判,更展现了同样的思考,即中国的城市空间与乡土空间都没有完成现代性启蒙。

(二)第三空间:作为乌托邦的台湾空间

虽然钟理和对于战后台湾的乡村社会存在幻灭的转变过程和批判的态度,但毕竟他对于台湾故乡怀有深沉之爱,于是在批判之中,更存在着一个田园牧歌式的台湾乡土空间。钟理和发现战后的台湾乡村存在着种种问题,而在他心中仍向往那个理想的田园牧歌式的乡土台湾空间。因此钟理和致力于塑造一个理想化的台湾空间,在这一空间中,虽然仍存在愚钝、落后等问题,但温情与人情乃是更重要的特点。这一空间是钟理和在经历了原乡幻灭和故乡幻灭之后,塑造的理想台湾形象,即把台湾空间理想化为乌托邦,在这一空间中探求精神依归。因而笠山农场并不是现实存在的,而是一种诗意投射。

在文化地理学中,"文学作品中的场景环境描写,并不是客观物理空间或地理空间的简单机械式再现,其中渗透着人们对于空间的理性规划和社会历史性理解"①。钟理和对于理想台湾空间的打造,即印证了这一思想路径。作为寄托钟理和乡土想象的《笠山农场》,正是通过投射作家的个人理想愿景,塑造了一个乌托邦式的田园空间。

《笠山农场》初稿完成于 1955 年,此时钟理和已经从战后初返台湾的幻灭情绪中有所抽离,描绘了一幅美好的台湾乡土社会的画卷。《笠山农场》以笠山为背景,以刘少兴买下笠山为起始,展开了建设笠山农场的故事。与"故乡"系列作品不同,笠山农场并不是作为揭露乡

---

① 谢纳:《空间生产与文化表征——空间转向视阈中的文学研究》,中国人民大学出版社,2010 年,第 87 页。

土台湾的现实空间而出现的。笠山农场的原型虽然来自钟理和的故乡美浓,但其展露出的脉脉温情远超出了台湾乡土的现实,反而呈现出一幅田园牧歌、世外桃源的景象,因而成为理想中的乡村空间:

> 原来前此他在中国画上常常看见的那种傍山依水,表现着自给自足与世无争的田家风景,总以为不外艺术家心目中的理想境界,在天底下决然找不到的,却不期在这里遇见了……这些田家在田陇中错落掩映,俨然一幅图画,就如他在中国画上所见的那样。①

笠山农场在钟理和的笔下,俨然一幅鸡犬相闻的世外桃源景象。在这里,不见《薄芒》中期期艾艾的台湾芒草形象,更不见《亲家与山歌》中满目疮痍的台湾乡村,只见林木错落、宛如山水画的悠然田园。不仅景致优美、远离政治纷争,笠山农场也几乎全然不见《阿远》《山火》等作品中愚昧的乡风民俗,取而代之的是淳朴、温情的人情关系:"这地方的人情风俗还是那样地淳厚,质朴,温良,同时因循而守旧。……他们似乎以为它本来就是那样的,根本无需乎去用脑筋。他们不把它想得很复杂。"②钟理和以种种线索告诉读者,笠山农场是理想化的乌托邦空间,而非现实的乡土空间。笠山农场"三面环山,交通闭塞,与外界较少接触"③,在地缘上切断了这一空间与外界/现实的联系。同时,笠

---

① 钟怡彦编:《新版钟理和全集4:长篇小说卷》,春晖出版社,2009年,第35页。
② 钟怡彦编:《新版钟理和全集4:长篇小说卷》,春晖出版社,2009年,第38页。
③ 钟怡彦编:《新版钟理和全集4:长篇小说卷》,春晖出版社,2009年,第39页。

山农场的故事也是封闭式的。笠山农场的人们温顺淳朴,客家人以唱山歌的习俗传唱爱情、山河与人生,与外界的交流几乎是断绝的。无论是笠山农场前期的高歌猛进,还是后期的衰落,都没有因外力而改变故事的进程。由此,钟理和将笠山农场与外界/现实做了彻底切割,生活在这里的人们自给自足,无须纠缠于政治纷争,也不见战后台湾满目疮痍的现实惨象。于是,笠山农场得以外于殖民同化、"二二八"事件等时代政治话语,只关注农场内的情感故事、乡村故事,显现出笠山农场作为乌托邦的空间特质。

笠山农场不仅隐喻着远离时代政治的世外桃源,更隐喻了退隐山林的精神指向。刘少兴面对农场,感叹"这是每一个血液里有着老庄思想,而又上了年纪的中国人容易有的极为普通的愿望,他好像认为自己是应该退休山林了"①,以"退隐山林"表露了笠山农场的乌托邦特质。在"白色恐怖"的20世纪50年代,真正退隐山林、寻得世外桃源是不可求的,于是钟理和只能寄希望于以笠山农场表现理想的台湾乡村形象,表达自己对于台湾社会的理想规划。因而笠山农场的乌托邦特质展露了钟理和人生中的重要主题——逃难。钟理和的第一次"逃难",是从台湾逃到大陆,以逃避台湾的愚昧习俗,却郁郁不得志;第二次"逃难",是对战后大陆的恶劣生存环境的逃离,想要回到温情脉脉的故乡;第三次"逃难",则是在看清故乡现实依旧愚昧后,又一次想要逃离故乡,但逃无可逃,只能寄情于乌托邦式的笠山农场这一空间。笠山

---

① 钟怡彦编:《新版钟理和全集4:长篇小说卷》,春晖出版社,2009年,第26页。

农场由此被粉饰成世外桃源，成为空间和精神上最好的隐居地，是钟理和为自己找到的理想归宿。"人既是空间存在的规定者，又是空间存在的界限"①，钟理和明确地将笠山农场隔绝于现实之外，正是源于他在现实中对原乡和故乡的双重幻灭。因而钟理和的文学特质与张我军等其他旅京台湾作家呈现出不同的一面：张我军等人逃离台湾后，将祖国空间作为其精神寄托，因而表现为反殖民同化的"遗民"心态；而钟理和对祖国和台湾空间的"逃难"心态，让他呈现出一种无所适从的精神特质，只能以乌托邦空间作为宣泄。

毫无疑问，笠山农场就是钟理和找到的乌托邦空间。笠山是钟理和的故乡，钟理和选择这里作为故事的背景，将笠山塑造成美丽、远离政治话语的世外田园，有其深意。如果没有祖国的"旅行"经验，钟理和大概会延续《原乡人》中对于祖国的憧憬，当他意识到台湾现实的落后，那么他所寄托哀思的乌托邦空间可能会是祖国"唐山"。而恰恰因为祖国经验致使其原乡幻灭，致使他只能在故乡寻找建构乌托邦的可能，以此寄托自己对于原乡和故乡的双重想象。

列斐伏尔（Lefebvre, H.）认为，"空间在建立某种总体性、某种逻辑、某种系统的过程中可能扮演着决定性的角色，……不能把它从这个系统、这种逻辑、这种总体性中排除出去"②，即空间是社会关系的容

---

① 谢纳：《空间生产与文化表征——空间转向视阈中的文学研究》，中国人民大学出版社，2010年，第72页。
② ［法］亨利·勒菲弗（Lefebvre, H.）：《空间与政治》，李春译，上海人民出版社，2008年，第24页。

器。空间不仅是具体的物质形式,也是精神建构。索杰(Edward W. Soja)发展了列斐伏尔的理论,提出"第三空间",认为第一空间认识论"偏重于从客观的、自然的、物质的方面来理解空间"[1];第二空间认识论偏重主观与想象,将观念投射于现实世界;第三空间认识论则是对第一、第二空间认识论的解构与重构,通过他者化、第三化打破二元对立的理论框架。在钟理和的文本中,《夹竹桃》与《门》里的院落、《泰东旅馆》中的旅馆空间,是作者对于战时中国城市空间破败萧条、冷漠自私的情状的描摹;《白薯的悲哀》《祖国归来》等作品中台湾人在大陆被辱骂的故事,也反映了当时台湾人不为祖国接纳的现实,与他所批判的战后台湾现实一样,属于第一空间认识论的范畴。而在批判之外,钟理和对于祖国文化的认同,在作品中表现出的中国式审美特质,乃至在批判台湾现实之外对台湾乡村表现出的哀思与悲悯,则投射了他的主观情感:虽然对原乡和故乡都存在幻灭的情感转变,但他所展现的故乡台湾依然存在温情与救赎,最终投射了作者的悲悯情怀。而笠山农场的空间形象则传达出与现实的台湾乡土空间所不同的一面:笠山农场几乎是全然的乌托邦形象,这一空间形象展现出钟理和对于乡土台湾的想象,是田园牧歌、远离政治话语的。在这一层面上,笠山农场成为钟理和所建构的"第三空间"。正如索杰所说,"第三化引入关键的'不同'选择项,它通过他性来言说与批评。也就是说,它不是源于先前二元项

---

[1] 谢纳:《空间生产与文化表征——空间转向视阈中的文学研究》,中国人民大学出版社,2010年,第47页。

的简单叠加,而是源于对它们所假定的完整性的拆解和临时重构"①。钟理和通过笠山农场的空间塑造,解构了让他产生幻灭的原乡与故乡现实,以此更展现出对于两种现实空间的批判态度。"第三空间"旨在以"他者化""改变人类生活的空间性"②,同时也投射了开放式的思考方式。钟理和以笠山农场的形象展示了乌托邦空间,以此承载他对于台湾乡土空间的想象,是对于当时现实的台湾乡土社会的一种批判。在这一空间中,钟理和以想象的山林、农场,让自己成为"置身局外的当局者"③,也更映射了他在现实生活中的边缘人身份:与祖国和台湾文坛绝缘、对原乡和故乡幻灭乃至产生逃避情绪的钟理和,在时代浪潮下俨然是与时代格格不入的零余者。通过建构笠山农场这一乌托邦空间,钟理和完成了情感转移的过程,即把自己对于现实的失望转化成乌托邦中的理想意象与诗意阐述,以此完成对于现实台湾的解构与批判。

"第三空间"充满象征,是"外围的、边缘的和边缘化了的空间"④,于是读者看到笠山农场远离时代政治话语、自外于现实的乡土社会,与现实的台湾形成了一种边缘与中心的位置关系。事实上,钟理和并

---

① [美]索杰(Edward W. Soja):《第三空间:去往洛杉矶和其他真实和想象地方的旅程》,陆扬等译,上海教育出版社,2005年,第77页。
② [美]索杰(Edward W. Soja):《第三空间:去往洛杉矶和其他真实和想象地方的旅程》,陆扬等译,上海教育出版社,2005年,第12页。
③ [美]索杰(Edward W. Soja):《第三空间:去往洛杉矶和其他真实和想象地方的旅程》,陆扬等译,上海教育出版社,2005年,第37页。
④ [美]索杰(Edward W. Soja):《第三空间:去往洛杉矶和其他真实和想象地方的旅程》,陆扬等译,上海教育出版社,2005年,第87页。

非林海音那般对政治毫不关心。他在沦陷区北京和"二二八"事件后的日记中，都清晰地记录了他对于时政的看法，对于张我军等人的文学、政治主张也有其分歧点。在日记中，他曾对于"国人对台湾的山海经式的认识与关心"①表达愤懑，又在"二二八"事件以后提及"提起外省人来，台湾人全都一个情绪——恨"②，足见他对于政治与意识形态也有相当程度的敏感。而《笠山农场》被建构成为完全脱离时代话语的乌托邦空间，殖民话语、光复后台湾人与外省人的政治经济冲突都是不在场的，台湾乡土社会才是他台湾故事的背景与舞台——这又显示出他自我边缘化的一面。笠山农场作为时代边缘的空间，展露了现实的城市与乡土空间都无法达成的田园牧歌式的乌托邦形象，更印证了他对于两个现实空间的幻灭感。由此，钟理和所塑造的笠山农场形象，绝不是他的文化认同转向台湾意识的结果，"不是民族主义式的认同转换"③，而是建构不同于现实的理想化空间，以此传达对于现实的批判。笠山农场的空间建构并不是他对于现实台湾的正面情感投射，反而是他出于对现实台湾的批判和负面情绪才催生了这一乌托邦形象，以承载他对于理想台湾乡土空间的想象。

不过，即使笠山农场反映了他对于台湾乡土的理想化想象，其中亦存在悲情的成分。在故事中，农场仍囿于迂腐传统与权威思想，导致

---

① 钟怡彦编：《新版钟理和全集6：钟理和日记》，春晖出版社，2009年，第18页。
② 钟怡彦编：《新版钟理和全集6：钟理和日记》，春晖出版社，2009年，第67页。
③ 吴叡人：《他人之颜——民族国家对峙结构中的"皇民文学"与"原乡文艺"》，"跨领域的台湾文学研究"学术研讨会论文，2005年10月15-16日。参见应凤凰选编：《台湾现当代作家研究资料汇编11：钟理和》，台湾文学馆，2011年，第215页。

了致远与淑华的爱情悲剧。致远和淑华的爱情故事,投射了钟理和与钟台妹的不幸遭遇,也是钟理和对于现实台湾乡风民俗的批判。这种批判的态度让他安排笠山农场走向衰落,也是他悲观情绪的投射。

钟理和所再现的台湾空间,虽然有现实基础,但并不是真实的现实台湾社会。他曾想融入大陆社会,但百般尝试无果之后只能返回台湾。返台后他心中的温情乡村在殖民时代结束后变得破败不堪、加之乡民的愚昧落后与自身婚姻不被看好等原因,他心中的台湾乡土也是幻灭的。他只能重新再造一个新的台湾空间,即一个理想化的乌托邦空间,用以承载他的精神依归。因此读者才看到了一个超越殖民话语、政治话语的台湾乡土形象,也是一个承载了钟理和对于台湾乡土社会的想象与期望的乌托邦。这一乌托邦空间所展现的是他对于原乡和故乡的双重幻灭,是从城市空间到乡土空间的双重批判、再到第三空间的诗意塑造,而不是他对于台湾故乡的积极态度,这便更印证了他对于故乡台湾现实空间的批判精神,只能以笠山农场这一想象的第三空间解构现实,认识自我。

二、"孤儿"意识:蕃薯人的精神困境

吴浊流在返台后同样致力于对台湾空间的探求与描摹,以再现心中的台湾形象来表现其乡土之思。这表明吴浊流在"祖国梦"醒以后,对"原乡"与"故乡"产生了较为辩证的看法,乃至寄托其文化情感于再现一个有着乌托邦特质的台湾空间,以取代现实中破落的大陆空间和

落后的台湾空间。

吴浊流所面临的精神困境与钟理和是类似的。与张我军等旅京台湾作家不同的是,吴浊流与钟理和在空间流转之间,经历了原乡和故乡的双重幻灭,使其在地理上的离散结束以后,精神上的离散状态得到延续,因而在钟理和与吴浊流身上表露出一种"孤儿"意识。

钟理和寄希望于理想化的乌托邦空间,实际上并没有得到真正的自我解脱。他在日记中展现的挣扎、悲情,以及《笠山农场》走向衰落的结局,都映照了他的精神困境。吴浊流也有着相似的挣扎与犹疑,而他的"孤儿"意识也更为深入。

(一)对祖国、日本、台湾地区的三重批判

与钟理和相同的是,吴浊流批判的对象不仅是现实中国。吴浊流在日据时期就发表作品,直到台湾光复后仍笔耕不辍。在他的作品中,常见对于日本殖民统治、台湾现实的批判。

日据时期吴浊流曾发表《论学校教育与自治》(1921年)、《对会话教授的研究》(1926年)、《水月》(1936年)等作品,批判日本对台湾的同化教育、日台不平等的社会现实。《功狗》(1937年)讲述了在日据时代台湾人被压榨却得不到回报的故事。洪宏东是优秀能干的台湾青年,他日语水平很高,因而得以在日本学校任职;洪宏东为了学校建设付出极大的心血,却因台湾人身份而只能拿到很低的薪水,久病不能医——吴浊流以此批判了殖民政府对台湾人的压榨。《先生妈》则以自我"皇民化"的台湾人故事,表现"皇民化"运动对台湾人的同化。先生妈坚持民族认同,死后却被儿子新发以日本礼俗入葬,揭露了日据末期的殖民惨状。新发和友人的自我"皇民化",显示出日本"皇民化"运动对于台湾人的精神毒害,使其完全抛弃了对于中国的国族认同观念。《陈大人》(1945年)则以巡查补陈大人的形象,揭露了日据时代的乡绅汉奸为所欲为的黑暗现实。陈大人本是台湾人,却狐假虎威,出卖同胞,并训斥台湾人"你们这样的清国奴如何配做日本国民"①。吴浊流以陈大人的形象批判了殖民政策下台湾乡绅的丑恶嘴脸,批判了助纣为虐的汉奸行为。

另一方面,吴浊流对台湾现实也有极为明确的批判态度。他对台湾现实的批判分为两个层面。第一个层面是对于台湾固有乡俗、恶习的批判,如《水月》中批判部分台湾知识分子在新旧交替的洪流中,虽走出了旧思想的束缚,却流于空想、无所作为,无法承担家庭责任;《泥沼中的金鲤鱼》(1936年)号召女性走出家庭、争取权益,批判封建家族制度;《陈大人》则批判了台湾乡绅胡作非为的恶行。这些作品展示了台湾乡土社会在新旧思想撞击下的种种乱象,表明吴浊流对于新思潮有着较为辩证的看法。

第二个层面是对于台湾光复以后社会乱象的批判,矛头直指国民政府。在《波茨坦科长》(1948年)中,吴浊流描写了范新生在台湾冒充接收人员四处行骗的故事,批判来自大陆的投机者和接收者为所欲为的丑恶嘴脸。《铜臭》(1958年)以贪婪的沈国大形象隐喻了接收人员的

---

① 张良泽编:《吴浊流作品集2:功狗》,远行出版社,1977年,第61页。

贪得无厌;《无花果》《台湾连翘》则直接揭露"二二八"事件的真相和国民政府对台湾人的弹压。在同是战后创作的《狡猿》(1956年)中,吴浊流批判了投机者江大头对台湾百姓的欺骗。台湾光复后,村中的无赖江大头趁机发迹,接收日产、四处游说,凭借一张巧嘴当选代表。起初,村中正义人士还对江大头抱有批评态度;由于江大头四处敛财并不断给乡民好处,渐渐地,对江大头的批评声音销声匿迹。最后,民众对于江大头贪污受贿、强抢民女等行为心照不宣,视而不见。吴浊流通过江大头的形象,展示了台湾光复后乡村社会的混乱状态和投机者的恶行。吴浊流批判的是江大头这种趁政府无序状态而四处钻营的投机者,以此揭露光复后并没有获得良性发展的台湾现实。在《三八泪》(1960年)与《牛都流泪了》(1965年)中,同样以牛皮哥、阿古头的形象,高喊"为什么有地位的人不同情我们"①,指责战后台湾的物价飞涨、经济混乱对于底层民众的残害。由此,吴浊流再造的台湾空间也呈现出一定的幻灭情状。光复后的台湾并没有走上自由、解放的康庄大道,反而兴起了发国难财的投机者、"御用"绅士,还有出卖台湾人的"半山"。吴浊流所批判的对象不仅止于祖国原乡,也扩展到故乡台湾,因而吴浊流所展现的便是"把个人的生命置于历史洪流之中,检验自己的命运与国族命运之间交互作用的关系"②。吴浊流所批判的南京人的性格特质,在台湾人身上也显露无遗。如果按照陈芳明等人的逻辑模式,那么吴

---

① 张良泽编:《吴浊流作品集3:波茨坦科长》,远行出版社,1977年,第281页。
② 陈芳明:《左翼台湾:殖民地文学运动史论》,麦田出版社,2007年,第244页。

浊流对光复后台湾的批判也就变成另一种认同转变了,而这显然与陈芳明所鼓吹的台湾意识背道而驰。

结合吴浊流塑造的战时中国形象与对中国空间的批判,吴浊流的批判意识贯穿他对于日据时代日本的殖民政策、战时中国的萧条破败和台湾光复后种种乱象的揭露之中。这也更印证了他对于中国空间的批判并不来自于国族主义的批判眼光,而是他一以贯之的批判精神所致。吴浊流之所以在战时内渡,是因为"台湾知识者的民族意识中包含着对祖国的期待和想象,他们在强大的殖民压迫下,迫切希望借助祖国的力量摆脱殖民统治的困扰"①,因而他的空间流动行为与钟理和一样带有明确的"逃难"主题。而战时中国的萧条和落败使这一希望破灭,寻求解放台湾的信念也落空。他对于大陆、台湾等地的批判展现了空间流动的影响,也是台湾人特有的精神困境。在《路迢迢》(1967年)中,吴浊流道出:

> 据老一辈的人们说,故乡是在叫唐山的地方,而自从祖父那一代起谁也没有回去过,情形到底怎样,没有人知道。……想起这许多年以来,大家在台湾的一角,分为日本人、台湾人相抗相争,假如大家都知道同是无亲无故的流浪客,那么很可能彼此相处会

---

① 计璧瑞:《冲突下的民族意识形态——论台湾传记文本〈里程碑〉和〈无花果〉》,《台湾研究集刊》,2006年第4期。

融洽些的吧。①

吴浊流在空间转换之中,思考着台湾人的身份。抗战时期,台湾人在大陆被称作"蕃薯人";台湾光复后,则是"本省人和外省人之间……是有一定的距离"②的局面。旅陆台籍作家的空间流动带给他们更宽广的视角,让他们得以认清大陆、日本和台湾地区之间的关系,并在不同程度上对日本的殖民政策、亚洲主义等有所超脱,因而对于台湾命运、文化身份等问题有所反思。对吴浊流来说,他的祖国梦经历了两次幻灭。第一次是在南京任职期间,因祖国的萧条落后、台湾人被歧视的情况而产生对于当时中国现实的批判态度。第二次是台湾光复以后,目睹国民政府对于台湾人的排挤、歧视,和对台湾经济的破坏,吴浊流再一次对于想象的祖国有所幻灭。

吴浊流的精神困境在于,他在殖民时代的台湾、抗战时期的大陆、战后台湾都得不到精神的归依,空间的流转更加深了他对于现实的幻灭、自身边缘身份的体认。他虽然认同着中国,在国族观念上没有发生根本动摇,但他对于中国现实的失望情绪,让他无法对当时中国的文化现象做出回应与效仿,于是他对于文化中国的认同宁愿停留在"汉魂"与古典文化中——这一批判精神得以延续到台湾光复后对国民政府的批判之中。从他到达南京的那一刻起,吴浊流就开始了离散的旅程——不仅是地理上的也是精神上的。这种离散状态在南京时期表现

---

① 张良泽编:《吴浊流作品集 2:功狗》,远行出版社,1977 年,第 177 页。
② 张光直:《蕃薯人的故事》,生活·读书·新知三联书店,1999 年,第 27 页。

为一种离开台湾故乡的漂泊感和对大陆的陌生感。回到台湾以后,地理上的离散状态结束了,但吴浊流更加信仰那个古典中国的文化空间。于是在精神上吴浊流仍然处于离散状态,他所信仰的古典中国空间在战后台湾没有实现,台湾的现实让他与钟理和一样成为精神上的逃难者。至此,他在现实的大陆和台湾都无法找到安身立命的精神依归。这也是《亚细亚的孤儿》结局的隐喻:无论是主角胡太明还是作者吴浊流,他们在"汉魂"的指引下无法在台湾找到现实的归依,只能在精神困境中走向疯狂。

这便是吴浊流,乃至很多台湾知识分子都存在的精神困境。对吴浊流来说,其内渡是因对殖民体制的抗争而起,是一场名副其实的逃难之旅。旅行/逃难的经验如此触目惊心,对现实中国的幻灭与对古典中国的信仰之间的矛盾使他如胡太明一般无所适从。如刘鹤所说,吴浊流/胡太明所面对的是"日本殖民统治下台湾'华人'的身份认同与保持中华文化精神独立双重矛盾的深刻思考"[①]。因而吴浊流内渡祖国的"逃难"经验加深了他对于祖国、文化等问题的思想矛盾,无法如张我军等人那般展现出较为明确的"遗民"意识。对吴浊流来说,他身上更明显的特质是"孤儿"意识。遗民的情感特质是"在非常的情况下坚持故国黍离之思"[②];而吴浊流身上的遗民特质被其对战时中国现实的批

[①] 刘鹤:《遗民情结"场"下的台湾现代文学叙事研究》,吉林大学出版社,2017年,第77页。

[②] [美]王德威:《现当代文学新论:义理·伦理·地理》,生活·读书·新知三联书店,2014年,第153页。

判所冲淡了,他的矛盾心态进一步表现为对中、日以及台湾地区三地皆无法安身立命的"孤儿"意识。

(二)以个人写史再造乌托邦式的台湾空间

吴浊流在返台后面临的精神困境在《无花果》《台湾连翘》中得以集中显现。虽然他曾在1947年"二二八"事件后期望台湾青年"不必为这次事变而感到灰心,你们应该选自己较好的前途迈进,你们的前途将无限地展开,广大的祖国资源正在等着诸君去开拓"①,但由于国民政府对"二二八"事件的缄口不言,吴浊流乃下定决心以个人写史对抗集体记忆的消亡,又塑造了一个与钟理和相似的乌托邦式的台湾空间。

对于《无花果》《台湾连翘》是自传小说还是历史,历来有诸多讨论。台湾学者许俊雅认为,《无花果》《台湾连翘》的史料价值在于两部作品与吴浊流生平大事的契合,证明很多史实并非虚构。而作者坚持选择"小说"这样的形式来进行创作,其原因在于对当局高压政策与禁止讨论"二二八"事件的忌惮。同时,许俊雅指出:

> 无论历史、小说、自传都赋予事件有情节、因果的关系,在合理化事实的过程中,不可避免的都用臆测、推论、想像与虚构,使零碎的材料产生意义。所以对于"真实"一词的界定,便不能仅着重在"内容"上。②

---

① 张良泽编:《吴浊流作品集5:黎明前的台湾》,远行出版社,1977年,第71页。
② 许俊雅:《台湾文学论——从现代到当代》,南天书局,1997年,第277页。

因此，她认为《无花果》《台湾连翘》《亚细亚的孤儿》都通过个人经验把整个台湾的命运通过历史审查的形式呈现出来，反映了其反抗经验。陈芳明也认为几部作品的叙事是"于小说与回忆的界线之间游走。……不全然是虚构，也不全然是事实，颇有颠覆汉人传统历史书写的规律"①。实际上，许俊雅和陈芳明的观点一致，乃在于将《亚细亚的孤儿》《无花果》《台湾连翘》看作是"三部曲"之一体，以自传体小说视之，并由作品中提取历史信息加以利用。实际上，《亚细亚的孤儿》作为几乎完全虚构的小说，虽然与其人生轨迹有所重合，但除了其表达的主旨与作者的人生经验吻合之外，更应以"小说"视之，而非当作历史材料加以利用——吴浊流的《南京杂感》反而更有其史料价值。反观《无花果》《台湾连翘》，其自传性质明显，虚构性与《亚细亚的孤儿》相去甚远，故不能与后者放在一起讨论。同时，诚如许俊雅所说，作者既为叙述者，又是被叙述者，难免存在无法客观看待的现象。于是，我们应该从《亚细亚的孤儿》《无花果》《台湾连翘》中提取的，就不该是研究者至今无法确定其是否真实的史料，而是作者展现出的文化情感和思想意识。

《无花果》《台湾连翘》固然可以看作是吴浊流出于对台湾当局力量的忌惮而采取小说的形式作为伪装，但比厘清两部作品是自传小说还是历史更重要的是，作者如何通过书写历史，表露其思想轨迹。"集

---

① 陈芳明：《左翼台湾：殖民地文学运动史论》，麦田出版，2007年，第248页。

体记忆本身就是一种象征资本"①,吴浊流以个人写史来记录台湾人对"二二八"事件的集体记忆,带有一种主动的建构意识。《无花果》中大半篇幅回溯日据时代台湾的社会境遇,是"以古说今"②,国民政府接收台湾后的混乱与日据时代的秩序井然形成明确的对比关系。

在《无花果》中,国民政府接收前的台湾,是自治、治安良好、心怀祖国的理想形象。大陆接收台湾工作迟迟未能展开,吴浊流认为台湾人自发希望建设模范省,"自动地想对祖国服务"③,建立起治安良好的社会环境。虽然吴浊流在日据时代对于台湾的现实有着一定程度的批判,但在台湾光复后,吴浊流所塑造的台湾/台湾人形象变成态度坚定、品质美好、弱势的受害者形象。这体现了吴浊流理想的台湾空间是幸福、自治的,而不是国民政府"白色恐怖"政策之下的惨淡景象。在国民政府接收台湾前后,中国人与政府的形象则是军备落后的政府军队、投机者横行、政府官员贪污腐化,与自治、自爱、节制的台湾人形成鲜明对比。在《无花果》和《台湾连翘》中,战后国民政府未接收之前的台湾,是他理想的台湾空间。于是吴浊流进一步把这一时期的台湾社会美化成没有冲突、夜不闭户的乌托邦,以此对比国民政府接收以后台湾的混乱、"二二八"事件对台湾人的迫害,批判国民政府治下台湾的种种丑恶现实。在这里,外省人作恶多端,歧视台湾人,视台湾人为汉

---

① 张羽、陈美霞:《镜像台湾:台湾文学的地景书写与文化认同研究》,福建人民出版社,2014年,第13页。
② 彭小妍:《历史很多漏洞:从张我军到李昂》,"中央研究院"中国文哲研究所筹备处,2000年,第66页。
③ 吴浊流:《无花果》,草根出版事业有限公司,1995年,第138页。

奸走狗,台湾人则过着"与殖民地无异的日子"①。在《台湾连翘》中,吴浊流更是以台湾连翘"隐喻台湾的命运:屋主更换,树篱即被任意修剪"②,展露了他对国民政府的批判态度。

由是,吴浊流以个人写史的方式,批判了导致台湾社会混乱的国民政府,而战后初期短暂的自治台湾空间成为吴浊流所赞叹的乌托邦,也是他再造的理想台湾形象。所以,他所展现的台湾空间也成为对抗国民政府"白色恐怖"的一种手段。"空间并不是客观中立的物理场域,它既是政治权力统治的压迫场所,也是政治革命与解放的策源地。"③"白色恐怖"时期国民政府对"二二八"事件讳莫如深,对台湾城市空间的管控让"二二八"事件的历史记忆面临丧失的危险。吴浊流所记录的个人历史则用以对抗这种记忆丧失,对抗国民政府对战后初期台湾社会的阐释权。因而他所形塑的战后台湾空间具备了明确的抗争意识,使他在大陆、日本之外的台湾也无所适从,更加深了"孤儿"意识的表征。

"我们的地方"遭到威胁,就有必要将其他人排除在外④,吴浊流在这里将理想的台湾空间区隔在国民政府接收之前,更将这一空间乌托邦化了。吴浊流的历史书写反映了他心中的战后台湾的愿景,用以解构国民政府治下那个混乱的台湾社会,也以此呈现出"第三空间"的某

---

① 吴浊流:《无花果》,草根出版事业有限公司,1995年,第190页。
② 南方朔:《书评〈台湾连翘〉》,参见张恒豪编选《台湾现当代作家研究资料汇编02:吴浊流》,台湾文学馆,2011年,第279页。
③ 谢纳:《空间生产与文化表征——空间转向视阈中的文学研究》,中国人民大学出版社,2010年,第241页。
④ [英]蒂姆·克雷斯韦尔(Tim Creswell):《地方:记忆、想象与认同》,王志弘、徐苔玲译,群学出版有限公司,2006年,第22页。

种特质。吴浊流再现的战后台湾空间可以看作是一种空间实践,是"'感知的'空间"①,即吴浊流对于台湾现实的幻灭而产生的逃避情绪,塑造了权力真空下秩序井然的台湾空间。这一空间实践是吴浊流对台湾社会的期许,也正映照了他精神无所归依的精神状态。

"文化不光有掩饰的作用,也有暴露的作用。"②如段义孚所说,迁移、离家是一种逃避,文化也是一种逃避。吴浊流从台湾流动到大陆,是对殖民主义的逃避;从南京返回台湾,则是原乡幻灭以后对于现实中国的逃避。书写历史则是揭露国民政府的暴行,是批判也是暴露。吴浊流的《无花果》《台湾连翘》,与张深切的《里程碑》都是抗战时期旅陆台籍作家在战后所作的回忆录,两人的回忆录都书写了作者在日据时代的种种经历,都有着抗日情怀、祖国经验,说明殖民时代对于作家的民族共同体想象塑造是失败的。不同的是,张深切对于"二二八"事件及以后的故事缄口不言,而《无花果》《台湾连翘》则揭露了"二二八"事件的来龙去脉和台湾人的秘辛。在这一层面上,《无花果》《台湾连翘》成为《里程碑》的续篇,展露了旅陆台籍作家返台后的情感轨迹。

不过,理想愿景无法使吴浊流有所依归,吴浊流的精神困境依然存在。无论是在中国传统文化中,还是战后权力真空时期的台湾空间,都是他所幻想的乌托邦,而非真正意义上的依归之处。于是他所再现

---

① [美]索杰(Edward W. Soja):《第三空间:去往洛杉矶和其他真实和想象地方的旅程》,陆扬等译,上海教育出版社,2005年,第85页。
② [美]段义孚:《逃避主义:从恐惧到创造》,周尚意、张春梅译,立绪文化事业有限公司,2014年,第158页。

的台湾空间,便更显示出在现实台湾无法依归的精神困境。

吴浊流以南京空间传达的中国形象,在辩证的视角下呈现,是国民性批判的一部分。同时,他所塑造的中国形象更存在古典中国的一面。他对于中国古典文化的推崇展示了他对于中国的文化认同感,恰反驳了陈芳明等人的台湾意识论。同时,他对故乡台湾的恶劣现实也展现出批判态度,只能再造乌托邦空间以解决精神困境。由此,吴浊流的批判态度不仅针对大陆,放诸台湾现实也是一致的,他对于大陆的批判更不能作为认同转变的证据。

第五章
背离与矛盾
——民族共同体想象的新变

陈言在考察战时中国沦陷区文学叙事时,引入"异质中间人"的概念,意指"战争时期在中日文化之间进行位移的知识人"①。异质中间人或在敌国滞留,或进入伪政权文化机构工作,从事各种形式的文化交流活动。战时流动于两岸之间的台籍作家,几乎都属于异质中间人的概念范畴,而刘呐鸥是其中最为特殊的一员。

刘呐鸥虽是台湾人,但中国现代文学史多以大陆之新文学作家视之。在抗战时期,沦陷区鲜少认同转变的汉奸文人,即使是周作人,其"民族认同并没有发生改变,在文化上也表现出或强或弱的抵抗"②。而刘呐鸥却表现出了对现代民族国家/民族共同体现象的背离与矛盾。在

---

① 陈言:《忽值山河改:战时下的文化触变与异质文化中间人的见证叙事(1931—1945)》,中央编译出版社,2016年,第5页。
② 陈言:《忽值山河改:战时下的文化触变与异质文化中间人的见证叙事(1931—1945)》,中央编译出版社,2016年,第186页。

这一层面上,刘呐鸥身上的"异质"特性更为突出,他摇摆于两种文化中间的精神位移也凸显了其"中间人"的身份特质。

刘呐鸥少年时期便留学日本,于日本青山学院完成中学教育。毕业后,刘呐鸥本欲留学法国,因母亲反对,1926年转赴上海震旦大学完成高等教育,自此留在大陆生活。在上海期间,刘呐鸥将日本的新感觉派介绍到中国并创立了中国的新感觉派,可以说是当时介入中国新文坛最深的旅陆台籍作家。这也是刘呐鸥与其他旅陆台籍作家的不同之处:作为台湾人的刘呐鸥,却表现出了极为微妙的地域身份特征,以至长久以来他的台湾身份未能被还原和充分讨论。

事实上,刘呐鸥在大陆旅居期间,的确刻意隐瞒了自己的台湾人身份。吴浊流与钟理和都曾在作品中提及日据时代,尤其是抗战时期中国同胞对台湾人的歧视与误解。台湾人在战时的大陆不被信赖、被误认为是日本间谍,因此大多隐藏身份,自称来自福建等地。施蛰存曾称刘呐鸥"对上海人不谈过去,他到底是日本人是中国人还是台湾人,他自己从来没有说明白过"[①]。吴浊流、钟理和对于被歧视的现状感到幻灭,乃至产生了对大陆的批判态度,而刘呐鸥则不同,他对于上海的迷恋显示出他并不热衷于对祖国进行批判,但这种迷恋又与张我军等旅京台湾作家的"祖国爱"不同。在刘呐鸥身上,作为台湾人的印记十分模糊,乃至其"中国"身份也难以凸显。

[①] 许秦蓁:《专访上海施蛰存谈刘呐鸥》,《重读台湾人刘呐鸥(1905—1940)——历史与文化的互动考察》,台湾"中央大学"硕士论文1998年。参见康来新编选:《台湾现当代作家研究资料汇编53:刘呐鸥》,台湾文学馆,2014年,第121页。

这一特征在他对于上海、北京两座城市的塑造、描述中可见一斑。城市形象的塑造展现了他的中国想象带有一种局外人的视角，同时又与林海音、洪炎秋等人的遗民心态不同。刘呐鸥的局外人视角，展示出日本殖民教育对于台湾人的民族共同体想象形塑是失败的，同时也没能建立有关中国的共同体想象——这也决定了他在与中国新文坛往来甚密的同时，却又在沦陷区上海和南京选择与汪伪政权、日本人合作，乃至被击杀，留下重重疑团。

第一节　都市漫游者：局外人眼中的中国形象

彭小妍将刘呐鸥看作是"浪荡子"美学的实践者，认为他具有浪荡子美学的经典特征，即"浪荡子身为永恒漫游者的姿态，以及他的'漫游白描艺术'与身为女性观察家的立场"[①]。在刘呐鸥身上，既难见旅京台湾作家一般的家国情怀，更不似吴浊流的孤儿意识，而更多的是对"游荡"状态本身的迷恋。他对上海的繁华糜烂趋之若鹜，对北京的文化古迹更怀有一种观光视角，展露出他作为漫游者的心理状态。正是这种漫游者的心理状态、浪荡子的生活方式，让他对现代主义进行创造性转化，同时也更难以简单的国家文学概念去理解他的创作取向。

---

① 彭小妍：《浪荡子美学与跨文化现代性——20世纪30年代上海、东京及巴黎的浪荡子、漫游者与译者》，浙江大学出版社，2017年，第146页。

刘呐鸥对大陆的想象与凝视，便也不似其他旅陆台籍作家那般，掺杂着家国情怀、国民批判、反殖民等多方面的复杂议题，而更多体现着"中间人"式的文化混杂性和西方"浪荡子"式的漫游状态。

一、现实与虚构交叠的上海空间

上海城市空间是中国新感觉派作家私淑的故事背景板。在新感觉派作家的创作中，上海是摩登都市、销魂窟，从而成为中国现代文学史上典型的都市空间形象。开创中国新感觉派的刘呐鸥，对上海的形象塑造也不例外。刘呐鸥所描摹的上海空间，除了摩登与颓废并存的特点外，更重要的是这一形象与他的人生经验、现实生活有极深的交叠——小说中的上海空间和日记里的上海经验是交织在一起的。刘呐鸥对于上海都市生活的留恋与对上海这座城市的爱恨交织，成为他塑造上海空间的重要起点。

刘呐鸥将自己的短篇小说集命名为《都市风景线》，展示出收录的短篇小说皆以塑造摩登都市形象为主轴。在刘呐鸥小说中，上海这一摩登都市形象通过夜场、旅馆、跑马场等空间得以塑造，这些空间无一例外都被形塑为声色犬马的场所，共同构成了上海都市空间奢靡、颓废、纵情声色的特质。

《游戏》(1928年)的故事发生在"探戈宫"，讲述了年轻男女沉迷夜场生活的故事。人们在探戈宫饮酒、起舞、相拥、约会，俨然一幅都市夜生活的浓缩画卷。男人和女人在这里短暂地恋爱、分开，他们所迷醉的不是对方,而是任何可能的肉体交叠。《流》也以夜场生活开始,堂文和镜秋饮酒作乐,流连于声色场所,与《游戏》异曲同工。《流》虽然讲述的是镜秋和晓瑛的爱情故事,但又耽溺于对夜场的氛围塑造中——"人们好像走进了新婚的帐围里似的,桃色的感情一层层律动的起来"①——使得小说里的上海空间与《游戏》形成映照,共同以夜场空间展示了上海空间形象。两部小说中的人物耽溺于美酒、美人,夜场生活成为刘呐鸥小说中夜上海的重要表征。

《都市风景线》的其他小说则以其他空间作为故事的背景,展示了同样特质的都市空间。《风景》(1928年)选择火车、旅馆作为男女相识与发生关系的空间,《两个时间的不感症者》以跑马场作为声色男女谈情说爱的场所,《杀人未遂》则以保险库作为强奸案的发生地……刘呐鸥以都市生活常见的场所作为故事空间,赋予了这些场所以颓废、纵情声色等特质,以此展露他所要塑造的都市空间形象。

由是,刘呐鸥在小说中所塑造的上海形象,以夜场、火车、旅馆等都市空间为依托,通过反复描摹相似的夜场生活、寻求肉体与感官刺激的男女,呈现出上海这一城市空间颓废与摩登兼具的一面。在这一形象塑造背后,是他人生体验的映照。刘呐鸥在上海旅居十多年,创办《无轨列车》,设立水沫书店,投资电影,并担任文化官职,事业上可谓风生水起。这也决定了他关注的是上海的都市生活空间(甚至只是资本主义的),而不是其乡土中国的一面。20世纪20年代乃至沦陷时期

---

① 康来新、许秦蓁合编:《刘呐鸥全集:文学集》,台南县文化局,2001年,第59页。

的上海,兵灾不断、饿殍遍地、社会混乱,加之中国社会尚未完成现代性启蒙,学生罢课、工人罢工等屡屡不断,这都是上海空间的重要组成部分。而在刘呐鸥的小说中,对于这一面的呈现是缺失的。这说明在刘呐鸥的生命体验中,摩登都市享乐、颓废的一面是他更为熟稔的一面。作为资本家的刘呐鸥,在上海过着典型的浪荡子生活,夜总会、写字楼、跑马场这些直观的城市空间与他纵情声色的私生活共同组成了他对摩登都市的生活体验。所以小说中的摩登都市形象,与其日记中对上海空间的体认形成了一定程度的交叠——刘呐鸥现实的生命体验(日记)和虚构的上海故事(小说)形成了互文关系。

互文性又译为"文本互涉""文本间性",由法国批评家朱利亚·克里斯蒂娃(Julia Kristeva)于20世纪60年代提出,指的是"文本之间互相指涉、互相映射的一种特质"[1]。在一部文学作品中,往往带有其他作品的引述/影子,文本之间的互文关系成为解读文本的重要切入点。刘呐鸥日记中对上海生活的指涉、上海空间的塑造,与其小说中的上海都市形象相互交织,又互为补充,可窥见刘呐鸥心中对上海空间的总体体认。

"每一部文学作品都是引述之引述"[2]。刘呐鸥日记中所描述的上海夜生活,成为其小说空间塑造的重要来源,使得其小说变成对日记的一种引述。在小说中,刘呐鸥塑造了颓废、声色犬马的上海都市形象,这与日记里展现的部分上海形象有所重叠。在日记中,刘呐鸥记录

---

[1] 李玉平:《互文性:文学理论研究的新视野》,商务印书馆,2014年,第59页。
[2] 李玉平:《互文性:文学理论研究的新视野》,商务印书馆,2014年,第54页。

了自己"终日和那群无知的时髦男女泡在一起"①的颓废生活,流连于上海各大夜总会,并导致严重的神经衰弱。小说里的红男绿女、洋场生活,成为刘呐鸥日记的一种引述。小说里颓废的都市生活、表面光鲜实则堕落的都市白领,乃至轻浮的男女关系,都透露出与日记的互文关系。不过,与小说不同的是,刘呐鸥在日记里流露出了对上海更为复杂的态度,同时也解释了其小说中城市空间塑造的种种问题。在小说中,刘呐鸥并未强调故事的发生地是上海,《热情之骨》(1929年)、《赤道下》小说的发生地甚至被放置在异域空间之中。研究者以"知人论世"的思维路径,认为无论是摩登女郎还是声色犬马的都市生活,刘呐鸥所建构的城市空间因时代语境、作者经历而与上海相连,实际上简化了作者的创作意图。小说中千篇一律的都市特色,显示出这一都市空间不一定非得是上海:小说中所展现的都市形象特质,如果放诸其他现代都市之中,也毫不突兀。如李俊国所说,刘呐鸥的上海书写常常保持一种"距离话语",不像沈从文那样"以自我价值判断'干预'都市人生书写"②。刘呐鸥日记中所记录的上海夜生活,是刘呐鸥的切身体验,而反映在其小说中,却无法显示"干预"的热情,也就无法呈现上海的地域特色。因而小说中的上海形象,只是刘呐鸥日记中的上海形象的其中一个维度,刘呐鸥只撷取了他所迷恋的摩登都市生活的一面反映在小说中,有意将上海的地域特色抹去,因而在虚构的小说中塑造了

---

① 康来新、许秦蓁合编:《刘呐鸥全集:日记集》(下),台南县文化局,2001年,第494页。
② 李俊国:《都市文化理性与刘呐鸥的都会小说》,《湖北大学学报》(哲学社会科学版),2002年第5期。

无法与上海有效联系的现代都市形象。

这种距离感说明刘呐鸥对于上海的情感与张深切等人对北京的迷恋不同。张深切、洪炎秋等人对于北京的情感,是对文化古都的爱慕与向往,因而他们所塑造的北京城市形象是正面、美好、有地域特色的。刘呐鸥对上海的观感,则带有一种又爱又恨的情结:一方面,上海的都市问题、生活的不适让他十分不满;另一方面,作为摩登都市的上海给了刘呐鸥极大的发展空间,也满足了他的享乐需求——他宁愿客居上海,也不愿回到故乡台湾。换言之,刘呐鸥所看重的是摩登都市的现代化生活,而这一都市空间可以不是上海。这一情感线索在他的日记中可窥见一斑,刘呐鸥在日记中曾表达了初到上海的不适和对上海的种种不满情绪:

> 你所吹的风是冷的,会使人骨麻,你所喷的雾是毒的,会使人肺痨,但是他们怕不骇吧,从天涯地角跑来的他们,他们要对你说:你是黄金窟哪!看这把闪光光的东西!你是美人邦哪!红的,白的,黄的,黑的,夜光的一极,从细腰的手里!横波的一笑,是断发露膝的混种![1]

从刘呐鸥的陈述中,可以看出他最初追求的是摩登都市的体验,于是宁愿忍受种种不适,也要歌颂这座现代都市的繁华与摩登;而在

---

[1] 康来新、许秦蓁合编:《刘呐鸥全集:日记集》(上),台南县文化局,2001年,第52页。

流连夜场、跳舞场之后,体验到现代都市生活颓废的一面,感受到上海的腐化,又对上海产生了一种爱恨交织的情绪。刘呐鸥对于上海的不满情绪来自于生活的不适和都市的颓废感,但又对这种现代都市生活十分迷恋。于是他笔下的上海裂变成两个空间:一个是上海城市空间本身,它的冬天寒冷潮湿,"真是难住,好像在泥土的海里泅"①,不适于台湾人居住;另一个是拥有摩登、享乐特性的都市空间,这些都市特性让上海与国际都市相连,拥有众多可流连的声色场所。刘呐鸥迷恋的显然是后者,他在上海都市空间中如鱼得水——"上海的华尔兹令人留恋"②。他所流连忘返的是作为摩登都市的城市空间,而不是上海这一地域本身。所以,他对上海的情感无法做到与张深切等人对北京的文化情感一样,掺杂民族认同的因素。

刘呐鸥对上海都市空间的流连忘返是基于摩登都市体验的,而非出自对祖国、对上海的文化认同感。同时期旅居大陆的吴浊流、钟理和,对于祖国的落后与战乱、台湾人被歧视的现状痛心疾首,原因在于他们对于中国的民族认同感和责任感,对中国城市空间的批判也成为其重要的情感出口;这种特质在刘呐鸥身上极为鲜见,正是因为刘呐鸥对上海空间始终无法做到"身在此山中"。上海对于刘呐鸥来说"只是一种地缘政治上的认知,并未伴随着强烈的民族认同"③,这决定了刘呐鸥对上海形象的塑造不会带有吴浊流、钟理和那样的批判眼

---

① 康来新、许秦蓁合编:《刘呐鸥全集·日记集》(上),台南县文化局,2001年,第66页。
② 康来新、许秦蓁合编:《刘呐鸥全集·日记集》(下),台南县文化局,2001年,第494页。
③ 周洁:《刘呐鸥:一个日籍台人的现代主义文艺之殇》,《文学评论》,2013年第5期。

光——因为他对于这一空间没有认同上的精神困境,便不会有"责之切"的批判立场。对刘呐鸥来说,都市空间有他所热衷的生存状态,这一空间可以是东京,也可以是上海。这也就是为什么刘呐鸥笔下的上海形象,表面上看来具有明确的都市特色,但这一特质又是众多国际都市所共有的——他所迷恋的上海是其摩登都市的一面,而这一特征并非上海独有。于是,刘呐鸥笔下的摩登都市空间,既可以与上海相连,又未必只能是上海。

  由此,刘呐鸥小说与日记中的上海形象互为交织,形成了现实与虚构交叠的上海空间,也以此展现出刘呐鸥对上海这座城市的情感脉络。刘呐鸥虽迷恋作为摩登都市的上海,同时又感到空虚与颓废。在日记中,刘呐鸥吐露自己流连于上海众多夜总会,整日放荡,常常凌晨回家,导致长期睡眠不足。对于此,刘呐鸥曾表露出"我没有进步,而是退步了。我发觉自己越来越远离本性,……或许是因为寂寞吧"[①]的颓废情绪,展示出他在摩登都市生活中所面临的精神问题。尽管如此,刘呐鸥对于都市空间依然展现出一种迷恋的态度——这或许也是他选择上海作为客居地的原因:个人的生命体验决定了他对摩登都市生活的推崇,而不是回到故乡台湾。于是他才塑造了一个既充满摩登都市特性、又未必有真正地域特色的上海空间形象。这正说明了他对于上海都市空间的迷恋,更多来自对浪荡子的生活方式的推崇——他只是都市的漫游者,而不是身在其中的民族主义者。

[①] 康来新、许秦蓁合编:《刘呐鸥全集:日记集》(下),台南县文化局,2001年,第494页。

二、观光者眼中的北京空间

如果说刘呐鸥所塑造的上海都市形象,带有对摩登都市生活的探求而不是对上海这一地域的迷恋,那么他对于北京城市空间的塑造就更透露出一种局外人的视角。虽然林海音、洪炎秋等旅京台湾作家对北京也表现出一种从外向内看的目光,但他们对北京的热爱、对中国的文化认同感使得他们的北京城市空间塑造呈现出温情脉脉的一面,并带有"想回而不得"的情感特质;而刘呐鸥对北京城市空间的塑造则完全是观光式的。

刘呐鸥于1927年9月前往北京,12月离京返沪。在北京期间,刘呐鸥遍游北京的名胜,对北京的空间地景有着细致的描摹。景山、紫禁城、琉璃厂、鼓楼、什刹海、东安市场、西单牌楼等真实地景的出现,让刘呐鸥建构的北京城市形象与上海形成鲜明对照。在对上海的城市空间塑造中,真实地景的缺乏造成了地域特色的缺失,而这一点在北京城市空间中却比比皆是。初到北京时,刘呐鸥感叹"白河曲曲匍居低原,赤土里,平原远展,一是北国风味。啊!枯寂的北方"①,将北京形象与摩登都市划开界限,也赋予了北京以独特的地域特点。在这里,刘呐鸥明确将北方的种种风物与北京城市空间相连——"没有阳光,刮起

---

① 康来新、许秦蓁合编:《刘呐鸥全集·日记集》(下),台南县文化局,2001年,第618页。

阴风,满路飞沙"①,让北京形象呈现出不可替代的地域特色。

在北京考察期间,刘呐鸥对北京的种种风物、人情有着猎奇般的探求和表现。在日记中,他详细介绍了在东安市场购物的经历、北京的环境气候、游历紫禁城与北海公园等种种古迹的经过,其间细数各处地景的实际方位、相对位置,俨然重现了一幅北京观光地图。刘呐鸥在北京以游乐为主,先游览了北京城市中心的景山、紫禁城、永安寺、白塔、什刹海、鼓楼、钟楼、地安门等名胜古迹,又游览了东城雍和宫、城南游艺园,又到城西南的乡下游历,将北京各个方位的景色做了一一介绍。同时以鼓楼为中心,明确点出了各处地景的绝对位置:

> 南望北京全城在苍郁树里,对面景山,西有北海、什刹海、白塔、北海、永安寺塔,东有大街通东直门,稍南明阳门,北有钟楼遮面,楼上头为通俗教育馆。下来坐电车到东四牌楼,坐花洋车去朝阳门外东岳庙。②

可以看出,刘呐鸥对于北京城市的空间塑造相比于上海要更为精准、具体,也突显了北京城市形象的特色。然而,空间地景的绝对位置,指的是其地理坐标,不带有主观情感;而空间地景的相对位置,是它相对于其他地景在作家想象中的位置,带有主观情感的因素。林海音对

---

① 康来新、许秦蓁合编:《刘呐鸥全集:日记集》(下),台南县文化局,2001年,第692页。
② 康来新、许秦蓁合编:《刘呐鸥全集:日记集》(下),台南县文化局,2001年,第644页。

北京城市形象的塑造,透露着林海音对于北京的城市记忆。林海音也曾写到北京的琉璃厂、什刹海、西单牌楼等地景,这些地景皆与她的童年记忆相关。对于在北京长大的林海音来说,城市的空间地景附着了她的童年回忆,于是它们的相对位置成为更明确的表征。林海音笔下出现的琉璃厂、厂甸等空间都位于城南,但它们的绝对位置是不明确的。它们具体位于哪一条街道,其背后的空间特色,对林海音来说是不重要的,重要的恰恰是这些空间所依附存在的情感与记忆。对于林海音来说,空间地景的相对位置由其记忆、情感决定,她对北京城南空间的模糊表达,正显示出她所附着在城南空间的主观情感。这一主观情感决定了她对北京的城市形象塑造有着极为深沉的爱慕之意,同时也束缚了她对北京的空间建构,乃至她所塑造的北京空间远离战乱、不洁、落后,幻化成为接近乌托邦的空间形象。

　　而对刘呐鸥来说,正是因为没有回忆、文化的束缚,对北京城市空间的认识便直观地停留在地景的绝对位置和客观表现上,而不是主观的记忆地图。从表面看来,刘呐鸥建构的北京空间十分明确,与张深切、张我军等人推崇的北京形象存在共性,但在具体的空间地景塑造中,刘呐鸥又表现出对北京的探索心态而非爱慕与留恋的文化情感。虽然刘呐鸥曾流连于东安市场,经常在白塔附近读书,在北京城留下种种回忆,但他在北京的经历始终都是他对比南方生活的一面镜子,对北京的观看保持了完全抽离的姿态。这也是为什么刘呐鸥在北京的白塔上望着黄沙阵阵,想到的是南方的山川之美和优美的船歌水声,而不是对这座文化古都的敬畏与爱慕。也正因为此,他才对北京的种种风土人情展露出了最大程度的好奇之心,并记录在日记中。北京气候的干燥导致当地人养成饮茶、吃白梨和萝卜的习惯,驴子成为北京的主要交通工具等北京城市特有的风貌,在刘呐鸥看来皆是乐趣:他在观看北京城市地景的时候,正是因为没有情感的附着,也就更能直观地认识空间的绝对位置和客观存在,并在日记中准确地记录北京地景的绝对坐标。

这也就是文化地理学所强调的,"文学作品不只是简单地对地理景观进行深情的描写,也提供了认识世界的不同方法,揭示了一个包含地理意义、地理经历和地理知识的广泛领域"[1]。刘呐鸥对北京空间地景的记录看似是客观、绝对的,但恰恰反映了他对于北京的观看是完全抽离在外的、观光式的。在这一层面上,刘呐鸥塑造北京城市形象的出发点,与其上海空间塑造是一致的。他对于北京的城市空间的体认,与上海一样,直观地映照出他对于中国城市空间地缘上的体认。在刘呐鸥看来,"上海若是世界民族的展览会场,北京可以说是中国人种的展览场"[2]:如果说他对于上海的空间体认是探求其摩登都市特性的一面,而非上海本身的地域特色;那么他对于北京的空间认识则只停留在感官的体验和游客式的欣赏阶段,更不含有民族认同的情感。在他看来,上海是客居之地,而北京也仅止于游历观光的好去处。

对北京空间的塑造,成为刘呐鸥上海空间塑造的有力注脚。虽然

---

[1] [英]麦克·克朗(Mike Crang):《文化地理学》,杨淑华、宋慧敏译,南京大学出版社,2003年,第72页。
[2] 康来新、许秦蓁合编:《刘呐鸥全集:日记集》(下),台南县文化局,2001年,第628页。

北京城市空间在刘呐鸥笔下表现出了明确的地域特征,但这一特征仍与他对上海的体认一样,仅仅停留在地理的认知上。这展现出刘呐鸥作为新感觉派作家的特质,即为写作而写作,"作家可以不必持有固定的意识形态身份、文化身份和民族身份"①。将这一特质放置在刘呐鸥身上探讨,显然必须考虑其他更多的因素,如东亚流动、殖民教育背景等,但就文本呈现来说,他所塑造的上海、北京形象,的确缺乏民族认同、文化身份的种种线索。此外,刘呐鸥对北京城市生活的感知,也如上海一样,局限于都市生活体验之中。他在北京期间,除了四处游玩,还花费大量时间与文友讨论"嫖经"、流连于声色场所,成为他上海都市生活的延续。可见,刘呐鸥所私淑的城市空间无论地域如何变换,都仅仅是摩登都市的一面。

于是,刘呐鸥建构的上海、北京城市形象,与其他旅陆台籍作家呈现出完全不同的视角与态度。张深切等旅京台湾作家对于北京的形象塑造,显示出他们对于中国强烈的文化认同感,并将大陆作为台湾学习与进步的榜样;吴浊流与钟理和则在祖国原乡幻灭以后,产生了对大陆的批判态度,但对于中国的民族认同是不变的。换言之,前两类作家对中国城市形象的塑造展现了他们对中国的想象是基于同一种民族共同体认知的。即使在空间塑造中展现出外部的眼光(如林海音、洪炎秋等),但这种由外向内的观看正显示了他们返台以后想要回到大

---

① [美]史书美:《现代的诱惑:书写半殖民地中国的现代主义(1917—1937)》,何恬译,江苏人民出版社,2007年,第318页。

陆的强烈愿望,是站在台湾观看大陆的视角。而刘呐鸥则以一种完全抽离的姿态,既非脚踏台湾,又非对照大陆。刘呐鸥对上海、北京的感知,没有原乡、民族的预设立场,也正显示出他在两座城市(乃至东亚其他城市)间的游荡更像是西方漫游者式的。如果说张深切等人是"身在此山中",那么刘呐鸥的都市漫游则尽显"不在此山中"的跨文化特性——他只是观光者。

第二节 文化流亡者: 民族共同体想象的双重背离

刘呐鸥何以塑造了如此具有距离感的中国城市形象?他对于上海摩登都市空间的单一化阐释、对北京城市空间的观光式塑造,说明在他的中国想象中,民族文化情感是缺失的。在刘呐鸥身上,更多见对于多文化背景的创造性转化,即超脱出中、日文化在其身上的矛盾与对立,选择"效仿并衷于通行国际的现代主义美学"①,正如彭小妍所说的,"浪荡子美学是跨文化现代性的精髓"②。

当然,新感觉派写作的重要特质即"意识形态的含糊性和不稳定

---

① 彭小妍:《浪荡子美学与跨文化现代性——20世纪30年代上海、东京及巴黎的浪荡子、漫游者与译者》,浙江大学出版社,2017年,第48页。
② 彭小妍:《浪荡子美学与跨文化现代性——20世纪30年代上海、东京及巴黎的浪荡子、漫游者与译者》,浙江大学出版社,2017年,第32页。

性"①,作家对于现代民族国家难以怀有民族主义式的目光,而更在于对现代主义美学的追随。具体在刘呐鸥身上,则表现为对于近代以来民族共同体想象的背离。这种背离感是双边的——他对中国和日本两者的民族共同体想象都是缺失的。当他选择了作为都市漫游者而游荡于东京、上海,也就决定了他作为两种文化之间的"中间人"而产生了精神位移。

一、作为流亡者:被剥离的中国认同

刘呐鸥的教育背景以日式教育为主,"他本人的文化教养,又几乎全都是日语文化给的"②。刘呐鸥在日据时代的台湾长大,在日本完成中学教育后赴上海继续深造。中国传统文化素养的缺失决定了他对于中国缺乏原乡憧憬,也无法对大陆的城市空间、文化传统产生较多的共情。

台湾学者苏硕斌曾考察台北城市空间的历史沿革与变迁,尤以日据时代对台北城市空间的改造最为唏嘘。殖民政府将台北城市空间的中式建筑改造成日式建筑,将街市名称改为日本名字,通过城市规划打破台北城市传统的"三市一街"的区位地理,以此将台北城市空间变

---

① [美]史书美:《现代的诱惑:书写半殖民地中国的现代主义(1917—1937)》,何恬译,江苏人民出版社,2007年,第323页。
② 张国安:《〈刘呐鸥小说全编〉导言》,参见贾植芳、钱谷融主编:《刘呐鸥小说全编》,学林出版社,1997年,第5页。

成日本化的区域,从而让台湾人在视觉与生活上失去了其所依托的台湾传统空间,只能在日式的城市空间中被殖民同化。于是,日据时代的台湾便"奠定了这样一条现代空间之路,人们得以自由来去,地方情感已被剥除,任何空间皆可停泊,但恐怕也将不再久留"①。台湾殖民时代的这一思想轨迹也影响到了刘呐鸥的文化轨迹。日本殖民政府通过空间地景的改造,剥离了台湾人对于中国式的建筑、地景的依赖,当殖民地人民失去了自己的土地,他们对于中国的民族认同感与文化情感便没有了可以附着的空间。当居住的空间充斥着日式建筑、日本地景时,视觉上的日本化潜移默化地改变着人们的思想认识,无处依附的文化情感便被剥离,殖民地人民便在文化情感上成为无根的游民——这也是萨义德认为帝国主义是"一种地理暴力的行为"②的原因。地理的改造让殖民地人民成为文化的游民,这便是刘呐鸥背离中国民族共同体想象的缘起。刘呐鸥对中国的民族认同感因地理和文化的改造而被剥离,使他没有建立起对中国的文化认同。

　　苏硕斌感叹日据时代台北城市空间的殖民化改造对台湾人的文化认同起到了极大的损毁,而刘呐鸥则恰恰以上海空间的建构展现了这一损毁的结果。刘呐鸥所建构的摩登都市空间,同样失去了上海城市的地域特色,即中国特色。刘呐鸥所迷醉的,也只能是代表着现代性/现代化的摩登都市属性,而非上海作为中国城市本身的地域特质。与

---

① 苏硕斌:《看不见与看得见的台北》,群学出版有限公司,2010年,第279页。
② [美]爱德华·W.萨义德:《文化与帝国主义》,李琨译,生活·读书·新知三联书店,2003年,第320页。

北京相比，上海的确缺乏中国城市的地域特点，而其西化、现代化的都市景观，则与台北的殖民化城市改造相连——正是上海中西方杂糅的空间特色、现代都市的种种特质让20世纪二三十年代的上海与同时期的台北一样无法成为承载中国传统文化认同的理想空间。台北城市空间改造的结果不仅是日本化，也带有近代化的意味。这种改造将日本化和近代化杂糅为一体，使得被殖民者在接受近代化的同时无法轻易将殖民同化的部分剥除。而上海则由于都市化的改造、租界的地理划分等空间改造，同样杂糅了近代化与（半）殖民的双重因素。因此作为文化游民的刘呐鸥选择上海作为旅居地和小说的背景板，绝不是偶然——他与半殖民地上海的都市精神是相契合的。

被剥除了地方情感的刘呐鸥，显然不会对上海的中国特色感兴趣，于是他将上海空间分割成上海城市本身和摩登都市两个部分，只撷取后者进行摹写。而摩登都市灯红酒绿的夜场、淫欲、空间，并非为上海所独有，因此才会出现《都市风景线》中看似发生在上海、但又可以在任何现代都市发生的故事。事实上，《都市风景线》中的作品也常常变换着故事发生的空间，乃至发生在异国他乡。这一流动性正展现了刘呐鸥的游民心态：他不仅在地理上失去了土地，在精神上也彻底变成了没有土地的人。

刘呐鸥对中国的民族认同感由于文化的失根没能成功建立，使得刘呐鸥变成萨义德所说的流亡者：他对中国既不存在张深切等人的爱慕感，也不会有钟理和一样的原乡幻灭感，而是游走在中、日文化之间，以局外人的态度和立场观看大陆。因此作为流亡者的刘呐鸥在观看上海、北京时,无法产生其他旅陆台籍作家那样的复杂情感。

刘呐鸥的流亡者特质不仅表现在他对上海、北京两座城市空间的抽离态度,更体现在他的文化活动中。在抗战前,他与左翼文学渊源颇深,"将左翼文学看作现代派文学的一个部分"①;七七事变后,他辞去南京国民政府中央电影摄影场的职位,返回上海;1938年又参加于武汉成立的中华全国电影界抗敌协会,成为该协会的理事。这些文化活动反映了刘呐鸥不仅与中国新文坛走得颇近,似乎更展示出他在抗战爆发初期对于战争的抵抗态度。然而在参加抗敌协会的同年,他又选择协助日本对上海电影界的统治,调查上海电影人的去留情况,同时与日本公司合作创立电影公司;1940年又接受国民新闻社社长职位,同年疑似因其汉奸行为而遭暗杀。刘呐鸥在上海所从事的文化活动,既有对中国文坛的介入,又有与日本来往甚密的行为,更印证了他既是"巧妙的模仿者"又是"秘密的流浪人"的流亡者特质:正是由于他无法建立有效的民族认同感,才导致他同时参加了中日双方的文化组织并为其效力,却不以为耻。在刘呐鸥看来,他在上海风生水起的事业、放纵奢侈的生活远比文化认同更真实,因而他与胡兰成一样自认为是"时局的弄潮儿"②,而不是文化汉奸。

在这一层面上,刘呐鸥的确与胡兰成有一定的契合之处。胡兰成不厌其烦地为自己的文化汉奸行为做辩护,正因为他并不认为自己的

---

① 王志松:《刘呐鸥与"新兴文学"——以马克思主义文艺理论接受为中心》,《山东社会科学》,2013年第10期。
② 胡兰成:《今生今世》,中国社会科学出版社,2003年,第103页。

文化活动是背叛行为,而是"给失败的五四'中国文艺复兴'第二次机会"①。刘呐鸥之所以在抗战时期选择看似矛盾的两种文化活动,同时并未表现出对这种文化汉奸行为的羞愧之心,这恰说明他作为文化流亡者的精神状态。

不过,胡兰成长于大陆,自然与刘呐鸥的民族认同轨迹不同。胡兰成对于自身文化汉奸行为的不自知,在王德威看来是"游走是非内外,敌我不分,如此娴雅机巧,以致形成一种'艺术'——文字的叛/变术。在背叛的政治学之外,胡兰成发展出背叛的诗学"②。王德威的观点道出了胡兰成背离自己的民族共同体想象却不肯面对的心态,也正说出了胡兰成与刘呐鸥的不同之处:刘呐鸥无法有效建立起对中国的共同体想象,在中、日两种文化之间是彻底的"中间人"状态,因此他选择两种指向性截然不同的文化活动却没有展示出犹疑,其背叛行为正是出于这种对共同体想象的背离感;而胡兰成的民族共同体想象是明确而坚固的,他为自己的背叛行为披上中国传统文化与抒情传统的外衣,恰证明了他在表面的深以为荣背后是对自身背叛行为的愧疚感,因而急切地想要为此寻找遮羞布。

于是,在这一对比中更映照出刘呐鸥作为殖民地知识分子所受到的殖民印记——他走向了民族共同体想象层面上的一种极端状态。被

---

① [美]王德威:《史诗时代的抒情声音:二十世纪中期的中国知识分子与艺术家》,麦田出版,2017年,第298页。
② [美]王德威:《史诗时代的抒情声音:二十世纪中期的中国知识分子与艺术家》,麦田出版,2017年,第292页。

剥离的中国认同使他沦为彻底的精神流亡者,失去了对任何土地、国家的精神依归。

二、反殖民:对日本共同体想象的背离

那么刘呐鸥又何以选择上海和北京作为其空间塑造的场域,而非日本呢?事实上,他对于日本也并不存在认同感。如前文所说,他对于东亚国家、地区的凝视并不是民族主义式的。对刘呐鸥来说,东京吸引他的只有"那些有修养的眼睛"[1],而并不是一种文化"朝圣"[2]之旅。日本对于殖民地人民的民族认同塑造,在刘呐鸥身上显然没有成功。在日记中,刘呐鸥坦言自己没有留在东京的理由,反而表现出对上海这一摩登都市的向往感,正说明了日本的殖民改造在剥除了被殖民者对祖国的文化认同之后,未能建立起新的殖民认同的结果。刘呐鸥在日本完成中学教育之后,执意前往上海继续深造,并留在上海从事文化活动,正展现了他对日本这一民族共同体想象的背离。

刘呐鸥的民族共同体想象缺失不仅展现在他对上海、北京城市形象的塑造上,更展现于作品中男女关系的呈现上。在刘呐鸥的小说中,男女之间的恋爱关系通常是不确定的、流动的。这种开放性和流动性,

---

[1] 康来新、许秦蓁合编:《刘呐鸥全集:日记集》(下),台南县文化局,2001年,第446页。
[2] 本尼迪克特·安德森在《想象的共同体:民族主义的起源与散布》中,提及民族共同体的想象可以通过世俗朝圣之旅建立。虽然这一指称是在宗教想象的共同体语境中探讨的,但放置在殖民语境中依然成立。向殖民母国的文化朝圣之旅有助于建立被殖民者的民族共同体想象,但这种朝圣之旅的旅程和内容是被严格限制的。

恰恰反映了刘呐鸥在文化情感上无所依附的精神状态。

《都市风景线》收录的小说中,男女主人公大多对恋爱和男女关系保持着极为开放的态度。《风景》中的男女相识于火车上,便决定下车去旅馆,而两人分开时又十分决绝,"一个是要替报社去得会议的智识,一个是要去陪她的丈夫过个空闲的 week-end"①。《赤道下》则讲述了新婚夫妇在热带岛屿分别遭遇一夜情的故事。"我"和珍本是到热带国家度蜜月的新婚夫妇,却与当地人非珞和莱茄分别有着一段露水情缘。当新婚夫妇蜜月结束离开的时候,又是一副恩爱夫妻的模样,"一对……相爱着的丈夫,妻子"②。两篇小说中的男女主人公对于恋爱、婚姻都保持了极为开放的态度,发生关系对他们来说并不影响恋爱、婚姻,展现出一种不稳定的婚恋观念。《风景》里男人和女人的萍水相逢发生于他们各自婚姻生活的轨道外,他们的结合既满足了私欲,又不对彼此的婚姻产生影响——这可以看作是刘呐鸥人生经验的隐喻。对刘呐鸥来说,其人生的际遇就是一列无轨列车,对中国的民族共同体想象的剥离、对日本的民族共同体想象的建构失败让这列火车没有方向和目的地,他可以选择随时下车和上车——他对于文化、地域持有流动的心态。在反复上下车的过程中,他也获得了更为复杂的文化经验,这便是施蛰存认为他"三分之一上海人,三分之一台湾人,三分

---

① 康来新、许秦蓁合编:《刘呐鸥全集:文学集》,台南县文化局,2001年,第55页。
② 康来新、许秦蓁合编:《刘呐鸥全集:文学集》,台南县文化局,2001年,第193页。

一日本人"①的原因。

　　因而他流动于东亚各地,却无法融入任何一个空间。这自然与他的主观选择有关(浪荡子式的生活态度),但这又是多重文化背景在空间转换中对他产生的极端影响。他既不愿回到台湾,也不愿留在东京,对于上海似乎也存在某种犹疑的态度。刘呐鸥的这一精神特质使其流亡者特征更为明确。被殖民者在失去土地之后,变成空间与精神的流亡者,而殖民母国的文化显然不是其精神依归。萨义德所说的流亡者状态即是如此:"流亡者存在于一种中间状态,既非完全与新环境合一,也未完全与旧环境分离,而是处于若即若离的困境,一方面怀乡而感伤,一方面又是巧妙的模仿者或秘密的流浪人。"②对于刘呐鸥来说,这种流亡者的状态始于他所受到的殖民教育,使他的中国认同与文化情感被剥除;他在空间上的流动又加深了这一状态,故乡台湾、上海和东京都无法成为他所能依附的空间。在这一维度上,日本"亚洲主义"在殖民教化中的渗透并未在刘呐鸥身上显现,他变成一个"不折不扣的'世界人'"③。

　　因此,刘呐鸥的小说中又蕴含了另外一种取向,即对日本这一民

---

　　① 许秦蓁:《专访上海施蛰存谈刘呐鸥》,《重读台湾人刘呐鸥(1905—1940)——历史与文化的互动考察》,台湾"中央大学"硕士论文,1998年。参见康来新编选:《台湾现当代作家研究资料汇编53:刘呐鸥》,台湾文学馆,2014年,第124页。
　　② [美]爱德华·W.萨义德:《知识分子论》,单德兴译,生活·读书·新知三联书店,2002年,第45页。
　　③ 彭小妍:《浪荡子美学与跨文化现代性——20世纪30年代上海、东京及巴黎的浪荡子、漫游者与译者》,浙江大学出版社,2017年,第43页。

族共同体想象的主动反抗。刘呐鸥的民族认同固然是流动、不稳定的，这让他对中国的想象与探看展现出文化情感缺失、地域特色缺失等特点，在这种背离中又蕴含着对现代性的推崇与认可。

深究其作品中展现的男女关系，会发现其摩登女郎的形象是极为主动的。无论是正常男女关系中的女性，还是被观看甚至被害的女性，她们都显示出具有自我意识的一面。《游戏》中男女在夜场中拥抱、恋爱，而女人想的却是扑向另一个人的怀抱。当两人作别，女人认为"我们愉快地相爱，愉快地分别了不好么？"①展示出她在恋爱关系中的主导地位。《两个时间的不感症者》中的H与赛马场的女士只有一面之缘，就"恋人一般地拉着便走"②，而女士则沉醉在与H、T两人的三角关系中，与H的患得患失形成鲜明对照。《残留》(1929年)中的女子则认为"天天床头发现一个新丈夫，多有趣"③，显露出十分开放的男女观念。这几篇小说中的摩登女郎无疑都具有极为强烈的自我意识和开放的恋爱观。事实上，刘呐鸥作品中摩登女性形象的主导意识一直以来都受到研究者的关注，李欧梵认为刘呐鸥的小说中"男性比女性明显弱很多。那些男性追求者一而再地被描叙成一个瘦弱苗条的人，他急切的行为总是像'小男孩'一样"④；史书美则认为这些摩登女郎"'注

---

① 康来新、许秦蓁合编：《刘呐鸥全集：文学集》，台南县文化局，2001年，第42页。
② 康来新、许秦蓁合编：《刘呐鸥全集：文学集》，台南县文化局，2001年，第104页。
③ 康来新、许秦蓁合编：《刘呐鸥全集：文学集》，台南县文化局，2001年，第155页。
④ [美]李欧梵：《上海摩登——一种新都市文化在中国1930—1945》，毛尖译，北京大学出版社，2001年，第218页。

视'着注视者"①,拒绝顺从西方的东方主义幻梦。诚然,刘呐鸥笔下的女性形象如史书美所说,具有"半殖民的现代性"②,具备极大的主动权与能动性,然而更重要的是,这些具有反叛精神的女性形象究竟展示出了什么样的精神意蕴? 如果将这些摩登女性的形象放置在现代性的层面上进行探讨,那么便可看出她们所蕴含的反殖民倾向。

  被殖民地人民以女性形象隐喻自己的身份,以男性形象作为殖民者的化身,是极为常见的文学现象,但通常表现为女弱男强的人物关系,借此寄寓被殖民者的弱势地位。但在刘呐鸥的作品中,摩登女郎作为被殖民者,却是两性关系中的主导者,乃至掌握恋爱的主动权,其所反叛的是殖民者的注视与施害,因而女强男弱的关系隐含着对日本殖民者的反抗精神。同时,这种主动性与强势地位也显示了摩登女郎身上的现代性特征,即具有妇女解放的意味。由于刘呐鸥并未被"日本化",因此他通过摩登女郎形象所表现出来的现代性,也就没有了日本殖民教育中"日本化"与"现代化"混淆的特点,从而让这一形象更具反殖民的特点。

  作为流浪者的刘呐鸥展现出对中、日民族共同体想象的双重背离,却又展示出某种反殖民特质。刘呐鸥的文化情感轨迹映照出日据时代台湾知识分子特有的文化悲剧,也是殖民教育的极端案例。他在

---

① [美]史书美:《现代的诱惑:书写半殖民地中国的现代主义(1917—1937)》,何恬译,江苏人民出版社,2007年,第333页。
② [美]史书美:《现代的诱惑:书写半殖民地中国的现代主义(1917—1937)》,何恬译,江苏人民出版社,2007年,第334页。

民族共同体想象上的建构缺失，致使他无法主动融入中国文化之中，表面看来具有某种世界性的特质，但实际上却成为精神与文化上的流亡者。他对于摩登都市的依恋让他不愿回到台湾，也不愿留在东京，而在上海又只能是"半殖民都市中的畸零人"①。在刘呐鸥的作品中，除了日语式的语言表述之外，不见日本形象，也不见日式思维，更很难读出他对于日本的文化认同感。除了翻译日本新感觉派的作品并将这一流派介绍到中国，刘呐鸥身上的日本文化特性是较弱的。同处在殖民教育之下的吴浊流，由于原有的汉民族文化认同受到冲击，在向日本认同转变的过程中识破殖民真相，强化了汉民族认同感。但不为大陆同胞承认、为日本人猜忌的现实让吴浊流式的知识分子陷入"孤儿"式的精神困境中。在这一层面上，吴浊流更呈现出一种"遗民集体无意识"②，是他作为中国这一共同体想象的拥趸而生发的，是殖民地知识分子较为典型的文化心态；而刘呐鸥则走向了完全不同的一种极端——民族认知的模糊感。刘呐鸥也在抗战语境中展现出更为明确的"中间人"特质，成为真正在空间和精神上都游离在中、日之间的流亡知识分子。

---

① [美]史书美：《现代的诱惑：书写半殖民地中国的现代主义(1917—1937)》，何恬译，江苏人民出版社，2007年，第321页。
② 刘鹤：《遗民情结"场"下的台湾现代文学叙事研究》，吉林大学出版社，2017年，第59页。

结　语

　　抗战时期的旅陆台籍作家,选择大陆作为求学、工作的目的地,显示出殖民地知识分子在向文化原乡迁徙的过程中,对日本殖民文化教育的背离、对原乡的向往与幻灭、空间流动过程中产生的情感转变等,是这一群体与同时代的台湾其他作家、大陆的新文学作家所不同的特质。对这一群体的研究,有助于梳理空间流动对于殖民地知识分子的文化选择、创作特色的影响,对理解民族共同体想象与空间等因素的关系有极大的意义。

　　"文化被想像成整体(一种文化占据一个空间),并受该空间的束缚"[1],这便是旅陆台籍作家选择大陆作为旅居地的普遍原因,北京、南京、上海等地作为原乡空间,承载了他们对于祖国的文化想象。这些作家可以作为群体被讨论的原因在于他们大多有着台湾—日本—大陆的空间流动轨迹,加之内部复杂的交游网络和亲友关系,以及他们对

---

　　[1]　[英]麦克·克朗(Mike Crang):《文化地理学》,杨淑华、宋慧敏译,南京大学出版社,2003年,第206页。

于日本、大陆相似的文化认同趋向,成为维系作家群现象的重要纽带。

旅陆台籍作家的创作风格各异,但他们的空间流动是其共同的时空记忆,作品的主题、情感交叉碰撞,展现了日据时期出走大陆的台湾人所面对的精神困境与文化选择。同时,他们对于两岸新文学的联通有着极大的促进作用。他们直接与五四新文学发生碰撞,也更受其感召与影响,又与台湾文坛渊源颇深。因而旅陆台籍作家在台湾光复后成为将五四新文学在台湾发扬光大的重要力量,促使台湾新文学这一中国新文学的支流从涓涓细流向大江大河转变。

不过,由于各自的教育背景、人生经验不同,旅陆台籍作家在赴大陆后产生了三种不同的情感轨迹——这也展现了他们对中国这一民族共同体的想象。以张我军、洪炎秋等旅京台湾作家为代表,"祖国梦"被强化的作家在大陆有着正向的情感反馈,对中国的共同体想象是明确而积极、正面的;以吴浊流、钟理和为代表,"祖国梦"幻灭后对祖国持有批判态度,但依旧对祖国有文化认同的作家,他们对于大陆有着较为辩证的看法;刘呐鸥则展现出一种"中间人"的状态,作为都市漫游者与流亡者凝视着东亚的都市空间,可说是在近代民族国家兴起对民族主义大潮的一种背离。

抗战时期旅陆台籍作家的大陆经验让他们成为两岸文化流动的纽带,也为他们带来了不同层面的文化乡愁。他们中的大多数人都秉持"我绝不愿意回台湾来当亡国奴,仰敌人的鼻息;即便回台湾,也没

○结语

有我好做的事情"①,出于主动或被动内渡到大陆。他们身上集中展现了近代东亚文化、政治局势变换背景下,离散中国人的文化选择与精神困境。在这一维度上,他们在战争年代的空间经验与抗战时其他中国知识分子的空间迁移一样,共同构成了中国20世纪文学史中有关离散经验的精神图景。

而他们能成为这一离散图景中的特殊样本,原因在于他们的东亚空间流动杂糅了中、日文化的影响,加之他们还需面对殖民印记这一沉重的文化议题,更大程度地展现了现代东亚风云变幻中知识分子的精神困境与被动流寓。他们的空间书写,至少展现出他们对于东亚空间、中日文化、殖民主义等议题的相关思考,同时还掺杂了对当时盛行于日本的"亚洲主义"的反省与不同程度的超越。在彼时的东亚空间中,如何实现国家与文化的近代化、反抗殖民扩张、建立现代民族国家等问题不仅是中国的知识分子面临的重要议题,更是各个地区都需厘清的难题。在日本对外扩张的背景下,近代以前曾作为文化共同体的"东亚"已全然崩溃,建立对"中国""亚洲"等文化概念的认识对于当时的中国知识分子来说尤为重要。对旅陆台籍作家的关注,更能让我们从大陆的单一视角中解放出来,以更包容的视角来看待不同知识群体对这些议题的思考与回答。

因而当我们把目光放置在这些在战争中内渡的台籍作家身上时,会发现中国人的空间流动与精神流寓不仅止于"文化抗战",更不止于

---

① 洪炎秋:《废人废话》,"中央书局",1974年,第175页。

战时西迁南进,也在于远在殖民治下的台湾人内渡的勇气,更在于他们以五四话语与精神再造近代中国形象的魄力。在这一维度上,抗战时期旅陆台籍作家空间书写的意义,也并不只是展现他们对中国这一地理与文化概念的想象,而更是超越彼时日本在东亚的话语霸权、理清殖民主义与近代话语之间关系的重要一环。在这一过程中,他们所依附的则是五四带来的新文学创作形式和文化精神。

换言之,在 20 世纪中国知识分子的空间流寓与书写中,抗战时期旅陆台籍作家创作的意义在于显示五四新文学及其思想精神在抗战时就已对台湾地区产生了极大影响,其文化归属感和精神依归也就更展现于对中国这一民族共同体想象的塑造中,从而彰显了他们在近现代中国思想场域中的文化意义。

附　录

附录1　抗战时期旅陆台籍作家互动时间表

时间	人物	事件	交流互动	台湾大事记
1910	张深切	入私塾	师从洪弃生（洪炎秋之父）	
	吴浊流	入新埔公学校	级任老师为林焕文（林海音之父）	
1920	刘呐鸥	插班进东京青山学院中等学部。1926年青山学院高等学部毕业	张深切1922年插班青山学院	
	苏芗雨	入南京暨南学校		
1921	张我军	在厦门同文书院学习汉文，接受五四新文化运动熏陶，改名张我军		台湾文化协会成立
1922	苏芗雨	考入北京大学		
1923	张我军	厦门新高银行结束营业后乘船到上海，参加台湾留学生反日组织"上海台湾青年会"		
	洪炎秋	考取北京大学预科	与苏芗雨成为校友	
1924	张深切	创作舞台剧脚本《辜狗变相》《改良书房》。入上海国语师范学校。与郭德钦等成立台湾自治协会		
	张我军	发表《糟糕的台湾文学界》		

续表

时间	人物	事件	交流互动	台湾大事记
1925	张我军	5月洪炎秋电报告知携罗心乡返台		
		9月在台北举行婚礼	证婚人林献堂,介绍人洪炎秋等	
		11月商讨创建台湾文学研究会	与杨云萍共商	
1926	张我军	9月考入中国大学国学系(北京)		台湾农民组合成立
1927	张我军	1月重组北京台湾青年会,被推举为主席	与吴敦礼等共同发起重组	1928年台湾共产党成立
		3月创办《少年台湾》,担任主编	与宋斐如(宋文瑞)、洪炎秋、苏芗雨共同发起	
		10月转入北京师范大学国文系		
	张深切	考入中山大学法科政治系,担任广东台湾革命青年团宣传部部长。指挥台中一中事件而被捕		
1929	张我军	北师大第17届国文系毕业;在家开设日文补习班,任北京师范大学日文教师,并在北京大学、中国大学和朝阳大学等校兼职日文讲师		
	刘呐鸥	第一线书店改组为水沫书店		
1931	张深切	申请护照第二次到大陆(上海)		台湾话文论争
1932	洪炎秋	担任北平大学附属高中校长	苏芗雨转入该校工作	
		在西单大街开人人书店	张我军教日文补习班,连震东住洪炎秋家,苏芗雨、张我军、连震东、洪炎秋常聚会,直至1934年北平大学附属高中结束	

续表

时间	人物	事件	交流互动	台湾大事记
1934	张我军	主编《日文与日语》月刊创刊	由洪炎秋的人人书店出版	台湾文艺联盟成立
	张我军	译作《中国人口问题研究》	与洪炎秋合译,由人人书店出版	
	张深切	创刊《台湾文艺》		
1935	吴浊流	开始学写日文小说		
1937	张我军	相继在伪北大文学院日本文学系、工学院、外国语学院文学系担任教授	洪炎秋任教伪北大及伪北师大	7月开始"皇民化"运动
	苏芗雨	辗转从北京逃出,流离于抗战后方		
1938	张深切	前往北京,结识洪炎秋、张我军,就职于北京艺术专科学校,并担任新民书院的日语教授		
	钟理和	6月因婚姻受阻,渡海到沈阳,入伪满洲自动车学校学习		
1939	张我军	10月编辑《中国文艺》1卷3期,写卷头语《代庖者语》和《编后记》	代替返台的张深切主编	
		律诗《燕都赠懒云兄并请转示故乡诸友》(3首)	赠诗赖和	
	张深切	发行《中国文艺》,返台奔父丧,后回北京出任台人旅平同乡会会长,筹组中国文化振兴会	开始与洪炎秋往来,洪炎秋为《中国文艺》撰稿多篇	
	林海音	与何凡在协和医院礼堂结婚	参加的有张我军、洪炎秋等	
1941	钟理和	迁居北京		皇民奉公会成立
	吴浊流	赴南京,在日本会议所任翻译,后任南京《大陆新报》记者		
1942	张我军	在日本东京参加第一次大东亚文学者大会,在东京与岛崎藤村、武者小路实笃等见面		第一梯次台湾志愿兵入伍

续表

时间	人物	事件	交流互动	台湾大事记
	吴浊流	全家返台,在大陆居住1年3个月		
1943	张我军	4月在北京与武者小路实笃第二次见面 8月赴东京参加第二次大东亚文学者大会,在东京与武者小路实笃第三次见面		赖和逝世
1945	张我军	9月参加台湾省旅平同乡会,任服务队队长,协助被日军征用而流落华北的三千多台胞返乡	洪炎秋任北平台湾同乡会会长,与张深切、吴三连等协助台湾人返乡。 钟理和9月参加台湾省旅平同乡会结成典礼	台湾光复
	张深切	被密告为抗日分子被逮捕,因友人救助才被释放		
1946	张我军	在台湾成立联合出版社	与洪炎秋、张文环、叶荣钟等台中文化界人士共同创办	
	张深切	携眷返台,到台中师范做教务主任	由洪炎秋推荐 郭德钦担任总务主任	
	钟理和	3月离开北京,4月回到台湾笠山家中		
	苏芗雨	返回台湾,任台湾大学教授		
1947	张我军	为张深切《在广东发动的台湾革命运动史略》作序	"二二八"事件前后寄住在台中师范学校校长洪炎秋家	"二二八"事件
	洪炎秋	"二二八"事件中被诬告	张深切在事件中与林献堂、谢雪红、叶荣钟组织"台中地区时局处理委员会"担任委员,被诬告通缉,写成《我与我的思想》《在广东发动的台湾革命运动史略》,自此不再涉足政治工作	

续表

时间	人物	事件	交流互动	台湾大事记
	吴浊流	"二二八"事件后《民报》被查封,结束记者生涯		
1948	洪炎秋	受聘于台湾大学中文系	苏芗雨也任职台湾大学	
	林海音	辗转返台		
1949	洪炎秋	任国语日报社长和台大中文系教授	林海音入《国语日报》任编辑,主编《国语日报》周末版直到1954年10月	
	苏芗雨	接任台大图书馆馆长		
1950	洪炎秋	任台大图书馆馆长		
1954	林海音	担任《联合报》副刊主编	钟理和1959年开始在《联合报》副刊发表作品	
	张深切	出版《孔子哲学评论》,同年被查禁		
1955	张我军	去世	张深切发表《悼张我军》于《民声日报》	
1960	钟理和	去世	10月林海音、钟肇政等组成钟理和遗著出版委员会出版中篇小说《雨》	《现代文学》创刊
1963	林海音	《联合报》副刊刊登诗作《故事》被认为影射台湾当局,被迫辞去《联合报》主编		
1965	张深切	受吴浊流邀请担任《台湾文艺》"台湾文学奖"评审委员,后因身体不佳而辞谢	吴浊流创办"台湾文学奖",后改为吴浊流文学奖	
		因肺癌去世	洪炎秋发表《悼张深切兄》于《台湾风物》	
1968	林海音	成立纯文学出版社	钟理和之子钟铁民后入《纯文学》工作	

附录2　抗战时期旅陆台籍作家的作品交集与唱和

作者	文章	时间/期刊/人物
洪炎秋	《现代日本短篇名作集》	1942年，与张我军、张深切合编
	《健忘礼赞》	1939年，《中国文艺》，张我军逸事
	《〈在广东发动的台湾革命运动史略〉序》	1947年11月，为张深切作序
	《悼张深切兄》	1965年，《台湾风物》
	《漫谈随笔》	1967年，《纯文学》，林海音主编
	《我的朋友叶荣钟》	1970年，《纯文学》，林海音主编
	《再谈翻译》	1976年10月6日，《国语日报》，张我军逸事
	《怀才不遇的的张我军兄》	1976年，《传记文学》
	《戒烟漫谈》	1978年6月15日，《国语日报》，张我军逸事
张我军	《〈在广东发动的台湾革命运动史略〉序》	1947年，为张深切作序
	《致含英函》	1948年11月2日，写给林海音
张深切	《编后记》	1940年8月，《中国文艺》，感谢张我军
	《悼张我军》	1955年，《民声日报》

续表

作者	文章	时间/期刊/人物
苏芗雨	《怀念张我军先生》	1956年,《合作界》
钟理和	《为台湾青年伸冤》	1945年,反驳张我军
	《在全民教育声中的新台湾教育问题》	1946年,反驳张我军
林海音	《悼钟理和先生》	1960年,《联合报》
	《理和的生平》	1960年
	《一些回忆》	1964年,《台湾文艺》,悼念钟理和
	《追忆中欣慰——为〈钟理和全集〉出版而写》	1977年,《台湾文艺》
	《评〈雨〉》	1979年,《联合报》,悼念钟理和
	《两个故乡的张我军》	
	《铁和血和泪铸成的吴浊流》	1977年9月1日
	《吴浊流文学奖的诞生》	1969年,《台湾文艺》
	《不要紧吧!》	描写洪炎秋
	《平妹,挺好的!》	1980年,《联合报》
吴浊流	《我的批评》	1966年,《台湾文艺》,评价林海音
	《回想五十年前的母校》	1970年,《台湾文艺》,回忆林海音之父林焕文

附录3　旅京台湾作家与鲁迅、周作人的往来

时间	人物	交游	相关事件
1924	张我军	在北京师范大学就读,与周作人是师生关系	
1925	洪炎秋	升入北京大学教育系,辅修周作人的课程,与周作人是师生关系	
1926	张我军	8月拜访鲁迅,赠送四本《台湾民报》	
1927	张深切	以张死光为名两次拜访鲁迅(第一次与张月澄一起)	鲁迅担任中山大学教育主任与文学系主任
		考上中山大学,与鲁迅是师生关系	
	洪炎秋	为梁漱溟讲座收费一事写信给周作人,信函和周作人的复信刊登于《语丝》杂志	
1929	张我军	6月拜访自上海来北京讲学的鲁迅,未得见	
	洪炎秋	于北京大学毕业,周作人为之谋求北平大学女子文理学院职务	
1939	张深切	9月开始主编《中国文艺》,周作人为之撰稿数篇	元旦周作人遇刺未遂。
	洪炎秋	元旦赴周宅欲为陈逢源求字,其间听闻周作人遇刺事件	洪炎秋任职的伪北平大学并入伪北京大学,周作人任文学院院长
1942	张我军	受周作人邀约,参加第一次"大东亚文学者大会"	1941年周作人出任伪职

续表

时间	人物	交游	相关事件
1943	张我军	受周作人邀约,参加第二次"大东亚文学者大会"	赖和逝世
	张深切	在日军华北指挥部要求下和周作人一起创办艺文社,沈启无事件后与周作人决裂,被迫辞职	
1944	张深切	与周作人关系尚未修复	周作人发表《文坛之分化》,"破门事件"
1949	洪炎秋	周作人托尤炳圻写信给洪炎秋,托洪炎秋为其谋划赴台一事(未能成行)	

附录4 张我军(1902—1955)作品年表

根据张光正编《张我军全集》、张光正编《张我军全集补遗》、许俊雅编《台湾现当代作家研究资料汇编16：张我军》等整理。

时间	作品	作品备注	地点	年度大事记
1902			台湾	生于台湾省新北市板桥区，原名张清荣
1921			台湾厦门	到厦门协助创设新高银行厦门支行，在同文书院学习汉文，接受新文化运动熏陶，改名张我军
1923	律诗《寄怀台湾议会请愿诸公》 《排日政策在华南》（日文） 律诗《咏时事》	《台湾》	厦门上海	厦门新高银行结束营业后乘船到上海，参加台湾留学生反日组织"上海台湾青年会"
1924	新诗《沉寂》 新诗《对月狂歌》 新诗《无情的雨》 评论《致台湾青年的一封信》 评论《糟糕的台湾文学界》	《台湾民报》	北京	在上海"台湾人大会"发言，谴责日本在台湾的暴政，被推举为执行委员。 从上海到北京，在北京师范大学夜间部补习班学习，认识罗心乡

续表

时间	作品	作品备注	地点	年度大事记
	新诗《烦闷》	北京《晨报》副刊、《台湾民报》	台湾	10月，从北京返回台北，在返台途中的船上写《乱都之恋》，发表于《人人杂志》。
	新诗《游中央公园杂诗》	北京《晨报》副刊、《台湾民报》		
	新诗《秋风又起》	《乱都之恋》诗集		
	新诗《前途》			
	新诗《我愿》			
	新诗《危难的前途》			
	新诗《乱都之恋》			
	新诗《哥德又来勾引我苦恼》			
	杂文《驳稻江建醮与政府和三新闻的态度》	《台湾民报》		
	杂文《为台湾的文学界一哭》			
	杂文《欢送辜博士》			
1925	评论《请合力拆下这座败草丛中的破败殿堂》	《台湾民报》	台湾	担任《台湾民报》编辑。3月，参加蒋渭水等人发起的台北青年体育会和台湾青年读书会，被日本警察列为两个社团的积极分子之一。5月，接到洪炎秋电报乘船赴京，携罗心乡到厦门鼓浪屿，旋即赴台，住《台湾民报》社。9月，在台北市江山楼举行婚礼，证婚人林献堂，介绍人洪炎秋、王敏川。被选为台北青年读书会委员。11月，访问杨云萍商谈创建台湾文学研究会
	评论《绝无仅有的击钵吟的意义》			
	杂文《揭破闷葫芦》			
	评论《田川先生与台湾议会》			
	杂文《时事短评》（2篇）			
	杂文《随感录》（28篇）			
	杂文《复郑军我书》			
	《聘金废止的根本解决法》			

续表

时间	作品	作品备注	地点	年度大事记
	评论《研究新文学应读什么书》			
	评论《文学革命运动以来》			
	杂文《伊泽新总督的训示》			12月,《乱都之恋》诗集在台湾出版。 本年度的随感录: 《脱线的话》《半知不解的话》《混蛋糊涂话》《村犬乱吠》《糟糕的台湾文人》《污了我的耳膜》《伪学者、伪诗人、伪文学的天下》《无名小卒》《孔圣人将有美丽的住宅了》《饭碗问题》《忍耐得住痛苦》《有天良者何以解之》《何不设一个思想讲习所》《勿为造谣家所骗》《长使英雄泪满襟》《做事须做彻》《狱中的蒋渭水会在东荟芳演说》《报纸的使命何在》《我人对伊泽总督的疑问》《非人类》《笑〈台日报〉中文部记者的愚劣》《一个来一个倒,两个来凑一双》《德国康德以大诗人名》《读棠先生的纵谈》《未免太侮辱了新竹人》《赛先生也到访台湾了》《狂犬病的流行》《村妇也打起唐宋八家的腔调》
	论文《诗体的解放》			
	新诗《春意》			
	杂文《台湾未曾有的大阿片事件控诉公判》			
	《〈亲爱的姐妹们呀,奋起!努力!〉后记》			
	《〈一个贞烈的女孩子〉识语》			
	新诗《弱者的悲鸣》			
	评论《至上最高道德——恋爱》			
	《〈我的学校生活的一断片〉识语》			
	评论《新文学运动的意义》			
	杂文《通信二则》			
	《〈墙角的创痕〉附记》			
	《〈我的祖国〉附记》			
	《中国国语文作法导言》			
	论文《文艺上的诸主义》			
	《〈牧羊哀话〉附记》			
	杂文《看了警察展览会之后》			
	《〈乱都之恋〉序》			

续表

时间	作品	作品备注	地点	年度大事记
	《〈仰望〉〈江湾即景〉〈赠友〉识语》			
	译文《农民问题二件》			
	译文《宗教的革命家甘地》			
	译文《大婚二十五年御下赐舍和殖民地的教化事业》			
	译文《贞操是"全灵的"之爱》			
	译文《中国的国权恢复问题》			
	《生命在,什么事做不成?》	台北青年体育会发表演讲		
	新诗《孙中山先生吊词》	《传记文学》		
1926	杂文《危哉台湾的前途》		台湾	与罗心乡从台北到彰化、台南等地游览,在彰化与赖和相见。
	杂文《随感录》(《忠实的读者》)	《台湾民报》		6月,与罗心乡从台湾到北京,住宣外永光寺中街9号吴承仕家,兼任《台湾民报》驻北京通讯员。
	译文《爱欲》			
	游记《南游印象记》			
	《〈李松的罪〉附言》			
	《中国国语文(白话文)作法》	在台北出版		8月,到阜成门内西三条鲁迅住所求教,赠送鲁迅《台湾民报》四本。长子张光正出生。
	译文《弱小民族的悲哀》	《台湾民报》	北京	
	小说《买彩票》(小说处女作)			9月,考入中国大学国学系。
	《中原的战争》(连载)			
1927	《少年台湾》发刊词、《编辑余言》	《少年台湾》	北京	1月,与北京台湾留学生吴敦礼、陈清栋在北京法政大学发起重组北京台湾青年会,被

续表

时间	作品	作品备注	地点	年度大事记
	杂文《少年春秋》			推举为主席。
	杂文《〈少年台湾〉的使命》			3月,与北大宋斐如、洪炎秋、苏芗雨等发起创办《少年台湾》月刊出版,担任主编,共出刊八、九期。
	杂文《台湾闲话》			
	小说《白太太的哀史》	《台湾民报》		10月,转入北京师范大学国文系。
1928	《老北京》	北京《新晨报》"文艺副刊"	北京	在校三年级,发起组织文学团体"新野社"(原名"星星社")。
1929	小说《诱惑》	《台湾民报》	北京	6月,拜访从上海来北京讲学的鲁迅,未得见。北师大第17届国文系毕业,从宣外迁到西单察院胡同47号。在家开设日文补习班,先后在北京师范大学教日文,在北京大学、中国大学和朝阳大学等校兼职日文讲师。9月,与日本作家叶山嘉树通信。
	译文《创作家的态度》	上海《北新半月刊》3卷10期		
	译文《洋灰桶里的一封信》	上海《语丝》周刊5卷28期		
	译文《日本叶山嘉树自传》	编入《卖淫妇》译本(北新书局)		
	译作《生活与文学》			
	译作《烦闷与自由》	上海北新书局		
	译作《社会学概论》			
	译文《创作家的资格》	北京《华北日报》副刊		
	译文《现代美国社会学》	《北新》半月刊第3卷第16期		
	译文《樱花时节》			
1930	译文《小小的王国》	上海《东方杂志》27卷4期	北京	新野社发行《新野》月刊,担任主编,发表《新野》月刊卷头话和编后话。
	译文《文学研究法——最近德国文艺学的诸倾向》	上海《小说日报》21卷6期		
	译文《龙树的教学》	《哲学评论》第3卷第3期		
	论文《从革命文学论无产阶级文学》	《新野》月刊创刊号		

续表

时间	作品	作品备注	地点	年度大事记
	译文《高尔基之为人》			
	译作《现代世界文学大纲》	上海神州国光社		
	译作《现代日本文学评论》	上海开明书店		
	译作《卖淫妇》	上海北新书局		
1931	译作《人类学泛论》	上海神州国光社	北京	4月,次子张光直出生。九一八事变后全家南下上海、杭州避难,月余后返京。
	译文《俄国批评文学之研究》	北京《文艺战线》周刊连载		
	译文《自考古学上观察东亚文明之黎明》	《辅仁杂志》第2卷第2期		
	译作《文学论》	上海神州国光社,周作人作序		
1932	《日本语法十二讲》		北京	《日语基础读本》发行过九版。
	译作《人性医学》	北京人文书店		
	译作《俄国近代文学》			
	《日语基础读本》			
	译文《法国自然派的文学批评》	上海《读书杂志》第2卷第9期		
	译作《中国土地制度的研究》	上海神州国光社		
	《日语基础读本》	北京人人书店		
1933	译作《法西斯主义运动论》	北京人文书店	北京	搬到西单察院胡同5号。
	译作《资本主义社会的解剖》	北京青年书店		
	译文《法国现实自然派小说》	上海《读书杂志》第3卷第2期		
	译文《黑暗》	北京《文艺月报》第1卷第2期		
1934	《为什么要研究日文》		北京	主编《日文与日语》月刊(人人书店)。

续表

时间	作品	作品备注	地点	年度大事记
	《〈日文与日语〉的使命》	《日文与日语》		与洪炎秋合译《中国人口问题研究》。
	《〈日文与日语〉编者的话》			
	译文《自批判的立场观察日本国民性》			
	《怎样学习日文》			
	《介绍几部字典》			
	《翻译杂谈》			
	《为日文课程告学校当局》			
	《关于日文课程的另一忠告》			
	译文《思想》			
	译文《风》			
	译文《武器》			
	译文《现代政治思想主流的破绽(续)》			
	译文《社会思想的部类》			
	译文《要谈与闲话》			
	译文《现代政治思想主流的破绽(续完)》			
	译文《少年的悲哀(续完)》			
	译文《政治与文艺》	北京《文史》双月刊创刊号		
	《现代日本语法大全:分析篇》			
	《高级日文自修丛书》第一、二册	北京人人书店		
	译作《中国人口问题研究》			

续表

时间	作品	作品备注	地点	年度大事记
	译作《中国土地制度的研究》	上海神州国光社		
1935	译文《亚美利亚之发明展望》	《日文与日语》	北京	搬到西单手帕胡同丙25号。应学生之邀，任北平市社会局秘书，为市长办理对日交涉事务。《日文与日语》月刊停刊。
	《现代世界外文思潮及其动向》			
	《日本罗马字的问题》			
	《日本的文章记录法与标点符号》			
	《民国25年以后的工作》			
	《别矣读者》			
	《日语基础读本自修教授参考书》	北京人人书店		
	《现代日本语法大全:运用篇》			
	《高级日文星期讲座》第一、二册			
	《高级日文自修丛书》第三册			
1936	《标准日文自修讲座》一至五册	北京人人书店	北京	
1937	《西安事变与日本言论界的新动向》	《实报半月刊》第9期	北京	三子张光诚出生。七七事变后，辞去秘书职位，相继在伪北大文学院日本文学系、工学院、外国语学院文学系做教授。
	译文《侏儒的话》	《现代青年》		
	译文《日本的风土与文学》	《近代科学图书馆馆刊》第2号		
1938	译文《中宫寺的观音》	《近代科学图书馆馆刊》	北京	
	译文《中世的文学》			
	译文《日本语和日本精神》			
	译文《诗经的星》			

续表

时间	作品	作品备注	地点	年度大事记
	译文《从西湖三塔说到雷峰塔》			
	译文《黄河之风土的性格》			
	译文《母亲的死和新的母亲》			
	律诗《席上呈南都（陈逢源）词兄》	陈逢源《新中国素描》		
1939	译文《日本思想史上否定之伦理的发达》	《近代科学图书馆馆刊》第6号	北京	10月，代张深切编辑《中国文艺》1卷3期，写卷头语《代庖者语》和《编后记》。
	译文《鼻》			
	《秋在古都》			
	《关于中国文艺的出现及其他——随便谈谈》	《中国文艺》		
	《京剧偶谈》			
	《评菊池宽的〈日本文学案内〉》			
	《代庖者语》			
	《日语模范读本》（二册）	北京人人书店		
	律诗《燕都赠懒云兄并请转示故乡诸友》（3首）	张我军赠诗赖和		
1940	《答〈中国文艺〉三问题》	《中国文艺》	北京	
	《须多发表与民众生活有密切关系的作品》			
	《病房杂记》			
1941	译文《日本文学指南》	《华文大阪每日》连载	北京	与张铁笙等共同筹组华北文艺协会，在北京正式成立。

续表

时间	作品	作品备注	地点	年度大事记
1942	《日本文学介绍与翻译》	《中国文学》,北京暑假学术讲演大会演讲	北京	四子张光朴出生。在日本东京参加第一次大东亚文学者大会,在东京与岛崎藤村、武者小路实笃等见面。
	译作《日本短篇名作集》	北京新民印书馆,与张深切、洪炎秋共译		
	译作《日本童话集》(上)	北京新民印书馆		
	《日文中译漫谈：关于翻译》	《中国留日同学会季刊》创刊号		
	《翻译实地检讨》			
	《关于岛崎藤村》	《日本研究》		
	译文《黎明之前》	《国立华北编译馆馆刊》连载		
1943	《日文日语讲座：梦（夏目漱石）》		北京	2月,到南京、上海旅行10天。4月,在北京与武者小路实笃第二次见面。8月,赴东京参加第二次大东亚文学者大会,在东京与武者小路实笃第三次见面。
	译文《梦》	《中国留日同学会季刊》		
	《北原白秋的片麟》			
	译文《常青树》			
	译文《秋风之歌》			
	译文《凄风》	《日本研究》		
	《日本文化的再认识》			
	《武者小路实笃印象记》			
	译文《问》	《艺文》		
	《〈黎明之前〉尚在黎明之前》			
	译作《日本童话集》(下)	北京新民印书馆		
1944	译文《歧途》	《艺文》	北京	
	译文《勋章》			
	译文《灯光》			

续表

时间	作品	作品备注	地点	年度大事记
	《关于德田秋声》			
	《击灭英美的文学》	《中国文学》创刊号		
	《日本文学介绍与翻译》			
	《武者小路先生的〈晓〉》	上海《风雨谈》月刊第11期		
	译文《洗澡桶》			
	译文《分配》			
	译文《悬案》	《日本研究》		
	《日本文化的再认识》			
	译作《黎明》	上海太平书局		
	《日语中的"附辞"》	《中国留日同学会季刊》		
1945	《元旦的一场小风波》	《艺文》第3卷第1、2期合刊	北京	8月，日本投降后辞去北京大学等教学职务。 9月，参加台湾省旅平同乡会，任服务队队长，协助被日军征用而流落华北的三千多台胞返乡。 应邀到北京西郊与八路军某部负责干部相会，次日返家。
	译文《忘不了的人们》	《日本研究》第4卷第1期		
	译文《徒劳》			
	译文《二老人》			
	译文《一件撞车案》	《艺文杂志》		
1946	《为台湾人提出一个抗议》	《新台湾》创刊号	台湾	离开北京，到上海与人合作经商，不久返回台湾。 7月，出任台湾省教育会编纂组主任。 9月，除张光正外，家人先后抵台。 11月，与洪炎秋、张文环、叶荣钟等台中文化界人士共同成立联合出版社。

续表

时间	作品	作品备注	地点	年度大事记
1947	《〈在广东发动的台湾革命运动史略〉序》		台湾	2月,"二二八"事件前后寄住在台中师范学校校长洪炎秋家。主编《联合月刊》未出版。6月,于台中市继光街83号开设六合书店。
	《国文自修讲座》(五册)	六合书店		
1948	《当铺颂》	《台湾文化》	台湾	六合书店迁址到台北板桥大东街7号,不久关闭。2月,任台湾省茶叶商业同业公会秘书,主编《台湾茶业》季刊。
	《采茶风景偶写》			
	《喝茶在北方》			
	《在台岛西北角看采茶比赛后记》	《台湾茶业》		
	《山歌十首》			
	《致含英函》			
1949	《埔里之行》	《台湾茶业》第3期	台湾	应邀担任台湾省合作金库业务部专员、合作金库研究室专员。
	《关西镇上看摘茶》	《台旅月刊》第1卷第5期		
	《四届全省美展观后感》	《公论报》艺术副刊第33期		
	《从第四届全省美展说起》	《新生报》11月23日		
	《台湾之茶》	《台湾银行季刊》第2卷第3期		
1950	《台北市第一信用合作社——模范合作社介绍之一》	《合作界》	台湾	主编《合作界》月刊(后改为季刊),任台湾省合作金库研究室主任、棒球部长。编撰《日华字典》,至逝世前完成五分之一。
	《金库球场开场记》			
	《体育瞭望台(第一号)》			
	《体育瞭望台(第二号)》			
	《合作金库的体育》			
	《何必人人为我》			
	《由功利算盘走向合作创造》			

续表

时间	作品	作品备注	地点	年度大事记
	《一个有意义的尝试——为关西茶业生合社成立而作》			
	《合作事业应走的路》			
	《台湾省合作金库啦啦队歌》			
	《头城镇农会——模范农会介绍之一》			
	《高雄市新兴区合作社倒闭事件调查报告》			
	《高雄市合作社联合社——改组后复兴中》			
	《棒球热风吹着合作金库》			
	《台北市区合作社在苦闷挣扎着》			
	《台北市银行公会第一届游泳大会记》			
	《金库体育短讯》			
	《总库全体员工运动纪盛》			
	《台北市的信用合作社》			
	《第五届银行业同仁棒球比赛大会杂记》			
1951	《春雷》	生前未发表	台湾	
	《在1950年台湾艺坛的回顾与展望座谈会的发言》	《新艺术》		

续表

时间	作品	作品备注	地点	年度大事记
	《金库大楼落成花絮》	《合作界》		
	《第二届银行同业乒乓球比赛大会观战记》			
	《合作事业团体资金问题展望》			
	《台湾省合作金库之过去及现在》			
	《合作金融界巨子黄钍先生逝世》			
	《台中县合作事业片鳞——访问丰原信合社和内埔乡农会后记》			
	《罗东镇农会一瞥》			
	《省合作金库罗东代理处年会授奖致辞》			
	《合作事业团体资金问题展望》			
	《新设南投县合作事业鸟瞰》			
	《草屯镇农会》			
	《新设苗栗县合作事业鸟瞰》			
	《台湾的生产合作事业》			
	《前途有厚望的台北市妇女缝织生产合作社》			
1952	《城市信用合作社巡礼杂笔》	《合作界》季刊	台湾	
	《全省乡镇农会抽查报告——新庄》			

续表

时间	作品	作品备注	地点	年度大事记
1953	《宜兰县长决心整理乡镇农会》《南市二信纪念四十周年》	《合作界》季刊	台湾	
1954	《新营支库新厦落成纪盛》	《合作界》季刊	台湾	
1955	《正在发奋图强中的新庄镇农会》《致直儿函》	《合作界》季刊	台湾	9月,身体不适告假,诊断出肝癌。11月,因肝癌病逝于台北。

附录5 张深切(1904—1965)作品年表

根据陈芳明、张炎宪、邱坤良、黄英哲、廖仁义主编《张深切全集》、陈芳明编选《台湾现当代作家研究资料汇编52:张深切》等整理。

时间	作品	作品备注	地点	年度大事记
1904			台湾	生于台湾省南投县。
1910			台湾	入私塾,师从洪弃生。
1917			台湾 日本	因被同学诬告而被公学校退学,在林献堂帮助下赴日求学。
1919			日本	被日本教师骂作"清国奴",投身反日工作。
1922			日本	插班入日本青山学院中学部。
1923	《哀悼有岛武郎》	《台湾新闻》	台湾 上海	年末到上海,住在台湾青年会馆。
1924	《辜狗变相》《改良书房》	舞台剧脚本,原脚本未见。	上海 台湾	入国语师范学校,校长吴稚晖,教师郑振铎、沈雁冰等。与郭德钦等成立台湾自治协会。
1925	《总灭》(小说处女作,日文)	《樱草》	台湾	成立炎峰青年会演剧团。
1926	《两名杀人犯》(日文)	《樱草》第3卷第2号(西川满担任编辑)	广州 台湾	演剧团在竹山公演。

续表

时间	作品	作品备注	地点	年度大事记
	《改良书房》《鬼神末路》《爱强于死》《旧家庭》《浪子末路》《哑旅行》《小过年》（公演）	舞台剧脚本，原脚本未见		在广州积极投入社会运动反日，成立广东台湾学生联合会。
1927	《台湾怎样要革命？》	《台湾先锋》（青年团机关刊物）	广州	以张死光为名两次拜访鲁迅（第一次与张月澄一起）。
	革命青年团发表文章对台中一中事件和始政纪念提出抗议和批判	两篇文章刊登于广东《民国日报》	台湾	考入中山大学法科政治系，成立广东台湾革命青年团。指挥台中一中事件而被捕，无罪释放后又因广东事件被捕。
1928			台湾	被判决三年刑罚，狱中大量阅读中国古文。
1930	《中秋夜半》《方便》《为谁牺牲》《论语博士》《暗地》《接木花》（公演）	舞台剧脚本，已佚	台湾	刑满出狱。乡土文学论争爆发，张深切一度投稿《台湾新民报》发表意见。
1931	《铁窗感想录》	《台湾新民报》连载（部分内容遭删减涂黑）	台湾	申请护照，以研究文艺为由前往上海。
1932	电影剧本《女人》《冷血英雄》	电影脚本，脚本已佚，未刊行发售	上海台湾	3月，抵达上海，与何非光、张芳洲同住在公共租界。入《江南正报》任时评兼副刊主编。母殁返台，又回上海。
1933	《观台湾乡土文学战后的杂感》	《台湾新民报》	台湾	与台湾演剧研究会同事李爱月结婚，收养女儿张娟。《江南正报》停刊，失业数月后返台。
1934	《驱逐江亢虎出境》	《台湾新民报》	台湾	全岛文艺大会（台中）决议成立台湾文艺联盟，发行机关刊物《台湾文艺》。张深切提出《提倡演剧案》和《与汉诗人联络案》，均遭反对。
	《谈吃钱官与神佛》	"大溪革新会"纪念杂志（检阅时被裁）		
	小说《鸭母》	《台湾文艺》		

续表

时间	作品	作品备注	地点	年度大事记
	《评〈先发部队〉》《伟大诗人林幼春先生》《文联报告书》《第一回全岛文艺大会记录》《小评文艺大众化》			《台湾文艺》创刊,张星建任发行人与总编辑,杨逵任日文编辑。台湾文艺协会机关刊物《先发部队》发行。
1935	《对台湾新文学路线的一提案——未定稿》《对台湾新文学路线的一提案(续篇)——未定稿》《〈台湾文艺〉的使命》《欢迎文联大会》剧本《落阴》	《台湾文艺》	台湾	东亚共荣协会发展迅速,张深切负责《东亚新报》中部报社事务。《台湾文艺》的编务工作逐渐由张星建负责。因意识形态、编辑主导权分歧,形成张星建、杨逵两方,杨逵退出编辑群,另创《台湾新文学》。《台湾文艺》停刊,文联趋向解体。
1936			台湾	台湾重回武官统治,《东亚新报》停刊而失业蛰居家中。
1937	《泛论政治理论与实际》		台湾	
1938			台湾北京	七七事变后赴北京,结识洪炎秋、张我军,就职于北京艺术专科学校,并担任新民书院日语教授。
1939	创刊词、卷首言、编后记《民族精神与民族性的概念》	《中国文艺》	北京台湾	9月,创办《中国文艺》,担任主编与发行人。10月,养父逝世,返台奔丧。回北京后出任台人旅平同乡会会长,筹组中国文化振兴会。
1940	《随便谈谈》《废言废语》	《中国文艺》	北京	因艺专与新民学院内斗波及,被诬告而辞去教职,武德

续表

时间	作品	作品备注	地点	年度大事记
	《一个聚会的杂谈》《战争与和平》《散言碎语》			报社接收《中国文艺》，张深切携眷返台。
1941	《北京感想录》（日文）	《兴南新闻》	台湾	在台湾不堪日警骚扰，返回北京，入新民印书馆工作。
	《偶感》（日文）	《台湾文学》创刊号		
	《自我赞》（日文）	《台湾艺术》第2卷第7号		
	《新文化的理念》《振兴中国文化的意义》	北京广播电台演讲	北京	
	《儿童新文学》、《日本语要领》	新民印书馆		
1942	译文《秋》	《现代日本短篇名作集》（新民印书馆）	北京	其子张孙煜被日本领事馆强迫就读日本学校。
1943	《点·线·面的关系》《理性与批判》《民族精神与民族性》	《华文每日》（半月刊）	北京	在日军华北指挥部要求下与周作人一起创办艺文社，沈启无事件后与周作人决裂，被迫辞职。
1945			北京	被诬告为抗日分子被逮捕，因友人救助才被释放。与洪炎秋等同乡会成员合力协助滞留华北的台湾同乡返台。
1946	《一台湾人的呼唤》	《新台湾》	北京台湾	携眷返台，洪炎秋推荐到台中师范做教务主任，郭德钦担任总务主任。
	《四篇小诔词》《记范烈士本梁》	《和平日报》		
1947	《我与我的思想》《在广州发动的台湾革命运动史略》《狱中记》	避难山中写成，有自我辩护意味	台湾	"二二八"事件中与林献堂、谢雪红、叶荣钟组织"台中地区时局处理委员会"担任委员，提议将外省人集中在台中师

续表

时间	作品	作品备注	地点	年度大事记
				范加以保护，被诬告为企图集体杀害外省同胞而被通缉，最终洗脱罪名。自此不再涉足政治工作。
1948	《我与我的思想》（修订稿初版）《在广州发动的台湾革命运动史略——附狱中记》	台中"中央书局"	台湾	
1949	剧本《雾社樱花遍地红》	西北影片公司	台湾	
1950	《教育革命刍议》	《进步论坛》	台湾	
1951	剧本《雾社樱花遍地红》	《旁观杂志》连载	台湾	
1954	《孔子哲学评论》	台中"中央书局"	台湾	《孔子哲学评论》出版不久即为政府查禁。
1955	《悼张我军》	《民声日报》	台湾	
1957	《我编导〈邱罔舍〉一片的动机与目的——并答复余适超先生》	《民声日报》	台湾	与友人创办艺林影业公司，担任讲师和编剧。后公司内斗解体，出品影片只有《邱罔舍》一部。《邱罔舍》获故事类"第一届金马奖特别奖"。
	电影《邱罔舍》			
	剧本《再世姻缘》			
1958	剧本《人间与地狱——李世民游地府》		台湾	
1961	剧本《遍地红》	台中"中央书局"	台湾	在台中开设圣林咖啡馆，举办文艺沙龙，出入者为文化人士（如徐复观等），后经营不佳而歇业。从商后又回台中开设古典咖啡厅。
	《里程碑》	台中圣工出版社		
	剧本《生死门》			
	剧本《婚变》			
	剧本《荔镜传——陈三五娘》			
1962	《如是我观——戏剧与历史》	《民声日报》	台湾	

续表

时间	作品	作品备注	地点	年度大事记
1963	《梁祝观后感——批判再批判》	《民声日报》	台湾	
1964	《杀犬记》(原题《呜呼!哀哉!美美》)	《台湾文艺》	台湾	日本电影禁映。
1965	《我与我的思想》(增订再版)	台中"中央书局"	台湾	受吴浊流邀请担任"台湾文学奖"评审委员,因身体不佳辞谢。从台中迁往台北疗养,后返回台中,不久因肺癌去世。
1966	《纵谈日本》(遗稿)	台北泰山出版社	台湾	
1977	《给煜儿书》(旧稿)	夏潮三卷三期	台湾	
1985	《黎明前》(仅存目录)	《台湾文艺》	台湾	

附录6 洪炎秋(1899—1980)作品年表

根据沈信宏《洪炎秋的东亚流动与文化轨迹》、洪炎秋《云游杂记》《废人废话》《又来废话》《忙人闲话》《浅人浅言》《闲话闲话》《常人常谈》等整理。

时间	作品	作品备注	地点	年度大事记
1899			鹿港	生于台湾省彰化县鹿港镇。
1917	《鹿江竹枝词》《髯翁道话》	《晨钟》	鹿港	与表弟丁瑞鱼等9人创办手写月刊《晨钟》。
1918			日本	入日本荏原中学。
1919			台湾	返台,向丁瑞鱼学习注音符号。
1922			台湾北京	陪父亲洪弃生游历大陆。
1923			北京	考上北京大学预科。
1924			北京	秘密参加国民党,并以北大学生军身份担任孙中山临时警卫。
1925			北京	升入北京大学教育系,辅修国文。与宋斐如、苏芗雨一起参加北京台湾青年会。
1926	《群众领袖的问题》	《京报副刊》	北京	
1927	《清高问题》	《语丝》	北京	发起《少年台湾》月刊,与张我军同为主要执笔人。

续表

时间	作品	作品备注	地点	年度大事记
1929	《日本帝国主义下的台湾教育》	《教育杂志》（北大毕业论文）	北京	北京结婚（妻子关国藩），父亲去世。毕业后，任河北省教育厅科员。在职考入北大英文系。
1930			北京	任教于北平大学。
1932			北京	任教于沈尹默创办的北平大学附属高中，兼任北平大学农学院日文课，在中国、民国、华北、郁文等私立大学讲授教育学和国文。
1933			北京	开设人人书店。
1937			北京	任教于伪北大及伪北师大。
1939	《偷书》《健忘礼赞》《闲话鲍鱼》《关于"死"》《赋得长生》	《中国文艺》	北京	1937年1939年为《中国文艺》撰稿并拒绝日伪文教事务。
1940	《就河豚而言》《我父与我》《驭夫术》《辫发茶话》《谈美貌》	《中国文艺》	北京	人人书店结束营业。
1943	《谈翻译》	《中国留日同学会季刊》第3号	北京	
	《复仇》	《艺文杂志》第1卷第5期		
	《乱谈舞弊》	《中国公论》第10卷第3期		
1944	《何谓大和魂》	《日本研究》第2卷第1期	北京	

续表

时间	作品	作品备注	地点	年度大事记
1945			北京	任北平台湾同乡会会长,协助台湾人返乡。 长女国炎失踪,18岁逝世。
1946	《平津台胞动静概况》	《新台湾》(第1期)	北京	5月,率200多台湾军属返台,任省立台北女子师范学校教务主任。 8月,经许寿裳介绍到台湾师范学院,未实际到任(暑假)。 9月,调任台中师范学校校长。
	《全省行脚叩头战败记》	《新生报》	台北 台中	
	《关于"乌合之众"》	《自由日报》		
1947	《国内名士印象记》(其一、其二、其三)	《台湾文化》	台中 台北	"二二八"事件后被撤职,经何容介绍,任"国语推行委员会"副主委。
	《谈贪污》			
	《气小性急》			
	《台湾革命运动史略序》			
1948	《国内名士印象记》(其四)	《台湾文化》	台北	受聘台湾大学中文系教授,兼任校长秘书,讲授国文、文学概论、老子。 出版《闲人闲话》,被官方销毁。
	《悼许季茀先生》			
	《诗人洪弃生先生的剪影》	《公论报》		
	《谈谈入学考试》	《中国文化》		
	《天子无戏言》			
	《抖蠹鱼——祝贺参议会开会》	《国语日报》		
1949	《戴高帽子》	《国语日报》	台北	《国语日报》成立董事会,任国语日报社长和台大中文系教授。
	《谈标点符号》			
	《再谈标点符号》			
1950	《读书杂谈》	《中国文摘》	台北	任台大图书馆馆长。
	《光复节和国语日报》	《国语日报》(10月25日)		
1955	《十年来的台湾国语运动》	新生报社"台湾十年"	台北	在师范大学、大同工学院、铭传商专等兼课。

续表

时间	作品	作品备注	地点	年度大事记
	日本的武士道	《中日文化论集》		国语会迁往木栅，卸任国语会副主委职务。
1957	《悼林献堂夫人》	《联合报》	台北	出版《文学概论》，以客座研究员名义出国考察。
1958	《日本的大学通信教育》	《教育与文化》	台北	美国访问后，转欧洲三个月后返台。
1959			台北	中风住院，半身不遂。出版《云游杂记》。
1960	《举办"中学学力检定试验"——拯救落第孩子的一个建议》	《联合报》8月9日	台北	
1963	《愿人人都做肥料——一个教授的自觉》	《"中央"日报》11月28日	台北	
1964	《一叶知秋》		台北	出版《废人废话》。
	《也谈恶性补习》			
	《傅斯年先生和台湾人——读〈傅孟真先生年谱〉》	《文星》		
	《国语日报十五年》	《社会教育年刊》		
	《怀鹿港的茶点》	《自由谈》		
	《悼蒋梦麟先生》	《传记文学》		
	《从越南人的汉诗说起》	《"中央"日报》		
	《中副选集读后感》			
	《也来论诗》			
1965	《我当过国父的警卫》	《青年战士报》2月24日	台北	
	《悼陈辞修副"总统"》	《传记文学》		
	《致萧孟能先生的信和附件——为提倡"吃讲茶"代替诉讼》	《文星》		

续表

时间	作品	作品备注	地点	年度大事记
	《和台大同学谈毕业典礼》			
	《关于"吃讲茶"的话再给萧孟能信》			
	《作家的修养》	《中国语文》		
	《悼张深切兄》	《台湾风物》		
	《喂得他饱》			
	《再谈喂得他饱》			
	《三谈喂得他饱》			
	《四谈喂得他饱》			
	《再谈一次喂得他饱》			
	《近庙欺神》			
	《告落第男生》			
	《努力第一》			
	《白头教授念师恩》			
	《为女界呼冤》	《国语日报》		
	《不要制造"背书机器"》			
	《谈道德重整》			
	《乞食道德的重整》			
	《父母子女间的道德重整》			
	《再谈父母子女间的道德重整》			
	《三谈父母子女间的道德重整》			
	《告子敏一状》			
	《子敏不冤》			
	《〈梦之圆舞曲〉序》			

续表

时间	作品	作品备注	地点	年度大事记
1966	《国语日报——它的政治的、教育的背景和现况》	《社会教育年刊》	台北	出版《又来废话》,《茶话》第1集(与何凡、子敏合著,到1971年共出10集)。在《国语日报》"日日谈"栏目发表《整顿公车》《总得便军》《当兵有益》《货真价实,童叟无欺》《三大成就之一》《寄厚望于亚圣奉祀官》《该把教育搞好了》《志愿就学,减少近视》《教育改进》《家长难逃教养责任》等短评。
	《自传》	《传记文学》		
	《不顾人情味,不怕得罪人》	《自立晚报》		
	《给自立晚报罗总编辑信》			
	《教师匠的祖师爷——孔子》	《孔孟月刊》		
	《闲话辞典》	《中国语文》		
	《公私生活的道德重整》	《国语日报》		
	《为子敏撤回自诉》			
	《御夫术ABCDE》			
	《丈夫的报答》			
	《怕妇也是大好》			
	《也谈婆媳之间》			
	《单车迎新娘》			
	《来函照登》			
	《予欲无言》			
	《和〈大学新闻〉记者谈一本书》			
	《从百万聘金征婚谈起》			
	《高中的选组问题》			
	《也谈结婚仪节》			
	《"野合而生孔子"的检讨——答胡晶玲女士》			
	《谈交通·说公车》			

续表

时间	作品	作品备注	地点	年度大事记
	《谈读书》			
	《再谈读书》			
	《谈作文》			
	《设身处地为孩子》			
	《为圣裔的教育进一言》			
1967	《漫谈随笔》		台北	在《国语日报》"日日谈"栏目发表《年终不可无金》《羊毛不可出在羊身上》《联招作文评阅问题》《作文占一半合理》《地方教育行政的重点》《改革公文该用白话》《东海学生热心公益》《公车该先弄好业务》《节约霞海城隍祭》《女师专的改名和迁址》《发榜技术的商榷》《救济工作，必须切实》《为师专毕业生呼吁》《保送制度可以废止》《加强中小学的科学根基》《祝科学发展会成立》《复兴文化从设语文专校始》《还是叫国语科对》《回忆录纠纷》《让女士们试试看》《法律座谈，确有必要》《车票官司，不打也罢》《定期退役，吸收人才》《不学诗无以言》《增加师资的办法》《校长，可为而不可为》《音乐堂和音乐家》《一封黑信，两个问题》《文字进化由繁趋简》《辞达而已矣》《国语教育应重标准》《组织家长推行义教》《婚礼改革》《我手写我口》《科学的国语和国语的
	《我所认识的周作人》	《纯文学》		
	《杨肇嘉回忆录序》			
	《教育史上的一段小插曲——关于周作人的两封信》	《传记文学》		
	《我所认识的杨肇嘉》	《大华晚报》2月24日		
	《再谈作文》			
	《漫谈文化》			
	《也谈窃盗》			
	《补谈诈骗与强销》			
	《菲游杂记》			
	《婚礼致词》			
	《由国语和国文谈到旧式私塾》	《国语日报》		
	《侨教工作，语文第一》			
	《无妨实验看看》			
	《谈科学发展》			
	《不恶补也行》			
	《闲话语言》			
	《闲话文字》			

续表

时间	作品	作品备注	地点	年度大事记
				科学》《国语教育的现代化》《马路不是走马的路》等短评。
1968	《闲话国语》《我和国语日报》《从清贫说起》《向清富迈进》《九年义教实施以后》《〈教育老兵谈教育〉序》《〈忙人闲话〉序》《洪弃生的"炼乳教材"》《〈国中语文指导周刊〉开场白》《答魏正华问"冬行春令"的意思》《谈强迫退休》	《国语日报》	台北	出版《教育老兵谈教育》《忙人闲话》。以媒体人身份到吉隆坡和新加坡参加亚洲广告会议，考察华语教育。在《国语日报》"日日谈"栏目发表《电视该有国语教学节目》《人材的外流和回流》《榜首的暗示》《国法与教规》《再谈国法和教规》《勉国中新生》"东京方式"的加价》《守法与执法》《要听内行人的话》《快解除国文教员荒》《传统的意义》《功不唐捐》《正人须先正己》《树立司法权威》《盖棺论定》《争取时间,提高效率》《关于四书注释》《交通规则与交通教育》《广告新闻不可混淆》《美国的日本研究热》《重视子女的意见》《赵教授谈人生》《不必缩岁数认同年》《发展科学,翻译为先》《国文教本该多选诗歌》《为屈万里叫好儿》《反对要依法》《欢迎马思聪先生留在祖国》《礼节第一》《整理交通自学生始》《学历无用论》等短评。
	《闲话孟子》	《孔孟月刊》		
	《与胡秋原先生信》《再与胡秋原先生信》	《中华杂志》		
	《国语运动逢七有庆》			
1969	《马来一瞥》《新加坡一瞥》《老人的处置》《也谈死》	《国语日报》	台北	在《国语日报》"日日谈"栏目发表《一年之计》《楚才无妨晋用》《分缓急调整待遇》《协助政府完成赋税改革》《统一国语,不废方言》《治鼠之道》

续表

时间	作品	作品备注	地点	年度大事记
	《竞选的感想》			《复兴平剧之道》《不要"只重头衔不重人"》《弥补师资缺乏之道》《男女教育宜有差别》《也来谈"和"》《不可轻易改地名》《国语推行会该恢复了》《简笔字可以马上推行》《简化笔画,减少字数》《也谈确立标准正字》《父母应负教育责任》《严格禁用学龄童工》《私中不应分发学生》《不可删除国语推行费》《孔孟之道不强人所难》《该使科学说国语》《谈犄角和尾巴》《驻外官员的用语》《创办函授大学》《改善邮局礼券》《国语的生长和死亡》《发展观光,小处下手》《把教育送到家》《法律和人情》《日本政府辅导私校》《金龙队的启示》《最好组织财团法人》《捐赠器官勿提条件》《选贤与能勿拘年龄》《习惯杀人值得重视》等短评。
	《遵照标准国音推行标准国语》	《"中央"副刊》		
	《〈尾音辨证〉书后》			
	《先父洪弃生先生传略》	《台湾日报》		
	《漫谈孟子的教育思想》	《孔孟月刊》		
	《姓的特殊念法》	《新生副刊》		
	《报纸的任务》	《台湾日报》		
1970	《我的朋友叶荣钟》	《纯文学》	台北	从台湾大学退休,改为兼任教师。 出版《洪弃生先生遗书》九册。
	《张雪门〈我的童年〉序》	《传记文学》		
	《从候选到当选》			
	《我的朋友吴三连》	《国语日报》		
	《我所认识的李玉阶兄》			
	《爱群故爱党知艰非行艰》	《新时代》		
	《致某推事函》			

续表

时间	作品	作品备注	地点	年度大事记
1971	《台湾教育演进史略》	《中原文化与台湾》	台北	出版《浅人浅言》。赴旧金山参加世界中文报业协会,又赴日本考察(6天)。
	《遗嘱》	《国语日报》		
	《与杨金虎市长谈婚姻》			
	《复黄杨丽燕女士》			
	《儿时的过年》	《中国时报》		
	《为陈彩凤说几句话》			
	《也谈人文学和人文科学》	"中央"副刊		
	《年俗今昔谈》	"中央"月刊		
	《〈浅人浅言〉序》			
	《当前的教育问题在那里——宽筹经费才能解决》	《综合》月刊		
	《对联合报提一个建议》	《联合报》(9月16日)		
1972	《读萨孟武先生信》	《国语日报》	台北	辞去《国语日报》社长,改为发行人,正式离开台大。在《国语日报》"日日谈"栏目发表《行车走路必须守法》《创造国语环境》《日本益友的话》《用"师丈"比较好》《适才适位》《发行邮政储蓄礼券》《法条含糊,施行为难》《便官也要便民》《横排国文应该右行》等短评。
	《遗嘱的修正》			
	《婆媳对话》			
	《国语和方言》			
	《〈眉亭随笔〉序》			
	《〈中外婚缘录〉序》			
	《国语和国际语》			
	《谈安死术》			
	《文学的科学研究法》			
	《一个急需答案的问题》			
	《答中文系新生问》			

续表

时间	作品	作品备注	地点	年度大事记
	《〈两性之间的困境〉序》			
	《〈寄鹤斋选集〉弁言》	《传记文学》		
	《关于傅斯年的弃世》			
	《谈光饼·说地名》	《"中央"副刊》		
	《把报办好让你瞧瞧》	《青年战士报》		
	《我参加竞选的经验》	《中国时报》		
1973	《医学和法律》	《国语日报》	台北	出版《闲人闲话》。因心脏病住进台大医院。
	《怎样读书》			
	《丁瑞鱼先生墓志铭》			
	《我的自学进修经验谈》			
	《日本的国立国语研究所》			
	《国中毕业生的新路——以自修代入学受鉴定得资格》			
	《把高中送到家》			
	《到处是教室，随时可读书》			
	《谈学力鉴定考试》			
	《谈自学进修——复卓莹姿同学》			
	《日本的国会》			
	《注音符号与我》			
	《小处下手》			
	《齐铁恨这位老兄》			

续表

时间	作品	作品备注	地点	年度大事记
	《不必"防范"社教》			
	《怀鹿港才子施家本兄》	《传记文学》7月号		
1974	《为助自学，险送老命》	《国语日报》	台北	出版《常人常谈》《读书和作文》。担任《国语日报》函授学校校长，开始招生。赴香港参加世界中文报业协会会议。
	《也谈顺境跟逆境》			
	《国语的辞汇》			
	《童年生活的回忆》			
	《故乡的回忆》			
	《人物的回忆》			
	《连过三关，自学有成》			
	《也谈"老师的服装"》			
1975	《谈孝》	《国语日报》	台北	与台北的鹿港乡友组成乐老小集，每月聚会。上班被撞，送医院急救康复。
	《也谈"英雄与常人"》			
	《谈梁韩婚姻——复花莲张德荣先生》			
	《为"非婚生子女"请命》			
	《谁来接棒？》			
	《"乐老小集"招兵买马露布》			
	《双亲权威的重整》			
	《三个质询》			
	《不在其位而谋其政的何容》			
	《〈何容这个人〉序》			
	《函授作文，分劳教师》			
	《国语日报简介》	《台湾文献》		

续表

时间	作品	作品备注	地点	年度大事记
	《也谈稿费》	《"中央"副刊》		
	《荣获法国沙龙金牌奖的李元亨》			
	《蒋公提倡注音语体公文》			
	《蒋"总统"与我》	《英文中国邮报》		
	《推行国语三十年》	《综合月刊》		
1976	《从死说起》	《国语日报》	台北	
	《〈读书和作文〉序》			
	《追悼田伯苍先生》			
	《从嫁妆说起》			
	《黄译〈北京人〉读后》			
	《谈应酬》			
	《户政平议》			
	《谈翻译》			
	《悼洪力生大法官》			
	《再谈翻译》			
	《怎样学好作文》			
	《谈养狗》			
	《怀才不遇的张我军兄》	《传记文学》		
	《怀益友庄垂胜兄》			
1977	《我的近况》	《国语日报》	台北	出版《老人老话》。
	《官府控告官府》			
	《谈简笔字》			
	《黄著〈台湾农民运动史〉序》			

续表

时间	作品	作品备注	地点	年度大事记
	《为禁设文理补习班事和"教育部长"谈谈》			
	《怀北京大学几位旧师》			
	《〈老人老话〉序》			
	《非本社作文班学生的家长》			
	《〈百孝图〉序》			
	《跟李部长谈简笔字问题》			
	《读叶著〈美国见闻录〉》			
	《为"整理简笔字案"事提出质询》			
	《由纸虎勾起的回忆》	《新万象》月刊		
	《一个国家,一种国语,一个国字》	《中国论坛》		
	《三代通家,一面未谋》	《传记文学》座谈会发言		
	《蔡先生为我解决困难及其遗风对台大的影响》	《传记文学》		
	《语堂先生在台湾的几件事》			
1978	《省议会中应说国语》		台北	出版《语文杂谈》。复任《国语日报》社长。
	《从家事到国策漫谈留学生》	《国语日报》		
	《佐藤春夫笔下的鹿港》			

续表

时间	作品	作品备注	地点	年度大事记
	《一个短命校长的杂忆》			
	《佐藤春夫游台记的另一段缩译》			
	《戒烟漫谈》			
	《郭著〈京粤的台湾学生反日活动史〉序》			
	《水葬颂》			
	《〈语文杂谈〉自序》			
	《几点浅见请教孙院长》			
	《我的竞选经验谈》			
	《悼念叶荣钟先生》			
1979	《〈晨钟〉偶忆》《〈林坤元七十自述〉序》	《国语日报》	台北	
1980			台北	3月14日，脑溢血病逝于台大医院。

附录7　林海音(1918—2001)作品年表

根据张瑞芬编选《台湾现当代作家研究资料汇编 13：林海音》、王开平策划《林海音作品集》、夏祖丽《从城南走来——林海音传》等整理。

时间	作品	作品备注	地点	年度大事记
1918			日本	生于日本大阪。
1921			台湾	随父母返台。
1923			北京	随父母到北京，暂住西珠市口的谦安客栈，后搬到椿树上二条永春会馆，父亲担任北京邮政总局日本课课长。
1925			北京	搬到新帘子胡同，就读北京城南厂甸师大第一附小。
1927			北京	搬到虎坊桥。
1931			北京	搬到梁家园，父亲因肺病病逝于北京日华同仁医院，搬到南柳巷晋江会馆，就读春明女中。
1933	诗作《献给茶花女》	《世界画刊》	北京	加京畿道艺术学院舞台剧《茶花女》公演。
1934			北京	考入成舍我创办的北平世界新闻专科学校，在《世界日报》担任实习记者，结识编辑何凡(夏承楹)。

续表

时间	作品	作品备注	地点	年度大事记
1935			北京	毕业后担任《世界日报》记者，主跑妇女新闻。
1939			北京	与何凡在协和医院礼堂结婚，参加的有张我军、洪炎秋等，婚后住进永光寺街夏家。
1940			北京	夏仁虎介绍入北平师范大学图书馆担任图书编目工作，因喜爱《海潮音》而取笔名"海音"。
1945			北京	抗战胜利后搬到南长街28号小三合院。《世界日报》复刊后回《世界日报》主编妇女版。
1948			北京台湾	从北京坐飞机到上海虹桥机场，坐船到基隆。何凡和弟弟燕生随后来台。
1949	《台湾菜》	《国语日报》	台北	5月，入《国语日报》任编辑。12月，主编《国语日报》周末版直到1954年10月。正式开始投稿生涯，初期作品多刊登在《公论报》和《自由中国》杂志，后在"中央"日报》副刊和该报《妇女与家庭》周刊陆续发稿散文、杂文，期间有小说创作。
	《新竹白粉》			
	《生气的脸》			
	《失去的周末》			
	《饭桌上的教训》	《中华日报》		
	小说《爸爸不在家》			
	《家乡菜》	《"中央"日报》		
	《台北屋檐下》			
	《谈快乐》			
	《漫谈吃饭》			
	《也谈爱美》			
	《主妇日记》			
	《台风目击记》			
	《雨》			
	《饭桌上的童话》			

续表

时间	作品	作品备注	地点	年度大事记
	《卖蛋记》			
	《瓜棚豆架闲话——只此一家别无分店》	《大华晚报》		
	《机器和人》	《台湾新生报》		
	《关于儿童文学》	《民族报》		
	《相思树》			
1950	《我的生活》	《"中央"日报》	台北	
	《回到厨房》			
	《母校与校长一夕谈》			
	《台湾的媳妇仔》			
	《海音女士来函》			
	《度周末记》			
	《光复以来》			
	《苦念北平》			
	《早熟早衰的女人》	《国语日报》		
1951	《一个抗议》	《"中央"日报》	台北	8月,参加台湾青年文化协会在台北中山堂主办的夏季乡土史讲座,是返台后参加的第一个文学活动。短篇小说创作渐多,开始走上作家之路。
	《三只丑小鸭》			
	《嫂嫂》			
	《平凡之家》			
	《人生的黄金时代》			
	《我们的收音机》			
	《跳舞衣的故事》			
	《中秋杂忆》			
	《读无书的孩子》	《中华日报》		
	《谈读书》	《国语日报》		
	《婚姻经济学产生下养女》	《台湾新生报》副刊		

续表

时间	作品	作品备注	地点	年度大事记
1952	《友情》	《自由谈》	台北	
	《谢谢你,小姑娘》	《"中央"日报》		
	《兰草》			
	《阳光》			
	《灯下漫笔》			
	《兴趣》			
	《空中家庭》	《台湾新生报》		
	《我为了妹妹》	《联合报》		
	《家庭教师》			
	《迟开的杜鹃》	《大道月刊》		
1953	《妈妈说,不行》	《台湾新生报》	台北	
	《夫妇之间》	《"中央"日报》		
	《长子的诞生》			
	《冬青树》			
	《赏与罚》			
1954	《母亲的秘密》	《联合报》	台北	正式担任《联合报》副刊主编。
	《今天是星期天》	《大华晚报》		
1955	《维他命C与孩子》	《"中央"日报》	台北	第一本散文、小说合集《冬青树》由台北崇光文艺出版社出版。
	《书桌》			
	《会唱的球》	《联合报》		
	《小红鞋》			
1956	《借种》	《妇友杂志》	台北	世界新闻专科学校创立,受聘教席。获第二届扶轮社文学奖。
	《绿藻与咸蛋》	《自由中国》		
	《小儿女的独立天地》	《"中央"日报》		
	《后院的空地》			
	《赋闲的主妇》			
	《如何从烦重的家事中解救出来》	《联合报》		

续表

时间	作品	作品备注	地点	年度大事记
	《温莎夫妇上电视》			
	《要喝冰水吗？》	《文学杂志》		
1957	《殉》	《自由中国》	台北	短篇小说集《绿藻与咸蛋》由台北文华出版社出版。《文星》杂志创刊，应萧孟能社长邀约，兼任文艺编辑，至1961年止，主编为何凡。
	《工作情趣化》	《妇友杂志》		
	《谈家庭副业》			
	《爸爸的地位》			
	《好夫妻》			
	《菜场巡礼》			
	《女性与运动》	《"中央"日报》		
	《蟹壳黄》	《文学杂志》第2卷第5期		
	《母亲的心情》	《联合报》		
	小说《城南旧事（上、下）》	《自由中国》		
1958	《佳节话旧》	《妇友杂志》	台北	
	《祸源在哪儿？》			
	《开卷有益》			
	《最重要的话头》			
	《窗外的故事》			
	《失去的儿歌》			
	《琼尼》	《文星》		
	《失婴记》	《文学杂志》		
	《习见的事》	《联合报》		
	《毛衣四式》	《"中央"日报》		
1959	小说《惠安馆传奇》（1—30）	《联合报》	台北	第一部长篇小说《晓云》由台北红蓝出版社出版。
	小说《晓云》（1—130）			
	《海的礼物》			
	《友谊》			

续表

时间	作品	作品备注	地点	年度大事记
	小说《星期六新娘》	《妇友杂志》	台北	
	《同情》	《自由青年》		
	小说《我们看海去》	《文学杂志》		
1960	《悼钟理和先生》	《联合报》	台北	小说集《城南旧事》由台中光启出版社出版。
	《冬阳·童年·骆驼队——〈城南旧事〉出版后记》			
	小说《婚姻故事》(1–48)			
1961	《同情心》	《中国劳工》	台北	与何凡共同辞去《文星》杂志编务。
	《台湾漫记》			
	《关于笠山农场》	《联合报》		
	《蓝布褂》			
	《文津街》			
	《卖冻儿》			
	《卑贱的人》	《妇友杂志》		
	《北平漫笔》			
1962	小说《某些心情》	《自由谈》	台北	
	《我的美容师》	《文星》		
	小说《五凤连心记》(1–10)	《联合报》		
	小说《茶花女轶事》(1–12)			
	小说《地坛乐园》(1–13)			
1963	《重读〈旧京琐记〉(夏仁虎著)》	《"中央"日报》	台北	《联合报》副刊刊登诗作《故事》被认为影射台湾当局,作者风迟被捕,林海音被迫辞去《联合报》主编职务。

续表

时间	作品	作品备注	地点	年度大事记
1964	短篇小说集《婚姻的故事》	台北文星书店	台北	受聘担任台湾省教育厅儿童读物编辑小组第一任文学主编。 英文版《绿藻与咸蛋》由纽约 The Heritage Press 出版。
	儿童文学《古今奇观》	台北东方出版社		
	《谈谈儿童读物》	《文坛》		
	《英子的乡恋》	《台湾文艺》		
	《新竹粉之忆》			
	《爸爸的花儿落了》			
	《一些回忆》			
	《〈一心集〉(何凡著)后记》	《"中央"日报》		
1965	《在美国看中国家庭》	《妇友杂志》	台北 美国 日本	4月，应美国国务院"认识美国计划"邀请，赴美访问4个月。辞去中华儿童丛书编辑工作，由潘人木接管。 8月，结束访问，在旧金山停留一周与在美国深造的长子相聚。返台途中在日本停留八天，访问东京、京都和大阪，并探访出生地大阪回生医院。 12月，参与何凡主持的《世界儿童文学名著选集》编印计划，翻译世界各国图画故事书。
	《访马克吐温故居》	《联合报》		
	《访玛霞·伯朗》			
	《炸丸子与蚝仔煎》	《国语日报》		
	短篇小说集《烛芯》	台北文星书店		
	儿童文学《金桥》	台湾书局		
	译文《井底蛙》			
	《树木集》	台北西区扶轮社		
1966	《美国的儿童读物》(上)(中)(下)	《"中央"日报》	台北	
	《我父亲在新埔那段儿》			
	儿童文学《小快乐回家》	台北小学生画刊社		
	《作客美国》	台北文星书店		
	儿童文学《蔡家老屋》	台湾省教育厅		
	《两地》	三民书局		

续表

时间	作品	作品备注	地点	年度大事记
1967	《孟珠的旅程》（11-13） 《谈老舍及文体》 《林夫人时间》	《纯文学》	台北	长篇小说《春风丽日》由香港正文出版社出版，1971年纯文学出版社重新出版，改名为《春风》。 创办《纯文学》月刊，担任发行人和主编，1972年停刊，共出版62期。 长篇小说《孟珠的旅程》由纯文学出版。
	《忏悔》	《"中央"日报》		
	儿童文学《我们都长大了》 儿童文学《不怕冷的企鹅》	台湾省教育厅		
1968	《吉铮其人其事》	《纯文学》	台北	成立纯文学出版社。 改写自《绿藻与咸蛋》中的《周记本》。
	广播剧本《薇薇的周记》	纯文学出版社		
1969	《故事》	《"中央"月刊》	台北	
	《绢笠町忆往》	《纯文学》		
	《吴浊流文学奖的诞生》	《台湾文艺》		
1970	《春忆厂甸见》	《"中央"月刊》3月号	台北	主稿一、二年级国语课本，至1996年止，共26年。
	《我俩》 《依赖》 《编织之乐》 《失去的周末》 《帐中说法》 《最好的厨子》 《女人的话》 《金钱与爱情》 《体罚》 《挑食》 《说故事》 《让他自己来》	《纯文学》		

续表

时间	作品	作品备注	地点	年度大事记
	《写在风中》			
	《漫写林良老弟》			
	《新的豆腐》			
	《记六月》			
1971			台北	担任台湾省教育厅在台北板桥国教研习会举办的儿童文学写作研究班指导老师。主编《中国豆腐》(夏祖美、夏祖丽助编),由纯文学出版社出版。
1972	《窗》	纯文学出版社	台北	与何凡合著。
1973	《低年级儿童读物的欣赏》	《中国语文》4月号	台北	
1974			台北	主编《纯文学散文选集》,由纯文学出版社出版。
1975	小说集《林海音自选集》	黎明文化公司	台北	主编《中国竹》,由纯文学出版社出版。
1976	《读〈沉情〉——我怜雅卿》	《联合报》	台北	夏祖丽辞掉工作担任纯文学出版社总编。
	译作《伊索寓言》	国语日报出版社		
1977	《追忆中的欣慰——为〈钟理和全集〉出版而写》	《台湾文艺》	台北	
	《成长的轨迹——读〈永远的微笑〉有感》	《联合报》		
1978	儿童文学《请到我的家乡来》	台湾省教育厅	台北	收回纯文学出版社的出版书籍总经销权,自行发行。
	《嬉笑怒骂皆文章——〈包可华专栏〉的回顾》	《联合报》		
	译作《小兔班杰明的故事》	纯文学出版社		

续表

时间	作品	作品备注	地点	年度大事记
	译作《一只坏小兔的故事》			
	译作《猛狗·唐恩》			
1979	《评〈雨〉》	《联合报》	台北	主编《豆腐一声天下白》，由尔雅出版社出版。
	《报纸副刊何处去？谈谈副刊的过去、现在和将来（上）（下）》			
1980	《没有散文的日子》	《明报》	台北	主编《中国近代作家与作品》《纯文学翻译小说》，由纯文学出版社出版。
	《高处不胜寒》			
	《平妹，挺好的》	《联合报》		
	《一位乡下老师——兼记新埔国小八十三周年》			
1981	《此老耐寒——谈沈从文》	《联合报》	台北	
1982	《〈苍天悠悠〉后记》	《纯文学》	台北	主编《纯文学好小说》，由纯文学出版社出版。《城南旧事》被上海制片厂拍成电影。
	《同情与爱——我访赛珍珠》			
	《猫熊"佳佳"播种者》			
	《柏林围墙二十年》	《中国时报》		
	《天罗地网的鸟园》			
	《女神一百岁》			
	《"哑行者"蒋彝》			
	《芸窗夜读》	纯文学出版社		
1983	《住者有其屋》	《中国时报》	台北	
	《林语堂著作等身》			
	《捞鱼的日子：缺少一本文艺辞典》	《联合报》		

续表

时间	作品	作品备注	地点	年度大事记
	《酒会已散:诗的婚礼,诗的岁月》			
	《穷半生得一作:拉杂写朱家》			
1984	《何不"天天天蓝"》	《民生报》	台北	
	《美西追记（上）（下）》	《联合报》		
	《隔着竹帘儿看见她!重读〈歌谣周刊〉随笔》	《中国时报》		
	《蕃薯人》			
	《剪影话文坛》	纯文学出版社		
1985	《旧时三女子》	《中国时报》	台北	《剪影话文坛》被台湾文化出版和学术界评选为1984年台湾最有影响力的十本书之一。
	《关于〈芸窗随笔〉》	《中华日报》		
	《回顾台湾文学的启蒙与成长》	《自立晚报》		
1986	《枝巢老人夏蔚如的著作和生活:〈清宫词〉编校后记》	《传记文学》	台北	
1987	《闲庭寂寂景萧条——母亲节写我的三位婆婆》	《中国时报》	台北	
	《往事与回顾——〈纯文学好小说〉编选随想录》	《纯文学》		
	《林海音童话集:动物篇》			
	《林海音童话集:故事篇》	纯文学出版社		
	《家住书坊边——我的京味儿回忆录》			

续表

时间	作品	作品备注	地点	年度大事记
1988	《回响记事》	《纯文学》	台北	8月,赴香港与分离37年、留在上海的三妹燕珠会面。
	《一家之主》	纯文学出版社		
	《林海音散文》	香港香江出版社		
1989	译作《鸽子泰勒的故事》	纯文学出版社	台北	主编《何凡文集》(共26卷),纯文学出版社出版。录制《林海音说童话》录音带(共3卷),由福茂唱片发行。
	译作《狡猾的老猫》			
1990			台北 北京	与台湾出版界负责人访问团赴北京,访问亲友、城南旧居、就读小学。
1992	《隔着竹帘儿看见她》	台北九歌出版社	台北	《城南旧事》(英文版)由香港中文大学出版,齐邦媛、殷张兰熙合译。
	儿童文学《聪明——林海音大象收藏展》	台北东华书局		
	儿童文学《神奇——林海音大象收藏展》	台北东华书局		
	译作《山中旧事》	台北远流出版公司		
	译作《有趣的小妇人》			
1993	《写在风中》	纯文学出版社	台北	与冰心、萧乾共同担任《台湾当代著名作家代表作大系》(中国现代文学馆主编)套书顾问。
1994	《奶奶的傻瓜相机》	台北民生报出版社	台北	
	译作《铁丝网上的小花》	台北格林文化公司		
1995	译作《快乐的死刑犯》	台北格林文化公司	台北	4月,《城南旧事》(日文版)由东京新潮社出版,杉野元子翻译。12月,关闭纯文学出版社。

续表

时间	作品	作品备注	地点	年度大事记
1996	《英子的心》	人民日报出版社	台北	
	《双城集》(何凡合著)	江苏文艺出版社		
	《静静的听》	尔雅出版社		
	译作《生命之歌》	台北格林文化公司		
	译作《太阳石》			
1997	《文字生涯半世纪》	《国语日报》	台北	《伊索寓言(1)(2)(3)》,由台北格林文化公司出版。《城南旧事》(德文版)由德国Carl Hanser Verlag出版,苏珊妮·赫恩芬柯翻译。
	《水泥森林中的小红屋》			
	《万里长城万里长》			
	《小大人儿》			
	《三代笑咪咪》			
	《紫禁城的角楼》			
	《我长高喽》			
	《灿烂的花朵》			
	《雪地》			
	《美丽的南长街》			
	《波特的家乡》			
	《谢冰心和我和猫》			
	《盘成寿字的盆景》			
	《华表》			
	译作《刺猬温迪琪的故事》	台北青林出版社		
	译作《母鸭洁玛的故事》			
	译作《小猪柏朗的故事》			
2001			台北	10月,获世新大学"第二届杰出校友终身成就奖"。12月,因器官衰竭病逝于台北振兴医院。

附录8　钟理和(1915—1960)作品年表

根据应凤凰编选《台湾现当代作家研究资料汇编 11：钟理和》、钟怡彦编《新版钟理和全集》等整理。

时间	作品	作品备注	地点	年度大事记
1915			屏东	生于台湾省屏东县。
1922			屏东	入屏东盐埔公学校，暑假入私塾学习汉文。
1928			屏东	开始阅读《杨文广平蛮十八洞》等文言小说。
1930	《台湾历史故事》 《考证鸭母王朱一贵事迹》 《由一个叫化子得到的启示》 小说《雨夜花》	原稿已佚	屏东	公学校高等科毕业，入私塾学汉文，开始大量阅读文言小说、白话小说，尝试写作。
1932			屏东	结束私塾课业，随父亲经营笠山农场，遇到钟台妹。
1936	《登大武山记》		屏东	父亲投资大陆生意失败。到屏东协助兄长钟里虎经营布庄。
1937	小说《理发匠的恋爱》	后改为《理发记》	屏东	《理发记》是现存最早作品。

续表

时间	作品	作品备注	地点	年度大事记
1938	小说《友情》	未完成	高雄美浓 沈阳	6月,因婚姻受阻,渡海到沈阳,入伪满洲自动车学校学习。
1939	小说《都市的黄昏》	未见刊,后改写为《柳荫》	台湾 沈阳	两度返台游说父兄到伪满洲投资砖瓦建材,遭拒。
1940			台湾 沈阳	带钟台妹赴沈阳,取得驾驶执照,任职于奉天交通株式会社,暂住林国良家。
1941	《泰东旅馆》	未完成	沈阳 北京	1月,长子铁民出生。 7月,迁往北京,租屋南池子胡同。 因出车祸而被吊销牌照;后任职翻译员,三个月后辞职;经营石炭零售店,因有抵触情绪而放弃;后专事写作,靠北京表兄接济。
1943	小说《游丝》	8月	北京	翻译日本小说与散文并投稿各报。 祖母、父亲去世。
1944	小说《新生》		北京	
	小说《薄芒》			
	小说《夹竹桃》			
	《生与死》			
	小说《地球之徽》	未完成		
1945	小说集《夹竹桃》	北京马德增书局	北京	《夹竹桃》包括中篇小说《夹竹桃》《薄芒》、短篇小说《游丝》《新生》,是钟理和生前唯一出版的著作。 9月9日,参加台湾省旅平同乡会结成典礼。
	小说《逝》			
	小说《第四日》	未见刊		
	《为台湾青年伸冤》	未见刊,原稿已佚		
	《为海外同胞伸冤》	未完成,原稿已佚		
	小说《门》	未见刊,原题《绝望》		

续表

时间	作品	作品备注	地点	年度大事记
	小说《秋》	原稿遗失于"二二八"事件时期,1949年凭记忆重写		
	《供米》	未完成,原稿已佚		
1946	《白薯的悲哀》	未见刊	北京 屏东内埔	《新生》《薄芒》《夹竹桃》《生与死》以笔名"江流"发表于《台湾文化》第1卷第1期。《逝》以笔名"江流"发表于《政经报》第2卷第5期。3月,离开北京,搭难民船经天津上海抵达基隆。4月14日,回到美浓笠山家中,暂住弟弟钟里志家。在屏东内埔初中任代用国文教师,迁居内埔。8月,肺病复发。
	《在全民教育声中的新台湾教育问题》	《新台湾》第4期		
	《校长》	未刊稿		
	小说《海岸线道上》	未完成		
1947	《祖国归来》	未完成	台北 屏东 基隆	1月,肺疾恶化,到台大医院治疗。3月,辞去内埔初中教职,返回美浓笠山定居。8月,任基隆中学总务主任,肺疾复发结束工作。10月,入松山疗养院治疗肺病,无法工作。
1949	《鲫鱼、壁虎》	未刊稿	台北	结核菌侵入肠胃,消化功能全失,注射抗生素导致失聪,弟弟和表兄因"二二八"事件牵连入狱。
	小说《妻》	后改名为《同姓之婚》		
1950	小说《竹头庄》	未见刊	台北	5月11日,进行胸腔整形手术前写下遗书。6月,第二次开刀,拿去6根肋骨,病情稳定。10月,弟弟和鸣牺牲,好友蓝明谷被枪毙。因家属、好友逮
	小说《山火》			
	小说《草坡上》			
	小说《亲家与山歌》	未见刊		
	《十八号病室》	未完成		

续表

时间	作品	作品备注	地点	年度大事记
	《手术台前》	日记体叙述住院生活		捕、枪决而被盘查。
1951	小说《女人与牛》	后改名为《阿远》	高雄美浓	7月19日,长女铁英出生。
	《老樵夫》	未见刊		
1952	小说《阿煌叔》	未见刊	高雄美浓	担任镇公所干事,体力不支,数月后辞职。
	《兄弟与儿子》	未完成		
1953	《猪的故事》	未见刊,原题《我最宝贵的农事经验》	高雄美浓	7月,日记中多处有死的意象。
	《我做主妇》	未完成		
1954	《苍蝇》		高雄美浓	2月14日,次子钟立民夭折。《野茫茫》《小冈》是追思之作。《野茫茫》是返台后第一篇发表的作品。
	《做田》			
	小说《柳荫》			
	《野茫茫》	《野风》月刊第69期		
	《小冈》			
1955	《笠山农场》初稿	原题为《深林》	高雄美浓	
1956	《大武山之歌》(原稿一张)	未完成	高雄美浓	11月,《笠山农场》获"国父诞辰纪念长篇小说奖"第二名。
	《同姓之婚》	原名《妻》		
	《一点感想——星云法师著〈释迦牟尼传〉读后感》	台中《菩提树》第41期,原稿已佚。		
1957	《薪水三百元》	未见刊		《同姓之婚》发表于《自由青年》第18卷第9期。 2月14日,到美浓黄腾光代书处工作,任土地代书。 3月,始与廖清秀通信。 4月,始与钟肇政通信。钟肇政发起《文友通讯》,钟理和与钟肇政等人频繁通信。 9月15日,母亲病逝。
	小说《烟楼》			
	《蛮音》(着手)			
	《我的书斋》(着手)	未见刊		

续表

时间	作品	作品备注	地点	年度大事记
1958	小说《奔逃》	《新生》副刊	高雄美浓	1月,开始起草《大武山之歌》(共三部)。 2月,从文奖会追索《笠山农场》原稿,7月收回。 5月,《烟楼》入选香港《亚洲画报》小说征文佳作,发表于《自由青年》。 12月,旧疾复发,辞去工作,在家疗养。
1959	小说《原乡人》	以遗作发表于《民间知识》	高雄美浓	《苍蝇》《做田》《草坡上》《阿远》《小冈》《登大武山记》《柳荫》发表于《联合报》副刊。
	《挖石头的老人》	《联合报》副刊		
	《安灶》			
	《初恋》			
	《耳环》			
	小说《贫贱夫妻》(原题《鹣鲽情深》)			
	小说《假黎婆》	原题《我与假黎婆》		
	《西北雨》			
	《钱的故事》			
	《还乡记》			
	《赏月》	未见刊		
	《浮沉》	未见刊		
	《手术台之前》	未完成		
1960	小说《天问》(后改为《复活》)	《联合报》副刊		《假黎婆》《钱的故事》《还乡记》《西北雨》发表于《联合报》副刊。 8月,修改小说《雨》时肺病复发而逝。 《秋》以遗作发表于《晨光》。
	小说《阁楼之冬》			
	《旱》(后改写成《往事》)	以遗作发表于《自由青年》		
	小说《雨》	初稿		

续表

时间	作品	作品备注	地点	年度大事记
	《往事》	以遗作发表于《自由青年》		
	小说《杨纪宽病友》	《晨光杂志》第8卷第7期		

附录9　吴浊流(1900—1976)作品年表

根据张恒豪编选《台湾现当代作家研究资料汇编02：吴浊流》、张良泽编《吴浊流作品集》等整理。

时间	作品	作品备注	地点	年度大事记
1900			台湾	生于台湾省新竹县。
1910			台湾	就读于新埔公学校，级任老师林焕文(林海音父)。
1916			台湾	考取国语学校师范部。
1920			台湾	台北师范学校毕业。
1921	《论学校教育与自治》	新竹教育科主办教育论文比赛	台湾	论文被认为文辞偏激，始被警察监视。
1922			台湾	私下阅读《台湾青年》《改造》，被认为有反动之嫌，被调至新竹四湖公学校。
1924			台湾	调任四湖公学校五湖分校。与林先妹结婚。
1926	《对会话教授的研究》	新竹主办教育研究会	台湾	被四湖公学校新校长看重，调回学校。
1927	汉诗《咏绿鹦鹉》		台湾	参加苗栗诗社(栗社)，研究汉诗。
1928	七绝《新荷》	栗社第一次击钵吟会	台湾	

续表

时间	作品	作品备注	地点	年度大事记
1932	七绝《新凉》	栗社击钵吟诗	台湾	参加大新吟社,体检疑似肺结核,休职一年。
	七绝《祝大新吟社创立》			
	律诗《得儿》			
	汉诗《双峰余情》			
1936	小说《水月(海蜇)》(处女作)	《新文学月报》第2号	台湾	
	小说《泥沼中的金鲤鱼》	获《台湾新文学》小说类入选候补		
	《赞贵志感对汉诗之管见》	《台湾新文学》第1卷第8号		
1937	小说《归兮自然》		台湾	6月,因"皇民化"运动,《台湾新文学》被禁,至第2卷第5期止。 8月,担任新竹关西公学校首席训导。
	小说《笔尖的水滴》	《台湾新文学》		
	《闲中之忙》			
	小说《功狗》			
	《下学年数学教授的研究》	新竹主办教育研究会		
	小说《五百钱之番薯》			
1940			台湾	因对日本教育与督学不满,装病辞职,托在南京的同学找工作。
1941			台湾 南京	1月,从基隆出发至南京,在日本会议所任翻译,遭日本书记侮辱而辞职,转任南京《大陆新报》记者。 8月,将家人接到南京。
1942	《南京杂感》	《台湾艺术》	台湾 南京	3月,担心抗战胜利后被人当作日本人报复,于是全家返台,在大陆居住1年3个月。
1943	起笔小说《胡志明》		台湾	任米谷纳入协会苗栗出张所主任,后转调新竹。

续表

时间	作品	作品备注	地点	年度大事记
1944	小说《先生妈》		台湾	任台湾《日日新报》记者,后改名《台湾新报》。太平洋战事紧张,台湾遭持续轰炸,装病在家避难。
1945	小说《陈大人》 《胡志明》完稿 散文《日本应往何处去》 小说《唐扦仔》		台湾	10月,《台湾新报》改为《台湾新生报》,担任日文版记者。
1946			台湾	《胡志明》由台北国华书局出版(原书5册,因故只出版4册)。 转任《民报》编辑。
1947	评论集《黎明前的台湾》(日文) 随笔《孤寂的夜》(日文)	台北学友书局	台湾	"二二八"事件后《民报》被查封,结束记者生涯。
1948	小说《波茨坦科长》 《台湾文学的现况》	台北学友书局 日本《雄鸡通信》	台湾	由于《黎明前的台湾》而受到大同公司董事长赏识,任大同工校训导主任。
1949	《书呆子的梦》 汉诗集《蓝园集》	新竹英才印书局	台湾	调任机器工业同业公会专员。
1950	小说《友爱》 小说《泥泞》		台湾	
1954	《新文学运动的氛围气》	《台北文物》	台湾	
1956	小说《狡猿》 《〈亚细亚的孤儿〉(日文版)自序》		台湾	《胡志明》改为《亚细亚的孤儿》,主角名字改为胡太明,由日本一二三书房出版。
1957	汉诗《东游吟草》(102首)		台湾 日本	《亚细亚的孤儿》在日本再版,再次改名。 回苗栗开设文献书局。

续表

时间	作品	作品备注	地点	年度大事记
1958	汉诗集《风雨窗前》	苗栗文献书局	台湾	将《功狗》《友爱》自译成中文。
	小说《铜臭》			
	小说《闲愁》			
1959			台湾	杨召憩的《亚细亚的孤儿》译本《孤帆》，由高雄黄河出版社出版。第一次染肺病。
1960	小说《三八泪》		台湾	再度咳血。
	《仰看青天》			
1961	《有关文化的杂感一、二》		台湾	将《水月》自译为中文。又咳血，半年才停止。
1962	汉诗《芳草梦》		台湾	付恩荣翻译《亚细亚的孤儿》，由台北南华出版社出版。第四次咳血，月余康复。
	《〈亚细亚的孤儿〉（中文版）自序》			
1963	汉诗集《浊流千草集》	台北集文书局	台湾	杨召憩翻译《孤帆》，由台北泛亚出版社另行出版。
	《疮疤集（上）》			
	《漫谈文化沙漠的文化》			
	小说《老姜更辣》			
1964	《台湾文艺杂志的产生》	《台湾文艺》	台湾	创办《台湾文艺》，目的在于提供文学青年发表的园地。原是月刊，后第5期开始改为季刊。
	《汉诗必须革新》			
	《历史有很多漏洞》			
	《给有心人的一封信》			
	《复钟肇政君的一封信》			
	《意外的意外》			
	《关于汉诗坛的几个问题》			
	《漫谈台湾文艺的使命》			

续表

时间	作品	作品备注	地点	年度大事记
	汉诗《惜哉！台湾文艺月刊——因资金缺乏改为季刊有感》			
	《一场虚惊》			
	《传记小说不振的原因》			
1965	《我办台湾文艺及对台湾文学奖的感想》		台湾	创立"台湾文学奖",举办4届,后改为吴浊流文学奖。到2010年已举办41届,得主有七等生、钟铁民、钟肇政、黄春明、李乔、郑清文等人。
	《汉诗须要革新——汉诗偏重形式的弊害及其改进意见》			
	小说《幕后的支配者》（《最后的据点》）			
	《为自由诗栏说几句话》			
	新诗《万国文艺摊的拍卖》	《台湾文艺》		
	小说《很多矛盾》			
	《关于汉诗坛的几个问题》			
	《对诗的管见》			
	小说《牛都流泪了》			
	《要经得起历史的批判,要对得起子子孙孙》			
	《我最景仰的伟人》			
	《回忆我的第二故乡》	西湖国小50周年纪念册		
	《光复廿周年的感想》			
	《忘却歌唱的金丝雀》			
	《急流勇退》			

续表

时间	作品	作品备注	地点	年度大事记
1966	《魏畹枝的〈对象〉》	《台湾文艺》	台湾 香港 日本	将《孤寂的夜》自译成中文。《吴浊流选集》(小说卷)由台北广鸿文出版社出版。
	《我的批评》			
	《两年来的苦闷》			
	《悼江肖梅兄——并呼吁绿化沙漠造荫后代》			
	《文学就是文学,不是工具》			
	《游鸬鹚潭记》			
	《吴浊流选集》(小说卷)	台北广鸿文出版社		
	汉诗《再东游吟草》(120首)			
	游记《东游杂感》			
	《〈吴浊流选集〉自序》			
1967	散文《回想照门分教场》	照门国小50周年纪念	台湾	与张良泽、吴南图合编吴新荣逝世十周年纪念文集《震瀛追思录》,由台南琍琅山房出版。《吴浊流选集》(汉诗、随笔卷)由台北广鸿文出版社出版。
	小说《路迢迢》	《台湾文艺》第4卷第16期		
	散文《怀念吴新荣君》			
1968	《为台湾文艺讲句闲话》	《台湾文艺》	台湾	
	自传小说《无花果》			
1969	《谈西说东》	《台湾文艺》,并由台湾文艺杂志社出版	台湾	将《泥泞》译成中文。成立吴浊流文学奖基金会,捐助十万元做基金,每年涨利息做奖金,创设吴浊流文学奖。
	《我设文学奖的动机》	《台湾文艺》		

续表

时间	作品	作品备注	地点	年度大事记
1970	《回忆大同》	《台湾文艺》	台湾	《无花果——台湾七十年的回想》由台北林白出版社出版,被查禁。
	《看鸡栖王的作风——须要创作有中国风格的新诗》			
	《素富贵、行乎富贵》			
	《川端康成先生演讲的弦外之音》			
	《一束回想》			
	《回想母校的今昔有感》	《新埔国小71周年纪念册》		
1971	《别人无份的世界犹之乎熄火山》	日本《奉仕经济新报》	台湾	后译成中文在《台湾文艺》发表。
	《再论中国的诗——诗魂醒吧》	《台湾文艺》		小说、论述合集《黎明前的台湾》由东京社会思想社出版。《泥泞》由台北林白出版社出版。
	《赘言》			
	《设新诗奖及汉诗奖的动机》			
	《罗福星的诗与人》			
	《东游雅趣》			
	汉诗、随笔合集《晚香》	台湾文艺出版社		
1972	《东南亚漫游记》	《台湾文艺》第9卷第35期	台湾	《泥泞》由东京社会思想社出版。
	《既到临崖返辔难》			
	《游五指山记》			
	汉诗《晚霞》(101首)			
1973	《台湾连翘》	《台湾文艺》	台湾	第1-8章自译成中文。
	汉诗集《浊流诗草》	台湾文艺杂志社		《亚细亚的孤儿》由东京新人物往来社出版。《东南亚漫游记》由台湾文艺杂志社出版。

续表

时间	作品	作品备注	地点	年度大事记
1974	《对文学的一二管见》《睽违三年重游日本》	《台湾文艺》	台湾	
1975	《重访西湖》《回顾日据时代的文学》《〈泥沼中的金鲤鱼〉自序》	《台湾文艺》	台湾	张良泽编《泥沼中的金鲤鱼》由台南大行出版社出版。将《台湾连翘》原稿托于钟肇政，因触及"二二八"事件议题，请求十年后发表。1987年由台北南方丛书出版社出版。
1976	《新年感想——大地回春》《印澳纽游记》《非印游记》	《台湾文艺》	台湾 印度 埃及 非洲	9月，染风寒并发多症。10月，去世。钟肇政接手《台湾文艺》，第53期制作"吴浊流先生纪念特辑"。

附录10 刘呐鸥(1905—1940)作品年表

根据康来新编选《台湾现当代作家研究资料汇编53:刘呐鸥》、康来新、许秦蓁合编《刘呐鸥全集》等整理。

时间	作品	作品备注	地点	年度大事记
1905			台南	生于台湾省台南柳营,本名刘灿波。
1912			台南	就读于盐水港公学校。
1920			日本	入东京青山学院中等学部。
1926			台南 日本 上海	青山学院高等学部毕业,是毕业生中唯一的台湾人。入震旦大学法文特别班,结识戴望舒、施蛰存等,推介日本新感觉派。
1927	同人杂志《近代心》	与戴望舒、施蛰存共办,未出版	上海 台南 东京 北京	取笔名"呐呐鸥"。 5月,自台湾赴日本。 6月,于东京雅典娜法语学院学习法文与拉丁文。 7月,前往上海。 10月,与戴望舒到北京考察,于中法大学旁听法文、拉丁文、国文等,结识冯雪峰、丁玲、胡也频等文友。 12月,与戴望舒返回上海。

续表

时间	作品	作品备注	地点	年度大事记
1928	小说《游戏》	《无轨列车》	上海	在上海住在虹口区江湾路六三花园旁的三楼小洋房。 3月，与戴望舒、施蛰存、杜衡、冯雪峰等成立水沫社。 9月，与戴望舒、施蛰存创办第一线书店，任负责人兼会计。创办同人刊物《无轨列车》半月刊。 翻译众多法国小说、日本小说发表于《无轨列车》。 12月，《无轨列车》被指"鼓吹共产主义"，被政府查禁停刊，共出8期，第一线书店因此停业。
	小说《风景》			
	《列车餐室》			
	小说《流》			
	译文《保尔·穆航论》			
	《影戏·艺术》			
	《电影和诗》			
	《电影和女性美》			
	《银幕的供献》			
	《中国影戏院里》			
	《〈上海—舞女〉影片》			
	译文《生活腾贵》			
	《影戏和演剧》			
	《关于电影演员》			
	译文《一个经验》			
	翻译集《色情文化》（日本小说）	上海第一线书店		
1929	译文《我的朋友》	《人间》杂志创刊号	上海	1月，第一线书店改组为水沫书店，与出版社形式创立于上海日租界，未设门市，任负责人。 9月，水沫书店出版《新文艺》杂志。 翻译众多日本小说，妻子黄贞素移居上海。
	《黄昏的美学——MaulitzStiller的艺术》	《时事新报》		
	《关于影片批评》			
	译文《欧洲新文学底路》	《引擎》创刊号		
	小说《礼仪和卫生》	《新文艺》		
	小说《残留》			
	小说《热情之骨》	《熔炉》创刊号		
	译作《新艺术形式的探求》	《新文艺》		
	《掘口大学诗抄》			

续表

时间	作品	作品备注	地点	年度大事记
1930	小说《方程式》		上海	翻译众多俄国文学评论和文学理论。 4月,《新文艺》停刊。
	短篇小说集《都市风景线》	上海水沫书店		
	译文《艺术之社会的意义》	《新文艺》第2卷第1号		
	译文《艺术风格之社会学的实际》			
	译文《国际无产阶级不要忘记自己的诗人》			
	译文《革命文学国际委员会关于马雅珂夫斯基之死的宣言》	《新文艺》第2卷第2号		
	译文《关于马雅珂夫斯基之死的几行记录》			
	译文《论马雅珂夫斯基》			
	译文《诗人与阶级》			
	译文《俄法的影戏理论》	《电影》第1期		
	译作《艺术社会学》	上海水沫书店		
1931			上海	九一八事变后迁居法租界,接触电影业,译介电影理论、撰写电影评论。
1932	《影片艺术论》	《电影周报》	上海	1月,水沫书店毁于淞沪战争,后赴日本数月,淡出文坛。 10月,为赴法留学的戴望舒送行。 首次参与电影摄制(《猺山艳史》)。
	译文《日本新诗人诗抄》			
	小说《赤道下——给已在赴法途中的诗人戴望舒》	《现代》		

续表

时间	作品	作品备注	地点	年度大事记
1933	《〈牢狱余生〉的真实价值及其原作者》	《电影时报》	上海	3月，在上海创办现代电影杂志社，发行《现代电影》。 9月，担任执行制作的《瑶山艳史》由艺联出品，于上海新光大戏院上映。 11月，拍摄《民族儿女》，担任编导，未上映。
	《〈伏虎美人〉观后感》			
	《礼赞伟大的艺术家罗德莱克luis Trenker》			
	《异国情调与〈瑶山艳史〉》			
	《〈瑶山艳史〉的体裁》			
	《从"电影演技"说到许曼丽——〈瑶山艳史〉女主角》			
	《再观〈赖婚〉——想到电影技巧的发达》			
	《Ecranesque》			
	《中国电影描写的深度问题》	《现代电影》		
	《欧洲名片解说》			
	《论取材——我们需要纯粹电影作者》			
	《关于作者的态度》			
	《电影节奏简论》			
	《映画〈春蚕〉之批判》 译文《复腥》	《矛盾》		
1934	《电影形式美的探求》	《万象》创刊号	上海	《杀人未遂》是生平创作的最后一篇小说。 妻子和次子、三女定居上海。
	《现代表情美造型》	《妇人画报》		
	《绵被》			
	《〈太夫人〉——好戏万人共赏》	《电影时报》第724号		
	剧本《A Lady to Keep You Company》	《文艺风景》创刊号		

续表

时间	作品	作品备注	地点	年度大事记
	《裘格娜底演技——以〈凯萨琳女皇〉为中心》	《时代电影》		
	《光调与音调》			
	《开麦拉机构——位置角度技能论》	《现代电影》		
	《作品狂想录》			
	《银幕上的景色与诗料》	《文艺画报》		
	小说《杀人未遂》			
	译文《青色睡衣的故事》	《现代》第6卷第1期		
1935	《影坛一些疵》		上海	2月,与穆时英、叶灵凤等合办文艺月刊《六艺》,是参与编辑的最后一份杂志,六艺社社址是刘呐鸥家(上海江湾路公园坊20号)。7月,入明星影片公司编剧科,担任电影《永远的微笑》(改编自托尔斯泰《复活》)编剧。电影开拍前离开明星影片公司,转而编导艺华影片公司的电影《初恋》。
	《导演践踏了中国电影》	《妇人画报》		
	《Ecranesque》			
	译文《艺术电影论》	《晨报》副刊"每日电影"		
	《〈自由神〉座评》(穆时英等联合署名)			
	《每电谈座》			
	译文《西条八十诗抄》	《现代诗风》创刊号		
	译文《墨西哥万岁》	《六艺》		
	译文《电影 Montage 理论之来源》	《时代电影》		
	译文《电影作风的派别》	《明星半月刊》第3卷第5期		
1936	电影《密电码》	任分幕剧本编写与联合导演(原著、挂名编剧为张道藩)	南京	举家迁往南京,赴南京国民政府中央电影摄影场任职。参与官方活动新闻与军事教育纪录片剪辑工作,同时担任中央电影检查委员会委员、电影编导委员会主任兼编剧

405

续表

时间	作品	作品备注	地点	年度大事记
				组组长。
1937			南京 上海	1月,《永远的微笑》上映,创25年来最高票房纪录。 4月,《密电码》于上海大光明大戏院首映。 8月,辞职返回上海。担任电影《初恋》编导。 为中央电影事业处拟定"国家非常时期电影事业计划"。
1938			上海	1月,中华全国电影界抗敌协会在武汉成立,成为理事。 3月,为协助日本对上海电影界统治而调查上海电影人去留情况。 创立上海光明影业公司,拍摄《茶花女》《王氏四侠》等电影。
1940			上海	6月,出资拍摄《"支那"之夜》(在上海以《上海之夜》为名,战后改为《苏州夜曲》),李香兰主演。 8月,国民新闻社社长穆时英被暗杀后接任社长职位。 9月3日,被狙击不治身亡。

参考文献

一、研究文本

1.陈芳明、张炎宪、邱坤良、黄英哲、廖仁义主编:《张深切全集1:里程碑》(上),文经出版社公司,1998年。

2.陈芳明、张炎宪、邱坤良、黄英哲、廖仁义主编:《张深切全集2:里程碑》(下),文经出版社公司,1998年。

3.陈芳明、张炎宪、邱坤良、黄英哲、廖仁义主编:《张深切全集3:我与我的思想》,文经出版社公司,1998年。

4.陈芳明、张炎宪、邱坤良、黄英哲、廖仁义主编:《张深切全集4:在广东发动的台湾革命运动史略》,文经出版社公司,1998年。

5.陈芳明、张炎宪、邱坤良、黄英哲、廖仁义主编:《张深切全集5:孔子哲学评论》,文经出版社公司,1998年。

6.陈芳明、张炎宪、邱坤良、黄英哲、廖仁义主编:《张深切全集6:谈日本·说中国》,文经出版社公司,1998年。

7.陈芳明、张炎宪、邱坤良、黄英哲、廖仁义主编:《张深切全集7:邱罔舍1、2》,文经出版社公司,1998年。

8.陈芳明、张炎宪、邱坤良、黄英哲、廖仁义主编:《张深切全集8:遍地红·婚变》,文经出版社公司,1998年。

9.陈芳明、张炎宪、邱坤良、黄英哲、廖仁义主编:《张深切全集9:生死门·再世姻缘》,文经出版社公司,1998年。

10.陈芳明、张炎宪、邱坤良、黄英哲、廖仁义主编:《张深切全集10:人间与地狱——李世民游地府·荔镜传——陈三五娘》,文经出版社公司,1998年。

11.陈芳明、张炎宪、邱坤良、黄英哲、廖仁义主编:《张深切全集11:北京日记·书信·杂录》,文经出版社公司,1998年。

12.陈芳明、张炎宪、邱坤良、黄英哲、廖仁义主编:《张深切全集12:张深切与他的时代》,文经出版社公司,1998年。

13.洪炎秋:《闲人闲话》,"中央书局",1948年。

14.洪炎秋:《文学概论》,中华文化出版事业社,1957年。

15.洪炎秋:《云游杂记》,"中央书局",1959年。

16.洪炎秋:《又来废话》,"中央书局",1966年。

17.洪炎秋:《教育老兵谈教育》,三民书局,1968年。

18.洪炎秋:《忙人闲话》,三民书局,1968年。

19.洪炎秋:《浅人浅言》,三民书局,1972年。

20.洪炎秋:《闲话闲话》,三民书局,1973年。

21.洪炎秋:《常人常谈》,"中央书局",1974年。

22. 洪炎秋:《废人废话》,"中央书局",1974年。

23. 洪炎秋:《国语推行和国语日报》,国语日报附设出版部,1975年。

24. 洪炎秋:《洪炎秋自选集》,黎明文化事业股份有限公司,1975年。

25. 洪炎秋:《读书和作文》,国语日报社附设出版部,1976年。

26. 洪炎秋:《老人老话》,"中央书局",1977年。

27. 洪炎秋:《语文杂谈》,国语日报社附设出版部,1978年。

28. 洪炎秋、叶荣钟、苏芗雨:《三友集》,"中央书局",1979年。

29. 洪炎秋:《闲话与常谈——洪炎秋文选》,彰化县立文化中心,1996年。

30. 江文也:《北京铭》,叶笛译,台北县政府文化局,2002年。

31. 康来新、许秦蓁合编:《刘呐鸥全集:电影集》,台南县文化局,2001年。

32. 康来新、许秦蓁合编:《刘呐鸥全集:理论集》,台南县文化局,2001年。

33. 康来新、许秦蓁合编:《刘呐鸥全集:日记集》(上),台南县文化局,2001年。

34. 康来新、许秦蓁合编:《刘呐鸥全集:日记集》(下),台南县文化局,2001年。

35. 康来新、许秦蓁合编:《刘呐鸥全集:文学集》,台南县文化局,2001年。

36. 康来新、许秦蓁合编:《刘呐鸥全集:影像集》,台南县文化局,2001年。

37.林海音、何凡:《双城集》,江苏文艺出版社,1996年。

38.林海音:《英子的乡恋》,浙江文艺出版社,1997年。

39.林海音:《春风》,江苏文艺出版社,2011年。

40.林海音:《隔着竹帘儿看见她》,人民文学出版社,2013年。

41.林海音:《家住书坊边》,江苏凤凰文艺出版社,2015年。

42.林海音:《两地》,生活·读书·新知三联书店,2016年。

43.王开平策划:《林海音作品集1:晓云》,游目族文化公司,2000年。

44.王开平策划:《林海音作品集2:城南旧事》,游目族文化公司,2000年。

45.王开平策划:《林海音作品集3:金鲤鱼的百褶裙》,游目族文化公司,2000年。

46.王开平策划:《林海音作品集4:婚姻的故事》,游目族文化公司,2000年。

47.王开平策划:《林海音作品集5:绿藻与咸蛋》,游目族文化公司,2000年。

48.王开平策划:《林海音作品集6:冬青树》,游目族文化公司,2000年。

49.王开平策划:《林海音作品集7:我的京味儿回忆录》,游目族文化公司,2000年。

50.王开平策划:《林海音作品集8:写在风中》,游目族文化公司,2000年。

51.王开平策划:《林海音作品集9:剪影话文坛》,游目族文化公司,2000年。

52.王开平策划:《林海音作品集 10:作客美国》,游目族文化公司,2000年。

53.王开平策划:《林海音作品集 11:春声已远》,游目族文化公司,2000年。

54.王开平策划:《林海音作品集 12:云窗夜读》,游目族文化公司,2000年。

55.吴浊流:《疮疤集》,集文书局,1963年。

56.吴浊流:《谈西说东》,台湾文艺杂志社,1969年。

57.吴浊流:《泥泞》,林白出版社,1971年。

58.吴浊流:《台湾连翘》,草根出版社,1995年。

59.吴浊流:《无花果》,草根出版社,1995年。

60.张光正编:《张我军全集》,台海出版社,2000年。

61.张光正编:《张我军全集补遗》,台海出版社,2016年。

62.张良泽编:《吴浊流作品集 1:亚细亚的孤儿》,远行出版社,1977年。

63.张良泽编:《吴浊流作品集 2:功狗》,远行出版社,1977年。

64.张良泽编:《吴浊流作品集 3:波茨坦科长》,远行出版社,1977年。

65.张良泽编:《吴浊流作品集 4:南京杂感》,远行出版社,1977年。

66.张良泽编:《吴浊流作品集 5:黎明前的台湾》,远行出版社,1977年。

67.张良泽编:《吴浊流作品集 6:台湾文艺与我》,远行出版社,

1977年。

68.钟怡彦编:《新版钟理和全集1:短篇小说卷》(上),春晖出版社,2009年。

69.钟怡彦编:《新版钟理和全集2:短篇小说卷》(下),春晖出版社,2009年。

70.钟怡彦编:《新版钟理和全集3:中篇小说卷》,春晖出版社,2009年。

71.钟怡彦编:《新版钟理和全集4:长篇小说卷》,春晖出版社,2009年。

72.钟怡彦编:《新版钟理和全集5:散文与未完稿卷》,春晖出版社,2009年。

73.钟怡彦编:《新版钟理和全集6:钟理和日记》,春晖出版社,2009年。

74.钟怡彦编:《新版钟理和全集7:钟理和书简》,春晖出版社,2009年。

75.钟怡彦编:《新版钟理和全集8:特别收录》,春晖出版社,2009年。

二、其他文本

1.侯榕生:《又见北平》,时报文化出版事业有限公司,1981年。

2.侯榕生:《侯榕生自选集》,黎明文化事业股份有限公司,1982年。

3.凌叔华:《古韵》,天津人民出版社,2016年。

4.凌叔华:《红了的冬青》,天津人民出版社,2016年。

5.龙瑛宗:《龙瑛宗集》,前卫出版社,1990年。

6.鲁迅:《鲁迅全集》(共18卷),人民文学出版社,2005年。

7.吕赫若:《吕赫若小说全集》,林至洁译,印刻出版有限公司,2006年。

8.舒济、舒乙编:《老舍小说全集》(共11卷),长江文艺出版社,2004年。

9.严家炎、李今编:《穆时英全集》(全3册),北京十月文艺出版社,2008年。

10.郁达夫:《沉沦》,江苏文艺出版社,2009年。

11.周作人:《艺术与生活》,北京十月文艺出版社,2011年。

12.周作人:《看云集》,上海三联书店,2018年。

13.朱正编选:《胡适文集》(共4卷),花城出版社,2013年。

三、理论专著

1.[法]蒂费纳·萨莫瓦约:《互文性研究》,邵炜译,天津人民出版社,2003年。

2.[法]亨利·勒菲弗(Lefebvre,H.):《空间与政治》,李春译,上海人民出版社,2008年。

3.[法]米歇尔·福柯:《知识考古学》,谢福、马月译,生活·读书·新知三联书店,2013年。

4.[美]爱德华·W.萨义德:《知识分子论》,单德兴译,生活·读书·新知三联书店,2002年。

5.[美]爱德华·W.萨义德:《文化与帝国主义》,李琨译,生活·读书·新知三联书店,2003年。

6.[美]爱德华·W.萨义德:《东方学》,王宇根译,生活·读书·新知三联书店,2007年。

7.[美]爱德华·W.苏贾(Edward W. Soja):《后现代地理学——重申批判社会理论中的空间》,王文斌译,商务印书馆,2004年。

8.[美]本尼迪克特·安德森:《想象的共同体:民族主义的起源与散布》,吴叡人译,上海人民出版社,2011年。

9.[美]史书美:《反离散:华语语系研究论》,联经出版事业股份有限公司,2017年。

10.[美]索杰(Edward W. Soja):《第三空间:去往洛杉矶和其他真实和想象地方的旅程》,陆扬等译,上海教育出版社,2005年。

11.[英]蒂姆·克雷斯韦尔(Tim Creswell):《地方:记忆、想象与认同》,王志弘、徐苔玲译,群学出版有限公司,2006年。

12.[英]麦克·克朗:《文化地理学》,杨淑华、宋慧敏译,南京大学出版社,2003年。

13.段义孚:《经验透视中的空间与地方》,潘桂成译,"国立"编译馆,1998年。

14.段义孚:《逃避主义:从恐惧到创造》,周尚意、张春梅译,立绪文化事业有限公司,2014年。

15.李玉平:《互文性:文学理论研究的新视野》,商务印书馆,2014年。

四、研究专著

1.[美]耿德华:《被冷落的缪斯:中国沦陷区文学史(1937—1945)》,张泉译,新星出版社,2006年。

2.[美]李欧梵:《上海摩登——一种新都市文化在中国1930—1945》,毛尖译,北京大学出版社,2001年。

3.[美]史书美:《现代的诱惑:书写半殖民地中国的现代主义(1917—1937)》,何恬译,江苏人民出版社,2007年。

4.[美]王德威:《后遗民写作:时间与记忆的政治学》,麦田出版,2007年。

5.[美]王德威:《抒情传统与中国现代性——在北大的八堂课》,生活·读书·新知三联书店,2010年。

6.[美]王德威:《现当代文学新论:义理·伦理·地理》,生活·读书·新知三联书店,2014年。

7.[美]王德威:《华夷风起:华语语系文学三论》,中山大学文学院,2015年。

8.[美]王德威:《史诗时代的抒情声音:二十世纪中期的中国知识分子与艺术家》,麦田出版社,2017年。

9.[日]冈崎郁子:《台湾文学——异端的谱系》,叶笛、郑清文、涂翠花译,前卫出版社,1996年。

10.［日］木山英雄：《北京苦住庵记：日中战争时代的周作人》，赵京华译，生活·读书·新知三联书店，2008年。

11.［日］藤井省三：《鲁迅的都市漫游》，潘世圣译，新星出版社，2020年。

12.［英］巴兹尔·戴维逊：《现代非洲史：对一个新社会的探索》，舒展、李力清、张学珊译，中国社会科学出版社，1989年。

13.北京市台湾同胞联谊会编：《在北京的台湾人》，台海出版社，2005年。

14.陈芳明：《左翼台湾：殖民地文学运动史论》，麦田出版，2007年。

15.陈芳明：《台湾新文学史》，联经出版事业股份有限公司，2011年。

16.陈芳明编选：《台湾现当代作家研究资料汇编52：张深切》，台湾文学馆，2014年。

17.陈平原、［美］王德威主编：《北京：都市想像与文化记忆》，北京大学出版社，2005年。

18.陈双景：《钟理和文学的人道思想》，复文出版社，2002年。

19.陈言：《忽值山河改：战时下的文化触变与异质文化中间人的见证叙事（1931—1945）》，中央编译出版社，2016年。

20.褚昱志：《皇民文学与反皇民文学》，威秀资讯科技股份有限公司，2009年。

21.董炳月：《"国民作家"的立场：中日现代文学关系研究》，生活·读书·新知三联书店，2006年。

22.葛兆光：《"宅兹"中国》，中华书局，2011年。

23.傅光明:《林海音:城南依稀梦寻》,大象出版社,2002年。

24.古继堂:《台湾文学的母体依恋》,九州出版社,2002年。

25.古继堂:《台湾新文学理论批评史》,秀威资讯科技公司,2009年。

26.何淑华:《台湾作家的地理书写与文学体验》,台湾文学馆,2007年。

27.黄万华主编:《多元文化语境中的华文文学——第十三届世界华文文学国际学术研讨会论文集》,山东文艺出版社,2004年。

28.黄万华:《史述和史论:战时中国文学研究》,山东大学出版社,2005年。

29.黄英哲:《"去日本化""再中国化":战后台湾文化重建(1945—1947)》,麦田出版,2007年。

30.计璧瑞:《台湾文学论稿》,华文出版社,2001年。

31.计璧瑞:《被殖民者的精神印记》,厦门大学出版社,2010年。

32.康来新编选:《台湾现当代作家研究资料汇编53:刘呐鸥》,台湾文学馆,2014年。

33.蓝博洲编著:《民族纯血的脉动:日据时期台湾学生运动(1913—1945)》,海峡学术出版社,2006年。

34.黎湘萍:《文学台湾——台湾知识者的文化叙事与理论想象》,人民文学出版社,2003年。

35.李诠林:《台湾现代文学史稿》,海峡文艺出版社,2007年。

36.梁明雄:《张深切与〈台湾文艺〉研究》,文经出版公司,2002年。

37.廖炳惠:《台湾与世界文学的汇流》,联合文学出版社,2006年。

38.刘鹤:《遗民情结"场"下的台湾现代文学叙事研究》,吉林大学出版社,2017年。

39.刘俊:《复合互渗的世界华文文学:刘俊选集》,花城出版社,2014年。

40.刘俊:《世界华文文学:历史·记忆·语系》,花城出版社,2017年。

41.刘心皇:《抗战时期沦陷区文学史》,成文出版社,1980年。

42.吕新昌:《铁血诗人吴浊流》,前卫出版社,1996年。

43.吕新昌:《吴浊流及其小说创作理念》,前卫出版社,2003年。

44.吕正惠、赵遐秋:《台湾新文学思潮史纲》,昆仑出版社,2002年。

45.吕正惠:《战后台湾文学经验》,生活·读书·新知三联书店,2010年。

46.马振方:《在历史与虚构之间》,北京大学出版社,2006年。

47.梅家玲:《性别,还是家国?——五〇与八、九〇年代台湾小说论》,麦田出版社,2004年。

48.梅家玲:《台湾研究新视界:青年学者观点》,麦田出版社,2012年。

49.梅家玲:《从少年中国到少年台湾:二十世纪中文小说的青春想像与国族论述》,麦田出版社,2013年。

50.彭放主编:《中国沦陷区文学研究资料总汇》,黑龙江人民出版社,2007年。

51.彭瑞金:《钟理和传》,台湾省文献委员会,1994年。

52.彭小妍主编:《漂泊与乡土——张我军逝世四十周年纪念论文集》,"行政院文化建设委员会",1996年。

53.彭小妍:《历史很多漏洞:从张我军到李昂》,"中央研究院"中国文哲研究所筹备处,2000年。

54.彭小妍:《海上说情欲——从张资平到刘呐鸥》,"中央研究院"

文哲研究所筹备处,2001年。

55.彭小妍:《浪荡子美学与跨文化现代性——20世纪30年代上海、东京及巴黎的浪荡子、漫游者与译者》,浙江大学出版社,2017年。

56.齐邦媛:《千年之泪:当代台湾小说论集》,尔雅出版社,1990年。

57.沈庆利:《溯梦"唯美中国"——华文文学与"文化中国"》,巴蜀书社,2018年。

58.沈信宏:《洪炎秋的东亚流动与文化轨迹》,秀威资讯科技股份有限公司,2016年。

59.施懿琳:《跨语、漂泊、钉根——台湾新文学研究论集》,春晖出版社,2000年。

60.石一宁:《吴浊流:面对新语境》,作家出版社,2006年。

61.舒乙、傅光明编:《林海音研究论文集》,台海出版社,2001年。

62.苏硕斌:《看不见与看得见的台北》,群学出版有限公司,2010年。

63.粟多桂:《台湾抗日作家作品论》,西南师范大学出版社,1991年。

64.孙郁、黄乔生主编:《国难声中》,河南大学出版社,2004年。

65.台湾成功大学文学系编:《跨领域的台湾文学研究学术研讨会论文集》,台湾文学馆,2006年。

66.王惠珍主编:《战鼓声中的歌者:龙瑛宗及其同时代东亚作家论文集》,台湾清华大学台湾文学所,2011年。

67.王明珂:《华夏边缘:历史记忆与族群认同》,社会科学文献出版社,2006年。

68.吴俊:《暗夜里的过客——一个你所不知道的鲁迅》,东方出版中心,2006年。

69.夏祖丽:《从城南走来——林海音传》,生活·读书·新知三联书店,2003年。

70.谢纳:《空间生产与文化表征——空间转向视阈中的文学研究》,中国人民大学出版社,2010年。

71.徐迺翔、黄万华:《中国抗战时期沦陷区文学史》,福建教育出版社,1995年。

72.许俊雅:《日据时期台湾小说研究》,文史哲出版社,1995年。

73.许俊雅:《台湾文学论——从现代到当代》,南天书局,1997年。

74.许俊雅:《我心中的歌:现代文学星空》,文史哲出版社,2006年。

75.许俊雅编选:《台湾现当代作家研究资料汇编16:张我军》,台湾文学馆,2012年。

76.许秦蓁:《战后台北的上海记忆与上海经验》,大安出版社,2005年。

77.许秦蓁:《摩登·上海·新感觉——刘呐鸥(1905—1940)》,秀威资讯科技公司,2008年。

78.杨匡汉主编:《中国文化中的台湾文学》,长江文艺出版社,2002年。

79.叶荣钟:《日据下台湾大事年表》,晨星出版社,2000年。

80.应凤凰编选:《台湾现当代作家研究资料汇编11:钟理和》,台湾文学馆,2011年。

81.詹宏志:《城市人——城市空间的感觉、符号和解释》,天下文化出版股份有限公司,1989年。

82.张光正编:《近观张我军》,台海出版社,2002年。

83. 张光直:《番薯人的故事——张光直早年生活自述》,生活·读书·新知三联书店,1999年。

84. 张恒豪编选:《台湾现当代作家研究资料汇编02:吴浊流》,台湾文学馆,2011年。

85. 张京媛:《后殖民理论与文化认同》,麦田、城邦出版,2007年。

86. 张泉:《沦陷时期北京文学八年》,中国和平出版社,1994年。

87. 张瑞芬编选:《台湾现当代作家研究资料汇编13:林海音》,台湾文学馆,2011年。

88. 张修慎:《近代台湾知识分子的轨迹》,台湾交通大学出版社,2015年。

89. 张羽、陈美霞:《镜像台湾:台湾文学的地景书写与文化认同研究》,福建人民出版社,2014年。

90. 赵一凡等主编:《西方文论关键词》,外语教学与研究出版社,2006年。

91. "中央研究院"近代史研究所主编:《日治时期在"满洲"的台湾人》,"中央研究院"近代史研究所,2004年。

92. "中央研究院"近代史研究所口述历史编辑委员会编:《日据时期台湾人赴大陆经验》,"中央研究院"近代史研究所,1995年。

93. 钟明宏:《一九四六:被遗忘的台籍青年》,沐风文化出版有限公司,2014年。

94. 钟肇政:《原乡人:作家钟理和的故事》,春晖出版社,2005年。

95. 周英雄、刘纪蕙:《书写台湾:文学史、后殖民与后现代》,麦田出版,2000年。

96.朱崇科:《鲁迅的广州转换》,上海三联书店,2019年。

五、期刊论文

1.[美]王德威:《"世界中"的中国文学》,王晓伟译,《南方文坛》,2017年第5期。

2.[日]木山英雄:《大东亚文学者大会与周作人》,赵京华译,《中国现代文学研究丛刊》,2008年第1期。

3.卞新国、徐光萍:《林海音散文评述》,《镇江师专学报》(社会科学版),1997年第1期。

4.曹豆豆:《日伪时期的"北京大学"》,《文史精华》,2005年第3期。

5.陈碧月:《林海音小说中的女性意识》,《台湾文学评论》,2002年7月。

6.陈美霞:《日据时期旅行文学论述——身份认同与现代性》,《台湾研究集刊》,2008年第4期。

7.陈室如:《日治时期台人大陆游记之认同困惑:以连横〈大陆游记〉与吴浊流〈南京杂感〉为例》,《人文研究学报》,2007年第41卷第1期。

8.陈言:《刘呐鸥:游走在上海的文坛与官场之间》,《励耘学刊》(文学卷),2005年第2期。

9.陈言:《沦陷时期张深切与周作人交往二三事》,《新文学史料》,2004年第4期。

10.冯昊、史育婷:《沦陷语境中的民族意识——编辑者对〈中国文艺〉影响的考察》,《江西师范大学学报》(哲学社会科学版),2009年第1期。

11.高姝妮:《张深切与〈中国文艺〉》,《北京社会科学》,2018年第8期。

12.古远清:《一位历史学家眼中的日据时代的台湾文学——评林载爵的〈台湾文学的两种精神〉》,《台声》,1996年第12期。

13.古远清:《作为"自由派"作家的林海音》,《新文学史料》,2002年第2期。

14.何标(张光正):《台湾人在北京》,《炎黄春秋》,1999年第3期。

15.黄丽娟:《钟理和的真情世界——夫妻心、针线情》,《台湾文学评论》,2002年第2卷第4期。

16.黄乃江:《张我军的处女作及其在厦门之文学活动新考》,《福州大学学报》(哲学社会科学版),2008年第3期。

17.黄新宪:《1946年—1949年台湾学生求学祖国大陆考》,《河北师范大学学报》(哲学社会科学版),2004年第6期。

18.计璧瑞:《冲突下的民族意识形态——论台湾传记文本〈里程碑〉和〈无花果〉》,《台湾研究集刊》,2006年第4期。

19.简素琤:《日治时期台湾文人的文化调和观——从传统文人到新式知识份子张深切》,《"中央大学"人文学报》,2007年10月。

20.姜彩燕:《从鲁迅到贾平凹——中国现当代文学疾病叙事的历史变迁》,《西北大学学报》(哲学社会科学版),2018年第6期。

21.蒋朗朗:《台湾日据时期小说文本精神内涵的解读——以受难

感为例》,《海南师范学院学报》(社会科学版),2005年第1期。

22.蒋宗伟:《日据时期台湾青年赴大陆求学谈略》,《台湾研究集刊》,2007年第4期。

23.金传胜:《评齐邦媛林海音等的原乡创作》,《华文文学》,2018年第2期。

24.李洪华:《从"同路人"到"第三种人"——论1930年代左翼文化对现代派群体的影响》,《南昌大学学报》(人文社会科学版),2009年第3期。

25.李俊国:《都市文化理性与刘呐鸥的都会小说》,《湖北大学学报》(哲学社会科学版),2002年第5期。

26.廖炳惠:《旅行与异样现代性——试探吴浊流的〈南京杂感〉》,《现代中文文学学报》,1999年第3卷第1期。

27.廖炳惠:《旅行、记忆与认同》,《当代》,2002年第175期。

28.林柏燕:《吴浊流的大陆经验》,《台湾新闻报》,1993年6月5—11日。

29.林载爵:《黑色的太阳——张深切的里程》,《夏潮》,1977年第18期。

30.刘勇:《中国现代文学的历史性、当代性与经典性》,《当代文坛》,2019年第2期。

31.刘志强、汪娟:《钟理和与鲁迅针对国民性思考的同一性》,《世界华文文学论坛》,2009年第1期。

32.罗关德:《台湾乡土小说中"故乡"的三重叙事空间》,《集美大学学报》(哲学社会科学版),2010年第2期。

33.牛巧梅:《林海音小说的人事书写与乡土传达》,《绥化学院学报》,2010年第5期。

34.欧宗智:《吴浊流身份认同的心灵转折——合读〈无花果〉与〈台湾连翘〉》,《台湾文学评论》,2006年第6卷第3期。

35.彭瑞金:《北京人的菖蒲和石榴——钟理和的文学生涯》,《台湾新闻报》,1994年6月25日。

36.彭瑞金:《坚困时代的文学见证人——钟理和》,《联合文学》,1995年第11卷12期。

37.彭瑞金:《钟理和文学的生活经验和生命体验》,《民众日报》,1994年7月16日。

38.彭小妍:《巧妇童心——承先启后的林海音》,《中国时报》副刊,1994年1月8日。

39.钱果长:《鲁迅钟理和比较论》,《绍兴文理学院学报》(哲学社会科学′),2005年第5期。

40.秦贤次:《台湾新文学运动的奠基者——张我军》,《中国现代文学研究丛刊》,1990年第3期。

41.任辉:《鲁迅小说中的人道主义思想的内涵以及女性人物命运悲剧之渊源简论》,《黑龙江教育学院学报》,2018年第10期。

42.盛细安:《知识者自我认同的悲剧性幻灭——简析〈亚细亚的孤儿〉之胡太明形象》,《阜阳师范学院学报》,2009年第2期。

43.沈庆利:《在暧昧的注视中——日据时期台湾文学中的日本人

形象》,《世界华文文学论坛》,2014 年第 2 期。

44.石一宁:《吴浊流的中国民族主义文学思想》,《世界华文文学论坛》,2003 年第 3 期。

45.史挥戈:《论张我军对台湾新文学的贡献》,《山东师范大学学报》(人文社会科学版),2006 年第 2 期。

46.帅震:《试论钟理和的原乡意识》,《中国石油大学胜利学院学报》,2006 年第 4 期。

47.孙国亮:《都市里拒绝神话——论刘呐鸥小说的文化解构意义》,《湖南文理学院学报》(社会科学版),2005 年第 5 期。

48.王申:《〈艺文杂志〉事件中的张深切》,《中国现代文学研究丛刊》,2010 年第 1 期。

49.王申:《台湾文人的北京体验——以连雅堂、洪弃生为例》,《社会科学论坛》,2010 年第 19 期。

50.王升远、周庆玲:《中国日语教育史视阈中的张我军》,《台湾研究集刊》,2009 年第 3 期。

51.王士琼、朱双一:《陈映真对钟理和的文学接受和思想超越——兼及 1960 年陈映真提出"台湾的乡土文学"之文学史意义》,《台湾研究集刊》,2012 年第 6 期。

52.王志彬:《绝望的反抗与救赎——论钟理和创作的价值取向》,《世界华文文学论坛》,2006 年第 4 期。

53.王志松:《刘呐鸥的新感觉小说翻译与创作》,《中国现代文学研究丛刊》,2002 年 4 月。

54.王志松:《刘呐鸥与"新兴文学"——以马克思主义文艺理论接受为中心》,《山东社会科学》,2013年第10期。

55.夏烈:《吴浊流、张我军和林海音》,《联合报》,2003年10月14日。

56.徐纪阳:《张我军的翻译活动与"五四"思潮——兼论与鲁迅、周作人之关系》,《沈阳师范大学学报》(社会科学版),2011年第6期。

57.徐纪阳:《钟理和:与文学者鲁迅相遇》,《福建师范大学学报》(哲学社会科学版),2014年第2期。

58.许雪姬:《日据时期台湾人赴大陆经验》,《口述历史》,1995年第5期。

59.杨红英:《多重困境下的文化选择——洪炎秋大陆时期的文学文化活动研究》,《台湾研究集刊》,2009年第3期。

60.杨红英:《近代台湾黎明的呼唤——张深切文学文化运动之探讨》,《华文文学》,2011年第5期。

61.杨红英:《论张我军的台湾光复主张》,《福建师范大学学报》(哲学社会科学版),2013年第2期。

62.杨杰铭:《论钟理和文化身份的含混与转化》,《台湾学研究》,2007年第4期。

63.杨迎平:《刘呐鸥与日本新感觉派》,《江西社会科学》,2000年第6期。

64.杨志强:《钟理和日记里的鲁迅传统》,《台湾研究集刊》,2009年第1期。

65.叶石涛:《张我军与鲁迅》,《台湾时报》,1987年9月15日。

66.叶石涛:《五四与张我军》,《自由时报》,1988年6月14日。

67.袁良骏:《周作人曾想去台湾否?》,《上海鲁迅研究》,2012年第4期。

68.张泉:《张我军与沦陷时期的中日文学关联》,《中国现代文学研究丛刊》,2000年第1期。

69.张泉:《张深切移居北京的背景及其"文化救国"实践——抗战时期居京台籍文化人研究之一》,《台湾研究集刊》,2006年第2期。

70.张泉:《沦陷区中国作家的文化身份认同与政治立场问题——以移住北平的台湾、伪满洲作家为中心》,《抗战文化研究》,2008年第9月。

71.张泉:《殖民/区域:建构中国现代文学史的一种维度——以日本占领华北时期的北京台湾人作家群为例》,《文艺争鸣》,2011年第9期。

72.张羽:《20世纪30年代海峡两岸的新感觉书写》,《台湾研究集刊》,2006年第1期。

73.祝良文:《穆时英、刘呐鸥的身份、死因及其他》,《广西社会科学》,2004年第7期。

六、学位论文

1.冯昊:《民族意识与沦陷区文学》,山东大学博士论文,2007年。

2.简素琤:《日治时期启蒙思想的五个面向——台湾殖民地现代性的建立与张深切思想的指标性意义》,台湾辅仁大学博士论文,2006年。

3.林分份:《五四新文化人——以鲁迅、周作人为考察中心》,北京大学博士论文,2008年。

4.王申:《沦陷时期旅平台籍文化人的文化活动与身份表述——以张深切、张我军、洪炎秋、钟理和为考察中心》,北京大学博士论文,2010年。

5.许秦蓁:《重读台湾人刘呐鸥(1905—1940)——历史与文化的互动考察》,台湾"中央大学"硕士论文,1998年。

后 记

因为我们就在我们所不在的地方。

——皮埃尔-让·茹弗《抒情诗》

从在大学课堂上读到白先勇先生的《台北人》，确定了自己的研究方向，到现在已经过去十多年了。其间辗转成都、北京、台北、南京、柏林等地的求学经验，让我能以浅薄的空间体验来理解台籍作家在大时代洪流之中的迁移与被裹挟。空间转换能带给人很多成长和经验，旅居经验也是20世纪中国现代化过程中，贯穿中国人生命的重要体验。它让人更清楚地认识自己、体味世界，正如大陆经验在旅陆台籍作家的生命中，成为隐在的意象与创作动能。

因而在整理附录年表时，我决定放弃以"作家年表"的方式呈现他们的完整人生，而以"作品年表"的形式，以作品创作、发表为主轴去串联空间转变带给作家的影响。当作家的人生经历退居二线以后，空间流转就成为他们生命和创作的重要议题。但在跨越海峡、历史去寻找他们时，我深知他们不是一份年表，更不是一行历史记录。他们是生活

◎ 后记

在你我身边的人，是在每个空间里的动人故事。

他们的故事是什么？北京的西单察院胡同47号、南柳巷晋江会馆、南长街28号，只是他们的生活空间吗？台中的继光街83号、台北的重庆南路3段14巷，只是一种工作空间吗？当然不全是的。时代的印记在个人身上一定有迹可循，离散是20世纪中国人共同的经验与记忆。

七七事变后，苏芗雨在抗战后方一路辗转天津、烟台、潍县、济南、郑州、河北、汉口、衡州、重庆、桂林、柳州、榕江等地，被战争追着跑，其间担任孙连仲部队陆军三十一师师长顾问，亲历台儿庄战役；在国民党宣传部国际宣传处担任广播翻译，翻译日军进攻实况；在广西大学任教，并为广西电台撰对日广播稿。直至1945年日军投降前一天，榕江大雨，全城淹没，家屋被毁，多年流离倾于眼前。但远在1945年8月14日的苏芗雨，不知道抗战胜利的曙光就在眼前，想到8年里一次次死里逃生，在大水毁家的那一刻，只道有生以来未曾遭遇这种苦痛。

直到现在，我每年都在课堂上给学生讲这段故事，每讲到榕江大水，依然是眼眶一软。抗战胜利后，苏芗雨才收到家兄去世的消息，而这封家书从台湾到达广西用了半年之久。因此他归心似箭，转至香港滞留月余才等到复航，遂得返台。在甲板上，他想起抗战时四处播迁，想起重庆大火和榕江大水，只道"吃尽苦头，但却经得起时代的考验"，自此这位北大的天之骄子决定深耕教育事业，不逐名利。

所以，战争结束了，离散远未有终时。战争、离散的经验离我们很远，又很近。1945年，担任北平台湾同乡会会长的洪炎秋，在帮助台湾人返乡时长女失踪,18岁即去世。1946年,在协助台胞返乡后,张我军全家也前后抵台,但长子张光正自此留在大陆,未能见到父亲最后一面。再后来,我带着这本毕业论文来到张光正先生的家中,90多岁高龄的他讲起70多年前的故事,神采奕奕,令人动容。听他讲父亲张我军的故事,讲自己留在北京未能返台,讲抗战时期父母与洪炎秋等同乡的来往,更使我感到,将他们的故事讲给更多的人听、让更多的人知道,是一件太有意义的事了。

他们不是历史,他们是鲜活的个体生命,是生活在我们身边的老人。

但是,讲述他们的故事,讨论他们的创作,以我的生命体验和学力,仍存诸多未尽之处和遗憾。道阻且长,感谢我的博士导师刘俊教授,几年来他对于我迟缓的进步和论文的写作十分耐心,并给予我学术上的很多指导,时刻激励我进步。在他的鼓励下我才有勇气触及相关话题,也是他的指导让我有信心完成这部著作。每次的讨论和师门的研讨,刘师给我的建议和指导向来是从我的学力出发,给予更广阔的视角,既保证我感兴趣的话题能够继续延伸,又让论文的写作与思考更具规范、更有深度。他常教导我们要做有信念、有坚持的学者,这是引领我在这条道路上继续前进的动力。

感谢我的硕士导师沈庆利教授,他使我明白对学术研究要肯下苦功,并存有敬畏之心。他给我们严格的学术训练和有温度的指导,让我们在面对困难时有更主动的态度。感谢陈思广教授,是他引领我走上台湾文学研究的道路,并教会我秉持自己的初心。

去矣方滞淫,怀哉罢欢宴。旅陆台籍作家乃至20世纪中国众多知

后记

识分子,在离开北京、南京等地后,离散成为后来故事的线索。当我结束十年的专业求学路,才后知后觉地理解了,和平年代的空间穿梭只是一种浪漫的追索,而战争时期的"怀哉"却是胸中块垒、毁家纾难。

愿天下不再有战争和离散。

谨以本书献给爱我的父母。

王　璇

初稿于 2019 年 南京大学启园

二稿于 2022 年 北京市陶然亭